本书获中山大学"985工程"三期建设项目、教育部人文社会科学重点研究基地2007年度重大项目"区域公共管理研究：国际比较的视角"（项目批准号：07JJD630014）资助

●中山大学公共行政学丛书

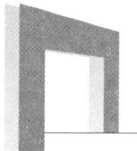

区域治理研究：国际比较的视角

Research on Regional Governance:
A Comparative Study

陈瑞莲　刘亚平　等／著

图书在版编目(CIP)数据

区域治理研究:国际比较的视角/ 陈瑞莲,刘亚平等著.
—北京:中央编译出版社,2013.11
ISBN 978 – 7 – 5117 – 1830 – 3

Ⅰ. ①区…
Ⅱ. ①陈… ②刘…
Ⅲ. ①地方政府 – 行政管理 – 研究 – 中国
Ⅳ. ①D625

中国版本图书馆 CIP 数据核字(2013)第 248149 号

区域治理研究:国际比较的视角

出 版 人	刘明清
出版统筹	贾宇琰
责任编辑	侯天保
责任印制	尹 珺
出版发行	中央编译出版社
地 址	北京西城区车公庄大街乙 5 号鸿儒大厦 B 座(100044)
电 话	(010)52612345(总编室) (010)52612339(编辑室)
	(010)66161011(团购部) (010)52612332(网络销售)
	(010)66130345(发行部) (010)66509618(读者服务部)
网 址	www.cctphome.com
经 销	全国新华书店
印 刷	北京中印联印务有限公司
开 本	787 毫米 × 1092 毫米 1/16
字 数	370 千字
印 张	25.25
版 次	2013 年 11 月第 1 版第 1 次印刷
定 价	88.00 元

本社常年法律顾问:北京市吴栾赵阎律师事务所律师 闫军 梁勤
凡有印装质量问题,本社负责调换,电话:(010)66509618

目录 | Contents

前　　言 ·· 001

第一章　区域治理研究的缘起与发展 ······················ 001
　一、区域治理研究的缘起 ································ 001
　二、国外区域治理的研究视阈及启示 ······················ 007
　三、中国区域治理研究的发展路向 ························ 024
　　本章主要参考文献 ···································· 031

第二章　区域治理制度比较 ······························ 036
　一、欧洲一体化及其区域治理制度框架 ···················· 036
　二、美国区域治理的制度框架 ···························· 053
　三、中国区域治理的现状与问题 ·························· 081
　四、欧美区域治理制度框架的经验及启示 ·················· 098
　　本章主要参考文献 ···································· 106

第三章　政府间关系比较 ································ 109
　一、政府间关系的基本涵义 ······························ 109
　二、发达国家的纵向政府间关系 ·························· 127
　三、发达国家的政府间横向关系 ·························· 137

四、对当代中国的启示 …………………………………………… 145
　　本章主要参考文献 ………………………………………………… 167

第四章　大都市区与城市群治理比较 ……………………………… 172
　　一、美国的城市化：从大都市区扩张到城市群崛起 …………… 172
　　二、中国三大城市群发展的现状与问题 ………………………… 196
　　三、美国经验对中国城市群发展的启示 ………………………… 217
　　本章主要参考文献 ………………………………………………… 226

第五章　流域治理比较 ……………………………………………… 228
　　一、欧洲的流域治理 ……………………………………………… 228
　　二、北美的流域治理 ……………………………………………… 241
　　三、亚洲及其他地区的流域治理 ………………………………… 246
　　四、国外流域治理的经验及启示 ………………………………… 259
　　本章主要参考文献 ………………………………………………… 289

第六章　水环境政策工具比较 ……………………………………… 292
　　一、美国水环境政策工具 ………………………………………… 293
　　二、中国水环境政策工具 ………………………………………… 304
　　三、比较与启示 …………………………………………………… 314
　　本章主要参考文献 ………………………………………………… 323

第七章　食品安全监管比较 ………………………………………… 326
　　一、从分散走向集中：欧盟食品安全监管的发展 ……………… 326
　　二、美国食品安全监管的发展 …………………………………… 339
　　三、中国食品安全监管的发展 …………………………………… 350
　　四、国外食品安全监管发展对中国的启示 ……………………… 365
　　本章主要参考文献 ………………………………………………… 384

后　　记 …………………………………………………………… 388

图表目次

图 2-1　纽约新泽西港务管理局组织结构（2007）·············· 058
图 2-2　特拉华河流域管理委员会组织结构 ····················· 069
图 4-1　美国城市群的扩展过程 ································· 195
图 4-2　长三角城市群与长三角经济区对比 ····················· 199
图 4-3　珠三角城市群与三大都市圈示意图 ····················· 205
图 4-4　环渤海市长联席会的扩展历程 ·························· 211
图 4-5　环渤海湾城市群示意图 ································· 212
图 4-6　城市群在区域平面上的产生过程示意图 ················· 219
图 6-1　"三同时"的执行合格率情况 ··························· 308
图 6-2　排污登记和排污许可证执行情况 ························ 308
图 6-3　限期整治的执行情况 ··································· 309
图 6-4　环境影响评价制度执行 ································· 309
图 7-1　欧盟及其成员国在食品安全监管方面的权力分配状况图 ··· 337
图 7-2　健康与消费者保护总司（DG SANCO）组织机构框架图 ··· 338
图 7-3　欧洲食品安全局（EFSA）组织机构框架图 ·············· 339
图 7-4　当前我国食品安全监管的基本格局 ····················· 363

表 1-1　辖区间理念（Interjurisdictional Concepts）的历史演进 ······ 018
表 2-1　欧盟区域政策的主要工具及内容 ························ 050

表2-2	美国主要州际协议列举	062
表2-3	美国跨州流域治理的主要机制比较	066
表2-4	美国州际河流协议列举	067
表2-5	我国区域发展战略的变迁	082
表2-6	2002年以来中央出台或批准的主要区域发展规划	085
表2-7	国内主要省际协议列举	090
表4-1	美国大都市区概念及特征的演变过程	175
表4-2	2007年珠江三角洲产业结构相似系数	208
表4-3	珠江三角洲各市主导高新技术产业发展情况	209
表4-4	2009年环渤海省市三次产业结构和重点发展产业	215
表6-1	美国水污染控制法律的发展历程	295
表6-2	EPA管制工具的演变（水防治领域）	296

案例目次

案例 2-1　法国里尔委员会：利益相关者代表的"合力共同体" … 041
案例 2-2　丹麦、瑞典两国跨境的"奥瑞桑德区域合作"
　　　　　（Oresund Region）…………………………………… 044
案例 2-3　柏林-布兰登博格首都区域的竞争与协调 ……………… 045
案例 4-1　当今美国的十大城市群 ………………………………… 177
案例 4-2　美国的"双城大都市区议会"和"波特兰
　　　　　大都市区政府"…………………………………………… 183
案例 4-3　加州南海岸大气质量管理区 …………………………… 185
案例 4-4　美国的南加州政府协会 ………………………………… 186

前　言

随着全球一体化的发展，人类相互依存、相互交往的程度逐步加深，信息和资本在全球范围内的流动日渐频繁，产品与服务的跨国生产、供给与消费的形式愈加普遍，国家和区域之间的相互依赖日益增强。跨越传统行政管理辖区，包括国家管理辖区以及一国内地方政府辖区的区域公共事务也日益增多。如何突破旧有的行政辖区而实现区域公共事务的有效治理，已经成为世界各国政府的一个重要议程，学术界也进行了许多有益的研究探讨。[①]

从某种意义上说，21 世纪公共管理面对的最大挑战莫过于区域治理的挑战，处理和解决好了系列区域公共性问题，和谐社会的发展愿景就不再遥远。正如经济合作与发展组织（OECD）所认识到的，地方政府间关系的研究已经发展到第三个阶段，即跨越传统行政管理辖区的事务的治理。目前国外此方面的研究已经有较为成熟的理论和方法，实践方面也积累了丰富的经验，可为我们提供一定的参考。借鉴西方国家在区域公共事务治理过程中的相关经验，将有助于我们开拓视野，突破现有经验的束缚，为我国科学解决区域公共问题，促进区域的协调发展与和谐社会的构建提供新的思路、策略和手段。

---

① 参见陈瑞莲：《区域公共管理理论与实践研究》，中国社会科学出版社 2008 年版；陈瑞莲：《区域公共管理导论》，中国社会科学出版社 2006 年版。学术界、实业界也有许多关于如何推进珠三角、京津唐等区域合作的讨论。

但遗憾的是，在众多的研究中，从国际比较的视角来研究区域治理的尚付诸阙如。本书的主要特色在于以国际视角来全面透视具有中国特色的区域治理问题，将中国研究置于国际背景之下，其中既包括国际学术界的背景之下，以促进国内外学者之间的对话和沟通，也包括国际实践的背景之下，以帮助实践者更好地理解中国的独特实践，并寻求不同的解困路径。

具体而言，本书的创新之处在于：

1. 本书致力于对国外区域治理经典文献的梳理和研究，把国外的前沿成果应用到国内区域公共问题的研究中来，拓宽了传统行政学研究的内容，为公共管理（公共行政）学的研究注入新鲜血液，对公共管理学科来说具有重要的知识叠加和理论创新意义。

2. 在结构上，本书按照"理论、实践、比较"的架构来描述区域治理国际比较的知识图景，希图将理论、实践与比较三者整合起来。

3. 在内容方面，本书将目前在区域治理领域的众多零散的研究整合为区域治理的初步框架，从区域治理制度比较、政府间关系比较、城市治理比较、流域治理比较、水环境政策工具比较、食品安全监管比较等研究方面切入，以展现目前区域治理国际比较的相关内容。

4. 从研究取向上看，本书以中国的问题为基本关怀，本着全球化视野、本土化思维的取向来关注现实的区域治理问题。

本书力图构建区域治理研究的初步理论框架，全书共设七章。

第一章：区域治理研究的缘起与发展。区域治理研究的兴起源于全球化下区域主义的崛起、经济市场化下区域间竞争加剧、区域公共问题的大量兴起以及组织间协作的大量出现。国外区域治理研究主要包括区域经济学和发展经济学对区域发展的探索、政府间竞争理论、地区竞争力与区域创新研究、政府间关系与地方治理研究、一体化理论、协作性公共管理、资源依赖理论、政府间管理、网络理论以及流域治理研究等。国外区域治理研究的成果对我国有重要启示。相比而言，国内区域治理研究起步较晚，因此本章对未来中国区域治理研究的发展路向进行了具体研讨，提出中国区域治理研究的十大议题：（1）大都市区和城市群治理研究；（2）区域发展政策工具研究；（3）府际关系视域下府际竞合与府际冲突研究；（4）区域契约行政研究；（5）区域性公民社会研究；（6）跨域性公共治理研究；（7）"一国两制"下粤港澳区域治理研究；（8）海域治理研究；（9）区域治理比较研究；（10）区域治理绩效及其评估研究。

第二章：区域治理制度比较。在统筹区域发展和构建和谐社会进程中，区域治理制度安排对区域乃至整个国家和社会的全面协调可持续发展具有非常重要的影响作用。由各级政府参与，通过制度创新促进区域一体化，已经成为当今世界区域公共事务治理的一个重要趋势。该部分从制度框架、政策设计和组织结构等方面阐述了美国、欧盟的区域治理制度，并分析了中国区域治理的现状与问题，认为需要健全区域治理的法律制度，整合区域治理的组织机构，改进区域治理的决策过程，扩大区域治理的行动主体，完善区域治理的政策工具。

第三章：政府间关系比较。该章梳理了国外政府间关系发展的主要流派，从研究方法之争、纵向政府间关系、横向政府间关系、全球化时代的政府间关系四个层面梳理了国外在政府间关系领域近年来的研究成果，展望了政府间关系领域和研究的未来走向，认为政府间关系的研究将逐渐从宏观走向微观，未来的政府间关系结构必须是能够最大程度保护公民权利的设计，而政府间关系研究也应当抛弃精英主义的取向。

第四章：大都市区与城市群治理比较。该章阐述了美国从大都市区扩展到城市群崛起的历程，分析了大都市区治理的三次理论论争及其制度演进，比较了中国三大城市群发展的现状与问题，提出都市群发展必须遵循客观规律而不能拔苗助长，应充分发挥城市群和大都市区的经济拉动和辐射作用，构建大都市区和城市群的公共治理体系，建立健全府际合作的激励与约束机制。

第五章：流域治理比较。该章阐述了欧洲、北美、亚洲及其他区域的流域治理及其经验。提出立法是流域治理的基础，建立有效的流域管理机构是实施流域综合管理的体制保证，流域治理的合理权利结构是流域管理的保障，坚实的信息和科技基础是实施流域治理的重要支撑，建立符合流域实际情况的水污染治理体制和协调机制，开展宣传教育、提高公众意识等是国外流域治理对我国的重要启示。

第六章：水环境政策工具比较。该章以美国和中国水环境政策工具为案例进行比较研究，指出中国和美国具有不同的意识形态、社会政治、经济水平，但在环境政策中，两个国家却存在极大的相似性，水环境治理以直接管制工具、标准和许可证为主，并逐渐采用灵活性的新环境政策工具。而要解释具有相似管制原则的两个国家对新环境政策工具引进的不同进度及其差异，作者认为制度性差异是造成此种差异的主要原因，即政策权威的位置和聚敛性、政策议题的来源、新工具与管制框架的融合程度等都影响新环境政策工具的运用。

第七章：食品安全监管比较。随着全球市场的扩张，食品安全越来越表现为区域问题，需要食品生产地、加工地、流通地和消费地政府的通力合作。因此，食品安全监管是区域治理的重要领域。该章以欧盟、美国为例研究了食品安全监管的发展历程，并在此基础上比较了中国食品安全监管体制的发展，从中央与地方间责任的分配、地方与地方之间的合作、政府与市场之间的关系等多个层面反思了我国食品安全监管体制。

当然，国内外区域治理比较研究是一个系统工程，如何从浩如烟海的文献中选择出符合我国国情的内容，并按照一定的逻辑进行比较研究，需要花费大量时间和精力。因此，本书尚有遗珠之憾。

第一章 区域治理研究的缘起与发展

20世纪50年代以来,伴随社会生态环境的变迁,传统的公共行政学历经向现代的公共管理学的历史嬗变。时至今日,公共管理研究在国内外有方兴未艾之势。在公共管理学科这个大家庭中,一个新兴的分支研究领域——区域治理研究正日益分化并凸显出来。区域治理研究的兴起,对于拓展区域科学、现代公共管理学科的研究,促进区域协调与区域发展具有重要意义。本章主要探讨区域治理研究兴起的背景、国外区域治理的研究及启示、中国区域治理研究的发展与前瞻等基础性问题,力图勾勒出一个中外区域治理兴起与发展的全景图。

一、区域治理研究的缘起

任何一门学科和一种理论的产生,都是社会需要和时代呼唤的产物,区域治理研究亦不例外。区域治理研究作为公共管理学科的分支领域,是在公共管理学科这块沃土里萌芽发育起来的。同时,作为一个相对独立的研究领域,区域治理研究的缘起又有其独特的催生动因。

(一) 全球化下区域主义崛起

从历史的层面上说,先有区域,后有区域主义和区域竞争。区域治理研究中的"区域",首先是一个客观的空间地理存在。自从由自然状态过渡到政治社会以来,人类的任何生产、生活和管理活动都离不开一定的区域。在社会科学研究的角度,"区域"是一个意蕴非常广泛而又相对的概念。几千年来,由于研究视角和研究对象的差异,不同的学科对"区域"的概念有不同的界定。最早研究区域的学科是诞生于公元前3世纪的地理学,他们把区域定义为地球表壳的地域单元,认为整个地球是由无数区域组成的;经济学将区域视为由人的经济活动所造成的、具有特定地域特征的经济社会综合体;政治学认为区域是进行国家管理的某一行政单元;而社会学则将区域看作是具有相同语言、相同信仰和民族特征的人类社会聚落,等等。在公共管理学科的角度,我们认为,区域是一个基于行政区划又超越于国家和行政区划的经济地理概念。因为一方面,国家和行政单元都有法定的疆域或边界,无法涵盖区域治理中"区域"概念的外延;另一方面,国家和某一行政区域政府的"内部性"公共管理活动,在内涵上与"区域性"公共管理活动也并不完全吻合。

区域主义的出现是民族国家诞生以后的事情。因为只有到了这个时候,"过去那种地方的和民族的自给自足和闭关自守状态,被各民族的各方面的互相往来和各方面的互相依赖所代替了"①。此后,在全球化浪潮的推动下,区域主义成为20世纪特别是20世纪下半叶国际社会中的重要现象。可以说,当今世界已是一个全球化和地区化并行发展、全球主义和区域主义共同崛起的时代。为了迎接和拥抱全球化带来的机会与福音,因应和抵御由此孳生的祸水与陷阱,世界各地的相互认同和地区意识普遍觉醒,新一轮区域化和区域主义正在崛起。所谓"区域主义",通常是指地理上彼此相连的国家或地区之间,通过政府间的合作和组织机制,加强地区内社会和经济发展互动的意识。按照一般的国际政治理论,地区意识和地区认同、区域化、区域内国家合作等均属于区域主义(Regionalism)的范畴。② 当今美国知名的国际关系学专家詹姆士·米特尔曼,提出了三个不同层面的"新区域主义"分类法,即宏观区域主义、次区域主义和微观区域主义。③ "宏观区域"是指洲际之内由民族国家结合各国的规则形成的组织联合体,比如"亚太经合组织"、"东盟"、"北

---

① 《马克思恩格斯选集》第1卷,人民出版社1972年版,第255页。
② 傅梦孜主编:《亚太战略场》,时事出版社2002年版,第539页。
③ 〔美〕J. H. 米特尔曼:《全球化综合征》,刘得手译,新华出版社2002年版,第134页。

美自由贸易区"、"欧盟"、"中东"等;"次区域"是指小范围的、被认可为一个单独经济区域的跨国界或跨境的多边经济合作,如"中华经济区"、"新—柔—廖成长三角"、"图们江地区的次区域经济合作"、"澜沧江—大湄公河地区的次区域经济合作"等;而微观区域层次,则多指一国内部的出口加工区、工业园区或省际间、地区间的合作,如我国的"粤港澳大珠三角区域"、美国的田纳西河流域等。

(二)经济市场化下区域间竞争加剧

在经济学的思想流派中,新古典经济学与奥地利学派的演化经济学(evolutionary economics)是相互对立的。前者采用"工具主义方法论"和近乎完美理想的假设,关注社会经济生活中的静态均衡。后者基于达尔文的社会演化思想,关注的是历史的动态均衡。演化经济学认为,人类社会充满竞争,竞争是一种甄别机制,它能从成本过高的事物中识别出被人们视为于己有益的事物,促进社会经济的持续进步,发现和学习更好的制度安排。新制度学派基于演化经济学的立论基础,进一步明确提出政区竞争(inter-jurisdictional competition)理论,从而把经济市场上竞争的天然法则拓展到政府的集体行动的分析中去。以 D. 诺思为代表的经济史学家在一系列论著中证明:"共同体和政区(communities and jurisdictions)间的竞争是如何引导着较有益于公民和企业的(more citizen - and enterprise - friendly)规则不断演化,这些规则包括受约束的政府、财产权利、约定的程序(due process)、法治等。"① 而事实上,即使是极力推崇"小政府,大市场"的古典经济学的经典代表 A. 斯密也认为,当自由市场经济发轫之际,政区间的竞争就不可避免。在他看来,如果一个国家不能提供对产权的有效保护,那么,资本所有者就会迁往其他国家,从而促进国家间政区竞争机制的形成。因为"土地是不能移动的,而资本则容易移动。土地所有者,必然是其地产所在国的一个公民。资本所有者则不然,他很可能是一个世界公民,他不一定要附着于那一个特定国家。一国如果为了要课以重税,而多方调查其财产,他就要舍此他适了。他并且会把资本移往任何其他国家,只要那里比较能随意经营事业,

---

① 〔德〕柯武刚、史曼飞:《制度经济学》,韩朝华译,商务印书馆2000年版,第44页。

或者能安逸地享有财富。他移动资本,这资本前此在该国所经营的一切产业,就会随之停止"①。在此基础上,欧美的许多经济学者发展和完善了新制度学派的政区竞争理论,更为系统地运用经济学的思路,论证经济市场化下的"竞争性政府"和"以足投票"问题,并且更多地把这种理论用于分析联邦制国家地方政府间普遍存在的竞争问题。

根据上述分析可以发现,从历史发展或者社会演进的角度来看,自亚当·斯密的古典自由市场经济以来,无论是国家间的中央政府,抑或是区域间的地方政府,政区间的竞争总是不可避免而且大量存在。这种区域间的政区竞争,集中体现为辖区间政府为了获得各种有形或无形的资源以实现一定的目标,而围绕制度、政策与公共物品和公共服务的竞争。可以说,区域政府间政区竞争理论,打破了传统的狭隘政府观,即在经济市场化的背景下,区域间的地方政府已不再是农业社会时期那种垂直统治下"自给自足"型的封闭式政府,而是拥有相对独立地方利益和横向竞争压力的开放式政府。从我国的实际情况看,改革开放以来我国区域间竞争已经出现并有愈演愈烈之势是:一方面,经济发展中形形色色的地方主义、山头主义、舍我其谁等恶性竞争屡禁不止;另一方面,先发地区之间(如珠三角和长三角之间)追赶式的激烈竞争开始出现。这些事实说明,如何趋利避害,规范作为区域治理核心主体的地方政府间的竞争行为,促进区域间的良性协调发展,这是区域治理需要认真研究的话题。

(三) 区域公共问题日益凸显

众所周知,在传统的农业社会甚至工业社会条件下,社会的公共问题相对单一,公共事务比较简单,加之世界处于一个封闭发展时期,因而民族国家或国家内部的一个地方政府,能够较为得心应手地去解决和处理内部公共行政问题,生产和供给相应的公共物品和公共服务,而无须寻求外部支援和相互合作。但是,"二战"结束以来,特别是人类迈入21世纪后,世界全面过渡到一个信息社会和知识经济双管齐下的时代,

---

① 〔英〕亚当·斯密:《国民财富的性质和原因的研究》(下卷),郭大力等译,商务印书馆1974年版,第408页。

接踵而至的便是经济全球化、区域一体化、社会信息化、市场无界化的高歌猛进。在这样一种全新的政治行政生态格局下，纷繁杂芜的动因交织在一起，使民族国家或地区诸多的传统"内部"社会公共问题和公共事务，变得越来越"外部化"和无界化，跨国或跨行政区划的"区域公共问题"大量兴起，并有复杂化、多元化和规模化之态势。根据前述对区域治理中"区域"的细分，"区域公共问题"也可相应划分为洲际区域内跨国家的"宏观区域公共问题"、次区域跨境的"中观区域公共问题"以及一国内部的地方"微观区域公共问题"。比如，跨洲、跨国或跨行政区划的环保问题、人口与资源问题、流域治理问题、基础设施建设问题、区际法律冲突问题、地区稳定问题、流行病的防治问题、区域发展问题等等。因应"区域公共问题"的严峻挑战，自然出现一个如何生产与供给"区域公共物品"的问题。由于这些"区域公共物品"具有一般公共物品的两大基本特性，即消费的非竞争性和非排他性，所以区域间单个民族国家或地方政府往往会有"搭便车"心理，甚至会采取规避心态去对待这些问题。但另一方面，这些"区域公共物品"还有着高度渗透性和不可分割性的特点，因而区域政府又不得不去解决这些问题。如此，以往由一个国家或一个地方政府进行的单边公共行政已力不从心，无法应对大量的"区域公共问题"，而由双边或多边的区域间政府以及与非政府组织间的合作和联合治理便提上议事日程，成为区域治理亟需探索解决的重要问题。此外，区域经济发展中的市场与政府关系以及政府作用问题等，也是区域治理需要进一步讨论的话题。

（四）组织间协作大量出现

现代管理理论是建立在专业分工的基础之上的。因为人的理性有限，面对复杂的问题，个人往往无力处理。管理的任务在于通过设计使每个子单位只关注自身而忽略其他单位从而将个人的局限转换为组织的力量。它认为复杂的任务可以分解为小的、相对独立的组织成分，通过分别处理这些小的部分，就能够实现组织的总体目标。[1] 这种分解任务的方式一般有两种，一种是根据职能进行分工，从而形成组织的各职能部门；另

---

[1] Simon, Herbert A. 1976. *Administrative Behavior*. New York: Free Press, p. 69.

一种是根据地域进行分工,从而形成各不同的管辖地域。这样一种管理思路在我们头脑中已经根深蒂固,以至于当我们面临任何新问题、突发问题时,我们首先的反应就是,应该由哪个部门或哪个地方负责处理?如果没有现有的部门或地方对该问题的处理负责,人们往往建立起一个新的职能部门或设置一级政府来处理这样的问题。正如卡特尔(Kettl)所言,边界已经构成公共行政和政府的根本。①

然而,随着近代社会分工走向纵深发展时,我们发现这样的思路已经逐渐面临着一种根本的困境。正如1993年绩效评审报告所言:政府机构一再发现很难去实现客户的需求,原因在于组织边界的障碍。在一个快速变化的世界里,最佳的解决方案不是重新设计组织图表,而是融化组织间的强大边界。② 同样,布鲁金斯(Brookings)的《改进政府绩效》系列中也指出,今天服务于公民意味着寻找方法来跨越辖区边界,这要求联邦所有层面的官僚都坚决地致力于培育一种善于跨越边界的政府管理人才,那些突破自己组织的界限,从其他组织中寻找能够一起解决问题的同僚。③ 导致这种变化的因素主要有以下两个方面:一是全球化时代的来临使得行政管辖边界已经越来越模糊,交通的便利和信息传递的迅捷使得各种跨越边界的行为越来越常见。这种情况下公共行政面对的是一种全新的生态环境,传统"内部"问题日益外溢和无界化,建立在封闭管理辖区和地域基础上的管理理念和体制也日益显得软弱无力。二是现代社会面临的问题越来越复杂化,许多问题本身不完整、矛盾和不断变化从而使得该问题的解决成为不可能,同时也因为复杂的相互依赖关系而使得解决该类问题的一个层面的努力往往会产生或加剧另外的问题。这类没有明确解决方案的所谓"奇特问题"(Wicked Problem)不断涌现④,没有一个政府部门或者政府单位有足够的能力去解决这些问题,公

---

① Kettl, Donald. 2006. "Managing Boundaries in American Administration: The Collaboration Imperative." *Public Administration Review*, 66(1): 10 – 19.

② Gore, Albert. 1993. *Creating a Government That Works Better and Costs Less: Report of the National Performance Review*. Washington, D. C.: U. S. Government Printing Office, p. 48.

③ Ibid., p. 60.

④ Rittel, Horst & Melvin Webber. 1973. "Dilemmas in a General Theory of Planning." *Policy Sciences*, 4: 155 – 169.

共组织之间的相互依赖性日益凸显，传统的管理手段日益捉襟见肘。在这样的背景下，有学者认为，今天的世界上，权力是分散而非集中的；任务是去分化的（de-differentiated）而非可以分割和专门化的。正如层级制组织是农业时代的主要组织形式，官僚制则是工业化时代的主要组织形式，而信息时代要求的组织形式是那些具有可渗透的结构，其中个人可以跨越组织功能和边界而联系起来的组织。①

这一切都表明，我们的时代需要一种新的管理理念和模式，这种新的理念和模式是什么？目前可以见到的标识语有很多，如强调治理单位之间结构关系的"网络化治理"（Network Management）、强调公私伙伴关系的"跨部门协作"（Cross-sector Collaboration）、强调整体化政府的"协同政府"（Joined-up Government）等。这正是区域治理所需要研究的话题，即跨越地理疆域和部门界限而进行的管理过程。

二、国外区域治理的研究视阈及启示

区域治理研究属于交叉研究领域，它发端于欧美，肇始于 20 世纪后期。目前，欧美学者对区域治理的研究已确立比较成熟的研究方法和多角度的研究视阈。

（一）国外区域治理的研究视阈

国外的区域治理研究，涉及面广，文献丰富，我们把它归纳和梳理为以下几个领域：

1. 区域经济学和发展经济学对区域发展的探索

囿于自然资源禀赋上的差异，人类社会的经济发展从一开始就表现出空间地理上的落差，但在传统的"自给自足"的农耕社会下，区域经济发展上的差距一直不是太大。随着自由市场经济和工业社会生产关系的出现，在市场力量的自发作用下，区域经济发展的不平衡逐渐显现。早在 20 世纪 50 年代，著名经济学家 G. 缪尔达尔就指出："市场的力量

---

① Agranoff Robert, Michael McGuire. 2003. *Collaborative Public Management*: *New Strategies for Local Governments*. Washington D. C. : Georgetown University Press, p. 23.

通常倾向于增加，而不是减少区际不平等。"① A. 赫希曼则进一步补充道："区域间增长的不平衡性，是增长本身不可避免的伴随情况和条件。"② 因此，如何减少资源禀赋和空间区位上的劣势以及由市场的盲目自发性带来的区域发展上的贫富差距，发挥区域政府或其他区域组织在调控区域经济社会发展上的重要作用，引起了很多学者的浓厚兴趣。被称为现代区域经济学鼻祖的经济学家 E. 胡佛在《区域经济学导论》一书中，较早专门探讨过区域经济协调发展的问题。而后一般把区域经济社会发展理论与模式区分为"平衡发展理论"与"不平衡发展理论"。③ 美国的赫希曼、弗农的"梯度推进"理论以及法国帕鲁的"增长极核"理论属于不平衡发展模式的主要代表。著名发展经济学家 M. 托达罗和 A. 刘易斯，则对第三世界的经济发展提出了诸多质疑，并开出一些有效疗治药方。如前者在《第三世界的经济发展》（*Economic Development in the Third World*）一书中对第三世界的区域贫富差距以及区域发展问题有经典的论述；后者在《经济增长理论》一书中针对发展中国家的经济发展，提出著名的"城乡二元经济结构"论断，较好地分析了政府的角色和作用问题。

2. 政府间竞争研究

这是国外区域治理研究中最具方法论意义，也是逻辑体系较为成熟的一种理论。它基于演化经济学的立论基础，运用现代经济学理论来分析政治市场与政府间关系问题。其基本结论是：在市场经济社会，政府间竞争是一种客观存在，必须正视和重视之，以做到趋其利避其害。政府间竞争有两大类型：一是民族国家之间的中央政府的国别竞争；二是一个国家内部的政府间竞争，包括中央和地方政府间的纵向竞争与地方政府之间的横向竞争。在分析国家间政府竞争方面，以 D. 诺斯和柯武刚、史曼飞为主要代表。诺贝尔经济学奖获得者 D. 诺思是著名经济史学

---

① 〔瑞典〕G. 缪尔达尔：《经济理论与不发达地区》，杰拉尔德·达克沃思公司1957年版，第26页。

② 〔美〕A. 赫希曼：《经济发展战略》，曹征海、潘照东译，经济科学出版社1992年版，第167页。

③ 厉以宁主编：《区域发展新思路》，经济日报出版社2000年版，第3—19页。

家，在《西方世界的兴起》、《经济史中的结构与变迁》、《制度、制度变迁与经济绩效》等系列论著中，作者旗帜鲜明地表达了一个核心思想：国家间经济绩效的竞争，归根结底是制度层面的竞争。因此，政府的作用集中体现在它是否提供了一种更有效率的组织经济活动的制度安排和激励机制。新制度经济学的两位新锐人物柯武刚和史曼飞，则进一步发展了诺思的论断。他们认为，国家如果开放了，政府就会相互竞争。"全球化已经导致了'制度（或体制）竞争'。现在，制度系统对成本水平影响极大，以至于成了国际竞争中的重要因素。结果，各国政府也在不同程度上直接相互竞争。"① 关于一国内部中央与地方政府或地方政府之间的相互竞争，哈耶克、蒂鲍特、布雷顿、何梦笔等人的分析较为经典。自由主义经济学家哈耶克认为："地方政府的行动具有私有企业的许多优点，却较少中央政府强制习惯行动的危险。地方政府之间的竞争或一个允许迁徙自由的地区内部较大单位间的竞争，在很大程度上能够提供对各种替代方法进行试验的机会，而这能确保自由发展所具有的大多数优点。尽管绝大多数个人根本不会打算搬家迁居，但通常都会有足够的人，尤其是年轻人和较具企业精神的人，他们会对地方政府形成足够的压力，要求它像其竞争者那样根据合理的成本提供优良的服务，否则他们就会迁往他处。"② 蒂鲍特在分析"联邦财政主义"时提出的"用脚投票"理论，与哈耶克的思想有异曲同工之妙。在"地方支出的纯理论"一文中，作者具体分析了地区居民的"用脚投票"是如何促使地方政府围绕公共物品而展开竞争的。③ 后来，布雷顿对联邦制国家的政府间竞争作了进一步的分析，认为联邦制国家政府间关系总体上来说是竞争性的，进而明确提出"竞争性政府"（Competitive Government）的概念。此外，德国著名制度经济学家何梦笔（Herrmann-Pillath）设计了一个政府间竞争的分析框架，对中国和俄罗斯的经济转型作过比较制度分析。

---

① 〔德〕柯武刚、史曼飞：《制度经济学》，韩朝华译，商务印书馆 2000 年版，第 485—486 页。

② 〔英〕F. 哈耶克：《自由秩序原理》（下卷），邓正来译，生活·读书·新知三联书店 1997 年版，第 16—17 页。

③ Tiebout C. M. 1956. "A Pure Theory of Local Expenditure." *Journal of Political Economy*, 64 (October): 416–424.

3. 地区竞争力与区域创新研究

这方面研究的重量级人物当属波特。在《竞争战略》、《竞争论》、《国家竞争优势》、《日本还有竞争力吗?》等系列论著中，波特向人们展示了他作为国际权威竞争战略专家分析问题的独特视角。他从微观的角度切入，以大量实证的材料分析了世界上具有强竞争力的国家和地区，得出了一连串发人深省的结论，诸如"国家竞争优势"、"地区（地点）的竞争力"、"钻石理论"、"国家（区域）环境"、"集群理论"，等等。这些睿智的结论已经或正在被许多国家和地区的公共管理部门广为接受。特别是"集群理论"所外延的"区域集群"、"产业集群"、"公司集群"等概念，把地区竞争和区域创新研究推向了新的阶段。综观波特的竞争战略理论可以发现，基于新古典经济学的信仰基础，他认为政府在培育和打造"国家（地区）竞争优势"方面，应"有所为"和"有所不为"。尤其是在重新解读和审视了东亚的"日本模式"之后，波特更加倾向于政府的"有所不为"。因为在他看来，"集群为政府组织、公司、供应商与当地的制度和协会等提供一个建设性和行动性的共同舞台"①。波特的"集群"理论实际上强调了区域政府和其他非政府公共组织甚至是私营部门在地区治理中的"合力"问题，用时髦的公共管理的词汇来说，就是关注公共管理主体的多元化和治理机制的现代化。除波特外，在研究地区竞争力和区域创新方面，摩根（Morgan K.）和库克（Cooke P.）、乌兰加（Uranga M. G.）、埃切贝里亚（Etexbarria G.）等也有一定代表性。比如，前者在《制度、制度创新与区域重建》一文中，专门提出了建构"学习型区域"的问题，认为区域的竞争和区域的发展在很大程度上要看该地区的制度学习、制度模仿和制度创新的潜质和能力，并试图将网络、技术和制度创新、制度环境联系在一起以解释区域经济增长。② 而后者在《区域创新体系：一种演化的视角》一文中提出，"区域创新体系"（Regional Systems of Innovation）是指区域网络各个节点（企业、大学、研究机构、政府等）在协同作用中结网而创新，并融入到区域的持续内环境

---

① 〔美〕M. 波特：《国家竞争优势》，李明轩等译，华夏出版社 2002 年版，第 9 页。
② Morgan K. 1997. "The Learning Region: Institutions, Innovation and Regional Renewal." *Regional Studies*, 31（5）: 491–503.

中而组成系统，即区域创新系统是区域创新网络与区域创新环境有效叠加而成的系统。①

4. 政府间关系与地方治理研究

欧美联邦制国家政府间关系较为复杂，学者们对这方面的讨论也较热烈。比如，P. R. 多麦尔在《管理地方政府的政府间关系》一书中，系统研究过美国政府间的横向和纵向关系问题。他认为，纵向政府间关系基本是两个体系的综合，即宪法和法律体系；横向政府间关系"可以被看做是由地位对等的地方当局形成的分散体系，而且这些地方当局被竞争与协商的动力所驱动"②。又如，D. S. 赖特（Wright）的《理解政府间关系》、A. M. 霍威特（Howitt）的《联邦主义管理：政府间关系研究》以及 D. C. 奈斯（Nice）的《联邦主义：政府间关系的政治》等著作，从不同角度探讨了美国式联邦制下的政府间关系问题。在全球化和区域化的大背景下，国家的政府间关系发生了新的变化，地方的治理运动突现出来。这是因为，民族国家的权力有相对缩小的趋势；在多层治理结构中，地方组织的功能和作用被大大强化；比照中央政府而言，在满足公民多元化诉求方面，地方政府组织及其他地方民间社会组织更具回应性。在当代发达国家地方治理的研究中，M. 米利纳、C. 安塞尔、D. 赖特等较具代表性。比如，M. 米利纳在谈到全球化变迁中的地方回应时，提到三次地方主义并区分了"旧地方主义"和"新地方主义"，认为第三次地方主义即"新地方主义"就是对全球化变迁的一种最新回应。而 C. 安塞尔在著名论文《网络化的政体：西欧的区域发展》中，形象地描述了欧盟如何绕过中央政府，与一国的地方政府以及非营利组织建立河流水质保护的生态改善计划和契约，并将资金划拨给该地方政府的案例。D. 赖特则具体分析了全球化和分权化在日、美两国的制度环境，政策问题以及由此引起的政府间关系的调整。

---

① Cooke P., Uranga M. G., Etexbarria G. 1998. "Regional Systems of Innovation: An Evolutionary Perspective." *Environment and Planning*, 30: 1563 – 1584.

② Paul R. Dommel. 1991. *Intergovernmental Relations*, in *Managing Local Government*. California: Sage Publications.

5. 一体化研究

随着欧洲一体化进程的推进，很多学者开始关注区域一体化问题，并尝试提供一个理论上的解释。经济一体化的理论是与经济一体化的实践紧密地联系在一起的，它主要关注国家与政府驱动的经济一体化，对一体化的区域性安排给成员国和非成员国所带来的经济利益感兴趣，在此基础上形成了解释经济一体化不同阶段的关税同盟理论、自由贸易区理论和共同市场理论，以及关注区域经济一体化对发达国家和发展中国家的不同影响与发展中国家的应对的协议性国际分工、集体自力更生和新区域主义。美国学者维纳（Jacob Viner）提出了关税同盟理论，主要关注因对内取消关税和对外统一关税所引起的各种经济效应。英国经济学家罗布森（Peter Robson）将关税同盟理论应用于自由贸易区，形成了自由贸易区理论。关税同盟理论和自由贸易区理论假设成员国之间和世界其他地区的生产要素是不流动的，而共同市场则克服了集团内要素自由流动的障碍，从而形成共同市场理论。日本学者小岛清认为传统的国际分工理论是以长期成本递增和规模报酬递减为基础的，而没有考虑到长期成本递减和规模报酬递增，并依此提出了协议性国际分工理论。随着国际区域经济一体化的不断加强与发达国家经济一体化的成功实践，发展中国家的经济一体化成为人们关注的重要话题。区域经济一体化的核心是提高区际贸易自由度，使得要素流动不受到任何限制，实现资源的优化配置。在非连续的和突发性世界中，这种提高区际贸易自由度的政策可能带来正向效应，也可能带来负向效应。佩必思（Prebisch）认为，世界"经济星座"由"中心"即富裕的资本主义国家和"外围"即生产和出口初级产品的发展中国家组成，现行国际经济体系只有利于发达国家而损害发展中国家经济的发展。[1] 缪尔达尔（Gurnar Myrdal）认为经济发展的结果往往不是带来共同富裕，而是加剧贫富悬殊。[2] 国际依附理论则认为，发达国家和发展中国家的关系是富国支配穷国，穷国依附于富

---

[1] Raúl Prebisch. 1959. "Commercial Policy in thd Underdeveloped Countries." *American Economic Review*, XLIX (5): 251.

[2] 〔瑞典〕G. 缪尔达尔：《经济理论与不发达地区》，杰拉尔德·达克沃思公司1957年版。

国并受之剥削的"支配—依附"关系,因此他们建议发展中国家要实现真正的经济发展,必须进行内部彻底的制度和结构变革,彻底摆脱对发达国家的依附。综合发展战略理论更是把发展中国家的区域经济一体化视为一种发展战略,认为不必在一切情况下都追求尽可能高级的其他一体化,一体化应当是集体自力更生的手段。

国际关系学者关注国家与政府驱动的一体化,并致力于控制实现一体化的政治共同体的途径和进程。国际关系学的视角可以分为几大基本阵营:强调超国家机构作用的功能主义阵营、强调民族国家作用的政府间主义阵营、对功能主义和政府间主义进行批评并在此基础上发展起来的强调欧盟一体化中制度的作用的制度主义,以及强调行为体和制度与一体化之间相互建构的建构主义。功能主义的代表人物米特兰尼认为,各自独立、相互竞争的国家单位使世界四分五裂,这便是冲突和战争发生的根源。他主张逐步建立具有不同功能的国际机构,这些国际机构在诸如交通、通信等特定功能领域拥有权力,一旦被创立起来,这些机构很快就必须相互合作,从而形成一个跨越国界的经济、社会组织网络,这种国际级强网络由专家和技术人员管理。新功能主义将一体化视为一个不断变化、自我强化的进程,认为一体化会产生意料不到的效果。当一些国家的政府发现某些经济政策问题仅靠自身力量难以解决而愿意提交某种超国家性质的机构时,一体化进程随之开始。一旦一体化启动,就会产生不断地自我强化的"滚雪球"效应。在20世纪50、60年代初,欧洲一体化进展顺利的时候,新功能主义理论的"外溢"观点显得很有解释力,但60年代中到80年代初,"空椅子危机"使欧洲一体化停滞不前,体现出一体化过程中成员国政府的主角地位。在此背景下,霍夫曼(Stanley Hoffmann)于1966年提出民族国家远未"过时",相反非常"顽强",欧共体决策最主要地是成员国意愿的反应,这就是所谓"政府间主义",即国家间讨价还价的理论。莫劳夫奇克(Andrew Moravcsik)以国家为中心行为体来分析一体化,同时他又认为经济利益,特别是商业利益对欧洲一体化发挥了最重要的作用,所以相对于其他看重地缘政治利益和观念的政府间主义,他将自己的理论命名为"自由政府间主义"。制度变量的引入,成为90年代以后欧洲一体化理论研究的重点。它大致可以分为三类：理性选择制度主义、历史制度主义和社会学制度主义，它们对制度的定义和如何影响政治都有不同的看法。历史制度主义强调制度是政治行动者选择偏好和目标的一个决定因素，制度变迁具有路径依赖性。理性选择制度主义认为个体的偏好是外生于制度的，人们可以对制度进行设计。社会学制度主义则认为，制度与文化是同义词，制度通过提供行为所必不可少的认知模式、范畴和模型来影响行为。

6. 协作性公共管理

所谓"协作性公共管理"，指一种在多样化组织中的运作过程，能解决在单一组织中不能解决或者不容易解决的问题。① 在这一界定中，最关键的词语是协作（Collaboration），即参与各方看到问题的不同层面，能够建设性地利用他们的差异并寻求解决方法，这种方法和视角往往超越他们自己对于什么可能和可行的有限视角。② 协作不是结果，而更应该是一个动态的过程，是利益相关人为他们的共同未来承担决策责任的过程，这一过程包括自主的行动者通过正式和非正式的协商进行互动，共同创造规则和结构来管理他们的关系，确定行动方式，或就那些使他们走到一起的问题进行决策，是一个涉及共享规则和使互动各方都能够受益的过程。③ 在协作关系中，没有一方知道最终的答案，没有一方知道问题该如何解决，问题的解决往往产生于各方之间的协商、互动之中。协作关系的研究者认为，那种想当然地认为协作性努力中的各方已经形成了某种组织关系的观点过低地估计了协作过程的发展特点，忽略了让利益相关者走到一起来的最初努力的复杂性。在缺乏规则的情况下非正式的互惠得以建立的过程，与最终出现的正式协调安排对于协作来讲都是同等重要的。

由此可以看到，协作和通常所用的合作（Cooperation）、协调（Co-ordination）有着明显的不同。协调是从事各种不同的努力改变或使得独

---

① McGuire, Michael. 2006. "Collaborative Public Management: Assessing What We Know and How We Know It." *Public Administration Review*, 66 (1): 33-43.

② Gray B. 1989. *Collaborating: Finding Common Ground for Multiparty Problems*. California: Jossey-Bass Publishers.

③ Thomson, Ann Marie & James L. Perry. 2006. "Collaboration Process: Inside the Black Box." *Public Administration Review*, 66 (1): 20-33.

立的组织、员工或资源之间的关系变得更通畅①，它强调的是减少冲突和摩擦，以实现这样一种状态，即没有或尽可能少的出现冗余、不连贯以及空白②。协调的层级特点非常明显，往往由一个中央机构通过更清晰的组织分工来实现下级单位之间的协调。如斯坦因（Arthu Stein）认为，诸如"囚徒困境"之类的具有共同利益的两难困境中，需要的是协作，即只有一个最优均衡，而个体的独立决策往往导致帕累托无效的结果——每个行动者都愿意选择那个非帕累托最优的结果。为解决这类问题、确保帕累托最优的结果，各方必须进行协作，并且有对偏离行为的足够强大的威慑。而在面临公害的困境中，行动者各方都希望避免某一结果的产生，尽管他们各自追求的并不必然是同一结果。在这种情况下，需要的只是协调，即确保某一状态不会实现即可，最终的均衡状态有很多种。而这种结果将是自执行的，即各方对这种均衡的偏离只会伤害自己，故不存在着监控和服从的问题。③

许多学者认为，协作性公共管理不同于传统的公共管理，相对于传统等级制的自上而下的管理，协作性公共管理是一种由内而外的管理，它的产生是基于组织之间的相互信任、共同的依赖性、相互之间存在共同的价值理念。传统公共管理者在面对来自市民的要求时，会回答"是的，我们可以提供这种服务"，或者"不，我们不能够这样做"。而协作性公共管理的回应是："让我们一起努力来看看我们可以怎样作出改进"。传统的等级制体制要求的管理技能是POSDCORB，即计划、组织、人事、指挥、协调、报告、预算。但协作性公共管理要求的技能完全不同，它强调多个参与者在多个领域内共同协作，建立长期合作伙伴关系来完成任何一方所无法独立承担的工作。尽管传统的政府管理中可能偶尔也会出现协作性治理的情形，但是它往往被看做是一种例外而非常态的管理

---

① Swann, William W. & Janet L. Morgan. 1992. *Collaborating for Comprehensive Services for Young Children and their Families—The Local Interagency Coordinating Council*. Maryland: Paul H. Brookes Publishing.

② Guy B. Peters. 1998. "Managing Horizontal Government: The Politics of Co-ordination." *Public Administration*, 76: 295 – 311.

③ Arthur A. Stein. 1982. "Coordination and Collaboration: Regimes in an Anarchic World." *International Organization*, 36 (2).

方式。随着全球化脚步的加快，协作性公共管理的规模将日益扩大，并占据政府管理的主要内核，这使得公共事务的管理在实质上呈现出与传统政府管理的本质不同。政府在面对日益复杂的公共事务的时候，已经变得越来越倾向于寻求与外部组织的协作，逐渐以协作性公共管理活动为主处理公共事务，协作性公共管理将逐渐取代传统的行政管理。

7. 资源依赖理论

资源依赖理论产生于20世纪40年代，在70年代以后被广泛应用到组织关系的研究，其主要代表著作是普费弗（Jeffrey Pfeffer）与萨兰奇克（Gerald Salancik）1978年出版的《组织的外部控制》[1]。资源依赖理论假定，没有任何一个组织是自给自足的，所有组织都必须为了生存而与其环境进行资源交换。资源依赖理论认为，组织间的资源依赖产生了其他组织对特定组织的外部控制，并影响了组织内部的权力安排；外部限制和内部的权力构造构成了组织行为的条件，并产生了组织为了摆脱外部依赖，维持组织自治度的行为。依赖可以是相互的，两个组织也可以同时地相互依赖。当一个组织的依赖性大于另外一个组织时，权力变得不平等。有两种类型的资源依赖：竞争性相依与共生性相依。"竞争性相依"主要是指在同一市场中运行的组织的特点，这种组织与其他组织竞争稀缺资源。而"共生性相依"主要是指组织与其他组织有共同利益，一个组织的产出成为另一个组织的投入。当一个组织面临不利，另一个组织也会受到相似的影响，它们共生共灭。

与结构权变理论着重强调组织对环境的适应性不同，资源依赖理论的特点在于它是通过分析组织怎样以合并、联合、游说或治理等方法改变环境，说明组织不仅是为需要去适应环境的被动行动者，而要让环境来适应自身的主动行动者。在现实的组织行为中，大量的组织合并、组织成网络等行为正是组织控制环境资源的实例。例如，组织会通过垂直的整合来消除与其他组织的共生式依赖；通过水平的扩展，吸收竞争者以消除竞争中的不确定性或者通过多样化的策略扩展到多个领域，以避

---

[1] Jerffery Pfeffer, Gerald Salancik. 1978. *The External Control of Organizations*. New York: Haper & Row.

免依赖单个领域内的主导性组织等等。

8. 政府间管理

"政府间管理"（Intergovernmental Management，以下简称 IGM）一词在政府间事务研究的出现，反映了越来越多的官员在政府之间的边界上展开工作。① 与联邦主义和政府间关系文献不同的地方在于，政府间管理将重心放在管理上而非关系上。它体现了这样一种思维：拥有重大权力的大型社会、政治和行政组织必须得到管理，这些组织及其附属部分和成员必须受到引导、鞭策并以恰当方式集中起来以实现某种目标。② 传统政府间关系的文献关注的是集权抑或分权，关注不同层级政府之间是合作抑或是竞争关系，而政府间管理突破了这种层级式的思维模式，将重心放在具体问题的解决上。IGM 有三个核心词：解决问题、应对能力和网络。它以解决问题为焦点，也就是说以过程为导向的行动可以集中所有层级的财物去做一些建设性的事情；它强调应对能力，了解府际关系本来面目的途径，并能够就如何采取有效行动提供有益的建议；它强调沟通、网络的联系和发展。③ 正如赖特（Deil Wright）所指，IGM 的出现反映了三个重要的发展：一是 20 世纪 60 年代出现的积极国家政策的管理结果；二是执行各种政府间项目的困难；三是职业员工和政治家之间的鸿沟。这三者使得公共管理和管理者的重要性越来越凸显出来，它反映了对辖区间问题的一种更为谦逊、边际和温和的解决途径。④

这种管理取向的政府间关系研究特别注重政策执行面的问题解决，政府之间共同解决问题涉及大量的政府层级，责任、决策框架和相交的利益更需要把不同的、相互依赖的组织通过网络联系起来，因此，更加

---

① Agranoff, Robert. 1986. *Intergvoernmental Management*: *Human Services Problem Solving in Six Metropolitan Areas*. Albany: State University of New York Press.

② Wright, Deil S. 1990. "Federalism, Intergovernmental Relations, and Intergovernmental Management: Historical Reflections and Conceptual Comparisons." *Public Administration Review*, 50 (2): 168–178.

③ Mandell, Myrna P. 1988. "Intergovernmental Management in Interorganizational Networks: A Revised Perspective." *International Journal of Public Administration*, 11 (4): 393–416.

④ Wright, Deil S. 1990. "Federalism, Intergovernmental Relations, and Intergovernmental Management: Historical Reflections and Conceptual Comparisons." *Public Administration Review*, 50 (2): 168–178.

依靠非层级节制的网络行政,以协商谈判和冲突化解来实现特定政策目标和完成治理任务。① 表1-1详细说明了联邦主义、政府间关系和政府间管理三者之间的差异。②

表1-1 辖区间理念(Interjurisdictional Concepts)的历史演进

	主要行动者	核心特点	权力模式	冲突解决方法
联邦主义	民选的政治通才	宪法——法律制度——政治	国家至上	选举、法律、法庭
政府间关系	任命的行政通才	参与者的感知、观念;财政政策和模型	科层制	游戏博弈、联盟、市场
政府间管理	项目或政策专家	问题解决、网络协作、应对不确定性	非科层制	协商、化解冲突

资料来源:Wright,1990。

由于政府间管理主要关注的是具体问题的解决,因此,这类文献往往体现为对某一项政策的执行过程中所体现出来的政府关系网络的管理。这其中最突出的代表是普雷斯曼(Jefferey Pressman)和威尔达夫斯基(Aron Wildavsky)对经济发展署的20世纪60年代一个项目执行情况的研究。该项目描绘了各个层次的政府组成的复杂联合行动网络,并令人信服地解释了为什么联邦政府的这样一项伟大项目最终梦断奥克兰的。③ 如麦圭尔(Michael McGuire)所言,该研究充分展示了公共管理的协作本质。④

---

① McGuire, Michael. 2006. "Intergovernmental Management: A View from the Bottom." *Public Administration Review*, 66 (5): 677-679.

② Deil S. Wright. 1990. "Federalism, Intergovernmental Relations, and Intergovernmental Management: Historical Reflections and Conceptual Comparisons." *Public Administration Review*, 50 (2): 168-178.

③ Pressman, Jeffrey L. & Aron B. Wildavsky. 1973. *Implementation: How Great Expectations in Washington are Dashed in Oakland*. Berkeley: University of California.

④ McGuire, Michael. 2006. "Collaborative Public Management: Assessing What We Know and How We Know It." *Public Administration Review*, 66 (1): 33-43.

9. 网络理论

有关网络的研究最早出现于社会学领域。在社会学中，网络被定义为由多个点（社会行动者）和各点之间的连线（行动者之间的关系）组成的集合。① 网络主要关注在一个网络中不同地位的行为者之间的关系，以及这些存在的关系如何影响他们在网络中的行为。它关心的是关系，而非属性；关心的是互动的结构模式而非孤立的个体行动者。正是关系的交集界定着个体在群体中的位置以及群体在组织中的位置，或者组织在市场中的生境。社会网络强调这样一个事实：每个行动者都与其他行动者有着或多或少的关系。社会网络分析者建立这些关系的模型，力图描述群体关系的结构，研究这种结构对群体功能或者群体内部个体的影响。网络研究是组织间关系的一个重要层面，组织之间构成的网络关系被看做是一种独特的结构，一种既不同于市场也不同于科层，而是一种独特的、具有自身统一逻辑的经济活动组织形式。②

网络理论在政治学中的应用始于政策网络研究，该研究关注在特定政策领域中的利益相关者、政策专家和政府官员之间的实际行为和互动以及行动者的角色和网络结构本身如何影响政策结果。如，沟通网络如何影响之后的政策形成？网络结构如何促进政策企业家的出现？网络结构如何影响政策参与、人际关系和政府制度的有效性？③ 新制度经济学派将网络视为是降低交易费用的一种方式，他们认为，在管理地方公共资源时，往往存在着集体行动的约束，使得组织无法实现合作的收益。区域治理网络的研究者将地方网络关系视为是行动者发展出来的政治契约，通过这种契约他们尝试将与地方公共资源使用相关的一阶集体行动问题最小化。这些研究者假定网络能够通过信息和声誉来刺激协作。信息和

---

① Carey Hill, M. A. 2002. *Network Literature Review: Conceptualizing and Evaluating Networks.* Calgary: Southern Alberta Child & Youth Health Network.

② Thompson, Grahame. 2003. *Between Hierarchies and Markets: The Logic and Limits of Network Forms of Organization.* Oxford: Oxford University Press.

③ Weible, C. M., Sabatier, P. A. 2005. "Comparing Policy Network: Marine Protected Areas in California." *The Policy Studies Journal*, 33 (2): 181–201.

声誉能够鼓励参与者就共同面临的问题达成一致的视角和合作与信息规范。①

在公共管理领域，20世纪80年代中期也开始对网络产生兴趣。公共管理传统的网络研究关心的是，网络是否存在及其运作情况；个人在网络中是如何作为管理者发挥作用的，也就是说，与层级制相比，在各种网络中需要什么样的技术和管理技能。② 网络对决策、政策产出和结果以及民主治理产生什么样的影响。到90年代中期，网络研究在公共行政的权威刊物上开始越来越多。随着政府改革和政府外包实践的普及，公共服务提供中网络越来越重要，越来越多的学者关心如何管理这种网络的问题。

10. 流域治理研究

国外的区域治理研究，非常注重对跨国或跨行政区划的大河大湖的实证研究。比如，美国的密西西比河流域、科罗拉多河流域和田纳西河流域的开发和治理，英国泰晤士河的污染及其治理，巴西亚马逊流域的治理，东欧的多瑙河和莱茵河流域的治理，非洲尼罗河流域的治理，美、加对伊利湖的共同治理等等。

（二）国外区域治理研究的启示

1. 区域合作是一个系统工程，不可能一蹴而就

从欧盟的经验来看，区域合作往往从经济领域开始，特别是通过消除贸易壁垒等政策措施来增加市场的一体化；市场一体化下货物、资本、劳力的流动必然会带动相关规范、文化的传播，而这种一体化的扩展发展到一定时期会遇到障碍，需要通过积极的一体化来排除障碍，即通过引进社会政策和地区发展措施来影响市场行为。以货物、资本和人员自由流动为基础的欧洲大市场要求成员国必须在农业、运输和竞争政策上取得某种程度的一致。

因此，研究欧洲一体化的学者都在某种程度上将一体化分为若干个

---

① Dyer, Jeffrey H. 1997. "Effective Interfirm Collaboration: How Firms Minimize Transaction Costs and Maximize Transaction Value." *Strategic Management Journal*, 18 (7): 535–556.

② Agranoff, Robert & Michael McGuire. 2001. "Big Questions in Pubic Network: Management Research." *Journal of Public Administration Research and Theory*, 11 (3): 295–396.

阶段，如巴拉萨把经济一体化的进程分为四个阶段：（1）贸易一体化，即取消对商品流动的限制；（2）要素一体化，即实行生产要素的自由流动；（3）政策一体化，即在集团内达到国家经济政策的协调一致；（4）完全一体化，即所有政策的全面统一。罗布森（Robson）将政策一体化看做一体化的最高阶段，这种一体化不仅要实现一体化内部政策的协调一致，还要实现政策措施的高度统一。功能主义的一体化理论把欧洲一体化看做是一个从功能领域发展起来，通过"外溢"不断自我持续的并最终在政治上能够实现更紧密联盟的进程。厄恩斯特·哈斯（Ernst Haas）、里奥·林德博格（Leon Lindberg）、约瑟夫·奈（Joseph Nye）和菲利普·施密特（Philippe Schmitter）等代表学者都将一体化视为一个不断变化、自我强化的进程，认为一体化会产生意料不到的效果，一旦一体化启动，就会产生不断地自我强化的"滚雪球"效应，即"外溢"效应。

尽管功能主义者看到欧洲的一体化明显地发生了从经济领域向政治领域的"外溢"现象，但目前政治一体化已经具有独立的意义，如哈贝马斯所言，自由经济的一体化并不必然导致政治一体化。要实现政治一体化，必须要通过政治力量的积极干预。目前欧盟就处于这一关键时期，由于一体化建设在社会领域的严重缺失，社会福利体系仍然牢牢掌握在民族国家手中，其所导致的经济市场化和福利国家化的分裂局面，使欧盟面对权力是应该更加向上还是向下移动的问题。因而，如何建设"社会欧洲"或者如何建设后现代福利国家体系，实际上不仅仅是个欧盟政治问题，它已经成为欧洲一体化建设的核心问题。正如施泰因·罗坎所言，经济、行政和文化中心在发展演变的过程中调动各自的资源发展自己的组织结构，它们只是在特定的时段和特定的条件下才会得到支持。欧洲一体化是经济中心逐渐形成的过程，但是如何在此基础上推进相应的行政和文化中心的发展，将决定着欧洲未来的走向。20世纪80年代中期以来，欧盟政治精英开始采用象征政治的手段来推动欧洲一体化发展，这表明欧盟不再单纯依靠经济和技术领域的"外溢"作用，而是开始转向欧洲的社会和文化领域。

2. 区域治理要考虑到不同经济发展区域的利益

参照日本学者小岛清的协议性分工理论，区域合作更容易在经济发展水平相同的地方实现。但是，就中国这样一个大国而言，在区域治理的实践中，必须照顾不同经济发展区域的利益，必须考虑区域合作所带来的配置效应的分配问题，即各地方如何分配区域合作所带来的收益。

当前，国外区域治理研究已经转向关注区域合作对欠发达地区的影响问题，比如，集体自力更生理论认为，经济发展的结果不是带来共同富裕，而是加剧贫富悬殊，市场导向的一体化过程至少不会改善欠发达地区的窘况，可能进一步加大发达地区和欠发达地区的差距。区域合作所考虑的是整体的经济效率，而不是区际公平，所以区域合作可能意味着以富裕地区的标准来推行一体化，这对于贫穷地区而言是不公平的。以珠三角为例，该地区的区域合作很大程度上是依靠政府推动的战略而推进的，在强调科学发展观、强调区域均衡发展的今天，经济效率不应该成为政府的唯一甚至是主要考虑，政府存在的合理性不应该仅仅是做大蛋糕，而是分好蛋糕。所以，区际公平必须上升到省政府乃至中央政府的决策标准中来，在推动区域合作的同时，不能只考虑到利益的分割，而要考虑到自己作为一级政府存在的合理性，兼顾公平。

另一个值得关注的问题是，区域合作过程中也会出现对富裕地区的剥夺，从而出现"被合作"的问题。新区域主义从国际层面分析了这一问题，并发现区域经济一体化过程中会出现小国对大国的单方面支付。原因是小国最根本的目的是期望通过签署某种优惠贸易安排而获得进入大国市场的保证，帕罗利（Perroni）和威利（Whalley）认为，对于大国来说，在与小国签署某项贸易协定以后，也就意味着同时失去了向小国实施贸易报复的能力，小国所作的额外支付可以看做是对这一情况所作出的补偿。

3. 区域治理中矛盾和冲突的解决有赖于真正的对话

区域治理中存在的主要问题和障碍，往往在于各地方政府以自己的利益参与到区域合作过程中，为固守自己的利益而使得区域合作陷入僵局。公共利益是公民经过不断对话、价值分享而形成的，而不是个人自我利益的总和。因此，区域合作中要实现的共同利益也不仅仅是各地方利益的简单加总,这中间的对话、价值分享将是非常关键的。一个真正的对话,意味着行政人员和公民能充分地参与互动,而不仅仅是一群被带来一起谈话的理性自利的个体。这种协商和建立共识的过程,就是一种个人随着自己的参与而与他人彼此接触的过程,在这种互动过程中,充满着所有的人格特质,不仅是理性,还包括经验、直觉和情感。为实现这种互动,我们必须要知道如何不依赖理性来行动以及如何与不同的想法达成妥协。麦克斯怀特(McSwite,1997:276)提出"倾听、放空自己,并视己如人",这时候"我就是你"。

从这个意义上看,区域合作是一个过程,目的并不在于建立一个什么样的机构,而是在人们追求福利的过程中,不断使社会的或经济的机构来适应人们的需求。正如功能主义学派所认识到的,只有从各成员国共同利益出发,通过不断加强彼此间的合作,区域合作才有可能"自下而上"逐步完成。比如,2002年2月在欧盟总部布鲁塞尔召开的欧洲制宪会议,瓦德里·吉斯卡尔·德斯坦主席在开篇演讲中就积极强调塑造制宪会议的"大会精神"(Convention Spirit),请求委员们把他们的工作放在"不预先设定观点"的情境中,"在面对我们的任务时不带任何既有的观念,持续地、全面地倾听各方面的意见,形成我们新的欧洲观念"。

4. 区域治理的动力最终来自于公民

政府间主义者一直坚持认为区域合作主要是由政府推动的,而功能主义、制度主义、建构主义都反对这种单纯强调政治精英的观点。他们举例说,无论是欧盟委员会的执行危机还是欧盟的民主赤字问题,都表明欧洲一体化在今天所碰到的最大的障碍来自公民的支持不足,如2005年欧盟的两个创始国法国和荷兰全民公决否认了《欧盟宪法(草案)》,英国被迫搁置公决。2008年6月,《里斯本条约》在爱尔兰全民公决中再度被否决,欧洲一体化再度陷入困境。约翰·吉林汉姆认为,这反映出欧盟的整体设计出了问题,因此应改弦更张,把权力归还给成员国,减少超国家机构对成员国事务的过多干预,坚持职能下属化原则。学者们和政治家们逐渐认识到,区域治理必须从精英工程走向民主功能,以恢复区域合作的合法性。正如卡尔·多伊奇(Karl Deutsch)所言,只有当人们从物品和服务流动及其沟通中，获得理解也取得价值共识，才能形成有效的区域合作。因此，欧盟政治精英开始采用象征政治的手段来推动欧洲一体化发展，通过发明和使用一系列的象征符号，欧盟塑造了自身在其公民和世界上的形象和认同。它通过每天生活的固定速度、通过把市民的认同感附加在民族国家之上的形象得到了加强。

欧盟的多层治理理论正是通过强调公民作为主体参与治理的合法性。与传统的主权国家所具有的那种集中的等级制的治理模式不同，欧盟的制度是一种围绕着不同问题领域而形成的包含有民族国家政府、欧盟机构、利益集团代表、各种非政府组织甚至个人等多种力量共同参与形成的各种规则群，不同的问题领域有着不同决策模式和决策进程。2001年的《欧盟治理白皮书》也承诺通过利益相关者直接参与欧盟治理过程，激发对欧洲问题的广泛公众辩论，弭除决策者和公民之间的跨度，将欧盟治理置于大众的控制之下。在以精英为主的标准立法程序之外，欧盟新增了两种决策机制——社会伙伴程序和开放式协调法，如社会伙伴程序改变了标准立法程序中社会伙伴仅为立法提供咨询的地位，赋予其直接立法权；而开放式协调则强调社会伙伴、欧盟机构、成员国政府、成员国地方政府以及公民社会的磋商和辩论、就各自的立场发表意见，通过协调拟订各方基本认可的方案。这两种决策机制都明显地强调公民的参与，反映出欧盟已经认识到自己发展的最终动力来自公民。

三、中国区域治理研究的发展路向

如上所述，区域治理的概念及其理论主张发源于西方，有其深刻的社会经济和制度基础。但中国的国情较之于西方有很大的不同，由于长期受"全能主义政府"思维影响，中国政府力量超强，市场和社会发育不良，由此导致区域公共事务治理中政府主导乃至"唱独角戏"的单中心治理格局。基于此，在过去近20年的研究中，我们先后使用"区域行政"和"区域公共管理"的提法，并一直在推动此方面的研究和西方国家的研究接轨。① 自中共"十七大"召开以来，国内的政治、经济、社会等环境发生了诸多积极的变化：一是公民参与领域向区域公共事务不断拓展；二是社会组织发展的放松管制有利于非营利组织参与区域性公共事务；三是区域一体化的全面推进重塑着传统的政府间关系；四是公私合作伙伴关系在区域公共物品生产中发挥着愈发重要作用。② 在此背景下，实践中的区域公共管理正历经向区域治理的"增量"嬗变。因此，在 2011 年底中山大学中国公共管理研究中心主办的"首届区域与城市国际学术研讨会"上，我们作了"从区域公共管理走向区域治理"的学术报告，提出未来中国区域治理研究的发展应关注如下十方面的内容：

（一）大都市区和城市群治理研究

美国著名经济学家约瑟夫·斯蒂格里茨曾指出："在 21 世纪初期，影响世界最大的两件事，一是美国的新技术革命，二是中国的城市化。"我国在经历了 30 年高速工业化与城市化发展后，珠三角地区、长三角地区、京津唐地区、长株潭地区等已进入了城市化的更高发展阶段——大都市区化和城市群发展阶段，形成了所谓"三大特大城市群、八大城市群"的发展格局。欧美发达国家的经验表明，大都市区和城市群发展阶段有别于早期的粗放型城市化发展阶段，市际间跨域性公共事务变得日益叠加和倍增，迫切需要城市政府间走向协作性公共管理，采取更多统一的制度性集体行动。欧美国家多奉行政治自由主义传统，实行地方自治，因此，一直以来存在所谓"巨人政府"、"多中心主义"和"新区域主义"的理论论争和政策分歧。而我国是单一制的中央集权国家，如何吸取国外经验教训，防止和避免城市化进程中的误区，将是未来我国大都市区和城市群实现良好治理的关键。可以预期，这方面问题将不断凸显，理论研究和政策讨论的空间非常广阔。

（二）区域发展政策工具研究

改革开放以来，中国区域政策经历了以经济特区为重心的沿海地区

---

① 陈瑞莲等：《区域公共管理理论与实践研究》，中国社会科学出版社 2008 年版。
② 陈瑞莲、杨爱平：《从区域公共管理到区域治理研究：历史的转型》，载《南开学报》，2012 年第 2 期。

优先发展阶段、以浦东开发为龙头的沿江沿边地区重点发展阶段、以缩小区域差距为导向的西部大开发阶段和以区域协调发展为导向的共同发展阶段。从政策效应看,它培育了经济发展的重点区域,促进了欠发达地区的发展,增强了区域发展的协调性,拓展了区域合作的深度和广度,丰富了区域发展的内涵。[①] 但相对于中国幅员辽阔的地域而言,我国以往的区域发展政策存在"国家的简单化"问题,需要通过设计更为精密化的政策工具来落实中央或上级政府的政策意图。简言之,政策工具就是达成政策目标的手段。未来中国区域发展的政策工具研究,至少应该聚焦于以下领域:一是我国的优化开发、重点开发、限制开发和禁止开发四类主体功能区的政策工具研究。如何对优化开发、重点开发、限制开发和禁止开发四类主体功能区实施分类管理的区域政策及科学的绩效评估,以实现这些区域间的协调发展以及每类主体功能区内部的协调发展问题,值得深入研究。二是我国老、少、边、穷等落后地区发展的政策工具问题。解决这些地区发展问题时,如何实现中央转移支付的政策公平和政策效率,如何设计更具制度性激励政策以避免政策失败或政策"软化",是一个亟需引起关注的话题。三是发达区域和欠发达区域间的平权机制建设问题。改革开放以来,中央向地方的选择性分权的过程,客观上造成了经济先发地区和后发地区间发展权利的失衡,进而影响地区的发展能力。如何通过设计合理的平衡地方发展权的政策工具,以实现区域的协调发展,是一个不可回避的重大问题。

(三) 府际关系视域下的府际竞合与府际冲突研究

从府际关系视域研究府际竞争与合作问题,是区域行政和区域公共管理研究时期的热点问题。相较而言,对政府间竞争问题的研究又多于政府间合作的研究。而且,传统上很多学者对政府间合作的研究重理论诠释轻实证分析,由于缺乏问题意识,导致很多研究难以揭示和解释我国地方政府间合作的困境及症结所在。更为突出的一个问题是,国内学界甚少关注到政府间冲突,而这恰恰是我国区域一体化过程中日益"浮

---

① 陈瑞莲、谢宝剑:《回顾与前瞻:改革开放30年中国主要区域政策》,载《政治学研究》,2009年第1期,第61—69页。

出水面"的问题。从区域治理的理论立场来看,府际关系视域下府际竞争、府际合作与府际冲突的研究,尚需在下述领域不断深化:一是探讨如何通过顶层制度设计,规范我国的地方政府间竞争,促使地方政府间竞争步入一个良性运转的轨道。二是深入探讨地方政府合作中的主体性格问题,包括中央和上级政府、地方同级政府、地方领导人、政府部门在府际合作中的利益诉求、心理动机、注意力、行为机理等,只有把不同合作主体的多面性格揭示出来,才能真正对症下药,提出促进合作的政策思路。三是对近年来我国地方政府通过制度创新而形成的不同合作模式的研究,尤其要关注政府间交易机制这种崭新合作机制的研究。四是借用组织冲突理论,着手研究中国区域一体化过程中的反一体化现象——府际冲突问题。实际上,府际冲突问题的现实面向多种多样,问题性质不相类同,触发动因各有差异,冲突的解决也应讲究分类治理。

(四)区域契约行政研究

契约行政是当代中国区域政府间合作的一种方兴未艾现象。所谓"契约行政",是指在我国政府主导的区域合作模式下,政府作为区域合作的主要参与方,通过签订各种形式的政府间契约如"规划纲要"、"合作框架协议"、"合作宣言"、"合作意见"、"合作备忘录"等来推动政府间合作的一种区域行政方式。[①] 我国的区域契约行政类似于美国的州际协议治理模式,但相较于美国学者对州际协议的大量研究而言,国内学界对我国近年来兴起的府际契约研究不多。因此,可以在以下方面开展研究:一是从现代契约理论和公法理论的层面,深入探讨府际契约的内在属性、现实类型、基本特点及其主要缺失问题。如果对这些问题讨论不够、不深,学界或政界就很容易陷入对美国州际协议生搬硬套的误区。二是对我国区域契约行政的生发机制的研究。我国是一个有浓郁政治动员传统的国家,从政治动员的理论视角剖解区域契约行政的生发机制,能够还原我国近年来区域一体化的现实场景,找寻问题背后的制度根源。三是重点研究府际契约的激励和约束机制,或者说实际执行力问题。现

---

① 杨爱平:《区域合作中的府际契约:概念与分类》,载《中国行政管理》,2011年第6期,第100—104页。

实中我国地方政府间签订了形形色色的、内容宽泛的各类府际契约,但签订之后的执行效果如何、存在哪些问题和障碍?这些问题至今少人问津。因此,从理论上探讨如何通过合理的机制设计,规避府际契约执行不力甚至无法执行的政治风险,意义重大。

(五) 区域性公民社会研究

"区域性公民社会"是相对于"全球公民社会"而言的。美国学者莱斯特·萨拉蒙通过对西欧、北美洲、亚洲、中欧和东欧、拉丁美洲等22个国家的非营利组织的系统研究,从非营利组织的视界对"全球公民社会"作了管中窥豹的探讨。① 区域性公民社会是个内涵丰富、外延宽广的概念,非营利组织视角只是其中一个方面,因此,从区域治理角度研究我国的区域性公民社会话题,可以从这么几个维度来进行:一是研究作为区域性公民社会最基本的行动主体——公民参与区域治理问题。借鉴国外当代的公民参与理论,应该着力探讨不同地区公民参与区域治理的动力机制、表现形态、结构组成、主要功能、有效性、参与限度等问题,从而发现和积累我国公民参与的地方性知识,避免以往大而泛地空发议论的弊病。二是研究非政府、非营利组织参与区域治理的主要活动、资金来源、组织结构和治理方式等问题。尤其要结合地方和区域实际,研究民间商会、行业协会、公益类组织、维权类组织在区域治理中与官方的互动机制。三是透过案例研究,深入挖掘非政府、非营利组织参与区域治理的主要障碍及其文化和体制根源。

(六) 跨域性公共治理研究

跨域性公共治理研究,主要包括跨域大气治理、跨界水环境治理、跨域食品安全监管、跨域公共危机管理、跨境警务协作等问题。一是跨域大气治理问题,由于空气的流动性及其负外部效应,如何协作治理迄今是个世界性难题。二是跨界水环境治理问题,如何通过构建涵盖流域政府的政绩评价、流域生态补偿、流域政府间平权机制、跨界水污染的

---

① 〔美〕莱斯特·M. 萨拉蒙:《全球公民社会——非营利部门视界》,贾西津、魏玉译,社会科学文献出版社2002年版。

问责机制、政府间伙伴关系的压力传导机制等府际协作治理机制①，将是未来进一步研究的话题。三是跨域食品安全监管问题，我国目前实行的是地方各级人民政府对当地食品安全负总责，统一领导、协调本地区的食品安全监管和整治体制，但许多地方政府基于自身利益考虑，往往放任对食品安全的强力监管，如三鹿问题奶制品事件；同时，问题一旦出现，却缺乏区域间的及时通报及联动机制，可见，食品安全监管的跨区域协调联动机制研究十分必要。四是跨域公共危机管理问题，诸如重大流行病防治、重大环境污染事件、重大突发应急管理事件，越来越需要地方政府间的跨境合作，建立公共危机管理的跨域管理体制机制。五是跨境警务协作问题，随着我国人口流动性的进一步加剧，跨境警务协作愈发频繁，探讨如何突破目前的体制束缚，构建有效的警务协作机制，具有显著的社会效应。

（七）"一国两制"下粤港澳区域治理研究

改革开放30多年后，粤港澳区域合作已经由过往的利益离散型合作，过渡到当下的利益聚合型合作阶段，这是一种政府驱动、区域公共利益最大化的跨域事务治理合作。但"一国两制"下粤港澳政府之间存在政治、经济、行政、法律等诸多层面的制度差异，因此，随着跨域事务治理合作的日益深入，三方间的制度碰障乃至制度摩擦势必发生，而如何弥合和疏解这方面问题，成为制约粤港澳区域治理的主要难题。未来应加强以下几方面研究：一是如何加强府际管理，营造良性的府际关系。粤港澳合作中的府际关系，从结构上看包括正式的府际关系和非正式的府际关系。其中，前者要处理好中央政府与粤港澳政府间、粤港澳政府彼此间、粤港澳所辖的部门政府间，以及港澳政府与珠三角九市政府间的关系，这是确保政府合作可持续发展的制度支撑；后者则要注重发挥三地知名人士和社会名流的私交与人脉关系，充当沟通粤港澳府际关系的中介和桥梁作用，以免跨域治理合作中出现不必要的误判和隔阂。二是如何深化政府交流与制度学习，缩小珠三角政府与港澳政府尤其是

---

① 杨爱平：《构建跨界水污染防治的府际协作机制》，载《中国社会科学报》，2011年第242期。

与香港政府间的"制度差距"。目前，深圳前海、珠海横琴、广州南沙这些重点合作区建设，对加强粤港澳政府之间的深度交流和合作，使珠三角政府在不断的制度学习中缩小自身与港澳政府的"制度差距"大有益处。三是如何更好发展公私合作伙伴关系，构筑政府、市场、公民社会合力参与的粤港澳区域治理体系。通过引入多方参与的组织间网络，分担粤港澳政府在跨域治理中的压力，实际上就减少了政府间制度摩擦和制度冲突的机会。

（八）海域治理研究

随着中国经济的迅猛扩张和陆上资源的日益短缺，沿海地区必然出现由陆上发展向海洋发展的新趋势。在此背景下，我国海域治理问题愈发凸显出来。当前海域治理中亟待研究的问题主要有：海洋生态环境治理问题、海洋生态资源保护问题、海洋工程项目管理问题、海洋行政执法问题等。在海洋生态环境治理研究领域，同样存在陆上流域治理中的中央与地方关系、地方保护主义、政企关系等复杂的问题，因此，研究如何通过理顺府际关系、加强府际管理来治理海洋环境问题，将是一个重要的理论创新。在海洋生态资源保护方面，可以综合采用法学、经济学、公共管理的视角来加强研究。比如，开展海洋生态资源生态补偿研究，有利于利用经济和法律的手段解决海洋生态资源面临的问题，可研究海洋生态资源生态补偿的利益相关者、补偿强度和补偿途径等问题。在海洋工程项目管理方面，要加强对不同层级政府的责任差异研究。比如，中央政府（国家海洋局代表）应严格提高海洋工程项目实施的准入门槛，实施最严格的环境影响评价审批制度；而针对地方政府应设计严格的责任追究和惩罚机制。在海洋行政执法领域，应加强研究大部门制理论视野下，海洋综合行政执法的协同机制和绩效评估机制等问题。

（九）区域治理比较研究

一方面，要加强对国外区域治理的比较研究，尤其是美国、欧盟、日本、加拿大等国家和地区在大都市区治理、城市群治理、区域发展的政策工具、公民参与区域治理方面的比较研究。今后，需要加大力度译介这些国外区域治理研究的系列著作，从中吸收先进的研究方法、适用的概念工具和成熟的理论观点，进而结合我国区域治理的实际情况，推进有中国特色的区域治理理论体系建设。另一方面，要注重对国内不同区域治理的比较研究。我国幅员辽阔，各个地区历史文化传统、经济发展水平、政治发展程度、政府治理绩效、公民参政意愿及能力、社会资本发育状况等差异甚大，因此，开展对不同地区的区域治理比较研究，将具有深远的理论意义，也很有政策价值。

（十）区域治理绩效及其评估研究

随着我国区域治理理论研究的不断深入、区域治理实践的日益拓展，区域治理绩效及其评估问题也同样应引起足够的重视，而且应成为区域治理理论研究中一个不可或缺的领域。尤其在当代中国，区域治理的开展更多是政治动员和行政主导的结果，主要是上级党委和政府通过目标设立、会议推动、政策灌输、组织建设、行政包干、政绩考核等一系列策略和手段，调度和集中各方面力量和资源，强力推动下级政府去贯彻实施的。① 作为一种组织化行动，中国的区域治理实践尤其是当下进行的区域一体化和城市群建设，目标到底实现了多少，实际效果又如何，如果能开展独立第三方的绩效评估，将是一个非常有意义的工作。但相较于热门的地方政府及其职能部门的绩效评估研究而言，关于区域治理绩效评估研究在国内公共管理学界确实较为薄弱，因此，未来很有必要加强这方面的研究。

本章主要参考文献

1. 〔美〕奥兰·扬：《世界事务中的治理》，陈玉刚等译，上海人民出版社2007年版。

2. 〔德〕贝亚特·科勒·科赫、托马斯·康策尔曼、米歇根·克诺特：《欧洲一体化与欧盟治理》，顾俊礼、潘琪昌、周宏等译，中国社会科学出版社2004年版。

3. 陈军亚：《西方区域经济一体化理论的起源及发展》，载《华中师范大学学

---

① 杨爱平：《从政治动员到制度建设：珠三角一体化中的政府创新》，载《华南师范大学学报》，2011年第3期。

报》，2008 年第 6 期。

4. 陈瑞莲：《论区域公共管理研究的缘起与发展》，载《政治学研究》，2003 年第 4 期。

5. 陈瑞莲：《论区域公共管理的制度创新》，载《中山大学学报》，2005 年第 5 期。

6. 陈瑞莲：《区域公共管理导论》，中国社会科学出版社 2006 年版。

7. 陈瑞莲：《欧盟国家的区域协调发展：经验与启示》，载《政治学研究》，2006 年第 3 期。

8. 陈瑞莲：《区域公共管理理论与实践研究》，中国社会科学出版社 2008 年版。

9. 陈瑞莲、谢宝剑：《回顾与前瞻：改革开放 30 年中国主要区域政策》，载《政治学研究》，2009 年第 1 期。

10. 陈瑞莲、杨爱平：《从区域公共管理到区域治理研究：历史的转型》，载《南开学报》，2012 年第 2 期。

11. 〔英〕戴维·赫尔德等：《驯服全球化》，童新耕译，上海译文出版社 2005 年版。

12. 〔美〕戈德史密斯、埃格斯：《网络化治理：公共部门的新形态》，孙迎春译，北京大学出版社 2008 年版。

13. 刘文秀、埃米尔·J. 科什纳等：《欧洲联盟政策及政策过程研究》，法律出版社 2003 年版。

14. 刘玉、冯健：《区域公共政策》，中国人民大学出版社 2005 年版。

15. 〔美〕曼瑟尔·奥尔森：《集体行动的逻辑》，陈郁、郭宇峰、李崇新译，上海三联书店 2004 年版。

16. 孙兵：《区域协调组织与区域治理》，上海人民出版社 2007 年版。

17. 田青：《国际经济一体化理论与实证研究》，中国经济出版社 2005 年版。

18. 王绍光、胡鞍钢：《中国：不平衡发展的政治经济学》，中国计划出版社 1999 年版。

19. 杨爱平：《区域合作中的府际契约：概念与分类》，载《中国行政管理》，2011 年第 7 期。

20. 张可云：《区域经济政策》，商务印书馆 2005 年版。

21. 朱立群：《欧洲一体化理论：研究问题、路径与特点》，载《国际政治研究》，2008 年第 4 期。

22. Agranoff, Robert. 1986. *Intergovernmental Management: Human Services Problem Solving in Six Metropolitan Areas*. Albany: State University of New York Press.

23. Agranoff, Robert & Michael McGuire. 2001. "Big Questions in Public Network: Management Research." *Journal of Public Administration Research and Theory*, 11(3).

24. Agranoff, Robert & Michael McGuire. 2003. *Collaborative Public Management: New Strategies for Local Governments*. Washington, D. C. : Georgetown University Press.

25. Agranoff, Robert. 2003. *Leveraging Networks: A Guide for Public Managers Working across Organizations*. Washington, D. C. : IBM Center for the Business of Government.

26. Benson, Kenneth. 1975. "The Interorganizational Network as a Political Economy." *Administrative Science Quarterly*, 20.

27. Brass, Daniel J. , Joseph Galaskiewicz, Henrich R. Greve & Wenpin Tsai. 2004. "Taking Stock of Networks and Organizations: A Multilevel Perspective." *Academy of Management Journal*, 47(6).

28. Carey Hill, M. A. 2002. *Network Literature Review: Conceptualizing and Evaluating Networks*. Calgary: Southern Alberta Child & Youth Health Network.

29. Deil S. Wright. 1990. "Federalism, Intergovernmental Relations, and Intergovernmental Management: Historical Reflections and Conceptual Comparisons." *Public Administration Review*, 50(2).

30. Dyer, Jeffrey H. 1997. "Effective Interfirm Collaboration: How Firms Minimize Transaction Costs and Maximize Transaction Value." *Strategic Management Journal*, 18(7).

31. Gladwell, Malcolm. 2002. *The Tipping Point: How Little Things Can Make a Big Difference*. New York: Back Bay Books.

32. Gore, Albert. 1993. *Creating a Government That Works Better and Costs Less: Report of the National Performance Review*. Washington, D. C. : U. S. Government Printing Office.

33. Gray, B. 1989. *Collaborating: Finding Common Ground for Multiparty Problems*. California: Jossey – Bass Publishers.

34. Grodzins, Morton. 1960. *The Federal System. In Goals for Americans: The Report of the President's Commission on National Goals* New Jersey: Prentice Hall, pp. 265 – 282.

35. Guy B. Peters. 1998. "Managing Horizontal Government: The Politics of Co – ordination." *Public Administration*, 76.

36. Huxham, Chris. 2003. "Theorizing Collaboration Practice." *Public Management Review*, 5(3).

37. Innes, Judith E. & David E. Booher. 1999. "Consensus Building and Complex Adaptive Systems: A Framework for Evaluating Collaborative Planning." *Journal of the American Planning Association*, 65(4).

38. Janis Iving. 1972. *Victims of Groupthink: A Psychology Study of Foreign Policy Decisions and Fiascoes*. Boston: Houghton Mifflin.

39. John M. Bryson, Barbara C. Crosby & Melissa Middleton Stone. 2006. "The Design and Implementation of Cross – sector Collaborations: Propositions from the Literature." *Public Administration Review*, 66.

40. Kettl, Donald. 2006. "Managing Boundaries in American Administration: The Collaboration Imperative." *Public Administration Review*, 66.

41. Kickert, Walter J. M & Joop F. M. Koppenjan. 1997. "Public Management and Network Management: An Overview." In W. J. M. Kickert, E. – H. Klijn and J. F. M. Koppenjan (eds.), *Managing Complex Networks: Strategies for the Public Sector*. London: Sage, pp. 35 –61.

42. Lisa Blomgren Bingham, Rosemary O'Leary. 2006. "Conclusion: Parallel Play, Not Collaboration: Missing Questions, Missing Connections." *Public Administration Review*, 66.

43. Longoria. Richard A. 2005. "Is Inter – organizational Collaboration always a Good Thing?" *Journal of Sociology and Social Welfare*, 32(3).

44. M. Barnes, E. Matka & H. C. Sullivan. 2002. "Building Collaborative Capacity through Theories of Changes: Early Lessons from the Evaluation of Health Action Zones in England." *Evaluation*, 8(2).

45. Mandell, Myrna P. 1988. "Intergovernmental Management in Interorganizational Networks: A Revised Perspective." *International Journal of Public Administration*, 11(4).

46. Mandell, Myrna P. 1990. "Network Management: Strategic Behavior in the Public Sector." In Robert W. Gage and Myrna P. Mandell (eds.), *Strategies for Managing Intergovernmental Policies and Networks*. New York: Praeger.

47. McGuire, Michael. 2002. "Managing Networks: Propositions on What Managers Do and Why They Do It." *Public Administration Review*, 62(5).

48. McGuire, Michael. 2006. "Collaborative Public Management: Assessing What We Know and How We Know It." *Public Administration Review*, 66(s).

49. McGuire, Michael. 2006. "Intergovernmental Management: A View from the Bottom." *Public Administration Review*, 66(5).

50. Milward, H. Brinton & Provan, Keith G. 2006. *A Manager's Guide to Choosing and Using Collaborative Networks*. Washington, D. C.: IBM Center for the Business of Government.

51. Nadel, Siegfried F. 1957. *The Theory of Social Structure*. London: Cohen and West.

52. Oates, Wallece E. 1972. *Fiscal Federalism*. New York: Harcourt Brace Jovanovich.

53. Olson, Mancur, Jr. 1969. "The Principle of ' Fiscal Equivalence' : The Division of Responsibilites among Different Levels of Government. " *The American Economic Review*, 59(2).

54. Jeffery Pfeffer, Gerald Salancik. 1978. *The External Control of Organizations*. New York: Haper & Row.

55. Pressman Jeffrey L. & Aron B. Wildavsky. 1973. *Implementation: How Great Expectations in Washington are Dashed in Oakland.* Berkeley: University of California.

56. Ring P S. Van de Ven A H. 1994. "Developmental Processes of Cooperative Interorgnizational Relationships. " *Academy of Management Rev.* , 19.

57. Rittel, Horst & Melvin Webber. 1973. "Dilemmas in a General Theory of Planning. " *Policy Sciences*, 4.

58. Sandler, Todd. 1998. "Global and Regional Public Goods: A Prognosis for Collective Action. " *Fiscal Studies*, 19(3).

59. Scharpf, F. 1978. "Interorganisational Policy Studies: Issues, Concepts and Perspectives", in Hanf, K. , Scharpf, F. (Eds.) , *Interorganizational Policy Making*. California: Sage Publications.

60. Arthur A. Stein. 1982. "Coordination and Collaboration: Regimes in an Anarchic World, International Organization. " *International Organaztion*, 36(2).

61. Swann, William W. & Janet L. Morgan. 1992. *Collaborating for Comprehensive Services for Young Children and their Families—The Local Interagency Coordinating Council*. Maryland: Paul H. Brookes Publishing.

62. Thomson, Ann Marie & James L. Perry. 2006. "Collaboration Process: Inside the Black Box. " *Public Administration Review*, 66(s).

63. Thompson, Grahame. 2003. *Between Hierarchies and Markets: The Logic and Limits of Network Forms of Organization,* Oxford: Oxford University Press.

64. Weible, C. M. , Sabatier, P. A. 2005. "Comparing Policy Network: Marine Protected Areas in California. " *The Policy Studies Journal*, 33(2).

65. Williams, Paul. 2002. "The Competent Boundary Spanner. " *Public Administration*, 80(1).

66. Wright, Deil S. 1990. "Federalism, Intergovernmental Relations, and Intergovernmental Management: Historical Reflections and Conceptual Comparisons. " *Public Administration Review*, 50(2).

第二章 区域治理制度比较

在统筹区域发展和构建和谐社会进程中，区域治理制度安排对区域乃至整个国家和社会的全面协调可持续发展具有非常重要的影响作用。由各级政府主导、市场力量和社会多元主体协同参与，通过制度创新促进区域一体化，已经成为当今世界区域公共事务治理的一个重要趋势。经过多年的探索和不断发展，欧盟和美国区域治理制度模式积累了不少成功经验，这无论对于发展和完善我国区域治理的具体实践，还是促进和丰富我国区域治理的理论研究都有重要的启迪。

一、欧洲一体化及其区域治理制度框架

（一）欧洲的区域一体化

欧洲一体化进程始于20世纪50年代，迄今经历了"欧洲煤钢共同体"、"欧洲共同体"、"欧盟"三个历史阶段：

1. 第一阶段（战后初期的50年代）：欧洲煤钢共同体阶段。52年，法国、联邦德国、意大利、荷兰、比利时和卢森堡六国组建成立欧洲煤钢共同体。

2. 第二阶段（1958—1993）：欧洲共同体阶段。1958年，上述六国建立了欧洲经济共同体和欧洲原子能共同体。1967年，欧洲煤钢共同体、欧洲经济共同体和欧洲原子能共同体合并，统称欧洲共同体（又简称

"欧共体")。

3. 第三阶段（1993年至今）：欧洲联盟阶段。1993年11月1日，欧共体正式易名为欧洲联盟（简称"欧盟"）。欧盟先后经历了七次扩大，地域范围也从最初的西欧地区逐步拓展到中东欧地区，目前已有28个成员国。

欧洲一体化在不同时期目标定位各不一样，它先后通过关税同盟、共同市场、经济同盟、货币同盟的逐步建立，逐步加深内部一体化程度。

1. 关税同盟。1968年7月，欧共体实现了内部取消工业品关税、对外实行统一关税的目标，建立了关税同盟。

2. 共同市场。从1985年开始采取了数百项措施，以消除区域内商品、人员和资本自由流动的技术、法律法规、行政、文化等障碍；1993年，《马斯特里赫特条约》的签订标志着统一大市场的建立。

3. 经济同盟。1998年6月1日，欧洲中央银行成立、《申根协议》的出台，进一步扫除了欧盟内部资金与人员流动的障碍。在共同的反垄断政策、反倾销政策、农业政策、进出口制度、渔业政策等实施过程中，各成员国向欧盟让渡政策自主权，欧盟开始向经济同盟转变。

4. 货币同盟。1999年1月1日，欧元诞生。欧元自问世以来，从最初的备受质疑，到现在的平稳运行，已成为推进和加深欧洲一体化程度的重要因素。欧元区内的贸易、投资因扫除了汇率风险而更加活跃，市场要素之间的联系也更加紧密。

（二）欧盟的区域治理制度框架

欧洲区域一体化的过程实质上是国家间区域治理的制度创新过程。为了推进欧洲区域一体化进程的顺利进行，欧盟非常重视成员国之间以及成员国各地区之间的协调发展问题，并在解决这些问题方面做了大量推进区域治理制度、机制与政策创新的工作，积累了丰富的经验：一是形成了多层次、网络状的区域治理体系；二是建立了多样化的区域治理模式，包括问题区域治理模式、创新区域模式、跨境合作模式和流域治理模式等；三是完善了法制、经济和行政等多管齐下的区域治理方式。[1]

---

[1] 陈瑞莲：《欧盟国家的区域协调发展：经验与启示》，载《政治学研究》，2006年第3期。

研究和借鉴欧盟区域治理制度创新的成功经验，对于推动新时期我国的区域治理制度创新，促进区域协调发展与区域一体化具有重要的理论意义和实践价值。

1. 多层次、网络化的区域治理体系

从政府治理模式嬗变的角度看，全球化和区域一体化给政府带来的最大挑战莫过于网络治理的兴起，这改变了传统的等级制政府治理模式。欧盟区域治理的研究专家贝娅特·科勒－科赫（Beate Kohler – Koch）认为，欧盟已经不完全是多层级治理模式的"三明治"体系，而是一种多层次、组织间网络化治理模式。在传统的等级制模式即"国家主义"、"多元主义"、"和谐主义"的基础上，她明确提出"交织主义"即"网络治理"已经成为政府治理的第四种机制，并认为国家主义、多元主义、和谐主义治理机制主要适用于某个民族国家或行政区政府，而网络主义治理机制则适合于特定的跨国或跨行政区的区域共同体。① 在欧洲一体化进程中，从欧共体到欧盟，这种多层次、网络状治理机制无疑也深深渗透在欧盟的区域政策过程中，形成了纵横交错、公私结合的区域政策协调体系。

（1）纵向上多层次的区域治理机构

在纵向上，欧盟形成了超国家、国家、跨境区域、地方等多个等级层次的区域治理体系，实现了各个层次的权利平衡和利益表达机制的畅通。

就超国家层次来说，欧盟针对成员国之间日益严重的区域问题，在其最重要的三个机构即欧盟委员会、欧洲理事会和欧洲议会中，为整个区域政策过程设置了专门的职能机构和顾问机构。区域政策的职能机构主要包括：①欧盟委员会内设的第16事务部（D – G16）即"区域政策事务部"，专门负责区域政策与欧盟成员国间聚合（Cohension）方面的事务。②欧盟理事会内设的区域政策委员会，自1989年以来由负责空间规划的成员国部长定期召开会议；1993年以来，每逢负责区域规划的部长

---

① 〔德〕贝亚特·科勒–科赫、托马斯·康策尔曼、米歇根·克诺特：《欧洲一体化与欧盟治理》，顾俊礼、潘琪昌、周宏等译，中国社会科学出版社2004年版。

理事会轮值为主席时便召开与空间规划和政策有关的会议,这类会议有助于推动欧盟区域政策的发展。③ 欧洲议会设有20个常务委员会,其中三个即区域政策委员会、交通与旅游委员会、环境和公共卫生与消费者保护委员会,均与区域政策问题密切相关。欧盟区域委员会(The Committee of Regions,简称"CoR")属于欧盟的顾问咨询机构之一。它由欧盟国家的区域或地方代表组成,是代表欧盟地方政府利益的机构。其目的是使来自25个成员国的所有区域与地区的权力机构,都能够加入到欧盟核心的立法程序中来。CoR的日常工作由内部的八个委员会和五个子委员会完成,主要职能是向欧盟委员会或欧盟理事会提供咨询意见,并在一些事关特殊区域利益时发表意见。CoR在使欧盟更接近民众方面起到了重要的作用:它不仅能够在公众中散布欧盟的信息,同时还能听取公众的意见,使欧盟的决策者能够了解和吸取地方代表在地方问题上的观点和主张。

在欧盟区域政策制定的过程中,成员国政府居于第二个等级层次,它们一般都拥有自身的一套区域政策,但必须接受欧盟统一的区域政策的协调和整合。成员国区域政策领域的主要权力由中央当局特别是议会掌握。议会负责处理所有有关区域政策的法律,即批准或否决援助措施、奖励力度、区域设计和分散程度,也包括批准成立或取消特定管理机构等。在西欧国家,议会中都设有永久的或临时的专门委员会,其职能是介入一般区域政策制定,同时参与解决最严重的区域问题。欧洲国家的区域政策主要有两种制度模式:一是法国和意大利的"另起炉灶"式,即国家的区域政策由专门的特殊机构来实施,如法国的DATAR、意大利的南方局,相当于部级机构甚至超部级机构,拥有自己独立的预算,统一行驶国家区域治理发展的公共管理职能;二是英国、丹麦、德国等国的"部门联合"式,即由中央政府的相关部门共同介入区域发展中的经济发展、基础设施、环境保护、人力资源开发等领域。在国家间或地区间跨境区域的合作方面,欧盟国家已发展出一套成熟的区域协作机制,建立健全了各种跨境合作组织。比如,丹麦与瑞典的跨国合作区域(Oresund Region)组织、德国"柏林—布兰登博格首都区域"协调机制,都有长效的制度安排作保障。

近年来，成员国的地方政府在欧盟系统中的地位和影响出现与日俱增的趋势，地方一级的因素已成为欧盟事务中国家问题的一个重要组成部分，打破了国家在国内事务特别是地区政策上的垄断权，改变了欧盟与国家对话的两层体制，增加了新的对话层次。这一方面是因为地方政府在这些国家具有明确的宪法地位，其权利不能随意受中央政府的侵犯和剥夺；另一方面是受全球新区域主义的影响，地方分权和地方治理运动在这些国家深入人心。地方政府参与欧盟区域问题决策的渠道主要有：① 在地方层次相应设立区域政策机构，如英国在地方政府部下设立区域发展委员会；法国在各大区均设有区域经济委员会，负责制定五年期区域经济发展规划，并对大区行政长官提供技术支持。② 多数成员国地方政府在欧盟总部布鲁塞尔都设有某种形式的办事处和代表。例如，德国所有的州、法国和西班牙的大多数地区以及英国的大约 15 个地区、郡和城市都在布鲁塞尔设立了办事处。这些办事机构的主要任务包括游说、收集信息（Infoeurope 为欧盟的官方报纸）、与有关官员和决策者建立并保持联系以及作为欧盟和地方的中介桥梁。③ 欧盟的比利时和德国，在部长理事会讨论的问题属于它们的地方政府管辖范围时，就由地方政府的部长出席会议。

（2）横向网络上的区域治理组织

欧盟横向网络意义上的区域治理组织名目繁多，在整个区域政策的制定、执行和反馈过程中担当着重要的角色，日益彰显出公共部门、私营机构与第三部门的"合力"作用。因此，从一定意义上说，欧洲区域一体化并不主要是一种政府间制定条约的事务，而是一种社会进程。① 在这些组织群体中，银行、利益团体、政策联盟、政党、公共舆论等形成几股重要的力量。

---

① 〔德〕贝娅特·科勒－科赫：《社会进程视角下的欧洲区域一体化分析》，吴志成译，载《南开学报》，2005 年第 1 期。

> **案例 2-1　法国里尔委员会：利益相关者代表的"合力共同体"**
>
> 　　在法国，诸如区域公共产品的协调和治理问题，并不完全是地方政府的做法。比如，法国里尔委员会中 40% 是一些政府官员，60% 中有企业和老百姓的代表，还有商会的代表。也就是说，有不同利益集团的代表，整合成一个管理委员会，大家的利益关系又不一样，相互整合之后形成一个委员会，通过这个委员会共同制定一个规则。最终，不同利益主体都有自己的代表。

　　欧洲投资银行（EIB, European Investment Bank）不属于欧盟纵向层次上的权力主体，但其地位却不可或缺。EIB 主要是利用成员国的捐款和从国际资金市场获取的借款，为欧盟各国的投资项目提供贷款和贷款保证。由于其投资方向和欧盟地区政策导向在很大程度上保持一致，EIB 在解决地区发展差距方面发挥着重要作用。

　　欧盟的区域政策过程，实际上也是一个利益博弈的过程，大量的社会性利益团体、商业性利益团体、工会联盟和环保团体，如法国、德国和爱尔兰的农场主利益集团，"欧洲"企业家联盟，欧洲商会，意大利商会等等，都在其中扮演着自己的角色，表达出自身的利益诉求。各种利益集团之间存在一个复杂的跨国关系网络。这些利益团体和拥护联盟就是根据网络中的政策议题组织起来的，同时这些议题可以从跨国、纵向、横向三个方向将行为松散体联结在一起。借助这些跨国网络，这些利益团体在政策制定的各种不同层面上都可施加影响。

　　此外，政党和公共舆论也在欧盟区域政策体系中发挥着关键的作用。欧洲联盟将善治宣布为自己的战略性目标。欧盟委员会在 2001 年 7 月发表的白皮书中对欧洲治理进行了界定，即要使欧盟更接近欧洲公民；使欧盟更有效；增强欧洲的民主；巩固机构的合法性。（Franz Schausberger, 2005）这些目标的实现，在很大程度上有赖于各国政党和公共舆论的积极参与。比如，德国的绿党在推进欧洲的环保合作、公共舆论在影响区域政策方面，均产生了一定的复合效应。

2. 多样化的区域治理模式

传统上，欧洲共同体以资本、技术（研发）与贸易作为三点成长标准，把区域发展的模式简单划分为蓝色香蕉区域、阳光地带、东西轴线地区，也就是所谓的发达地区、欠发达地区和边缘地区。（Alexander Heichlinger，2005）然而，全球化、知识经济和信息时代的到来，带来了技术进步、大规模创新能力、劳动力培训的进步和资本的更高流动性，这使得社会经济得以重塑，由此导致了经济、社会、政治发展的空间变化。其结果是一些区域得以复兴，一些区域衰败下去，新的城市与区域经济网络的出现，以及跨边境的区域经济联系的凸显。在这种情况下，新的区域分类标准和发展模式代替了传统的三分法模式。目前，欧盟国家的区域发展模式多种多样，如有资本与大城市区域、衰败的产业区域、动力的中间区域和边缘区域，等等。本章把欧盟区域治理模式大致区分为问题区域模式、创新区域模式、跨境合作模式和流域治理模式。这种区域治理模式的分类，使欧盟对区域不平衡发展的治理更具问题导向性。

（1）问题区域治理模式

所谓"问题区域"，简单来说就是出现各种区域公共问题的区域，如上述的落后区域、萧条区域、滞胀区域和边缘区域，都可归入问题区域范畴。在欧盟的区域协调发展过程中，问题区域的治理任务繁重，而其中，对那些广大的落后区域（Less Developed Regions）的治理又是重中之重，欧盟结构基金的很大比重就用于扶持这些地区的发展。在欧盟，一般按人均 GDP 水平来确定某一地区是否属于落后区域，如果该国或地区人均 GDP 低于欧盟人均 GDP 的 75%，就被确定为落后区域，可以享受特殊政策。1999—2003 年，大部分新加盟成员国的 GDP 水平还不到 25 国平均水平的 2/3，也就是低于 75% 的水平。目前，欧盟有超过 25% 的人口、64 个区域的人均 GDP 低于 75% 的欧盟均值，属于典型的落后区域。新加盟的 10 个成员国，65% 的地区的 GDP 低于欧盟均值 50% 的水平。在欧盟 25 个成员国中，英国和比利时的内部区域差距最大，英国的内伦敦地区（Inner London）和西利－艾思来斯地区（Isles of Scilly）的人均 GDP 水平，分别是欧盟均值的 315%、73%；比利时的布鲁塞尔地区和海纳特省分别相当于欧盟均值的235%、75%。瑞典属于适度差距国家，斯德哥尔摩和诺拉·麦兰斯威利吉地区的人均GDP水平，分别相当于欧盟均值的158%、98%。（Alexander Heichlinger，2005）总体而言，西欧和欧盟的几个传统大国，内部区域发展差距不是太大，但欧盟东扩和南拓后，25个成员国之间的发展差距陡然大增。在10个最富裕地区中，其GDP相当于欧盟均值的189%，而在10个最不繁荣的地区中，其GDP只相当于欧盟均值的36%。实际上，新近加盟的10个成员国大部分地区属于问题区域中的落后区域。

（2）创新区域模式

创新区域是新经济时代欧盟区域发展的一种重要模式。早在1995年欧盟就发布了《创新绿皮书》，次年又发布了具有开创性意义的政策文件《欧洲创新的第一个行动计划》，提出了欧盟创新政策发展的建议和方案，其中重要的一个内容是开展趋势图表（Trend Chart）项目。该项目的宗旨是为欧盟创新政策的决策者提供各成员国在创新方面的综合信息，包括统计资料、政策汇总、各成员国的竞争态势和未来的趋势等等。可以说，趋势图表项目是欧盟成员国之间进行创新标杆比较（Benchmarking）、政策的相互学习和交流的一个平台，也是欧盟层次上创新政策协调的一个体现。2000年，葡萄牙里斯本召开的欧盟理事会，明确提出了建立欧盟区域创新评价指标体系的要求，以此提高欧盟的经济竞争力，将欧盟建设成为世界上最具竞争力的知识经济社会的战略构想。2001年，欧盟根据区域创新评价指标体系的要求，制订了区域创新综合评价表，包括17个创新活动指标。对照区域创新综合评价表，欧盟认为在多项指标的比较中，落后于美国和日本。因此，从2000年开始，欧盟每年颁布创新政策的年度报告，汇报、定性分析和展望各成员国的创新政策；并从2001年开始正式发布欧盟成员国创新成绩表，利用创新指标体系对成员国的创新成绩进行定量比较，分析优势和劣势。

在欧盟这种整体的创新政策和竞争激励指引下，近十年来欧盟国家涌现了一批颇具国际竞争力的创新区域，如德国的巴登-符腾堡地区（Baden-Wurttemberg）、号称"第三意大利"的艾米利亚-罗马格纳地区、荷兰林伯格省（Limburg Province）的化工产业集群区域，等等。这里以巴登－符腾堡创新区域为例作一扼要介绍。该地区位于德国西南部，其主导产业集中在建筑机械、汽车及其零部件供应、电子机械和电子等生产制造方面。区域内企业大多数是中小企业，这些企业雇佣的劳动力占区域内就业劳动力总量的58%。1996年，德国全国的专利产品为8532件，而仅巴登－符腾堡地区就占了总数的23%。该地区的创新网络除了企业之间的关系网络外，还有大量的非企业组织机构如教育和科研机构、商会和本地银行、区域政府等共同组成的区域创新网络系统。这对于区域获得创新的竞争优势具有决定意义。例如，该地区有德国最强大的和密度最大的教育科研网，诸如德国曼海姆大学、海德堡大学、斯图加特大学与大批应用性的研究和培训机构。

（3）跨境合作模式

跨境合作模式，是欧盟国家为应对全球化和区域一体化的挑战，而探索出的具有长久生命力的区域整合的一种新模式。它一方面有力地促进了行政区边缘区域的经济发展，另一方面又可以提升核心区域和边缘区域的整体竞争力和"发展红利"。跨境合作模式大致有"两国一制"的跨国合作模式和跨省（州）、市的跨区协作模式。下面分别以一个案例予以介绍。

> **案例2-2 丹麦、瑞典两国跨境的"奥瑞桑德区域合作"**
> （Oresund Region）
>
> 它被经济合作与发展组织称为"跨境区域合作的佼佼者"（OECD，2003），由此推动了该区域的"第二波"发展。其愿景和目标是：建成为欧洲最具功能性整合的跨边境大都市区域；取得在经济发展、社会福利和环境可持续能力方面的全面进步；形成核心地区和边缘地区利益共享、平衡发展的多中心发展格局。（OCAR，2004）过去几年，奥瑞桑德区域合作取得重要成就，它使交通和游客流量大增，增进了两国边境大学和医院的紧密合作，引入和创建了很多公司，成为斯堪的纳维亚国家引领全球竞争力和吸引外国投资的领头羊。

奥瑞桑德区域合作之所以取得巨大成功，最关键的因素就在于这种合作有一整套健全的制度安排作保障。它包括两国间、区域主体间和各级政府间层次的区域合作组织体系。一是通过"斯堪的纳维亚国家部长理事会"和"奥瑞桑德发展委员会"，在国家层次加强政治合作；二是由"奥瑞桑德区域委员会"负责区域合作的行政执行工作，以促进经济发展、日常整合和区域联合。该委员会担当三个基本角色，即维持和加强政治对话论坛的角色、跨境利益的集合点角色以及提升框架条件和发展潜力的角色。奥瑞桑德区域委员会成员组织共有13个行政单位，包括五个县、三个城市、两个自治市、一个区域市政局、一个地区和一个镇。该委员会的日常运转，主要就是靠13个成员组织的财政支持。同时，斯堪的纳维亚国家部长理事会也在经济上给予一定的经济支助；三是两国的官方机构，如丹麦的经贸部、环境部、大哥本哈根当局与瑞典的外交部、斯堪的纳维亚县政当局平时紧密合作，平等协商，甚至为共同利益和未来发展，达成了新的关税协议，设立了特别的税收办公室。

特别值得指出的是，奥瑞桑德区域合作的所有活动，自始至终都是基于地方、区域和国家层次的紧密对话。而这些对话的行动者，包括来自于市场、公民和政府各个层次的合作网络。

案例2-3 柏林-布兰登博格首都区域的竞争与协调

柏林和布兰登博格都是德意志联邦下属的一个州级单位，所不同的是：柏林是一个特殊的州级城市，它在政治上不仅是联邦的一个州，同时又是德国的首都，相当于我国一个直辖市的概念，而布兰登博格是一个普通的州（其首府是波茨坦）。但柏林在地理空间上是被布兰登博格完全包围的，坐落在布兰登博格州的中心地区，非常接近于我国首都北京和河北省的关系。

柏林是德国的首都，传统重工业发达，经历结构转型后服务业也十分发达，但其缺陷是发展腹地有限（面积仅892平方公里）；而布兰登博格地域广阔（面积29474平方公里），是德国传统的农业重镇，农业和森林覆盖区域占84.9%。因此，两个州各自都存在优劣势和结构矛盾，如能互补合作便可取得双赢收益。一直以来，两个州之间的居民和经济往来，已结成一个互利互惠的区域整体。特别是1989年柏林墙倒塌和德国统一后，东柏林和西柏林作为意识形态上的两个分割概念不再存在，柏林得以在空间上重新整合。与此同时，两个州之间政治上的割裂被打破，经济和社会交往以及移民和民间流动变得非常频繁，交通和通讯基础设施要求连接成网以实现规模效益。此外，很多有价值的地块和自然资源正面临持续发展的压力，在新的环境下它们必须在区域共同利益下加以保护。从根本上讲，这个区域已经变得你中有我、我中有你了。可是，上述这些发展任务和计划却总是在大区域和自我的小区域两个层面上面临分配的冲突。

为此，两州从提升区域整体竞争力和保持可持续发展能力的共同利益出发，决定摒弃原来那种近乎各自为政的发展思维，打造一个在全欧洲乃至全世界都享有盛名的首都区域经济圈。1995年，两州达成永久性合作规划协定，在这个合作规划协定指导下，即使一些令双方最棘手的问题也能在"基本共识"（Common Consent）下得以合理解决。1996年，成立柏林－布兰登博格两州联合规划部（Joint State Planning Department），提出两州共同发展方案和共同发展计划这两个概念规划，把两个州涵盖的区域全部纳入统一规划的空间。联合规划部是柏林州参议院发展规划部和布兰登博格基础设施与区域规划部的重要组成部门，因此，作为一种制度化合作框架，这在德国联邦共和国内是非常独特的。1998年第一个跨州的规划开始实施，2003年关于新机场选址和2004年整体区域规划相继落实。这样，持续多年的深入谈判和相互协调终于成功。两州跨境合作的最大贡献就在于，达成了双方的利益均衡，同时确保了双方作为一个联邦成员的平等利益诉求。从实践中来看，90%以上的跨州问题可以通过这个机构得以解决，只有小部分问题需要双方的政治领导人来拍板决定，即使一些最具争议性的问题也已通过双方的政治谈判得以妥善解决。（两州联合规划部，2004）

目前，柏林-布兰登博格首都区域，已作为地方政府跨境合作的一个成功范例，影响着欧洲的空间整合和一体化进程。而且，它的目标还在于把一个跨边界的大都市区域，整合扩展为德国—波兰跨境发展的更好样板。需要指出的是，两州的跨境合作并不是通过联邦政府自上而下的科层协调，或者"大鱼吃小鱼"的行政区划兼并方式来进行的，在行政建制上柏林和布兰登博格仍然是联邦下属的两个州，二者的权利和地位是均等的。两州联合规划部达成跨区域协议的四道决策程序是：首先由部的首脑和常驻代表协商，如存在异议则交由州秘书处，如仍有异议再交由两州部长和议长协商，最后还有异议的话交由联合的区域政府规划会议来裁决。

（4）流域治理模式

随着工业化和城市化进程的急速推进，流域内上、中、下游地区如何协调发展，成为摆在民族国家政府和地方政府面前的一道难题。欧盟境内有莱茵河、多瑙河、伏尔加河等众多国际河流，流域的协调发展和合作治理问题尤为突出。下面以莱茵河为例作一简单分析。

莱茵河干流全长1320公里，是欧洲第三大河，流经瑞士、法国、德国和荷兰等国家，流域范围内还包括奥地利、卢森堡、意大利、列支敦士登和比利时等九个国家，流域面积为185万平方公里。欧洲工业革命以来，沿莱茵河干流形成了六个世界闻名的工业基地，即巴塞尔—米卢斯、弗莱堡、斯特拉斯堡、莱茵—内卡、莱茵—美茵、科隆—鲁尔和鹿特丹—欧洲港区，它们分别是欧洲和世界重要的化工、食品加工、汽车制造、冶炼、金属加工、造船和商业银行中心。从实际情形来看，欧洲莱茵河流域内的九个国家，经济发展水平很不平衡，同时，莱茵河对各国经济发展所起的作用各不相同。因此可以说，世界上没有其他任何地方比欧洲低地平原国家，更能理解流域整体目标为主的管理必须承担国际性义务的含义。（姜彤，2002）

在百多年的探索实践中，欧盟九国形成了一套丰富而又实用的流域治理模式。一是成立了"莱茵河保护国际委员会"（IKSR）。1950年7月，该委员会由荷兰提议，瑞士、法国、卢森堡和德国等参与，在瑞士巴塞尔成立。其初衷旨在全面处理莱茵河流域保护问题并寻求解决方案，初期仅为流域内各国政府和组织提供咨询和建议，后来逐渐发展成为流域有关国家部长参加的国际协调组织。二是签署了具有法律效力和制度约束力的《伯尔尼公约》。1963年，流域成员国在瑞士首都伯尔尼签署了《莱茵河国际委员会的框架性协议》，即《伯尔尼公约》，该公约奠定了莱茵河流域管理国际协调和发展的基础。三是IKSR还设有由政间组织（如河流委员会、航运委员会等）和非政府组织（如自然保护和环境保护组织、饮用水公司、化工企业、食品企业等）组成的观察员小组，监督各国工作计划的实施。委员会下设许多技术和专业协调工组，如水质工作组、生态工作组、排放标准工作组、洪水工作组、可持续发展规划工作组等。四是签署了一系列流域水环境管理协议。20世纪80年代，IKSR在国际合作共同治理莱茵河流域环境污染和洪水问题方面，签署了一系列协议如《控制化学污染公约》、《控制氯化物污染公约》、《防治热污染公约》、《莱茵河2000年行动计划》、《洪水管理行动计划》等。五是规划实施了莱茵河流域可持续发展20年计划。2001年1月，在法国斯特拉斯堡举行的莱茵河流域国家部长会议上,总结了莱茵河流域近50年水环境综合整治的经验,批准实施以莱茵河未来环境保护政策为核心的《Rhine 2020——莱茵河流域可持续发展计划》。

3. 多管齐下的区域治理方式

从本质上说,区域治理发展就是要借助政府干预的力量,逐步调控因市场失灵而带来的区域不平衡发展状态。但政府与市场的相互消长关系告诉我们,政府在区域治理发展过程中的干预方式和介入程度甚有讲究,过分干预和干预不当反而会适得其反。欧盟是成熟的市场经济共同体和民主法治社会,因而它很好地处理了"看得见的手"与"看不见的手"在区域治理发展中的关系问题,形成了法制、经济和行政多管齐下的区域治理方式。

(1) 完备的法制方式

欧盟国家的区域政策是有法可依的,严格建筑在宪政和相关的法律条文上。可以说,完备的法制是欧盟国家开展区域治理发展工作的基石。1958年签订的《欧共体共同条约》(TEEC)是欧洲一体化的基本法律基础之一。该条约在前言就开宗明义提出:"切望通过缩小区域间的差距和降低较贫困地区的落后程度,加强各国经济的一致性和保证它们的协调发展。"此外,该条约的第十四篇通篇明确了区域问题的重要性以及解决区域问题的法律规范。如第一百三十条A款提出:"为了促进全面协调的发展,共同体应发展与执行能加强其经济与社会聚合的行动。共同体尤其应以缩小区域间发展水平差距和降低最低贫困区域(包括农村地区)的落后程度为其目标。"上述法律规定在后来的《欧盟条约》基本法中得以完全保留并愈加重视,如《欧盟基本法》第二条规定:"欧盟的目的在于促进经济和社会发展,实现高就业水平和维持可持续与平衡发展";第一百五十八条规定:"缩小欧盟不同区域间的发展差距,特别是那些欠缺扶持的弱势地区"。(John Walsh, 2005)此外,欧盟的成员国一般也制定了促进区域治理发展的法律体系,如德国的宪法、改善地区经济结构的法律等,在促进德国区域治理方面起支柱性作用。德国的《联邦宪法》规定,联邦政府与州政府之间是一种相互协调的关系,在地区经济发展中联邦政府必须担当占50%比重的任务。根据改善地区经济结构的法律,德国制定了《地区经济的框架计划》,被誉为德国地区经济发展的圣经(每年度有一个框架计划),规定什么地区该受援助,援助多少,是宪法精神的具体化。可以看出,德国政府很少通过"人治性"的政策优惠和扶持来支持区域发展,而是一切以法律行事。

(2)精细的经济方式

欧盟干预区域发展的经济方式,集中体现在设计精细的多种扶持基金上面。这些扶持基金主要有结构基金(Structural Funds)、聚合基金(Cohesion Fund)、团结基金(The European Union Solidarity Fund)和预备接纳基金(Pre-accession Aid)。

表2-1 欧盟区域政策的主要工具及内容

ERDF	ESF	EAGGF-G	FIFG	Cohesion Fund
欧盟区域发展基金	欧盟社会基金	欧盟农业指导和保证基金	渔业指导的财政工具	聚合基金
基础设施投资、研发……	职业培训就业补助金……	农村地区发展旅游投资……	渔场发展渔业现代化……	环境和交通基础设施……

资料来源:John Walsh, *The Experiences and Effects of EU Regional Policy*, 2005。

A. 结构基金。它包括ERDF、ESF、EAGGF-G、FIFG四个组成部分,在欧盟预算中,大约1/3用于结构基金和聚合基金,比如2000—2006年度为235亿欧元。其中,195亿欧元结构基金用于15个老成员国,15亿欧元用于新增10个成员国(2004—2006),25亿欧元为聚合基金。2007—2013年度达到300亿欧元以上。(John Walsh, 2005)2000—2006年度结构基金的94%集中于三个目标:一是帮助那些落后区域加快发展和追赶步伐;二是支持那些面临结构困境的工业、农村、渔场和城市区域的经济和社会的转变;三是实现培训的现代化和促进就业。

B. 聚合基金。它只适用于人均GDP低于欧盟均值90%的成员国,主要是新加盟的10个成员国,目的是支持这些国家的环境保护和跨境基础设施建设项目,加快欧洲网络体系一体化步伐。但使用聚合基金是有条件的:除了最基本的人均 GDP 指标外,申请的成员国不能有过量的国债和预算赤字,同时申请的项目必须是交通运输基础设施或环境保护设施,所有项目还必须符合欧盟条约规定的一般原则。

C. 欧盟团结基金。2002 年,欧盟理事会通过法案,建立"欧盟团结基金"(The European Union Solidarity Fund),以便欧盟能以快捷、高效和灵活的方式应对某个成员国的突发性重大自然灾害。该基金的年度预算额为 10 亿欧元。成员国申请的条件是,遭受的损失达 30 亿欧元或超过年国民总收入(GNI)的 0.6%。

D. 预备接纳基金。这种基金专门针对那些准备加入但又尚未被正式接纳的中、东欧国家。2004 年前,10 个国家享受这个支助,但现在只对罗马尼亚和保加利亚两个国家。

总体上看,欧盟借助于上述扶持基金的组合使用,落实了区域政策,使落后区域追赶发达区域,重构那些衰败的老工业区域,振兴萧条的农村区域,扶持城市或国家跨界地区的滞胀区域。值得注意的是,虽然欧盟区域政策的目的在于加强整个欧盟经济、社会和区域方面的聚合,但其首要关心的问题是创造就业机会,并不是把经济增长当做区域扶持的第一目标。而且,受助区域的资格条件和扶持额度是全面把关的,涉及区域面积、人口规模、GDP 和失业状况等因素。

(3)规范的行政方式

欧盟区域政策专家布鲁克(Matthew Brooke)认为,欧盟的区域差距调控不仅仅是个钱的问题,而是利用这笔钱去做什么的问题;区域政策的成功取决于项目及其有效执行。(Brooke,2005)如何筹集区域发展基金,进行项目报批以及监控和评估项目的执行,这里涉及一整套工序流程。正是通过规范的行政调控方式,欧盟的区域治理发展政策才能最终付诸实施。

一是区域发展基金的筹集具有制度保障。欧盟预算收入来源有三,即关税及农业税、增值税和成员国 GDP 总值征收的税金。其中,欧盟规定每个成员国每年要上缴本国 GDP 的 1% 作为欧盟预算经费。这笔经费占欧盟年度总预算的 50%,其中四成用做各种基金扶持区域发展。因此,区域发展基金的筹集体现了"取之于国、用之于国"的原则［但也存在"劫富（国）济贫（国）"的争论］。

二是确立了区域援助的通用规则。为避免各成员国的内部区域发展政策影响地区的公平竞争，欧盟对成员国的国内区域政策进行了协调。经过长期讨论和谈判，欧盟与成员国就地区发展政策达成协议，并制订了一些通用的规则。主要有：① 财政援助必须根据当地的实际情况，不得瞒报；② 在政府资金资助方面，对落后地区的资金资助应设定上限，每个国家最多不能超过 GDP 的 4%；③ 所有援助计划应该是透明的，使欧盟了解其援助程度；④ 政府援助的地区要非常明确，不能因此而影响该国市场上的竞争；⑤ 要有伙伴制，即有合作伙伴；⑥ 欧盟的经费不能取代国家或区域的公共支出。

三是具有严格的项目报批流程。其报批的先后顺序是：① 每个国家或地区首先酝酿一份申请计划，充分论证所需支助区域的困难和劣势所在。申请计划要尽量让更多的经济和社会合作伙伴以及其他权威部门参与进来；② 创建好申请计划书后，以官方文件的形式提交欧盟委员会；③ 由申请国与欧盟委员会就申请计划书内容和落实基金进行协商；④ 当双方在所有问题上达成一致意见后，欧盟委员会将批准这些业已建立的计划和项目，并且给申请方提供一份项目实施指导意见；⑤ 成员国政府和区域当局决定项目的实施细节，这些具体问题可以不必与欧盟委员会进一步协商，但必须把详细实施方案报欧盟区域委员会备案；⑥ 项目负责的主管当局筛选出最适合结构基金目标要求的工程，遴选出工程责任人；⑦ 工程正式实施，但必须在项目规定的最后限期内完成，以免影响下一个周期项目的开始实施；⑧ 项目负责的行政当局在一个由经济、社会和环境人员组成的监控委员会的协助下，对项目的进展情况进行日常的管理。他们必须向欧盟委员会报告项目进展情况，并提出证据表明项目经费正处在一个良性运作的状态。欧盟委员会负责全面评估监控体制的工作。

四是规定了项目文件的必要内容。包括：① 区域的优劣势分析（SWOT），独立的评估和伙伴咨询；② 项目活动的详细描述要分割为具体的举措，每个举措必须广泛论证；③ 每个项目还必须包含量化目标，这些目标要转化为有实际意义的产出、结果、影响数值；④ 必须制订每年的融资方案；⑤ 挑选标准、每个层级的融资水平等具体措施必须细化到国家或区域管理主体的层次。

五是决策程序科学合理。① 欧盟委员会下设的区域总司（DG-16）提出议案，内部协商论证后形成动议稿；② 欧盟专门委员会讨论形成修正案；③ 欧盟理事会批准；④ 欧洲议会批准；⑤ 欧盟委员会执行。

还需提到的是，欧盟国家的区域政策和区域发展行动，严格遵照政府间关系的法理尺度，很少出现中央（联邦）政府或上级政府越权干预区域发展的现象，他们习惯采用自下而上的结构改革，而非自上而下的行政区划调整来协调区域经济活动。

二、美国区域治理的制度框架

南北战争后，经过六七十年的艰苦创业，美国经济逐步跃居世界首位。但其区域经济发展的不平衡，曾使美国的商品市场和资本市场一度步入沉闷境地，影响了美国经济的整体发展和社会的全面进步。从20世纪30年代起，美国历届政府高度重视对区域发展的调控，从法律制度、组织管理和政策工具等层面积极推进区域经济开发与综合治理，取得了明显成效。分析研究美国区域治理制度创新的实践与经验，对我国在社会主义市场经济条件下落实区域治理发展战略，均衡区域利益分配和资源流动格局，具有重要的启示与借鉴意义。

（一）多层次的区域治理组织机构

健全的区域治理机构是当代美国区域治理制度的重要特色。美国联邦政府和州政府注重在各自开发区域成立地区再开发署、经济开发署、区域管理局、区域委员会等专门机构，为执行区域政策、促进落后地区综合开发与治理，以及协调区际利益提供组织保障。特别在面临单个州政府所解决不了的区域公共问题时，许多州在实践中都选择通过缔结州际协议和成立跨州区域治理机构来治理共同面临的公共事务。

1. 区域委员会

为克服政治分散化的弊病，自19世纪末20世纪初以来，美国大都市区治理不断探索，进行了一系列有创新意义的尝试。20世纪60年代中期，作为区域治理的一种有效组织机构，区域委员会（Regional Councils）在联邦拨款政策的刺激下快速成长起来。从1954年至20世纪80年代中期，美国联邦政府就推行设立区域委员会，也称政府委员会（Councils of Government），以协调联邦以下各级政府公共行政活动，如田纳西流域管理局委员会（TVA）。由联邦政府采取统一规划，直接管理的方式，出面组织兴建诸如田纳西流域管理委员会综合治理的跨区工程，并配套建设发电厂、化肥厂、环保工程，吸收当地剩余劳力，扶持落后地区的经济建设。至1980年，已有660多个此类委员会。它们涉及许多政策领域，包括规划、犯罪、水质、房屋和经济发展。大部分州仍继续运用传统的有地方政府参与的计划和发展协调的方法，继续协调。① 在美国，如果一些州认为需要一个促进协调的常设组织，那么可能成立一个区域性的委员会。例如，阿巴拉契亚山区经济发展委员会，新英格兰地区河流—盆地规划委员会和南部区域发展政策委员会等。②

以南部区域发展政策委员会（The Southern Growth Policies Board）为例，该委员会是一个由美国南部13个州，包括阿拉巴马、阿肯色、乔治亚、肯塔基、路易斯安那、密西西比、密苏里、北卡罗莱纳、奥克拉马、南卡罗莱纳、田纳西、弗吉尼亚和西弗吉尼亚，以及波多黎多组成的区域合作组织。由于认识到南部地区作为一个整体社区，具有共同的社会、文化和经济需要，并且南部有区域合作的传统，而通过对这一地区的自然和人力资源进行合作开发、保护和有效利用，南部区域各州都存在巨大的互利发展潜力。1973年，美国南部13个州和波多黎多岛共同签订《南部区域发展政策协议》（Southern Growth Policies Agreement）③。该协议第一条规定了其主要目的就是：第一，提供研究、分析和规划有区域影响意义的政府政策、项目和行动的完善的设备和程序；第二，为预防州

---

① 〔美〕戴维·罗森布鲁姆、罗伯特·克拉夫丘克：《公共行政学：管理、政治和法律的途径》，张成福译，中国人民大学出版社2002年版，第144页。
② 同上，第141页。
③ The South Carolina Legislature. Southern Growth Policies Agreement, http://www.scstatehouse.net/code/tl3c013.htm.

际冲突和促进州际区域合作提供支持和协助;第三,提供在区域基础上协调州与地方利益的机制;第四,建立协助各成员实现上述目标的政府间协作机构。

该协议还创建了跨州区域治理机构——南部区域发展政策委员会。① 作为美国南部地区各州加强区域协作的平台,南部区域发展政策委员会的主要职责就是:确定影响南部区域经济基础的多种相互联系的因素,为南部区域经济发展提出战略和政策建议。同时它在华盛顿还有一个人员配置充足的办事处,作为南部区域发展政策委员会在美国首都游说联邦政府的专职机构。南部区域发展政策委员会实质上是一个非党派的区域公共政策思想库(Regional Public Policy Think Tank),它通过与公司企业、非营利部门和学术研究机构的伙伴关系,获取其运作的各种支持资源。该委员会有权对如下有关问题展开调查研究并提出政策建议:规划和制定具有州际或区域重要意义的项目和工程;规划和安排有助于支持南部区域发展和繁荣,以及促进该地区人民幸福生活的政府项目和公共服务;有效利用具有区域利益价值或具有州际和区域影响的联邦政府的各种援助;制定影响南部区域人口分布、土地利用、新的社区开发和现有社区再开发的测量方法;规划该地区具有州际和区域重要意义的交通运输模式和体系。

另外,"二战"后,为开发落后的南部农业地区,美国政府成立了南部地区全国计划小组委员会。到20世纪60年代初,又成立了地区再开发署和经济开发署等专门机构,负责落后区域的开发发展工作。所以这些都表明美国注重建立有效的区域发展体制和区域治理机构,为实现区域综合治理提供组织机构保障。

2. 区域治理局

根据美国《联邦宪法》"协议"条款(The Compact Clause),经过国会批准,州之间可以通过缔结州际协议(Interstate Compacts)创建政府间"管理部门"(Intergovernment Agencies)。例如,纽约州和新泽西州于

---

① The Southern Growth Policies Board. About the Southern Growth Policies Board, http://www.southern.org/about/about.shtml.

1921年共建纽约新泽西港务管理局,最初命名为"纽约港务局"(PN-YA, The Port of New York Authority),1972年更名为"纽约新泽西港务管理局"(PANYNJ, The Port Authority of New York and New Jersey)。纽约新泽西港务管理局的使命是:确定和满足纽约新泽西两州州际大都市区商业、居民和游客的交通基础设施的需求,为这一地区人口和货物的流动提供最高质量、最有效率的运输系统、港口贸易设施与服务,提供进入北美其他地区和全世界的贸易通道,增强纽约新泽西大都市区的经济竞争力。[1] 这种州际区域管理局促进了州与州之间的协调与合作,整合了州际间的资源和利益,降低了州际生产活动的交易成本。这种通过创建跨州政府间管理机构的成功实践经验,证明了许多州际区域公共问题能够通过集体性和合作性的方式管理。[2] 从运营和管理模式角度看,纽约新泽西港务管理局具有如下特点:

第一,协作型管理机构。由12名委员组成(纽约州和新泽西州各选派6位选民)的港务管理局委员会(Board of Commissioners)是纽约新泽西港口的最高决策机构,对港口的发展与经营管理拥有最终决策权和监督权,负责定期审议港口的发展战略和经营管理方针、政策。[3] 港务管理局委员会从其成员中选举一位主席、副主席。委员会任命一位执行总裁(Executive Director)负责执行港务管理局的各项政策,管理港口发展以及日常事务。到今天,虽然其经营范围和业务种类扩展迅速,但港务管理局的性质、组织结构等始终没有什么变化。纽约新泽西港务管理局为了保持其在21世纪在全球化时代和新经济中的竞争力,将更加积极利用各种资源和力量构思一个区域协同发展的战略蓝图,对纽约新泽西大都市区的交通运输、治安、环保、水利电力、物流服务等各方面都进行整

---

[1] The Port Authority of New York and New Jersey. Mission, http://www.panynj.gov/AboutthePortAuthority/.

[2] Buenger, Michael. 2007. *Interstate Compact Law: Interstate Compact Agencies and the 11th Amendment*. National Center for Interstate Compacts, http://csg-web.csg.org/programs/ncic/documents/Connections-Spring2007.pdf.

[3] The Port Authority of New York and New Jersey. Governance, http://www.panynj.gov/AboutthePortAuthority/Governance/.

体规划与协调。①

第二，市场化运营模式。纽约新泽西港务管理局是一个两州共有、自给自足的公共事务代理机构，但其所采用的承担责任的方式却是私人企业的经营方式：自营自治，财政自主，不依赖于政府的预算，也不对地区纳税人增加负担，没有从州政府获得任何税务优惠，它没有州或地方当局税收的支持，也没有征税的权力。港务管理局主要依靠其基础设施用户所带来的收入，如桥梁和隧道的通行费、办公室租金和对机场、海港用户的收费、轻轨系统的车票费、办公楼、消费服务及零售商店的租金，以及向社会提供咨询服务所得收入等。② 纽约新泽西港口群建设是通过销售债券的方式集资，其收入主要是债券的销售和运输设施中征收的使用费和租金，所有的收入扣除折旧、贷款、公债的本息以及其他开支后都归港务管理局所有，用于港口发展或兴办公共福利事业，收入也不必交纳给政府，呈现出自主经营、自负盈亏的特点。③ 为提高工作效率和改善服务，港务管理局将设施租赁给有专业技能的私营公司去具体经营，既能发挥私营企业的经营优势，又可以保证港务管理局的收入相对稳定，使港务管理局把精力和财务集中在港口发展和市场开发上。从这点可以看出，纽约新泽西港务管理局的运营模式具有企业化、市场化和社会化特色。

经过80多年的发展和经营，纽约新泽西港务管理局已经具有相当的规模，经营和管理着一个纵横交错、四通八达、通天连海的庞大交通运输网路，并在世界重要港口城市都设有代理机构。到目前为止，纽约和新泽西港是美国东海岸集装箱吞吐量最大的港口。2006年，港口的总收入达到30亿美元。现在，它所兴建的基础设施已经为港区构建起了都市区大交通网络体系，有力地促进了纽约和新泽西两州的经贸发展。从一

---

① The Port Authority of New York and New Jersey. *Annual Reports* (*Year 2007*), http://www.panynj.gov/AboutthePortAuthority/InvestorRelations/AnnualReport/pdfs/2007_Annual_Report.pdf.

② The Port Authority of New York and New Jersey. Governance, http://www.panynj.gov/AboutthePortAuthority/Governance/.

③ Goldstein, Sidney. 1961. "An Authority in Action: An Account of the Port of New York Authority and Its Recent Activities." *Law and Contemporary Problems*, 26 (4): 715-724.

定意义上说，纽约新泽西港务管理局之所以得到较大成功的运作，与其设立之初的规范化管理和制度约束分不开。跨管辖区域治理机构的权力与责任必须得到法律、法规和制度层面的规定，缺乏法律、法规和制度约束，区域管理机构将形同虚设，无法发挥实质性功能。同时，区域港务管理机构也必须进行科学有效的专业化、社会化、市场化与现代化管理。

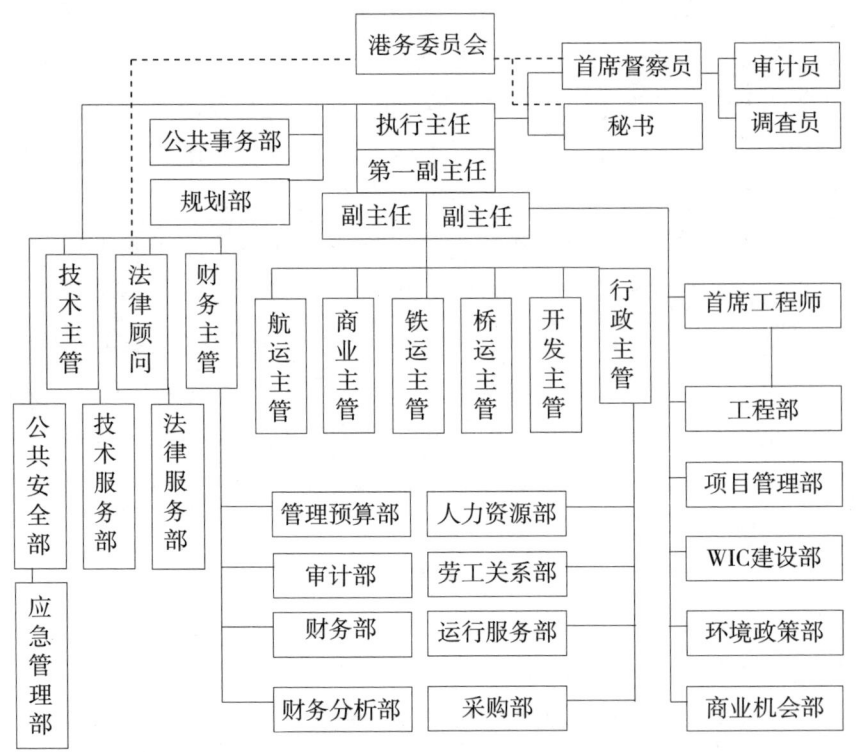

图2-1　纽约新泽西港务管理局组织结构（2007）

说明：两位副主任，其中一位负责资本项目管理，另一位负责港口营运。WTC（World Trade Center）建设部，为世贸中心建设部，负责世贸中心纪念馆的建设与管理。

资料来源：The Port Authority of New York and New Jersey. *Annual Reports*（*Year 2007*），http://www.panynj.gov/AboutthePortAuthority/InvestorRelations/AnnualReport/pdfs/2007_ Annual_ Report.pdf.

而田纳西流域管理局（Tennessee Valley Authority，以下简称 TVA）[①]被公认为是当今世界上流域公共管理的成功典范。TVA 在管理上最大的特色可以说是立法管理，或者称之为"依法治局"。70 年过去了，田纳西流域开发与治理取得了辉煌的成就，TVA 在管理上形成了独特的模式。具体地说，TVA 在其授权法的规定下大致具有以下几个特点：

第一，自主的经营权。直接导致 TVA 成立的法律是 1935 年美国国会颁布的《田纳西流域管理局法》。该法的第一条就阐明了建立 TVA 的主旨："从国防利益出发，为了维护和经营位于阿拉巴马州马斯尔肖斯附近，现属于美利坚合众国的产业；为了工农业的发展；为了改善田纳西河的航运状况，特创建一个公司实体，命名为'田纳西流域管理局'……。"该法的第四、五、九诸条中，明确授权 TVA 对田纳西流域实施统一规划管理与开发；可以进行土地买卖；生产与销售化肥；输送与分销电力，植树造林等任务。[②]

TVA 之所以获得如此授权，事实上反映了罗斯福总统和国会的一个默契，让 TVA 成为一个非政治化机构。TVA 是一个具有多重目标的机构，授权法给予其独立的自主权，可以使其跨越一般的程序，直接向总统和国会汇报，从而避免了一般政治程序和其他部门的干扰。但是，TVA 的自主权也时常受到私营部门和其他机构的挑战，以至于国会不得不用修正案，或是提出新立法，把 TVA 作为多重目标的政府企业的性质，确保其自主权的有效性。

第二，多元的决策机构。TVA 的决策机构是由总统任命的三人理事会，由主席、总经理和总顾问组成。从 1933 年起到 20 世纪 80 年代，在理事会任职的共有 19 人，任职的平均年龄为 52 岁，平均服务年限为 8 年。这些人大多是各方面的专家，如第一任理事会主席阿瑟·E. 摩根是水利建筑师；理事会成员哈考特·摩根是农业教育专家；另一位成员大卫·利连撒尔是哈佛大学的高材生。以后历届理事会成员有电力工程师、能源政策专家和人事组织方面的专家等。TVA 决策机构的多元化奠定了

[①] 田纳西河是美国第八大河，全长 1043 公里，流经七个州，流域面积 10.4 万平方公里。
[②] 茶洪旺、李健美：《区域经济管理概论》，中国人民大学出版社 2006 年版，第 237 页。

多元的决策机制，而多元的决策机制与 TVA 的多重目标相吻合。理事会的构成决定了其决策是建立在专家意见的科学决策基础之上的，成员任期的相对稳定则有助于政策的稳定贯彻。TVA 最初在水利工程方面以及后来在电力生产方面取得的成就都是与此有紧密关联的。

第三，择优任用，唯才是举的用人制度。TVA 授权法规定，TVA 在对其官员和雇员进行任命、挑选和提升时，"不得进行政治上的考察或考虑其政治资格。相反，所有的任命和提升都必须取决于效率和个人的长处"。该法还规定 TVA 可以不受《公务员法》的限制，建立它自己的人事制度。TVA 据此招募工人，并对其进行技术培训；同时也吸引了许多优秀的工程技术人员、管理人员为它工作。此外，TVA 第一届理事会曾做过这样一个决定，承认田纳西河流域贸易和劳工委员会，并与之进行集体谈判。因而，工人们在其要求得到满足的情况下具有良好的士气和高涨的工作热情，这是 TVA 取得良好效益的有力保证。

第四，可以适时调整机构设置。TVA 授权法要求理事会以权责明确、提倡效率的原则建立其组织机构。后来发展起来的 TVA 职能部门，的确体现了这一法律要求。1937、1951、1970、1981 年这几个年份中，TVA 的职能部门在名称和地位上都有很大的差异。1937 年时，修坝治水是首要任务，TVA 有关治水的部门有河上治水、陆上治水、水力利用三个。到 1951 年，治水降为次要任务，因而将三个部门合并为一个。到 70 年代后，治水部门又降到次要的职能部门地位。

3. 区域公共政策联盟

在美国，对于州际政府间公共事务管理，除州际协议之外，还出现一些更为普遍的跨州区域公共政策协会，这种跨州区域协会的主要职责是通过自主联合制定或游说联邦政府制定跨州区域公共政策和公共项目，为区域争取更多的资源和权利，以促进区域公共利益，增进区域内社会的总体福利。例如，1977 年，西部 13 个州组成西部州长政策局（Western Governor's Policy Office），以便进行敏感政策议题的区域分析。东北部 7 个州 1976 年组成了东北部州长联盟（Coalition of Northern Governors），其主要宗旨之一就是在国会形成统一的政治联盟，以获得更多的公共资源。在 1972 年，南部成长政策局（Southern Growth Policy Board）成立，这是由 13 个州所组成的区域组织，专门从事南部经济成长管理的研究，同时在美国首都华盛顿设有办事处。①

另外，美国国会层面的区域政府间政策联盟非常发达和完备，各州也以不同的区域组合方式聚集在一起，形成各种区域利益集团，游说和影响国会决策。其中包括新英格兰国会小组（the English Congressional Caucus）、东北部暨中西部促进经济联盟（the Northeast – Midwest Economic Advancement Coalition）、大湖区协会（the Great Lakes Conference）、阳光地带会议（the Sunbelt Conference）以及西部各州联盟（the Western States Coalition），更不要说还有郊区小组（Suburban Caucus）、乡村小组（Rural Caucus）以及大都市地区小组（Metropolitan Area Caucus），所有这些都象征着他们逐渐认识到，协调政府间关系，协作管理区域公共事务，合作比竞争可以带来更多益处。②

（二）多样化的区域治理机制

1. 州际协议（Interstate Compacts）

在美国，州际协议是一种最古老的州际合作形式，最早起源于北美殖民地时代解决边界和土地争端的"协议"程序（The Compact Process），经由美国邦联时代初步发展，到 1787 年美国《联邦宪法》将这种"协议"程序正式制度化和永久化。今天，州际协议是美国联邦主义背景下的一种政府间法律契约安排，被视为一种最重要的州际区域协作治理机制。《联邦宪法》"协议"条款（第一条第十款）这样规定："任何州不得缔结条约、同盟或联盟；……任何州，未经国会同意，不得与其他州或外国缔结协议。"《联邦宪法》"协议"条款在立宪选择层次赋予州享有缔结州际协议的有限选择权，为州与州之间在集体选择层次建构州际协作关系秩序提供了一种激励与约束共存的制度化结构。根据这一条款，州际协议由两个或者两个以上州之间协商达成，并经国会同意，缔约州受"协议"条款和《联邦宪法》"契约"条款拘束，就像商业交易中双

---

① 〔美〕尼古拉斯·亨利：《公共行政与公共事务》，项龙译，华夏出版社 2002 年版，第 641 页。

② 同上。

方或者多方当事人受契约约束一样。这是一种最有法律约束力的州际区域协作治理机制。

目前，美国州际协议共有300多份，涵盖的领域包括行政管辖边界、重大基础设施建设、流域管理、区域环境污染共同防治、区域经济发展、大都市区治理、共同资源开发和突发事件应急管理等。在今天的美国，就大多数州际共同事务、争端与冲突而言，都能够通过州际协议的手段得到解决。州际协议在推进州际公共项目执行上的合作、实现跨州区域公共事务的协作治理、调和州际关系和强化自主治理、促进各州经济与社会发展等方面的影响和作用是非常显著的。了解到通过州际协议治理跨州区域公共事务的价值，州际协议也因此得到了前所未有的广泛运用——许多州政府希望与其他州联合起来，通过谈判和协商签订州际协议就成为处理州与州之间利益争端的一种更为可取的途径，并借此增强它们的自主治理能力。州之间这种相互交往的意义是非常重要的：更多的州越来越联合在一起，组织跨州区域制度性的集体行动，那就更有潜力去解决区域性和全国性的公共政策问题。美国州际协议在治理区域公共事务方面的经验，值得我国特别是地方政府学习和借鉴。

表2-2 美国主要州际协议列举

序号	签订时间	协议名称
1	1921年	《纽约新泽西港务管理局协议》（纽约州和新泽西州）
2	1922年	《科罗拉多河协议》（流域内7个州）
3	1928年	《缅因—新罕布什尔州际桥梁协议》（缅因州和新罕布什尔州）
4	1935年	《特拉华河联合收费大桥协议》（新泽西州与宾西法尼亚州）
5	1947年	《新英格兰州际水污染控制协议》（新英格兰地区6个州）
6	1948年	《俄亥俄河流域水质卫生协议》（流域内8个州）
7	1950年	《双州大都市区发展机构协议》（密苏里州与伊利诺州）
8	1958年	《驾驶执照协议》（目前其成员州超过40个）
9	1961年	《特拉华河流域协议》（成员包括4个州和联邦政府）
10	1966年	《堪萨斯城大都市区交通管理局协议》（堪萨斯州与密苏里州）
11	1966年	《华盛顿大都市区交通管理局协议》
12	1967年	《跨州税收协议》（到2007年底，该协议共有20个成员州）

（续表）

序号	签订时间	协议名称
13	1969年	《大浩区域规划协议》（加利福尼亚州和内华达州）
14	1973年	《南部区域发展政策协议》（美国南部地区13个州）
15	1982年	《州际固体垃圾处理协议》（新罕布什尔州与佛蒙特州）
16	1991年	《中西部区域高等教育协议》（中西部地区8个州）
17	1996年	《州际应急管理互助协议》（49个州，加利福尼亚州除外）
18	2000年	《中西部客运铁路协议》（中西部地区9个州）
19	2000年	《州际环境协议》（纽约、新泽西和康涅狄格）
20	2003年	《州际保险品规制协议》（超过20个州）
21	2005年	《儿童安置州际协议》（全美所有州）

资料来源：笔者整理。

2. 地方政府间协议（Interlocal Agreements）

美国地方政府为了应对经济全球化冲击与区域经济竞争，提升自身的竞争优势，地方政府间建立战略性伙伴关系便成为一种趋势。而20世纪90年代以来，美国地方政府再造方案中重要的共同趋势之一，就是地方政府间协作关系的建立。地方政府间协议是不同市、县之间合作提供公共服务和构建协作性公共管理伙伴的一种重要制度安排。美国地方政府自20世纪80年代开始广泛尝试在不同地方政府间公共服务合同外包，形成区域公共服务多元主体联合供给模式。

除了因应都市化及大都市区成长的问题之外，希望能够进一步提升地方政府的能力，以满足市民多元与多样化的需求，通常是通过地方政府间协议、行政契约的方式发展区域协作关系，达到地方政府间的治理功能整合效益；同时也强调区域协作治理，因为目前地方政府除了受到城市化的冲击之外，也面临全球化的挑战，各地方政府在应对跨管辖边界问题和事务上，希望能够跨越行政管辖区域的界限，通过以区域公共政策议题为导向，建立跨边界、跨部门协作治理机制，整合资源、技术和信息以发挥协同作用，进而提升区域政府的综合治理能力，增强区域的整体竞争力和可持续发展能力。

我国地方政府在发展地区经济和治理地方公共事务的过程中，也同样面临前述美国地方所遭遇到的问题和需求。例如垃圾处理、营建废弃土清运、河川污染防治等环保议题，跨界交通基础设施、地方产业外移和输入外劳所引发的失业问题，振兴地方农、渔、牧产业的问题，大都市区、城市群及区域规划的议题，河流水资源管理的问题，以及公共安全与应急管理的议题，等等。这些政策问题或议题不仅涵盖了地方的政治、经济、社会和空间系统，同时也必须跨越行政管辖区域，通过地方政府间建立各类协作关系，协同推进区域公共事务整体化管理。

3. 联邦最高法院司法调节

促进为区域共同资源竞争的州之间的合作，有多种治理机制安排，包括州际协议、共同地下水法律、非正式合同，以及联邦立法调控和最高法院司法调节等。许多人建议，州际协议对于州解决它们之间的地下水争端和避免联邦干预来说可能是一种最好方式。《联邦宪法》第三款第二条赋予各州有权在联邦最高法院寻求解决州际争端的办法。① 不仅如此，联邦最高法院还通过解释宪法和法律，来调节联邦与州和州与州间的关系。例如，《联邦宪法》"州际商务"条款给予美国国会"制定对外以及各州之间贸易规定"的权力。联邦最高法院将宪法这一条的解释为，限制州一级制定有碍州际贸易的州与州之间的贸易规定和州内贸易规定。由于国会通常很少介入处理州际区域争端，联邦最高法院事实上是解决州际争端最后所诉诸的手段。

美国联邦最高法院在1799年首次运用司法权解决纽约和康涅狄格两个州之间的边界争端。② 此后，联邦最高法院运用司法权调解了许多州际争端。从一定意义上说，法院特别是联邦最高法院是联邦主义体系的调节者，没有法院的调节，联邦主义体制几乎不可能成功运转；没有联邦最高法院对《联邦宪法》的解释，1787年美国《联邦宪法》可能早已成为了历史。作为一种非常重要的制度实施机制，美国联邦最高法院在州

---

① 1789年，美国国会颁布《司法条例》(The Judiciary Act of 1789)，阐明联邦最高法院的职责和权力，授予联邦最高法院享有对州际争端/冲突案件和州与其他州公民之间诉讼的排他性司法管辖权（Exclusive Jurisdiction）。

② Zimmerman, Joseph Francis. 2006. *Interstate Disputes: The Supreme Court's Original Jurisdiction*. New York: State University of New York Press.

际协议缔结和执行等方面的司法权威是无可置疑的。联邦最高法院在解决州际区域争端和冲突中扮演了特别重要的角色，它"不控制所有的支配渠道和资源分配而能决定一项纷争"①。

但同时，美国许多州也不太信任联邦最高法院能解决它们自己的问题，也不愿意花费太多时间和金钱向联邦最高法院起诉或应诉。新制度经济学认为，交易双方如果试图通过第三方的介入来协调彼此间关系，必然会使交易费用增加。毕竟，这种解决区域争端的途径对相关各州来说，交易成本太高，并且面临巨大的政治压力，而替代性的主要机制则是州政府间通过谈判和协商达成州际协议。

（三）多样化的区域治理模式

1. 流域治理模式

美国本土的内河、湖泊分布甚广，是极其重要的饮用水源和生态资源。在美国50个州中，只有阿拉斯加和夏威夷两个州没有和其他州共享地下水或地表水资源，即没有共同的河流，而其他48个州都或多或少有共同的河流。由于流域作为一个完整的自然区域往往被不同州行政管辖区域所分割，这不可避免地在各州之间、部门之间以及各治理主体之间产生利益冲突，亟需州际区域协作予以解决。

跨州流域治理在美国已有多年历史。美国跨州流域治理的模式多种多样。在《联邦宪法》确立的制度框架下，解决跨州流域水资源分配问题有三种基本机制：一是州际协议，二是国会立法（Federal Legislation），三是联邦最高法院司法调节（Litigation）。由于国会具有绝对权力规制州际商务行为，并且根据《联邦宪法》"州际商务"条款，国会有权干预和调控州际争端事务，但这种方式的运用是非常有限的，并且许多州实际上并不信任联邦政府能够有效解决它们自己的问题。因而，国会立法以权力干预州际事务的行为，在实践中经常遭到各州的厌恶和反抗。

---

① 〔美〕文森特·奥斯特罗姆：《美国联邦主义》，王建勋译，上海三联书店2003年版，第198页。

表 2-3　美国跨州流域治理的主要机制比较

特点＼机制	国会立法调控	联邦最高法院司法调节	州际协议
资源配置方式	联邦法律	司法裁决	契约与承诺
决策方式	中央集中	中央集中	协作/自主协商
运行机制	纵向自上到下	纵向自上到下	横向协作网络
控制	联邦立法干预	联邦最高法院司法干预	自主调节/互惠
使用频率	低	中	高
实例	《田纳西河流域管理局法》(1935)	《堪萨斯州诉科罗拉多州》(1901)	《里帕布里肯河流域协议》(1943)

说明：1901年5月20日，堪萨斯州就阿肯色河流域水资源分配问题，向美国联邦最高法院起诉科罗拉多州。这是美国联邦最高法院首次运用司法管辖权调解跨州河流水权纠纷。

资料来源：吕志奎：《协作性公共管理视野下的美国州际协议研究——以里帕布里肯河流域协议为例》，中山大学博士学位论文，2009年。

《联邦宪法》"协议"条款授权各州经过国会同意缔结州际协议，已成为美国跨州流域协作治理的重要法律依据。州际河流协议（Interstate River Compact）是美国跨州流域治理的最为普遍的一种制度安排，被越来越广泛地用来解决跨州流域水资源问题。[1] 目前，在美国有超过40项州际协议涉及跨州河流水资源事务管理。州际协议在治理跨州河流水资源问题上具有如下优势[2]：第一，州际河流协议的签订和批准依赖正式的法庭程序之外的各种相关问题的彻底和充分的讨论；第二，州际协议对于各州来说是一种互惠性的可以接受的解决方法，而法庭诉讼实质上是一种对抗性的行为，并且在时间和财力资源等方面的交易成本是巨大的；

---

[1] Leach, Richard H, & Sugg, Jr, Redding S. 1959. *The Administration of Interstate Compacts*. Louisiana: Louisiana State University Press, p. 158.

[2] Kenneth W. Knox. 2004. *The Allocation of Interstate Ground Water: Evaluation of the Republican River Compact As A Case Study*. Colorado: Colorado State University, p. 49.

第三，州际协议本质上是一种各成员州之间有法律约束力的契约，它规定了各成员州的法律权利与义务。这种法律契约可通过法院强制实施。

表2-4 美国州际河流协议列举

协议名称	成员州
《波托马克河协议》（1785）	马里兰州和弗吉尼亚州
《哥伦比亚河协议》（1918）	俄勒冈州和华盛顿州
《科罗拉多河协议》1922）	怀俄明、犹他、科罗拉多、内华达、新墨西哥、亚利桑那和加利福尼亚（流域内7个州）
《拉普拉特河协议》（1925）	科罗拉多州、新墨西哥州
《普拉特河协议》（1926）	科罗拉多州与内布拉斯加州
《科罗拉多河上游流域协议》（1922）	亚利桑那、科罗拉多、新墨西哥、犹他、怀俄明州
《特拉华河港务管理局协议》（1932）	新泽西州和宾夕法尼亚州
《里帕布里肯河流域协议》（1943）	堪萨斯州、科罗拉多州与内布拉斯加州
《俄亥俄河流域水质卫生协议》（1948）	伊利诺、印第安纳、肯塔基、纽约、俄亥俄、西弗吉尼亚、宾夕法尼亚和弗吉尼亚等8个州
《阿肯色河协议》（1949）	堪萨斯州、科罗拉多州
《黄石河协议》（1951）	蒙大拉州、北达科他州、怀俄明州
《萨拜因河协议》（1951）	路易斯安那州、得克萨斯州
《克拉马斯河流域协议》（1955）	加利福尼亚州、俄勒冈州
《五大湖流域协议》（1955）	伊利诺州、印第安纳州、密歇根州、明尼苏达州、纽约州、俄亥俄州、宾夕法尼亚州和威斯康星州
《波托马克河协议》（1958）	马里兰州和弗吉尼亚州
《特拉华河流域协议》（1961）	特拉华、新泽西、宾夕法尼亚、纽约州和联邦政府
《阿肯色河协议》（1966）	堪萨斯州、奥克拉马州

(续表)

协议名称	成员州
《尼俄博拉拉河上游协议》(1969)	内布拉斯加州、怀俄明州
《萨奎斯哈纳河流域协议》(1970)	宾夕法尼亚州、纽约州、马里兰州和联邦政府
《五大湖—圣·劳伦斯流域水资源管理协议》(2005)	伊利诺、印第安纳和密歇根、明尼苏达、纽约、俄亥俄、宾夕法尼亚、威斯康星等8个州

资料来源：The Council of State Governments（CSG）. 2003. *Interstate Compact and Agencies*. Lexington, KY: The Council of State Governments。

州际河流协议所涵盖的政策功能，包括水资源的分配和供应，水污染控制和水质保护，防洪，捕鱼管理，休闲，以及共同水资源的协调规划和开发。它的一个基本目标就是，首先为灌溉工程确保充足的水资源供应，其次是保证饮用水、工业用水、休闲和环境等方面的需要。作为各成员州之间能够强制执行的一种法律合同，州际河流协议的核心目标就是，在没有联邦政府强加的控制或监控的情况下，提供一种解决跨州区域问题的途径。[1] 作为一种协作治理机制，州际河流协议为州之间实现合作创造条件，规范州际关系，减少信息成本和不确定性，实现外部性内在化，把阻碍州际流域协作治理的因素减少到最低限度。

通过签订州际河流协议，创建跨越多个州行政管辖区的流域公共管理委员会，乃是目前美国州际流域公共管理的一种基本模式。流域公共管理委员会，通常由代表流域内各州和联邦政府的委员组成。各州的委员通常由州长任命或由州长担任，来自联邦政府的委员由美国总统任命。委员会的日常工作（技术、行政和管理）由委员会主席主持，在民主协商的基础上，起草和制定流域管理政策，经流域内各委员同意后开始试行，然后作为法案由国会通过。根据其法律授权，流域公共管理委员会

---

[1] Frankfurter, Felix & Landis, James M. 1925. "The Compact Clause of the Constitution: A Study in Interstate Adjustments." *The Yale Law Journal*, 34 (7): 685–758.

制定流域水资源综合规划，协调处理全流域的水资源管理事务。目前，这样的流域公共管理委员会有科罗拉多河委员会（The Colorado River Commission）、俄亥俄流域水质卫生委员会（The Ohio River Valley Water Sanitation Commission）、波托马克河渔业管理委员会（The Potomac River Fisheries Commission）、特拉华河流域管理委员会（The Delaware River Basin Commission）和五大湖委员会（The Great Lakes Commission）等。

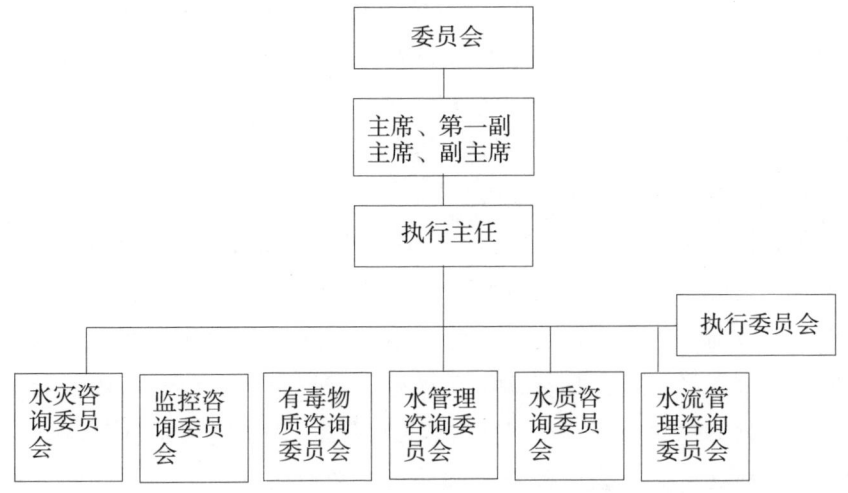

图 2-2　特拉华河流域管理委员会组织结构

以特拉华河流域管理委员会为例，根据《特拉华河流域协议》（1961）① 的规定，特拉华河流域管理委员会成员包括特拉华州、新泽西州、宾夕法尼亚州和纽约州的州长以及一名来自联邦政府的代表，联邦政府代表由总统委任。② 委员会从其委员当中选举出主席、第一副主席、副主席。主席、第一副主席、副主席是特拉华河流域管理委员会的行政领导，负责主持各种会议，任免各专门委员会负责人，签订各种正式文

---

① 1961 年 10 月 27 日，肯尼迪总统和特拉华河流域特拉华、新泽西、宾夕法尼亚和纽约等四个州的州长在白宫签署了《特拉华河流域协议》。
② The Delaware River Basin Commission（DRBC）. DRBC Overview, http：//www.state.nj.us/drbc/over.htm.

件和命令,以及赋予委员会主席的其他职责。委员会的主要工作就是①,负责协调工作、制订规划、调整计划、进行管理与研究流域综合发展战略和政策。该协议授予委员会足够多的权力,使其能够有效率地管理特拉华河流域的水资源。《特拉华河流域协议》第三条规定:作为一个法人机构,委员会应为本流域水资源的短期开发和长期开发制定综合规划并加以实施,并经常对其进行评价和修改。委员会将确保在其管辖权限内协调水资源开发与管理规划。② 基于实施协议的需要,该委员会甚至可以支配各州现有的水资源管理机构。特拉华河流域管理委员会具有促进水资源"多目标"发展的一系列行政管理权力,目的是为了更有效地实现和维护地方、州和联邦在这一区域的基本利益。

2. 大都市区域治理模式

美国大都市区域治理(Regional governing of metropolitan)的实践与大都市区的发展密切相关。在美国,大都市区是一个十分容易混淆的术语,一般指通过地理和经济联合在一起的由一个大城市和几个小城镇组合而成的城市聚集区,或者是包括一个具有一定规模的人口中心以及与该中心有着较高的社会经济整合程度的邻近社区。③ 20世纪初,美国城市化出现了一种新现象:一些规模较大的城市超越原有的地域界线,向周边扩展,将其周围地区纳入了城市化的轨道,两者紧密相连,融为一体。1910年,美国在人口统计中首次将城市化地区及与之紧密联系的区域称为"大都市区"(Metropolitan district)。因此,大都市区并不是行政意义上的区划,而是由众多地方政府构成的经济区域。④ 在这个经济区域中,为数众多的地方政府割裂了大都市区,形成了一种碎片化的城市空间和政治结构,这种结构带来了资源的分割,不利于大都市区域整体化发展。

从20世纪50年代后期开始,美国出现了大量地方政府的重组与合

---

① The Delaware River Basin Commission (DRBC). DRBC Overview, http://www.state.nj.us/drbc/over.htm.
② The Delaware River Basin Commission (DRBC). *Delaware River Basin Compact*, http://www.state.nj.us/drbc/regs/compa.pdf.
③ 张紧跟:《当代美国大都市区治理的争论与启示》,载《华中师范大学学报(人文社会科学版)》,2006年第4期。
④ 孙兵:《区域协调组织与区域治理》,上海人民出版社2007年版,第181页。

并，从而强化了大都市区政府的权威。在随后的数十年，由于公共选择理论者和合并倡导者对大都市区政府管治效率的争论不休而使大都市区治理一度陷入停顿状态。① 公共选择理论者把大都市区看成一个巨大的公共市场，在那里，市民可在相互竞争的公共物品和服务中选择，政府间竞争有助于降低服务提供成本，使政府治理更有效率，因而反对地方政府的合并；而合并倡导者则认为减少地方政府数量，合并管辖范围，实现大都市区治理可以按规模经济的要求更有效地提供服务，从而减少财政赤字，促进地区经济发展。经由近百年的发展演化，大都市区尤其百万人口以上的巨型大都市区，已经成为美国当今城市化发展最重要的形式。

为解决大都市区发展中面临的区域性矛盾和问题，实行有效的区域治理成为必然。期间，出于协调冲突和矛盾、合作开发资源以及加强成员间经济合作等原因，开展过多种形式的区域合作运动，尝试设立过正式的政府机构、非正式的准政府机构以及完全由民间发起的各种组织。② 为协调区域性矛盾，解决单一城市政府无法解决的问题，有的大都市区在城市政府之上探索建立了具有较高权威性的区域政府。美国大都市区域治理的基本模式受如下因素影响③：强大的"地方自治制度"的传统；崇尚"民主自由"精神的选民的支持；联邦和州法律的许可；政党、种族矛盾；城郊利益矛盾。前两个因素决定了美国很难形成具有绝对权威的大都市区政府，后三个因素则决定了美国大都市区的治理模式各异，既有具备多种职能的大都市区治理委员会，也有单一职能的特区。

区域委员会是美国在20世纪50、60年代发展起来的一种大都市区治理模式，现已有450多个区域委员会，并有全国区域委员会协会。严格地讲，区域委员会只是一个非政府机构，但它所具有的区域治理功能却比单一政府管理取得更好的实效。区域委员会的建立，可以由易到难、由单一到综合，先建立工业、交通、财政、税收、环保等专门委员会，随

---

① 刘玉、冯健：《区域公共政策》，中国人民大学出版社2005年版，第263页。
② 吴超、魏清泉：《美国的"都市区域主义"及其引发的思考》，载《地域研究与开发》，2005年第1期。
③ 刘玉、冯健：《区域公共政策》，中国人民大学出版社2005年版，第264页。

着区域经济联系日益紧密和区域公共事务日益复杂多样，逐步过渡到区域委员会模式。区域委员会模式体现了多元利益主体以平等、协商、互动和协作理念共同参与区域治理的创新，在充分协商讨论的基础上制定的区域政策能够得到各地方政府的支持并得到有力实施，成为现代区域协作治理的一种典范。

华盛顿大都市区是典型的区域委员会治理模式，下面以华盛顿大都市区政府联合会（Metropolitan Washingtong Council of Governments，以下简称MWCOG）[1]为例介绍美国大都市区治理模式。

第一，委员会的性质、愿景与使命。MWCOG成立于1957年4月11日，是华盛顿地区地方政府的区域治理组织。[2] MWCOG由21个地方政府组成，分别来自于哥伦比亚特区、马里兰州和弗吉尼亚州。MWCOG面积为3020平方公里，根据2000年的人口调查，总人口数为4272392人。MWCOG是一个独立的非营利性协会，它的主要资金来源是地方政府的会费、联邦政府和州政府的拨款与合约以及基金和私人部门的捐赠。MWCOG的政策由董事会制定，它每月开一次会议讨论区域公共问题。

MWCOG的愿景：华盛顿大都市区政府联合会是一个世界水平的、高绩效的区域组织，因其采用最佳的工作和极端科技来解决区域公共问题而知名，并使华盛顿大都市区成为居住、工作、娱乐和学习的最佳地点。[3] MWCOG的使命：通过提供一个协商和制定区域公共政策的论坛，提升华盛顿大都市区居民的生活质量和经济全球化中的竞争优势；执行政府间的政策、规划和项目；作为专家信息资源库支持区域发展。[4]

第二，治理结构（Governing Body）。董事会（COG Board of Directors）是MWCOG的治理机构，对MWCOG所有的政策、职能和资金负责。董事会成员任期一年，由参与MWCOG的各地方政府以及来自本区域的州立法会代表任命，任命书要报送州立法会的首脑以及相关执行机

---

[1] Metropolitan Washingtong Council of Governments. About COG, http://www.mwcog.org/about/.
[2] Ibid.
[3] Ibid.
[4] Ibid.

构。目前,董事会成员包括31名成员。董事会下设执行董事一名(Executive Director),负责 MWCOG 所有行政管理事务,并监督 MWCOG 的政策和规划的制定与执行过程。执行董事每月要准备报告,内容包括 MWCOG 的重要事件和活动,该报告每月呈送董事会和其他成员。董事会还设置主要行政官员委员会,负责具体日常行政事务。

第三,主要职能与功能作用。MWCOG 主要关注以下一些区域公共问题,包括环境、可负担的住房、经济发展、卫生和家庭关怀、人力资源服务、人口增长、公共安全,以及运输等。相应地,MWCOG 也设置了众多委员会负责管理这些区域公共事务,包括环境和公共工程委员会、华盛顿大都市区空气质量委员会、水资源技术委员会、人力资源政策委员会、健康和医疗政策委员会、公共安全委员会、首席采购官员委员会、无家可归者服务委员会、住宅顾问委员会、大都市区开发政策委员会、运输规划委员会,等等。华盛顿大都市区政府联合会的作用主要体现在将联邦和州拨款分配给它的成员,提供区域内地方政府讨论协商规划、交通、环境等区域公共问题的制度化平台和提供跨地区的公共服务。

3. 特区(Special District)制度

在美国,关于政府间合作关系的发展有一个比较成功的制度创新——特区制度,该制度对美国社会区域公共事务的管理提供跨行政管辖区公共物品与服务,收到了很好的成效。美国的特区是由州议会或地方政府根据州法律创设的特殊目的的政府,一般行使一种或有限几种职能,拥有独立于一般政府的行政和财政自主权。①

判断一个实体是特区还是一般性地方政府(县、自治市或镇区)的下属机构,标准有三个:第一,它作为公共组织实体存在,即通常为公法人,享有某些法人权力,如永久存在权、起诉权与应诉权等。第二,该实体由委员会管理,委员会成员必须由选民产生或由民选官员任命。它向公众负责并报告其工作,该实体必须提供某种公共服务。第三,享有实质性的财政与行政自主权。特区的财政收入构成多种多样,主要有

---

① 孙兵:《区域协调组织与区域治理》,上海人民出版社2007年版,第176页。

财产税、收费、州和联邦拨款等。① 特区的类型不同，其收入来源的构成也有很大差别，这也反映了特区多样化的特征，通常与特区的功能有关。此外，特区还有权发行债券来募集资金，但需要获得选民的同意才可以进行，从而避免特区滥用发债权力，给特区选民增加负担，甚至导致其破产。

例如，科罗拉多州众议院 2004 年 8 月颁布法律（Senate Bill 04 - 235），在科罗拉多东北部地处里帕布里肯河（The Republican River）上游，包括菲利普斯和屿马两个县的全部地区，以及卡索恩、华盛顿、塞德维克、林肯和洛格安五个县的部分地区，创建里帕布里肯河水资源保护区（The Republican River Conservation District）。② 里帕布里肯河水资源保护区由 15 位成员组成的董事会（Board of Directors）管理和控制。这些董事会成员一般由水资源保护区所在地区的县、地下水管理区和科罗拉多地下水委员会派代表出任，任期三年。董事会设有主席、副主席、会计和秘书等，聘任总经理执行董事会的决策。总经理再聘请有关工作人员负责保护区的日常事务，包括行政助理、财务管理员和工程管理员。科罗拉多州众议院颁布的法律还规定了促使水资源保护区协助该州遵守《里帕布里肯河流域协议》的多种资金渠道，包括收入债券、特别评估费、销售税和使用税、财产税和用水收费。③ 同时，里帕布里肯河水资源保护区还利用联邦投资、拨款和项目，实行多样化的资金筹集渠道。利用联邦政府重要项目，主要包括环境质量刺激项目（Environment Quality Incentives Program，EQIP）和资源保护区增值项目（Conservation Reserve Enhancement Program，CREP），所提供的联邦资金用来满足保护区实施水资源保护项目的需要。

内布拉斯加州为合理保护和利用里帕布里肯河流域的地表水和地下水资源，该州议会 1969 年颁布法律，在内布拉斯加州西南部里帕布里肯

---

① 孙兵：《区域协调组织与区域治理》，上海人民出版社 2007 年版，第 177 页。
② The Republican River Conservation District（RRWCD）. RRWCD Information, http://www.republicanriver.com/information.asp.
③ The Colorado Division of Water Resources. *Republican River Compact Agreement*, http://water.state.co.us/wateradmin/republicanriver.asp.

河流域上、中、下游创建三个自然资源区（Republican River Natural Resources Districts，NRDs）：包括里帕布里肯河上游自然资源区（Upper Republican River Natural Resources Districts，UNRDs），里帕布里肯河中游自然资源区（Middle Republican River Natural Resources Districts，MNRDs），里帕布里肯河下游自然资源区（Lower Middle Republican River Natural Resources Districts，MNRDs）。① 这些自然资源区属于内布拉斯加州的地方政府（Special Districts）。其主要职责包括②：保护地下水资源，预防过度用水和水污染；保护植被和土壤；植树和保护野生动物栖息地；防洪；改善城市水资源的保护以及休闲用水。作为具体贯彻实施协议的基层组织单位，这三个自然资源区在促进内布拉斯加州里帕布里肯河水资源的利用和保护，协助内布拉斯加州履行协议等方面发挥了重要作用。这些自然资源区设立了董事会作为其最高决策机构，董事会设有主席和副主席，并聘任总经理（General Manager）负责执行董事会的决策。总经理聘任有关人员管理自然资源区的日常事务，包括总经理助理、行政助理、资源保护项目协调员、保护项目技术专家等。

为协调和配合里帕布里肯河流域自然资源管理，内布拉斯加州自然资源部在 2005 年制定了"流域整合管理计划"（Integrated Management Plan，IMP）。2007 年，内布拉斯加里帕布里肯河流域上、中、下游三个自然资源区签订《地方政府间合作协议》（Interlocal Cooperative Agreement），并创建了"里帕布里肯河流域联盟"（Republican River Basin Coalition，RRBC）。③ 该协议的主要目的就是，管理或调节里帕布里肯河流域水资源的行动、决策和政策，代表自然资源区的基本利益，并根据需要，行使权力，提供资源、服务、研究和设施。"里帕布里肯河流域联盟"构成了内布拉斯加州的一个法人机构，对外代表上、中、下游三个自然资源区，并具有实施公共权力的职责。董事会是联盟的最高决策机构，其

---

① The Upper Republican Natural Resources District. Governance, http://www.urnrd.org/index_files/page1941.htm.
② The Lower Republican Natural Resources District（LRNRD）. About LRNRD, http://www.lenrd.org/about.htm.
③ The Middle Republican Natural Resources District. Interlocal Cooperative Agreement. http://www.mrnrd.org/downloads/coalition/interlocal_Agreement.pdf.

成员由来自每个自然资源区的代表组成,它实质上是三个自然资源区的协作行动组织。①

4. 问题区域治理模式

美国曾经是区域发展很不平衡的国家,最早发展起来的是大西洋沿岸的东北区,以后逐步扩展到中北部的五大湖地区,而西部、南部则因多方面原因发展缓慢。直到"二战"期间以及"二战"以后,地区差距才逐渐缩小。20世纪50年代末60年代初美国边疆遭到两次经济危机的袭击,不少地区的失业率超出全国平均水平的50%甚至100%,严重的区域发展失衡问题引起了美国各级政府和社会各界的普遍关注。

为治理这些问题区域的各种经济社会问题,促进贫困地区的综合开发与快速发展,美国联邦政府制定与实施了有效的区域开发战略与区域治理政策。1961年5月,联邦政府颁布《地区再开发法案》,这是美国第一次将地区失业和经济落后问题视为全国性问题的法案。该法案明确指出:实行区域再开发的目的,必须是能够发展和扩大新的或现有的生产能力及资源,而不仅仅是将就业机会从美国的一个州转向另一个州。整个20世纪60年代是美国区域政策最活跃的时代,进入70年代后,美国政府对区域经济的干预逐步减弱,绝大部分区域援助被取消,区域发展支出大大削减。80年代中期以来,美国国内区域发展差异再度呈现扩大的趋势,贫困地区人口增长过快,农村就业减少,年轻劳动力外流,人们的不满情绪增加。出于国内政治压力和全球经济竞争的考虑,区域发展政策在沉寂了多年以后,重新受到美国政府的重视。克林顿政府组织制定和实施了对欠发达地区的援助计划,1993年8月颁布《联邦受援区和受援社区法案》,这是美国第一个比较系统解决欠发达地区发展问题的法案。根据该法案,政府拨款25亿美元用于税收优惠,10亿美元用于贫困地区的各项援助。

美国联邦政府还特设专款组建经济开发区,加快落后地区的经济发展。开发区(包括一些在开发区)由多个县或州组成,同时兼容一个

---

① 吕志奎:《协作性公共管理视野下的美国州际协议研究——以里帕布里肯河流域协议为例》,中山大学博士学位论文,2009年。

"增长中心",以促进先进和落后地区相互促进、取长补短。联邦财政为此特设专款,拨付贫困地区,用于受援区的交通设施建设、污染治理、兴建科学园区等。

以阿巴拉契亚山区综合开发为例,阿巴拉契亚山区纵跨美国东部13个州——西弗吉尼亚、阿拉巴马、乔治亚、肯塔基、马里兰、密西西比、纽约、北卡罗拉纳、俄亥俄、宾夕法尼亚、南卡罗拉纳、田纳西和弗吉尼亚,煤炭和水资源极为丰富。开发前,山区交通闭塞,经济发展缓慢,居民教育水平低和营养不良,失业率比全国平均水平高40%,是美国东部比较贫困落后的地区。按照该法案,组成了美国第一个由联邦政府和州政府协作管理的区域发展机构,即阿巴拉契亚山山区域委员会(The Appalachian Regional Commission,ARC)①,对美国这块近2000万人口、包括397个县的阿巴拉契亚山区进行开发治理。在阿巴拉契亚山区域开发过程中,区域发展规划工作由联邦、州和地方三个层次完成。阿巴拉契亚山区域委员会采取"增长中心"的开发方式,在区域范围内选择了69个能为未来经济发展发挥重大作用、投资收益率最高的重点开发区,作为优先开发的地区。阿巴拉契亚山区域委员会最初把公路建设作为发展重点,在11亿元的拨款中,公路投资占77%,各州还要拿来出30%—50%的配套资金。约十年时间完成公路系统后,开始转向教育与卫生等基础设施建设。阿巴拉契亚发展计划取得了很大成功。经过40多年的开发,该地区在交通、能源、教育、住宅和公共设施等方面发生了巨大变化。当然,改善较大的主要限于少数城市地区。

(四) 精细化的政策工具

美国早期区域治理的政策工具经济色彩浓厚,多表现为物质建设规划,即通过综合开发优势资源,促进相关资源和相关产业的开发,从而达到某一区域优势资源的充分利用和区域的整体发展。从20世纪60年代开始,美国跨州区域规划多表现为经济发展、法律制度的规划。与物质建设规划相比,经济发展和法律制度规划多为联邦政府采用间接的财政、税收、政府购买、公共投资、人员培训和颁布立法等手段综合治理更大

---

① The Appalachian Regional Commission. About ARC, http://www.arc.gov/index.do?nodeId=1.

范围内的区域公共问题。归纳起来，美国各级政府治理这些区域公共问题的政策工具主要有两大类：经济和法律工具。在实践中，这两种政策工具是配套运用的。

1. 经济工具

美国曾经也是区域经济不平衡的国家，区域经济不平衡，严重影响了美国经济的发展。"二战"以后，美国为了缩小地区经济的差异，联邦政府逐步选择了一系列政策工具与措施缩小地区发展差距。从罗斯福"新政"开始，美国政府采取了一系列政策措施以加快落后地区的经济发展，十分注重利用财政政策手段，在税收上还针对不同经济发展水平地区实行不同的累进税制和税收优惠。从20世纪30年代起，美国联邦政府对北部发达地区多征税，把增量部分转移支付给落后地区；对落后地区多留资金，实行低税率，积极培养其良性循环能力。在财政支出上，建立较为完善的转移支付制度，对落后地区进行直接补贴，平衡各地区的公共服务水平，实现基本公共服务均等化。随着落后地区经济的不断发展，这一总体趋势到20世纪90年代才有所调整，减小了南北税负的差异。1966—1991年，经济开发署通过公共工程和设施建设计划，对困难地区的8111个公共设施提供财政援助，援助金额达43.28亿美元。[1] 联邦政府还向州和地方提供用于公共医疗、收入保障和教育训练等方面的分类补助，作为州和地方政府的一种更有效的收入来源，这种财政补助保证地方公共服务水平的提高，缩小地区间基本公共服务差距。此外，美国经济开发署还提供各种技术和社会信息服务，进行人力资源培训，帮助困难地区进行结构调整。这些援助对加快落后地区的经济社会发展起到一定作用。

1993年克林顿总统执政后，美国政府比较注重通过制定合理的区域协调发展政策，以扶持落后地区的发展。克林顿总统于1993年8月签署《联邦受援区和受援社区法案》。[2] 该法案规定，拨款25亿美元，无偿用于税收优惠，10亿美元无偿用于城市和农村社区的各项援助。到1994年

---

[1] 万立：《中国西部现代化发展研究》，河北人民出版社1999年版，第151页。
[2] 刘建芳：《美国的区域经济政策及其启示》，载《东南大学学报（哲学社会科学版）》，2002年第1期。

底，分别由联邦政府住房和城市发展署批准6个受援地区和65个城市受援社区，农业部批准3个农村受援地区和30个城市受援社区。援助项目包括创造就业机会、兴建公共设施、人力资源培训、住房、环境保护和公共安全等方面。援助计划采取综合措施，目标在于为受援地区创造经济机会，培育自我发展能力，从而使受援地区走上可持续发展之路，而不是依赖联邦和州政府的援助。此法案虽然实施时间不长，但也取得初步成效。如密西西比州受援地区的失业率就从1995年8月的10%下降到1996年8月的6.7%。[①]

2. 法律工具

法律工具的权威性、规范性和国家意志性等基本功能，对保证区域政策的权威性、稳定性、连续性和区域政策的有效执行有着重大作用。1935年5月，美国国会通过《田纳西流域管理局法》，设立了一个既有政府权力、又有私人企业灵活性的公司——田纳西河流域管理局，统一指挥流域内的水电工程、洪水控制、土壤保护、植树造林、土地休耕、河流净化和通航等综合开发和利用，有力地推动了该地区的工农业发展。20世纪50年代末60年代初，美国边疆遭到两次经济危机的袭击，不少地区的失业率超出全国平均水平的50%甚至100%，严重的区域问题总是引起普遍的关注。为治理这些问题区域的各种经济社会问题，促进贫困地区的快速发展，美国联邦政府借助法律手段有计划地开发落后山区。

美国联邦政府于20世纪60年代颁发《地区再开发法案》和《阿巴拉契亚山区域开发法案》。其中，1961年5月联邦政府颁布的《地区再开发法案》，是美国第一次将地区失业和经济落后问题视为全国性问题的法案。该法案明确指出：实行区域再开发的目的，必须是能够发展和扩大新的或现有的生产能力及资源，而不仅仅是将就业机会从美国的一个州转向另一个州。为打破行政区划，实现区域综合治理。联邦财政为此特设专款。拨付贫困地区，用于受援区的交通设施建设、污染治理、兴建科学公园等，其中一部分款项支援私营公司，鼓励它们向落后地区投资。

---

① 刘建芳：《美国的区域经济政策及其启示》，载《东南大学学报（哲学社会科学版）》，2002年第1期。

1965年，美国联邦政府颁布了两个有重要影响的指向问题区域的法规。一个是《公共工程和经济开发法案》（EDA），用以替代原有《地区再开发法案》，原法案被批评破坏了公平竞争原则。新法案对落后地区和困难地区的援助，不再是直接支持那里的私人企业，而把援助重点放在公共工程的投资上，在EDA实行的前七年，大约有66%的支出用于支持地方的公共工程，只有13%用于企业贷款。获得EDA援助的地区一般至少要具备下列条件中的一项：严重或持续高的失业水平；中等家庭收入不到全国平均水平的40%；因关键企业倒闭引起失业率突然升高。同年颁布的另一个法规是《阿巴拉契亚山区域开发法案》。

整个20世纪60年代是美国区域政策最活跃的时代，进入70年代后，美国联邦政府对区域经济的政策干预逐步减弱，绝大部分区域援助被取消，区域发展支出大大削减。80年代中期以来，美国区域差异再度呈现扩大的趋势，贫困地区人口增长过快，农村就业减少，年轻劳动力外流，人们的不满情绪增加。出于国内政治压力和全球经济竞争的考虑，区域发展政策在沉寂了多年以后，重新受到美国政府的重视。克林顿政府组织制定和实施了对欠发达地区的援助计划，1993年8月美国国会通过《联邦受援区和受援社区法案》，对援助的地区、目的、采取的综合措施、目标等基本问题都作出了明确规定，对受援区接受援助的方式也提出了明确要求。根据该法案，政府拨款25亿美元用于税收优惠，10亿美元用于贫困地区的各项援助。该法案是美国第一个比较系统地解决欠发达地区发展问题的基本法案。

在美国，统一的法律是协调州际关系的重要政策工具之一。其中最成功的便是《统一商业法规》（*Uniform Commercial Code*），它涵盖大量的商业事务，除路易斯安那州外，其他各州都已采纳。当然，面对联邦制预期的多样性，谋求统一性的其他努力所获成果不多。另外，当代信息技术的发展能够极大地促进州际整体服务系统和政府间的协调工作，政府间可以共享信息和知识资源，并能够发现职能的重叠或服务的盲区。这些完备的法律工具和经济工具，对美国区域政策与区域综合治理开发取得良好效果提供了重要保障，这是值得我国学习和借鉴的。

三、中国区域治理的现状与问题

建国以来，如何正确处理中央与地方的关系，如何促进地方与地方（主要是省级政区）之间协作关系的发展，进而推动区域经济社会协调发展，形成合理的区域发展格局，一直是我国公共管理改革与发展中的重大问题。在经济全球化和区域经济一体化的时代背景下，自1978年改革开放以来，在中央政府的政策倡导与支持下，我国各地区纷纷成立以地方政府为主体的各种各样的区域合作组织，有力地推动了新时期我国区域治理制度的创新与发展，基本上实现了当代中国经济地理空间的重塑和区域治理结构的再造。

（一）中国区域治理的现状

1. 制定和完善了区域发展战略

区域发展战略是特定时期内中央政府对经济、人口、资源、社会和环境等发展所作出的空间规划。新中国成立以来，处理不同区域的发展关系一直是我国区域发展战略的主线。自1949年以来，中央政府的区域发展战略与区域政策"范式"经历了多次调整和变迁（见表2-5）。改革开放前，实行区域平衡发展战略。根据上述战略构想，"一五"时期，中央政府依据区域经济发展水平的一致性和差异性，将全国划分为沿海和内地两大经济地带。国家侧重发展内地。1958年，中央政府设立七大"经济协作区"①，试图建立不同水平、各具特色、工业体系相对完整、均衡发展的经济区域。20世纪60年代初，国家从国防需要出发，根据各个

---

① 1958年，为了逐步改变生产力布局的不平衡和不合理状态，充分合理地利用各地区人力、物力资源，在全国建立完整工业体系的同时，企图在地方上也建立不同水平、各具特点的工业体系，国家计划委员会将全国划分为七大"经济协作区"，此后到1961年调整为六大"经济协作区"，包括：东北区（辽、吉、黑三省）；华北区（京、津两市和冀、晋、内蒙古三省区）；华东区（上海市和鲁、苏、浙、皖、闽、赣六省）；中南区（豫、鄂、湘、粤、桂五省区）；西南区（川、滇、黔、藏四省区）；西北区（陕、甘、宁、青、新五省区）。各大"经济协作区"均设有中央局和大区计委，负责协调大区内各省、市、自治区之间的经济联系，并组织各种经济协作。这在对当时国民经济进行调整的任务中起到了一定作用。但到"文化大革命"开始后，各大协作区相继被撤销，如何开展地区间经济协作，也就无人问津了。

区域国防战略位置的重要性，在区域经济发展和布局上将全国分为一线、二线、三线等三类区域。经济建设和工业布局的重点放在三线地区。

表2-5 我国区域发展战略的变迁

时间阶段	发展战略
1949年至改革开放前	地区平衡发展战略：从1949年到1964年，为"内地建设战略"阶段；从1966年到1970年，为"三线建设战略"阶段；从1973年到1978年，为"战略调整"阶段
改革开放起至20世纪90年代初	以经济特区为重心的沿海地区优先发展战略
20世纪90年代初至2003年	区域协调发展战略：加快沿海沿江沿边地区开放开发，带动内陆地区开放开发，实施西部大开发战略
2004年以来	新区域发展战略：实施"区域发展总体战略"和"主体功能区战略"，充分发挥各地区比较优势，统筹区域发展，深入推进西部大开发，全面振兴东北老工业基地，大力促进中部地区崛起，积极支持东部地区率先发展，形成东中西优势互补、良性互动发展格局；推进区域综合配套改革试验，促进创新区域治理

资料来源：笔者整理。

20世纪80年代初期，基于对国际形势的判断，我国确定了以提高宏观经济效益为主要目标的指导思想和效率优先、兼顾公平的原则，制定和实施了沿海优先发展战略。1980年7月8日，国务院曾发布《关于推动经济联合的暂行规定》①，指出：走联合之路，组织各种形式的经济联合体，是调整好国民经济和进一步改革经济体制的需要，是我国国民经

---

① 《关于推动经济联合的暂行规定》的主要内容是：组织联合要坚持自愿互利的原则，逐步发展，不受行业、地区和所有制、隶属关系的限制，但不能随意改变联合各方的所有制、隶属关系和财务关系；要推进原料产地与加工地区的联合；各种经济联合体都必须保证国家税收和利润上交任务的完成；联合企业应由有关各方的代表组成联合委员会，作为权力机构。

济发展的必然趋势。1986年，又出台了《关于进一步推动横向经济联合若干问题的规定》，等等。各地政府也为开拓区域市场建立了一些区域经济合作组织。在沿海优先发展战略指导下，珠江三角洲和长江三角洲地区加快对外开放，率先发展，在30年间成为中国经济的"隆起"地带和经济发展极，带动了全国经济持续快速增长，对中西部低层次的产业形成了较大的需求拉动与政策创新的扩散效应。与此同时，大量生产要素向东部发达地区聚集，导致东部与中西部地区的发展差距日益扩大。针对区域经济发展中的地区封锁、部门分割和发展失衡问题，中央政府开始关注地区间的经济合作与区域经济政策的协调。

为此，中央政府在20世纪90年代末期、21世纪初期又相继提出和实施了西部大开发战略、振兴东北老工业基地战略和促进中部地区崛起战略，以科学发展观为指导，制定区域政策和统筹区域发展，并取得了初步成效。《国民经济和社会发展"九五"计划和2010年远景目标纲要》首次将"促进区域经济协调发展"作为国家经济和社会发展的指导方针之一。"十五"计划纲要提出了"实施西部大开发战略，加快中西部地区发展，合理调整地区经济布局"，促进地区经济协调发展。党的十六届六中全会把"落实区域发展总体战略、推动各地区共同发展"作为构建社会主义和谐社会的重大举措。"十一五"规划纲要以科学发展观为指导，专辟一篇对促进区域协调发展作出了全面规划，初步设计了"新区域发展战略"。2007年，党的"十七大"报告系统阐述了新区域发展的基本战略，提出"缩小区域发展差距，必须注重实现基本公共服务均等化，引导生产要素跨区域合理流动。要继续实施区域发展总体战略，深入推进西部大开发，全面振兴东北地区等老工业基地，大力促进中部地区崛起，积极支持东部地区率先发展。加强国土规划，按照形成主体功能区的要求，完善区域政策，调整经济布局。遵循市场经济规律，突破行政区划界限，形成若干带动力强、联系紧密的经济圈和经济带"。党的"十八大"报告在阐述区域发展问题方面沿袭了上述战略思路。

从总体上看，目前我国区域发展总体战略的系统性、整体性、协同性不断增强，东部、中部、西部和东北四大战略区任务明确，编制主体功能区发展规划，将国土空间划分为优化开发、重点开发、限制开发和禁止开发四类,为我国国土开发空间格局提供了新的平台。同时,基于市场力量推动的经济区内部和经济区之间的合作交流更加密切,互动、统筹、协调与整体推进的区域和谐发展格局正在形成。

2. 组建了分类管理的区域治理机构

为建立良好的金融市场环境,促进区域金融市场一体化,防止地方金融保护主义,造成行政区域间的金融壁垒,1998年中国人民银行开始的管理体制改革转向了按经济区划设置分行的取向,设立跨省区域治理机构。至1999年初,跨省区九大分行和北京、重庆两家营业管理部相继成立。① 根据改革方案,九大分行的主要职责是依据总行的授权,负责执行全国统一的货币政策,对辖区内除证券、保险外的金融业务活动进行全面监管,大区分行在人事上直属中央。这样有助于摆脱地方对中央金融政策的干预,以维护国家金融政策的统一性,促进区域金融市场的整体化和一体化发展。

为落实区域发展总体战略,中央政府已经在组织管理层面逐步建立了分类管理的区域政策协调机构。2000年1月,党中央对实施西部大开发战略提出了明确要求,把加快开发西部地区作为党和国家的一项重大战略任务,国务院成立了西部地区开发领导小组,为实施西部大开发战略拉开了序幕。2003年12月,国务院振兴东北地区等老工业基地领导小组成立。2007年4月10日,国务院批准设立的国家促进中部地区崛起工作办公室在国家发展和改革委员会正式挂牌。这些区域政策管理机构的设立都标志着中央政府关于促进区域协调发展的战略决策进入了更具操作性的实施阶段。

3. 编制了一系列区域发展规划

区域发展规划是为实现一定地区范围的开发和建设目标而进行的总体部署。它是区域发展战略的细化,是连接区域发展战略和区域发展政策之间的桥梁。2005年,国务院《关于加强经济社会发展规划的指导意见》,其中一个内容明确表示加强区域规划的编制,国家主要编制的范围

---

① 1998年底,央行实行机构改革,撤销了31个省级分行,成立了广州、天津、济南、南京、上海、武汉、西安、成都、沈阳九大区行,外加北京和重庆两个营业部。

是"跨省区的规划,重点城市群的规划和重点生态保护区的规划"。"十一五"期间,中央政府重视通过区域规划对区域内的社会经济发展和建设布局进行全面规划,先后批准发布了十多个区域发展规划或区域性政策文件,服务于国家的区域发展总体战略和发挥区域比较优势,着力解决区域之间的发展不平衡或区际分工协作问题,促进区域协调发展与和谐社会建设。区域发展规划的陆续出台或获批,也在中央层面为地方政府创新区域治理机制提供了政策保障,可以起到引导区域科学发展、协调发展的效果。

2003年10月,中共中央、国务院正式印发《关于实施东北地区等老工业基地振兴战略的若干意见》,制定了振兴战略的各项方针政策,吹响了振兴东北老工业基地的号角。中央先后在东北地区实行了一系列促进振兴的优惠政策。2007年8月,国家发改委、国务院振兴东北地区等老工业基地领导小组办公室发布了经国务院批复的《东北地区振兴规划》,提出东北振兴的目标是:经过10到15年的努力,实现东北地区的全面振兴。至今,国务院先后批复涉及珠江三角洲、长江三角洲、天津滨海新区、东北地区、中部地区、海峡西岸经济区、包括陕西、甘肃两省部分地区的关中—天水经济区、中国图们江区域、黄河三角洲、横琴新区、安徽皖江城市带、鄱阳湖生态经济区等20多部区域发展规划。

表2-6 2002年以来中央出台或批准的主要区域发展规划

出台时间	区域发展规划
2002年8月	《"十五"西部开发总体规划》
2007年3月	《西部大开发"十一五"规划》
2007年8月	《东北地区振兴规划》
2008年2月	《广西北部湾经济区发展规划》
2009年1月	《珠江三角洲地区改革发展规划纲要》
2009年6月	《江苏沿海地区发展规划》
2009年6月	《横琴总体发展规划》
2009年6月	《关中—天水经济区发展规划》
2009年7月	《辽宁沿海经济带发展规划》

(续表)

出台时间	区域发展规划
2009年9月	《促进中部地区崛起规划》
2009年11月	《天津滨海新区规划》
2009年11月	《中国图们江区域合作开发规划纲要》
2009年12月	《黄河三角洲高效生态经济区发展规划》
2009年12月	《甘肃省循环经济总体规划》
2009年12月	《鄱阳湖生态经济区规划》
2010年1月	《皖江城市带承接产业转移示范区规划》
2010年3月	《青海省柴达木循环经济试验区总体规划》
2010年5月	《长江三角洲地区区域规划纲要》
2010年6月	《海南国际旅游岛建设发展规划纲要》
2010年12月	《全国主体功能区规划》
2011年3月	《海峡西岸经济区发展规划》
2011年3月	《中关村国家自主创新示范区发展规划纲要》
2012年5月	《中央苏区振兴规划纲要》
2012年9月	《广州南沙新区发展规划》
2012年11月	《中原经济区规划（2012—2020年）》
2012年11月	《天山北坡经济带发展规划》
2013年1月	《罗霄山片区区域发展与扶贫攻坚规划》

资料来源：笔者整理。

2006年4月，国务院出台了《关于促进中部地区崛起的若干意见》，其中包括36条政策措施，提出要把中部建成全国重要的粮食生产基地、能源原材料基地、现代装备制造和高技术产业基地以及综合交通运输枢纽。这样中部崛起成为继东部沿海开放、西部大开发和振兴东北等老工业基地之后的又一重要的国家经济发展战略。2009年9月，国务院出台《促进中部地区崛起规划》，指出：争取到2015年，中部地区实现经济发展水平显著提高、发展活力进一步增强、可持续发展能力明显提升、和谐社会建设取得新进展的目标。

2009年1月，国家发展和改革委员会制订的《珠江三角洲地区改革发展规划纲要（2008—2020年）》明确提出：推进珠江三角洲区域经济一体化。到2012年，基本实现基础设施一体化，初步实现区域经济一体化。到2020年，实现区域经济一体化和基本公共服务均等化。《珠江三角洲地区改革发展规划纲要（2008—2020年）》同时指出：推进与港澳更紧密合作，推进重大基础设施对接，加强产业合作，共建优质生活圈，创新合作方式；深化泛珠江三角洲区域合作。将泛珠江三角洲区域合作纳入全国区域协调发展总体战略，继续深化合作，促进东中西部地区优势互补、良性互动、协调发展。在中国改革开放30周年之际，《珠江三角洲地区改革发展规划纲要（2008—2020年）》的颁布和实施，意味着珠三角区域在我国社会主义现代化建设宏伟蓝图中的战略地位更加突出，有助于纵深推进珠三角区域一体化建设。

从2006年初起，国家发展和改革委员会长三角区域规划领导小组开始编制《长江三角洲地区区域规划纲要》，2010年5月25日，国务院已正式批准实施《长江三角洲地区区域规划纲要》，将长三角的发展战略定位为"亚太地区重要的国际门户、全球重要的现代服务业和先进制造业中心、具有较强国际竞争力的世界级城市群"。通过把长三角区域发展规划与近年来国家陆续出台的一系列区域发展规划联系起来作"整体"观察，中国区域治理新阶段的战略和思路就更为明晰。

4. 创新了多样化的区域治理机制

区域治理机制是区域治理的重要制度安排，是实施区域治理的具体行动路径，对于推动区域协调发展和促进地区经济可持续增长有着重要作用。"十一五"规划纲要强调健全区域治理互动四大机制——市场机制、合作机制、互助机制和扶持机制，形成区域间相互促进、优势互补的互动格局。在实践中，我国的区域治理互动机制不断丰富和创新。

以长三角经济区为例，该经济区于1985年建立了经济区省长、市长会议制度。会议每年召开一次，在区内各省市轮流召开，由东道主的省长、市长担任主席，主持会议。省长、市长会议实行民主协商一致的原则，形成的决议共同遵守执行。目前，长三角区域经济合作机制主要有三个层次：副省（市）长级别的"沪苏浙经济合作与发展座谈会"（2004年开始）；长三角16城市市长级别的"长三角城市经济协调会"；

长三角各城市政府部门之间的协调会。副省（市）长级别的"沪苏浙经济合作与发展座谈会"，主要是决策。而长三角16城市市长级别的"长三角城市经济协调会"，侧重于落实决策。"长三角城市经济协调会"，渐渐演变为长三角区域经济合作最具有代表性质的机构和方式。目前，该协调会设有规划、交通、能源、信息、旅游、生态环境、人力资源、自主创新等十多个专题合作组。"长三角城市经济协调会第五次会议"，决定成立长三角城市经济协调会办公室，驻地上海，负责协调、组织和实施长三角区域经济合作日常事务。①

泛珠三角区域治理则形成了两大主要机制：一是泛珠三角区域合作与发展论坛和泛珠三角区域经贸合作洽谈会。论坛与合作洽谈会由福建、江西、湖南、广东、广西、海南、四川、贵州、云南省（区）人民政府和香港、澳门特别行政区政府（简称"9+2"）共同主办。国家发展和改革委员会、商务部、国务院港澳事务办公室、国务院发展研究中心担任论坛指导单位。论坛按照"联合主办、轮流承办"的形式，原则上每年举办一次。从2004年至今，已成功举办了五次。二是高层联席会议制度。行政首长联席会议制度由九省（区）人民政府和香港、澳门特别行政区政府行政首长组成。其职责主要是研究区域合作规划；研究解决区域合作中需要协调的重大问题；审议、决定区域合作的重要文件；根据秘书长协调会议提出的建议，研究决定下一届论坛和洽谈会的承办方。各行政首长负责部署和推动本方参与区域合作的各有关方面工作；对本方参与区域合作的战略、规划、工作方案以及重大合作项目作出决策；向联席会议提出推进区域合作建议和需要提请联席会议解决的事宜。联席会议原则上每年举行一次年会，年会在泛珠三角区域合作与发展论坛举办期间召开。在行政首长联席会议下设立秘书处，执行行政首长联席会议的决定，负责协调秘书长协调制度、各成员方日常工作办公室、部门衔接的落实和制度运作，起草、报送、印发区域合作有关文件等。②

对口支援是我国区域互助机制的核心内容，而行政指令和政策性文

---

① 陈瑞莲：《区域公共管理理论与实践研究》，中国社会科学出版社2008年版，第306页。
② 同上，第327页。

件是其主要依据。近年来,我国开始针对特定区域的对口支援制定专项规划,如,《全国对口支援三峡库区移民工作五年(2008—2012年)规划纲要》;又如,《汶川地震灾后恢复重建条例》,以法规的形式确定对口支援的法律地位。同时,各地已经形成了组织机制,并建立了相应的对口支援扶持资金。支援方式也由政府主导型向动员全社会力量参与的方式转变,支援内容进一步向增强受援方公共服务水平转变。扶持机制实施的范围和内容更多聚焦到问题地区。为适应对外开放,区域开发战略的实施和扶贫开发等内容,国家先后设立了相应的机构,实施了一系列扶持政策。中央政府对不同区域的扶持方式也由早期的政策优惠型向多种鼓励的方式转变,如,针对贫困地区,国家分别制定了专门规划,并明确各区域的扶持重点,实施了专项资金、项目倾斜、扶贫贷款等政策;对经济特区、沿海开放城市、经济技术开发区等实施了多项鼓励政策;对资源型城市、老工业基地城市等实施了特殊政策;对少数民族地区实施了从财力、物力和技术力量等方面的扶持政策。[①]

5. 签订了跨领域的区域合作协议

以珠三角、长三角、环渤海和京津冀为代表的跨省区域经济协作有一个共同的特点,就是广泛运用省际协议(Interprovincial Agreements, IPAs)构建跨省区域协作性公共管理框架,推动区域公共事务协作治理。所谓"省际协议",是指某一区域内不同的省级政府单位(包括政府部门间)基于合作的需要,在合法、自愿和互信的前提下所形成的具有一定约束力的协议。这是目前中国国内跨省区域协作性公共管理机制的一种重要创新。这表明一种政府间协议机制正在国内区域协作性公共管理框架中逐步发展和建立起来。

---

① 《完善管理体制机制促进区域协调发展》,见泛珠三角合作信息网,http://www.pprd.org.cn/yanlun/200907/t20090721_ 62899.htm,2009年7月21日。

表 2-7 国内主要省际协议列举

序号	签订时间	协议名称
1	2000 年 8 月	《浙江、黑龙江关于促进两省粮食购销及经营合作的协议》
2	2003 年 4 月	《加强"长三角"区域市场管理合作的协议》
3	2003 年 11 月	《长三角食用农产品标准互认（合作）协议》
4	2003 年 11 月	《苏浙沪共同推进长三角区域创新体系建设协议书》
5	2004 年 6 月	《泛珠三角区域合作框架协议》
6	2004 年 12 月	《泛珠三角九省区食品药品监管合作框架协议》
7	2004 年 12 月	《泛珠三角区域地方税务合作协议》
8	2005 年 4 月	《泛珠三角区域交通合作协议》
9	2005 年 6 月	《泛珠三角区域反走私合作协议》
10	2005 年 6 月	《京津城市流通领域合作框架协议》
11	2005 年 7 月	《关于建立西部地区人才工作协作机制协议书》
12	2006 年 7 月	《东北三省政府立法协作框架协议》
13	2006 年 9 月	《吉林黑龙江两省松花江流域环境应急协调机制协议》
14	2006 年 10 月	《山西省、河南省加强省际交通合作协议书》
15	2007 年 4 月	《支持西部开发区基础设施建设合作协议》
16	2007 年 5 月	《闽湘两省区域通关合作协议》
17	2007 年 7 月	《中部六省结成知识产权联盟协议》
18	2007 年 10 月	《福建省与广东省行政区域界线管理维护协议书》
19	2007 年 11 月	《京津冀物流合作协议》
20	2008 年 8 月	《粤港应急管理合作协议》
21	2008 年 12 月	《长江三角洲地区环境保护合作协议》（苏浙沪）
22	2009 年 4 月	《泛珠三角区域内地九省（区）应急管理合作协议》
23	2010 年 4 月	《粤港合作框架协议》

资料来源：笔者整理。

2000 年 8 月，浙江和黑龙江两省签订《关于促进两省粮食购销及经营合作的协议》。这是改革开放以来，我国第一份由不同地区政府部门签署的省级政府间协议。2004 年 6 月，泛珠三角区域政府行政首长在广州签署了首项政府间协议——《泛珠三角区域合作框架协议》，这是中国迄今为止规模最大、范围最广的区域经济合作的正式启动,标志着当前中国最大的区域政府间合作框架协议正式形成。该协议的签订对于促进港澳与内地建立更紧密经贸合作关系,扩大内地省区对内对外开放,加快增强区域整体实力和竞争力,实现区域经济社会繁荣发展,具有重要的现实意义和战略意义。至今,泛珠三角区域政府签订的各类合作协议总共超过50份。2006年7月,吉林省、辽宁省、黑龙江省正式签署《东北三省政府立法协作框架协议》[1],这个举动开了中国省际区域性立法协作框架的先河,率先打破政府立法隔阂,尝试横向间的协作立法,用以消弭区域间冲突。

随着省际区域合作协议的广泛运用,国内一些市级政府间也越来越通过协议开展市际区域合作。例如,长沙、株洲、湘潭三市2006年6月签订《长株潭环保合作协定》[2]。该协议主要内容是:"以湘江饮用水安全为重点,建立湘江流域上下游水环境管理机制,包括建立跨行政区交界断面水质达标管理、水环境安全保障和预警机制,以及跨行政区污染事故应急协调处理机制。"根据协议,三市将制定长株潭"环境同治"工作方案,长株潭三市作为一个环境单元,在环境治理上实施联合规划与协作管理。2006年8月,深圳、东莞和惠州三地警方在深圳市公安局指挥中心共同签署了《深莞惠三市警务协作框架协议》[3],这是广东省第一个区域性全方位警务协作协议,标志着深莞惠三市警务大协作框架正式建立并付诸实施。2009年3月,广州市市长张广宁和佛山市市长陈云贤分别代表两市在佛山签署了《广佛同城化建设合作框架协议》[4]。根据这份协议的要求,广佛两地将在创新行政管理体制、拓宽合作领域、促进两地要素资源自由流动、优化配置效率等方面更加紧密融合,并全面构建城市规划统筹协调、基础设施共建共享、产业发展合作共赢、公共事

---

[1] 《东北三省首推政府立法协作》,载《人民日报》,2006年7月18日,第10版。
[2] 湖南频道:《长株潭建立污染事故应急处理机制 确保湘江水质》,http://hn.rednet.cn/c/2006/06/28/925985.htm,2006年6月28日。
[3] 南方网:《深莞惠三市签署警务协作框架协议 遏制跨市犯罪》,http://www.southcn.com/news/gdnews/sd/200608260006.htm,2006年8月26日。
[4] 南方报业网:《广佛同城化签订框架协议 四大领域率先同城化探索》,http://www.nanfangdaily.com.cn/ttxw/200903200001.asp#,2009年3月20日。

务协作管理的一体化格局。根据《广佛同城化建设合作框架协议》，广佛两市还签订了《广州市佛山市同城化建设环境保护合作协议》①、《广州市佛山市同城化建设交通基础设施合作协议》②、《广州市佛山市同城化建设城市规划合作协议》③、《广州市佛山市同城化建设产业协作协议》④ 等多份子协议，广佛两地将优先在产业协作、城市规划、交通基础设施和环境保护这四个领域率先尝试同城化。这些市际协议的缔结，将有力地推动珠三角城市区域整体协同发展。

从国外公共管理的实践来看，诸如政府间协议（Intergovernmental Agreements）之类的协作性组织间网络管理已经成为一系列公共物品和服务提供与跨边界公共事务治理的普遍机制。⑤ 当前我国的地方政府间协议（Interlocal Agreements，ILAs）顺应了跨边界、跨地区、跨部门和跨组织环境中解决问题的需要，为区域公共事务协作管理（Regional Collaborative Public Management，RCPM）提供了一种基本机制。随着这种辖区间公共事务协作管理机制建设的推进，通过政府及政府部门间的合作协议等机制创新来促进区域合作与协调，为区域关系协调提供行动路径，进而促进区域治理行动，推进经济区域化、区域一体化可持续发展，将会成为国内区域治理制度的一个新特点。目前，国内理论界和学术界缺乏对这种区域治理新机制的深度分析和研究，更缺乏评估其有效性的可接

---

① 中国广州网：《广州市佛山市同城化建设环境保护合作协议》，http://www.guangzhou.gov.cn/node_2265/node_2266/node_602/node_603/2009-03/1237534859290098.shtml，2009年3月20日。

② 中国广州网：《广州市佛山市同城化建设交通基础设施合作协议》，http://www.guangzhou.gov.cn/node_2265/node_2266/node_602/node_603/2009-03/1237534799290096.shtml，2009年3月20日。

③ 中国广州网：《广州市佛山市同城化建设城市规划合作协议》http://www.guangzhou.gov.cn/node_2265/node_2266/node_602/node_603/2009-03/1237534763290095.shtml，2009年3月20日。

④ 中国广州网：《广州市佛山市同城化建设产业协作协议》，http://www.guangzhou.gov.cn/node_2265/node_2266/node_602/node_603/2009-03/1237534834290097.shtml，2009年3月20日。

⑤ Thurmaier, Kurt & Wood, Curtis. 2002. "Interlocal Agreements as Overlapping Social Networks: Picket-Fence Regionalism in Metropolitan Kansas City." *Public Administration Review*, 62 (5): 585–595.

受的方法和技术。

6. 设立了一系列区域综合改革创新试验区

国家综合配套改革试验区是我国为进行包括经济体制改革、行政体制改革、社会体制改革、文化体制改革和生态文明制度建设等在内的一系列综合配套改革实验而选定的地区，实质上是一种创新区域治理模式，即通过区域综合配套改革，推动区域治理体制机制创新，为全国深化改革开放发挥示范带动作用。综合配套改革试验区设立的核心在于"综合配套"，其宗旨是要改变多年形成的单纯强调经济增长的发展观，要从经济发展、政府治理、社会发展、城乡关系、资源保护等多个领域推进改革，形成相互配套的管理体制和运行机制。

迄今为止，我国一共正式设立了16个综合改革试验区，按时间先后顺序分别为：上海市浦东新区（2005年6月）、天津市滨海新区（2006年5月）、重庆市（2007年6月）、成都市（2007年6月）、武汉城市圈（2007年12月）、长株潭城市群（2007年12月）、深圳市（2009年5月）、沈阳经济区（2010年4月）、山西省（2010年12月）、义乌市（2011年3月）、平潭（2011年11月）、厦门（2011年12月）、温州（2012年3月）、珠三角（2012年7月）、泉州（2012年12月）、黑龙江省（2013年4月）。其中，4个全面型"综合配套改革试验区"为：上海市浦东新区、天津市滨海新区、深圳市、福建平潭；12个专题性"综合配套改革试验区"为：重庆市、成都市、武汉城市圈、长株潭城市群、沈阳经济区、山西省、义乌市、厦门市和温州市、珠三角、泉州、黑龙江省。2012年7月25日，由中国人民银行、国家发改委等八部委联合印发的《广东省建设珠三角金融改革创新综合实验区总体方案》在广州发布，中国金融改革开放再次向前迈步。2012年12月21日，《福建省泉州市金融服务实体经济综合改革试验区总体方案》获得国务院批准通过，福建省泉州由此成为继浙江省温州市金融综合改革试验区、广东省珠江三角洲金融改革创新综合试验区之后的第三个国家级金融综合改革试验区。

综合配套改革试验区是新时期的"创新特区"，它不同于改革开放之初设立的"经济特区"，就在于注重改革的区域性、综合性和整体性，这是新时期我国区域层面公共治理改革创新的一种有效路径。中央政府选择一些符合条件的地区开展综合配套改革试验,以试点地区为载体,建立创新区域,通过政策试验和政策创新,把改革、发展和创新有机结合起来,实现重点突破与整体创新,率先建立起完善的社会主义市场经济体制、行政体制、社会体制、文化体制和生态文明制度,为全国其他地区的综合改革发挥示范作用。

(二) 中国区域治理存在的问题

目前,中国进入了以跨省区域板块在经济舞台上"领衔主演"的时期。从泛珠三角经济区域、长三角经济区域的形成到环渤海经济区域、海西经济区域的发展,从推进西部大开发、振兴东北老工业基地到促进中部地区崛起,我国经济区域化、区域一体化的发展已经取得令人注目的成就。这表明中国未来发展更加注重跨省区域协作治理,中国经济空间格局将从过去以省区为基础的行政区经济转向跨省区边界的区域经济,以此重塑当代中国的经济地理空间和区域发展结构。当然,处于转型中国社会中的区域协作治理受到现存政治经济体制机制的影响和制约,从而也延缓了区域一体化发展的进程。随着市场经济的不断发展和经济区域化进程的加快,区域治理制度存在的许多问题也越来越突出,已经影响到了区域经济社会的可持续发展。归纳起来,我国区域治理制度存在的问题主要有以下三个方面:

1. 区域治理的法制框架缺位

国内有学者指出,中国之所以尚未有真正意义上的区域协调政策,根本的原因在于我国在区域治理问题上仍是"人治"色彩较浓而"法治"不足。① 目前,我国的区域协调发展战略的实施一直停留在政策层面,主体功能区规划和区域发展规划没有确切的法律地位,区域合作、互助与扶持政策的制定和实施分立在多个部门,且职能交叉、重叠,政策"碎片化"问题严重,这种现状加大了跨部门协调的成本,最终损害了区域政策的预期效益。我国区域经济政策一般由中央政府或中央政府的许多

---

① 陈瑞莲:《欧盟国家的区域协调发展:经验与启示》,载《政治学研究》,2006年第3期。

职能部门根据自己的权限以决议、决定、规定等方式提出,因此,往往缺乏立法依据和制度保障。结果造成:要么政出多门、相互矛盾,地方政府无所适从;要么只讲口头,不落实行动,甚至束之高阁。①

从欧盟和美国的经验看,各项区域公共政策的出台,大多需要经过立法程序来完成,决策的民主化、科学化水平相对更高,并有严格的执行机制、监督机制和政策评估机制来保证政策的有效实施。由于缺乏像欧盟国家那样完备的法律规范和制度基础,使得我国区域政策的灵活性和变通空间非常大,往往使区域政策在执行过程中出现变形和扭曲,"上有政策、下有对策"和"本位主义"问题非常严重,致使国家的区域发展战略得不到有效实施。在我国区域政策执行过程中,"上有政策、下有对策"固然与地方最大化地追求自身利益有关,但归根结底主要是由于地方缺乏全国性区域政策制定过程的民主参与机制和合理化的利益表达渠道,这在很大程度上加剧了地方政府间的经济政治竞争。从一定意义上说,中央区域政策的制定可能并不是中央与各级地方政府进行协商的结果,无法充分反映地方的利益,因此,政策的执行得不到地方的支持,其失败自然不可避免。在区域政策制定和执行过程中,协调纵向的中央政府与地方间关系和横向的区域地方政府间关系都需要做到有法可依,有章可循,使各地方都能平等地参与区域政策制定过程,并公平地分配区域政策的决策价值和基本利益,推进区域政策决策过程的民主化、科学化和规范化。

2. 区域治理的组织机构缺位

完善中国的区域政策需要做大量工作,其中一个重点是设置科学、合理的区域政策管理机构。因为区域政策的具体实施总是要依托于一定的管理机构及其形成的制度,机构及其相应的制度基础在很大程度上决定了区域政策的最终绩效。迄今为止,我国尚没有一个统一独立、分工合理、职能明确的区域治理机构。国内有学者断言,没有一套完善的运行与管理体制是当今中国区域政策失败的主要原因。② 全面制定区域政策

---

① 苍洪旺、李健美:《区域经济管理概论》,中国人民大学出版社2006年版,第240页。
② 刘玉、刘毅:《区域政策研究的回顾与展望》,载《地理科学进展》,2002年第2期。

的核心内容是"谁管"和"管谁",但是目前这两个问题还没有明确。在以部门利益边界为基础的分散化治理思维下,在"谁管"的问题上,我国区域政策管理机构存在"碎片化"和相关机构部门间协调难问题,并没有形成完善的区域政策制度基础,比如区域政策实施机构不是立法的产物。中国有许多部门涉及区域政策及其管理,但却没有一个专门负责区域政策的权威性机构,也没有建立健全部门间协调配合机制。2008年,国务院机构改革后,除国务院办公厅之外,国务院组成部委共27个,国务院直属机构共16个,国务院办事机构共7个,国务院直属事业单位共14个。其中有许多部委和机构涉及地方发展援助,都具有一定的资源,但却没有专门协调区域行动的机构。这使得区域政策从制定到实施到监督再到评估没有形成一个系统的、制度化的、规范化的操作和管理程序,区域问题解决过程中因不同机构之间相互扯皮、相互制约而无法顺利进行,出现"事事有人管(有好处的)、事事无人管(有麻烦的)"局面,中央部门间冲突不断,甚至将冲突延伸至地方,并因此引发新的矛盾冲突而导致新的区域问题。

3. 区域治理的政策工具残缺

所谓"区域政策工具"(Regional Policy Instruments),也称为"区域治理工具"(Tools of Regional Governance),是政府能够用以实现区域政策目标的一系列机制、手段、方法和技术,它是政策目标与政策结果之间的纽带和桥梁。区域公共问题的治理,特别是国内区域问题的治理,需要有组织完善、设计精细、有的放矢的一整套区域政策工具作为保障框架。简单化和粗放型的政策工具难以应对区域公共问题的多样化治理诉求。所谓"国家简单化管理",是指高度集权的计划体制下,由于国家官僚的极度理性而设计的一种"假、大、空"式的公共问题管理制度,在这种制度逻辑下,政策具有随意性,制度设计严重脱离实际而不具有可操作性和问题的针对性。[①] 简言之,国家简单化管理,就是官僚在过分自信的情况下滥用国家权力,对复杂的社会公共问题作简单化处理的一

[①] 陈瑞莲:《论区域公共管理的制度创新》,载《中山大学学报(社会科学版)》,2005年第5期。

种制度安排。所谓"国家精密化管理",是指成熟市场经济国家的行政官僚,在有限理性驱使下设计的一种缜密、精细、法治的公共管理制度。①

建国后,我国较长一段时间内实施的计划经济体制,压抑了市场经济发挥作用的机会,而且形成了用行政命令手段和强制工具处理复杂社会问题的习惯。虽然中央政府一直在调整区域发展战略,寻求合理有效的区域发展政策,但实施效果与既定目标仍存在一定差距,一个重要原因在于区域政策工具比较简单、粗放。比如,除扶贫政策外,缺乏针对问题区域的精细政策工具。就区域经济协调的政策手段或政策工具而言,我国没有欧盟那种结构基金、聚合基金、团结基金等设计精细的类似政策工具,有的只是一些扶贫资金、支农资金和西部开发转移资金等,同时我国还没有设立专门的区域开发基金,区域金融政策在国有大银行(包括政策性银行)改制中,大多已经不复存在。但由于政策瞄准对象有时不到位、不具体,即使投入了大笔资金也收不到预期的效果。更为主要的是,由于我国区域协调发展的行政手段尚不规范,如区域发展基金的筹集缺乏制度保障、区域援助的通用规则不健全、没有严格的项目报批流程和科学合理的决策程序,特别是项目报批流程尚不透明,导致有时出现区域发展项目的随意审批、扶持资金的寻租分割等现象。另外,中央政府的财政转移支付政策也还不够稳定、规范。基于主体功能区的区域财政政策建立尚待时日,且与现行按照行政区划制定的区域政策如何协调,也还存在大量的问题需要研究。

从体制机制和政策层面上看,我国正处于市场经济初级阶段,市场发育不足和市场局限问题同时存在,这是我国区域发展差异扩大的重要因素。我国区域治理的政策重点是根据不同时期市场和社会的发育程度弥补市场机制、社会力量的不足,推进政府、市场和社会的资源与能力相互整合,构建政府、市场、社会三元协同创新驱动的区域治理结构系统。但由于缺少必要的政策工具组合体系,不同政策工具之间的衔接性和协调性不强,通常会造成在局部地域和领域的区域政策由于相关的配

---

① 陈瑞莲:《论区域公共管理的制度创新》,载《中山大学学报(社会科学版)》,2005年第5期。

套措施没有跟上，或者与之相矛盾的其他政策措施同时存在，出现"政策的相互打架"等症状，进而使区域政策的总体执行效果并不理想。

四、欧美区域治理制度框架的经验及启示

当前，中国正面临深刻的经济社会转型、公共治理结构再造和国家治理能力建设，这种深刻变化挑战了传统的政府公共管理法制、体制和机制，尤其是对基于行政区划界限的"行政区行政"模式构成了重大挑战。调结构、转方式，包括调整区域治理结构，转变区域发展方式。改革传统的公共管理体制，构建有利于促进区域协调发展的公共管理法制、体制和机制，成为摆在我国各级政府面前的重要课题。在这个学习型时代和学习型社会，标杆学习（Benchmarking）是一种非常有效的发展工具。欧盟和美国成功的区域治理经验都是具有开创性的、成功的典型，它给我们带来多方面的启示。

（一）欧美区域治理制度框架的基本经验

1. 整体化的区域治理机构

区域公共事务治理总是要依托于一定的管理机构，机构及其相应的制度基础在很大程度上决定了区域治理的最终绩效。健全的组织机构是欧美区域治理制度的重要内容和特色。欧盟和美国一般都有专门的政府机构或设立专门的区域管理机构，负责区域经济发展政策的制定、执行与实践，为政府实施区域经济政策、促进落后地区开发和协调区际利益关系提供组织保障。为了协调各地区之间的公共事务，解决区域性冲突和矛盾，欧盟和美国均建立了具有较高权威的、综合性的区域治理机构，从而形成了一种职能分工明确的区域政府公共管理体制，并从制度上规范这种机构的决策机制、领导机制、行政规章、人事和财务管理，聘任专职人员专门负责区域公共政策的制定和执行。

例如，欧共体在1975年建立了由其成员国政府官员组成的区域政策委员会。1991年，又在欧盟委员会下设立区域委员会。美国有商务部经济开发署、地区再开发署、经济开发公署、阿巴拉契亚山区域委员会和其他州际区域委员会或区域管理局。在美国各开发区都设有公共管理局

(Public Authority) 或委员会（Commission），如田纳西河流域管理局（简称 TVA）、特拉华河流域管理委员会、俄亥俄流域水质卫生委员会和华盛顿大都市区交通管理局等。这些区域治理机构在参与区域开发和综合治理中发挥了重要作用。总体上看，欧盟和美国区域治理的机构设置相对比较明确、规范。

2. 法制化的区域治理制度

从欧盟和美国的经验来看，法律制度是顺利推进区域公共事务治理的重要保障。区域治理和公共政策的形成与完善的必要条件是具有规范、合理、设计科学的法制基础，在相关机构间要明确权、责、利，要有相互分工协作与监督制衡机制。换句话说，政府对区域经济的政策干预和调节必须具有法制保障。没有制度基础便没有区域政策。[①] 欧盟在一体化的每个阶段都制定相关法律加强内外部的交流与合作，通过一系列的国家间协议等有法律约束力的国际文件使区域一体化不断地向更高的形式发展。所有成员国都必须遵守这些协议，而不能单独改变或违背。美国区域合作协议的签订和区域治理机构的成立，也都是建立在相关法律制度的基础上。从欧盟和美国的经验看，区域政策的法制化和规范化水平较高，这与这些国家健全的区域治理制度安排有关，如民主决策、责任政府、公众参与和舆论监督等。

一种有效的制度安排是经济增长的关键。从欧盟和美国区域治理实践来看，区域内的制度一体化是保证区域公共事务协作治理的重要保障，同时制度一体化需要在打破原有的"行政区行政"的基础上，建立一个高效的区域协作治理制度框架，使区域协作不因领导人的意志和更换而改变。比如，美国为了更有效地实施西部开发战略，一个很重要的途径就是把落后地区开发政策转化为法律法规，将公共政策上升为国家意志，以法律的权威性、强制性和稳定性来保障区域发展政策的有效实施。正是由于法制的健全和稳定，才使得美国的西部开发活动持续了一百多年，从而最终取得了成功。这对我国当前对于不发达地区的开发主要依赖政

---

① 张可云：《区域经济政策——理论基础与欧盟国家实践》，中国轻工业出版社 2001 年版，第 546 页。

策，缺乏相关立法的做法是一个很好的启示。

3. 多元化的区域治理主体

欧盟和美国在区域治理实践中，注重建立健全多元主体间利益协调和平衡的协作治理机制。首先，欧盟区域治理的主体是多元化的。它既有代表官方的政府组织，也有非官方的民间组织和私营部门；涵盖了区域内的民族国家间政府、中央政府、地方政府及其联合体，以及区域性的多样化非政府组织、自愿组织和经济组织，形成区域政府与公民社会、私营部门等多元主体共同治理区域公共事务的新格局。其次，从美国区域治理主体构成来看，其区域治理主体包括联邦政府、州政府、地方政府、辖区内企业和非营利组织，以及普通公民。作为区域内多元主体在公共事务领域上的协作治理，区域治理往往面临多元主体之间的利益冲突问题。无论从理论还是从实践层面来看，区域内非政府组织和公众参与区域公共事务治理行动，与区域内政府的主导作用并非是对立的，而是相互促进的关系。区域内各政府在这一过程中，可与非政府组织和公民建立信任与合作关系，建立"沟通、协调和对话"的公共平台。当区域治理决策过程能够考虑到区域内包括企业组织、非政府组织和公民在内的所有利益相关者时，那么区域公共政策至少将获得更为广泛的接受和认可，由此更有可能增强区域公共政策决策过程的民主性和合法性，更有可能制定出更满意的区域公共政策，区域公共政策在执行过程中也更有可能获得区域内更多利益相关者的更大协作，进而有助于改善区域公共政策的执行效果。

4. 精细化的区域政策工具

区域政策工具大致可以分为激励和约束两类，在欧盟和美国称之为"胡萝卜"加"大棒"。首先是法律工具。欧盟和美国的区域治理模式多种多样，但其组织机构都具有一定的法律基础，都有法律法规来明确其权力、功能、职责和资金保障，强化了其权威性。因此，有必要推动区域治理的法律建设，使区域治理机构和相关组织的成立及其发展建立在相关的法律基础上，保障其资金来源，使其不受行政干预，具有独立处理区域公共事务的权力和权威。其次是经济工具。欧盟和美国在区域治理过程中重视运用拨款、优惠贷款、减免税收等直接经济工具，还包括基础设施建设和维护、创建工业园和科技园区以及提供优惠政策等改善区域软硬环境的经济激励工具。最后是行政工具。在开发落后地区的过程中，欧盟和美国政府重视政府的行政指导功能，制定行政指导计划，尽可能调动地方政府和私人部门、非营利组织参与对落后地区进行投资、开发和治理。欧盟和美国这种精密化的区域公共政策工具非常值得我国学习和借鉴。

(二) 欧美经验对中国区域治理制度创新的启示

比较分析欧盟和美国区域治理制度，对于推动当前我国区域治理制度创新，促进区域协调发展，推进和谐社会的构建具有重要的启迪和借鉴意义。

1. 健全区域治理的法律制度：从非制度化转向制度化

在我国现有政府权力主导型的公共治理结构框架中，政府掌握着发展经济和治理社会的超大权力，如果没有相关法律制度的支撑，区域公共事务的有效治理将会遭遇众多障碍。因此，在借鉴国外经验的基础上，我国必须加快区域治理和公共政策的立法，将我国区域治理的体制和机制以法律的形式固定下来，构建区域协调发展型政策的立法体系、执法体系和监督评价体系，为政府依法行政，促进区域协调发展奠定制度基础。(1) 修改宪法，加入促进区域经济社会协调发展、调控区域差距的条款。通过建立区域发展的法律体系，为各级政府实施区域发展规划提供法律依据，维护区域发展政策的权威性和稳定性。(2) 制订"中央与地方关系法"，明确中央政府与地方政府各自的事权和财权关系划分，避免政府间关系紊乱和随意的权利侵蚀现象；通过完备的法律体系，以立法来规范区域政府间的合作关系，消除区域政策执行过程中的随意性和主观性。(3) 制定国家区域开发方面的法律，如"西部开发法"、"东北老工业基地振兴法"等。目前，我国企业跨区域发展仍处在起步阶段，存在着信息不畅、利益分配不规范、投资法律保障缺乏和体制环境不配套等多种问题，对此，国家应及时地提供法律和政策上的服务和支持。通过立法制约，运用具有法律依据的政策工具和协调手段，建立起具有法律效力的行动规则，推进区域公共政策的法治化和规范化。①

2. 整合区域治理的组织机构：从碎片化转向整体化

当前，完善我国的区域治理制度框架，需要做大量工作，其中一个重点就是设置科学、合理的区域治理机构。根据目前我国区域开发与治理的实际，中央和地方政府应以整体型政府治理的视野，高度重视区域协调发展的政策决策体制、管理机制和组织机构的建设，最大限度地消除"被官僚机构下各自为政的职能陷阱训练出的思维方式"② 对跨地区、跨部门协作治理能力的侵蚀和蚀耗。现阶段，可以考虑在管理和治理区域发展问题的组织模式上进行制度创新，设立管理区域发展的专职机构来实施区域综合开发和整体治理（Holistic Governance），实现跨部门、跨区域的协作和联动，把区域政府的区域治理职能集中起来，避免各部门和地方在区域政策上各自为政、切块管理。在笔者看来，可以通过整合现有的相关区域发展机构，如"国务院扶贫办"、"国务院西部大开发办"和国务院部委机关中与地区开发有关的机构，设置专门的区域治理机构（如区域管理委员会或区域政策协调总署），规定这些机构的主要职能、人员编制、决策和预算管理制度。建议在人大设立区域发展委员会（立法机构）、国务院设立国家地区开发署（行政执行机构）等区域发展的权威机构。

根据区域政策比较完善的国家的经验，中国的区域管理委员会设置可采取两种模式，即联合职能部门模式和专门职能部门模式。③ 联合职能部门模式可作为过渡模式，即成立一个跨部委的区域治理委员会（Commission of Regional Public Management），成员由各相关部委的代表组成，以少数几个关键部委为核心，如国家发展和改革委员会、国家民族事务委员会等，中央各部门的区域资源使用必须征求区域治理委员会的意见，凡涉及多个地区的重大项目和决策必须征得区域治理委员会的同意。专

---

① 陈瑞莲：《欧盟国家的区域协调发展：经验与启示》，载《政治学研究》，2006年第3期。

② 〔美〕拉塞尔·M. 林登：《无缝隙政府：公共部门再造指南》，汪大海、吴群芳译，中国人民大学出版社2002年版。

③ 张可云：《区域经济政策》，商务印书馆2005年版。

门职能部门模式,是在国务院设置一个独立的部委级区域治理委员会,将国务院西部开发办、国务院扶贫办、国家发改委下属的地区经济司以及国务院有关部委涉及区域政策的部门等职能部门并入区域治理委员会,并集中现有的各种分散于各个部门的区域管理权限和政策资源,成立一个"中国区域发展基金",使之成为区域治理委员会的主要调控工具。

按照2007年党的"十七大"关于"加大机构整合力度,探索实行职能有机统一的大部门体制,健全部门间协调配合机制"的行政管理体制改革思路,就近期区域治理机构改革的可能性而言,可以考虑成立松散型或过渡性的区域治理委员会,而从长远的区域政策协调来看,应按照精简、统一和效能原则,设置专门的区域治理委员会,因为随着中国现代化、市场化、城镇化和国际化进程加速,区域间利益矛盾越来越多,对政府调控的要求越来越高,不设置统一的权威性的区域管理机构,难以整合各方力量和协调各方利益,从而难以真正聚合中国各地区的发展。改革开放以来暴露出的区域大战,充分说明了规范区域治理机构设置的重要性和必要性。不论采取何种组织模式,除设置专门的区域治理机构外,各省市区应设置相应的区域开发与管理机构。此外,在科学规范全国经济区域划分框架后,每个区域都应设置区域治理机构,专门负责区域政策的规划、实施与管理。

3. 改进区域治理的决策过程:从命令控制转向协商参与

公共政策的目的是促进社会良性运行与公民健康发展,通过那些符合社会长远利益的审慎且合法的"分配准则"使公民及其后代富裕起来,最终增进全社会的总体福利。区域政策制定者在决策过程中应该以公共利益为基础,公平分配区域政策资源。事实上,每个地区都希望中央政策的制定有利于本地区的利益。但由于发达地区在经济发展中占据主导地位,在与中央政府或其他地区打交道时,它们往往在政治上具有更大的发言权和影响力。这样,中央政府很可能沦为富裕地区的"俘虏",变成维护它们利益的工具,使区域不平等永久化。[①] 如果出现这样的局面,就会激怒贫困地区,使它们产生追求独立发展的想法,以便更好地维护

---

① 王绍光、胡鞍钢:《中国:不平衡发展的政治经济学》,中国计划出版社1999年版。

自己的利益。这样将会进一步滋生地区本位主义，加剧区际矛盾，并引发区域间的恶性对抗，进而影响地区和社会稳定。

要将协商民主要素引入区域治理决策过程，提升区域决策的民主化、科学化水平。决策科学化、民主化是提高公共政策制定和执行质量的两条基本原则。一个合理公共政策的制定，应努力形成只有受益者没有受损者的"帕累托改进"，而不应以社会某群体或阶层利益的严重损坏为代价。这里提出两种区域政策决策模式，供中央政策制定机构参考：

一是分散式的协商决策（Segmented Consultation Decision - making）。采用这一决策方式是当中央政策制定机构面临最困难的决策情景时，即某一个结构化问题的解决需要各地方的全面支持，而地方与中央政策制定机构的目标却并不一致，并且地方内部还形成了一致的反对意见。在这样的情况下，中央政策制定过程需要地方积极参与，但又要限制地方影响力发挥作用的空间，地方的参与要有限制，以保证中央政策的质量要求和问题的结构性质。因此，中央政策制定机构应当把地方分成不同的部分，然后分别与其协商，最后形成综合意见。这里重要一点是，还需针对目前地方政府通过各种驻京办"跑部钱进"和"花钱跑部"的体制，必须进行改革。这些机构应当成为中央和地方进行信息沟通、民主决策的桥梁和纽带，而不能沦为权力寻租的工具。

二是整体式的协商决策（Unitary Consultation Decision - making）。当有部分地方并不赞同中央政策制定机构的决策目标，而这些决策得以执行又恰恰需要地方的配合和接受时，中央政策制定机构可以采用整体式的协商决策。中央的区域政策制定机构必须充分吸收地方代表，反映各地方的利益诉求，构建民主化、科学化和规范化的区域政策决策机制。在这种情况下，中央政策制定机构一方面需要通过动员地方政府的积极参与来获得地方的接受和支持，增强区域政策制定的民主性和合法性基础；另一方面又要合理限制地方参与的范围和规模，以确保中央政策的宏观战略意图和决策整体目标的贯彻落实。采用这一途径并不是要中央政策制定机构与地方一起共同作出决策，而是在作出决策之前，与地方整体进行对话和协商，在政策最终出台之前吸纳地方意见。这样，中央政策制定机构一方面保留了较大的权力控制中央政府的偏好在决策中体现;另一方面也使区域政策决策在一定程度上体现地方政府的利益偏好。

4. 扩大区域治理的行动主体:从一元化转向多元化

目前,在我国区域公共事务治理过程中,明显存在着治理主体缺位的现象,由此衍生出区域政策制定和实施中的一系列问题。在计划经济体制时期,区域政策的制定和实施都集中在中央政府手中,中央政府事实上成为区域治理的唯一主体。改革开放以来,伴随中央政府向地方政府放权让利,地方政府作为"经济人"参与区域公共事务治理的动机和积极性大大增强,因而也成为区域治理的重要主体。目前,我国区域治理仍然是政府主导,社会组织、私人部门与公众参与的广度和深度不够。如果没有区域内公众和社会组织的有效参与,区域治理很难具备坚实的合法性基础;进而可能延缓区域一体化进程。从欧盟和美国的经验看,它们区域治理的主体是多元化的,包括联邦政府、州政府、地方政府、非政府组织、私人部门与社区公众等,从而构成了多元利益主体协同治理区域公共事务的开放式、网络化、协作性公共管理格局。因此,借鉴欧盟和美国的经验,我国应着力构建非政府组织、私人部门和社区公众参与区域公共事务治理的制度化渠道和机制,如建言献策制度、听证会制度、专家咨询和决策论证制度、决策过程旁听制度、信息公开制度等,广泛吸纳区域内非政府组织、企业和民众的政策建议。

5. 完善区域治理的政策工具:从简单化转向精密化

由于缺乏灵活多样的政策工具,当前我国区域协调发展过程中的经济和行政手段存在残缺不全等问题,而且政策实施对象一般是较大的区域范围,无法充分体现区域内部的差异性和特殊性,致使这些公共政策在创造区域发展机会、指导区域发展方向、协调区域政府间关系等宏观问题上发挥了比较重要的作用,而对解决各区域内部复杂且具体的微观社会问题的意义却不大。另外,虽然政府在执行区域政策时选择了一系列鼓励或限制措施(激励性政策或抑制性政策)[1],但由于缺少必要的政策工具组合体系,不同区域政策之间的衔接性和协调性不强,通常会造

---

[1] 魏后凯从激励性政策工具和抑制性政策工具两大类(或形象地称为"胡萝卜政策"和"大棒政策")出发,将常用区域政策工具分为六种,即公共投资、转移支付、经济刺激、直接控制、政府采购和公共区位等。参阅魏后凯:《现代区域经济学》,经济管理出版社2006年版。

成在局部地域和领域的区域政策由于相关的配套措施没有跟上，或者与其相矛盾的其他政策措施同时存在，出现"政策的相互打架"和"政策重复"等症状，进而使区域政策的效果并不理想。

欧盟和美国那套"国家精密化"的区域治理政策工具非常值得我们学习和借鉴。就欧盟而言，其区域治理政策之所以强而有力，重要一点是它采用了法律、经济、行政等多管齐下的、精密化的区域治理手段。①而美国联邦政府在区域政策实施中，十分注意综合运用财政政策、转移支付、差别化税收政策、税收优惠和法律手段等。我国除了缺乏完备的法制基础外，区域协调发展过程中经济和行政工具也是残缺不全，简单化问题较多。借鉴欧盟和美国区域政策工具的成功经验，综合考虑我国各地区的资源禀赋、区位条件和经济社会发展水平等因素，进一步完善我国的区域政策工具，其中重要的一点就是要建立起一套规范化、法治化和公平型的财政转移支付手段、政府投资机制、税收补助工具、行政协调工具、扶贫手段、社会参与机制和区域政策绩效评价工具，形成多样性和精密化的区域政策工具体系。同时，建立健全各项区域政策工具的绩效评估机制，通过绩效评估，完善区域政策。

本章主要参考文献

1. 〔德〕贝亚特·科勒－科赫、托马斯·康策尔曼、米歇根·克诺特：《欧洲一体化与欧盟治理》，顾俊礼、潘琪昌、周宏等译，中国社会科学出版社 2004 年版。

2. 〔德〕贝亚特·科勒－科赫：《社会进程视角下的欧洲区域一体化分析》，吴志成译，载《南开学报》，2005 年第 1 期。

3. 茶洪旺、李健美：《区域经济管理概论》，中国人民大学出版社 2006 年版。

4. 陈瑞莲：《论区域治理研究的缘起与发展》，载《政治学研究》，2003 年第 4 期。

5. 陈瑞莲：《论区域治理的制度创新》，载《中山大学学报》，2005 年第 5 期。

---

① "所谓国家精密化管理，是指成熟市场经济国家的行政官僚，在有限理性驱使下设计的一种缜密、精细、法治的公共问题管理制度。"参阅陈瑞莲：《论区域公共管理的制度创新》，载《中山大学学报（社会科学版）》，2005 年第 5 期。

6. 陈瑞莲：《区域治理导论》，中国社会科学出版社 2006 年版。

7. 陈瑞莲：《欧盟国家的区域协调发展：经验与启示》，载《政治学研究》，2006 年第 3 期。

8. 陈瑞莲：《区域治理理论与实践研究》，中国社会科学出版社 2008 年版。

9. 陈瑞莲、谢宝剑：《回顾与前瞻：改革开放 30 年中国主要区域政策》，载《政治学研究》，2009 年第 1 期。

10. 陈瑞莲：《欧盟经验对珠三角区域一体化的启示》，载《学术研究》，2009 年第 9 期。

11. 〔美〕戴维·罗森布鲁姆、罗伯特·克拉夫丘克：《公共行政学：管理、政治和法律的途径》，陈振明、朱芳芳译，中国人民大学出版社 2002 年版。

12. 姜彤：《莱茵河流域水环境管理的经验对长江中下游综合治理的启示》，载《水资源保护》，2002 年第 3 期。

13. 刘文秀、埃米尔·J. 科什纳等：《欧洲联盟政策及政策过程研究》，法律出版社 2003 年版。

14. 刘玉、冯健：《区域公共政策》，中国人民大学出版社 2005 年版。

15. 吕志奎：《协作性公共管理视野下的美国州际协议研究——以里帕布里肯河流域协议为例》，中山大学博士学位论文，2009 年。

16. 〔美〕尼古拉斯·亨利：《公共行政与公共事务》，项龙译，华夏出版社 2002 年版。

17. 孙兵：《区域协调组织与区域治理》，上海人民出版社 2007 年版。

18. 〔美〕文森特·奥斯特罗姆：《美国联邦主义》，王建勋译，上海三联书店 2003 年版。

19. 魏后凯：《现代区域经济学》，经济管理出版社 2006 年版。

20. 〔美〕约瑟夫·S. 奈、约翰·D. 唐纳胡：《全球化世界的治理》，王勇、门洪华译，世界知识出版社 2003 年版。

21. 张可云：《区域经济政策——理论基础与欧盟国家实践》，中国轻工业出版社 2001 年版。

22. 张可云：《区域经济政策》，商务印书馆 2005 年版。

23. 王绍光、胡鞍钢：《中国：不平衡发展的政治经济学》，中国计划出版社 1999 年版。

24. Agranoff, Robert & McGuire, Michael. 2003. *Collaborative Public Management: New Strategies for Local Governments.* Washingtong, D. C.: Georgetown University Press.

25. Broun, Caroline N., Buenger, Michael L., McCabe, Michael H., Masters,

Richard L. 2007. *The Evolving Use and the Changing Role of Interstate Compacts: A Practitioner's Guide*. American Bar Association.

26. Leach, Richard H. & Sugg, Jr., Redding S. 1959. *The Administration of Interstate Compacts*. Louisiana: Louisiana State University Press.

27. Zimmerman, Frederick L. & Wendell, Mitchell. 1951. *The Interstate Compacts Since 1925*. Chicago: The Council of State Governments.

28. Zimmerman, Frederick L. & Wendell, Mitchell. 1976. *The Law and Use of Interstate Compacts*. Kentucky: The Council of State Governments.

29. Zimmerman, Joseph Francis. 2002. *Interstate Cooperation: Compacts and Administrative Agreements*. Connecticut: Greenwood Publishing Group.

第三章 政府间关系比较

一、政府间关系的基本涵义

(一)"政府间关系"概念的提出

Intergovernmental Relations(IGR)在公共管理的相关英语文献中是一个出现频率较高的词汇,其中文意思就是"政府间关系"。虽然 Intergovernmental Relations(IGR)在公共管理的相关英文文献中出现频率较高,但值得注意的是,即使在公共管理理论与实践都相对比较发达的市场经济国家,对这一问题的重视也只是 20 世纪 60 年代以后的事情。[①] 一方面,是因为在以威尔逊—韦伯范式为基础的传统公共行政学理论视野中,强调分工精细和效率至上,公共管理是以明确的边界划分为前提。"尽管这种管理中的'地盘保护主义'有时是既可以理解而且合适的,但是却无法对变化社会中的政治和经济要求作出及时回应,因此,适应甚至生存要求公共机构跨越固有的边界限制。"[②] 另一方面,是因为随着现代化大生产的发展和政府对社会事务干预的扩大,加之具有发达的通讯和

[①] 〔英〕戴维·米勒、韦农·波格丹诺主编:《布莱克维尔政治学百科全书》,邓正来译,中国政法大学出版社 1993 年版,第 365 页。

[②] Donald F. Kettl, H. Brinton Milward. 1996. *The State of Public Management*. Maryland:John Hopkins University Press,p. 145.

交通设备作为基础,各国国内区域经济合作得到蓬勃发展,这一新型的经济生活方式极大地推动了政府间关系的发展。正如一些美国学者所指出的:"传统的公共行政理论是建立在指挥统一的假设基础上的,然而20世纪60年代后,政府管理战略发生了根本变化——在生产政府物品和服务时政府越来越依赖于多个机构之间、跨政府之间以及公—私—非营利组织之间的伙伴关系——这颠覆了传统理论。"[1] 而且,很多公共性事务不是单一行政辖区所能单独解决的,如污水处理、废物排放、公共交通等就需要多个辖区政府的共同努力和协作行动,这些努力和行动使政府间关系由原来的纵向权力划分逐渐演变为一种高度复杂的共同承担责任和共同解决问题的政府间合作体系。正如保罗·R.多梅尔所言:"许多政策性和行政性的事务今天不只涉及单个社区及其官员,还会导致上下左右纵横交错的官员或政府部门之间正式或非正式关系的复杂网络。"[2]

按照美国学者赖特(Deil S. Wright)在《理解政府间关系》一文中的说法,作为一个学术术语,IGR 起源于 20 世纪 30 年代的美国新政(NEW DEAL)实施和联邦政府为了克服"大萧条"时期的经济社会恐慌所作的全面努力。然而,IGR 最早在文献中使用的是克莱德·施耐德(Clyde F. Snider),他于 1937 年在《美国政治学评论》上发表了《1935、1936 年的乡村和城镇政府》一文;威廉·安德森(William Anderson)对这一概念的发展也有贡献。但是,施赖德和安德森都没有说明这一术语的来源。安德森的同代人 W. 布鲁克·格雷夫(W. Brook Graves)作为一个年鉴杂志的编辑,于 1940 年第 207 期编辑了 25 篇覆盖美国联邦与州、联邦与地方、州际关系的文章,并最后冠之以《美利坚合众国的政府间关系》的名称,但无论是这些文章的作者还是编辑都没有认识到界定 IGR 或将它与联邦主义、新联邦主义、合作联邦主义区别开来的必要。

因此,"政府间关系"这一概念的提出,最早源于美国联邦制下的政

---

[1] Mosher, Frederick C. 1980. "The Changing Responsibilities and Tactics of the Federal Government." *Public Administration Review*, 40; Salamon, Lester M. 1981. "Rethinking Public Management: Third – Party Government and the Changing Forms of Government Action." *Public Policy*, 29.

[2] 〔美〕理查德·D. 宾厄姆等:《美国地方政府的管理:实践中的公共行政》,九洲译,北京大学出版社 1997 年版,第 167 页。

府间关系运作实践。从20世纪50年代开始,行为主义成为美国政治学研究的主要方法,同时也成为联邦制研究的主要方法。在行为主义看来,联邦制就是政府间关系。正是在行为主义的影响下,政府间关系开始取代联邦制而成为研究美国联邦与州关系的主要视角。尽管不同学者的研究范式不同,但政府间关系始终是近年来西方学者研究政府管理的重要领域。在20世纪80年代以前,西方学者的研究主要是关注宪政规范意义上的政府间关系。但80年代以后,政府间关系的研究范式发生了新变化,西方学者开始更多地关注政府间关系的动态运作,从而大大拓展了政府间关系的研究视野。西方学者的政府间关系研究,主要包括政府间关系中的财政研究、调控研究、结构研究、政治研究、沟通研究、管理研究等问题和研究取向。

(二) 政府间关系的概念界定

1. 西方学者的界定

20世纪60年代后,随着政府管理实践的发展,西方学者逐渐意识到了政府间管理问题的重要性。美国学者安德森首次提出"政府间关系"这一概念,并将起界定为"各类的和各级政府机构的一系列重要活动,以及它们之间的相互关系"。不过,他是从政府公职人员之间的人际关系和人的行为的角度来看待政府间关系的。[1] 后来,另一位美国学者赖特则明确指出,国内政府间关系概念比联邦主义涵盖的范围更广,联邦主义主要强调联邦与州的关系以及各州之间的关系,而国内政府间关系还包括联邦与地方、州与地方、国家—州—地方之间、地方与地方之间的关系。[2]

80年代后,对政府间日常事务的管理开始成为政府间关系的重要组成部分,有学者指出当时联邦德国的制度不仅包括广泛的交织和相互依赖,而且也包含合作和协调的过程运作。[3] 有的学者将对美国体制研究的

---

[1] William Anderson. 1960. *Intergovernmental Relations in Review*, Minneapolis: University of Minnesota Press.

[2] 〔美〕狄尔·赖特:《对政府间关系的一般分析观察》,见〔美〕R. J. 斯蒂尔曼:《公共行政学》(上),李方等译,中国社会科学出版社1988年版,第253页。

[3] Joachim Hans Hesse. 1987. "The Federal Republic of German: From Cooperative Federalism to Joint Policy_ Making." *West European Politics*, 10: 70–87.

焦点放在日常管理的重要性上,认为政府间关系发展到了一个新的阶段,即处于政府间管理的时代。① 赖特认为有三个原因可以说明现在处于政府间管理的时代:(1)计算的增多,如需要掂量中央拨款的代价和收益、通过调整使按公式分配资金的收益者产生变化、在不遵守调控要求的风险与遵守的代价之间作出取舍;(2)运用调包的手法或能力,即把为某一目的的获得资源用于另一目的;(3)负载过度而导致成本过高、无效率和调控过度。② 而政府间管理除了政府间纵向关系之外,必然包含着政府间横向关系问题,正如美国学者罗森布罗姆等所指出的,"联邦主义需要两种类型的协调与合作,其一是联邦政府与州政府之间的合作,其二是各州政府之间的合作"③。另外,在美国的政治实践中,在地方政治层面上,一直存在着关于"超级地方主义"(主张多中心的分散治理,关注政府的效率、效力和责任心等问题)和"巨人政府"(主张造就统一的、强有力的、管理整个地区的都市政府,关注市民文化的健康和社会公平)两种理论的争论。④ 尽管其解决问题的思路更多地集中于政府组织规模和行政区划调整,但其争论的焦点实际上就是大都市区治理中的政府间关系协调问题。

至此,国内政府间关系作为一个涵盖国家内部政府间纵向和横向两个层面内容的概念逐渐被确立。

2. 国内学者的争论

(1)国内政府间关系

在《国内政府间关系》一书中,林尚立教授认为政府间关系主要是指"各级政府间和各地区政府间的关系,包含纵向的中央政府与地方政

---

① Robert Agranoff. 1986. *Intergovernmental Management*: *Human Services Problem – Solving in Six Metropolitan Areas*. New York: State University of New York Press.

② Deil S Wright. 1984. "Managing the Intergovernmental Scene: The Changing of Federalism, Intergovernmental Relations and Intergovernmental Management." In William B. Eddy (ed.), *Handbook of Organization Management*. New York: Marcel Dekker.

③ 〔美〕戴维·H. 罗森布鲁姆等:《公共行政学:管理、政治和法律的途径》,张成福等译,中国人民大学出版社2002年版,第131—132页。

④ 〔美〕尼古拉斯·亨利:《公共行政与公共事务》,项龙译,华夏出版社2002年版,第371—378页。

府间的关系、地方各级政府间的关系和横向的各地区政府间关系"①。此外，林尚立教授认为，政府间的横向关系虽然主要指地方政府间的关系，但由于我国传统的政府间关系模式是以条块关系为基础的，所以横向关系有时也包括政府内部各部门之间的关系。② 简而言之，政府间关系的主体主要是指中央政府和各级地方政府，但是在我国条块分割的政府运行体制下，政府内部各部门有时也成为政府间关系的主体。关于政府间关系的具体内容，林尚立教授认为应该包括权力关系、财政关系和公共行政关系。③

（2）府际关系

谢庆奎教授认为政府之间的关系也可以称为"府际关系"，"在大陆听起来怪怪的，在台港澳却是常用语"。他把府际关系界定为"包括中央政府与地方政府之间、地方政府之间、政府部门之间、各地区政府之间的关系"。④ 谢庆奎教授也认为政府部门是府际关系十分重要的主体，因而将部门之间的关系纳入了研究的范围。台湾学者赵永茂、孙同文、江大树等认为，府际关系乃是一个国家内部不同政府间的相互运作关系。狭义来说，主要是指各层级政府间之垂直互动关系；广义而言，府际关系其实更涵盖同级政府间的水平互动关系、特定政府机关内各部门间协调管理及政府同民间组织的公共关系等。⑤ 在《府际关系论》一书中，杨宏山博士认为，狭义地讲，府际关系仅指不同层级政府之间的垂直关系网络；广义的府际关系，不仅包括中央政府与地方政府之间、上下级地方政府之间的纵向关系网络，而且还包括互不隶属的地方政府之间的横向关系网络，以及政府内部不同权力机关之间的分工关系网络；更宽泛地讲，府际关系不仅指涉国内政府间关系，而且包括主权国家政府间关系。⑥

（3）政府间关系

陈国权教授和李院林通过对长江三角洲地方政府间关系的研究，提

---

① 林尚立：《国内政府间关系》，浙江人民出版社1998年版，第14页。
② 同上，第313页。
③ 林尚立：《国内政府间关系》，浙江人民出版社1998年版，第70—71页。
④ 谢庆奎：《中国政府的府际关系研究》，载《北京大学学报》，2000年第1期。
⑤ 赵永茂、孙同文、江大树等：《府际关系》，台北元照出版公司2001年版，第6页。
⑥ 杨宏山：《府际关系论》，中国社会科学出版社2005年版，第2页。

出"所谓政府间关系,是指多边多级政府之间的利益博弈与权力互动的一种政治经济关系"①。由于研究的对象是长江三角洲,所以这里的"多边关系,是指江苏、浙江和上海两省一市之间的横向水平关系;多级关系,既包括省级行政区划内部的纵向垂直关系,也包括互不隶属的城市之间的'等级'关系"。陈振明教授主编的《公共管理学——一种不同于传统行政学的研究途径》一书中,在比较林尚立教授与谢庆奎教授研究结论的基础上,提出政府间关系是指中央政府与各级地方政府之间纵横交错的网络关系,它既包括纵向的中央政府与地方政府、各级地方政府之间的关系,也包括同级地方政府之间以及不存在行政隶属关系的非同级政府之间的关系。②

除此之外,中山大学陈瑞莲教授还将国内政府间关系问题纳入区域治理的研究体系之下。③

对比以上各种观点,我们可以看出,除了概念表述上的区别之外,不同学者对政府间关系的主体以及"政府间关系更为根本的实质性"的理解也存在着分歧。那么,我们应该怎样界定政府间关系呢?

首先,国内政府间关系主要是研究一个国家内部政府间的横向关系与纵向关系,因此,主权国家政府间关系作为现代国际政治的主要研究对象应该被排除在外,而在当代公共治理研究中日益重要的政府与非政府组织之间的关系④也超出了国内政府间关系的概念范围。至于政府部门之间的关系是否应该包括在内,笔者认为要从两方面来看:一方面,从现阶段来说,部门关系是政府间关系的应有之意。当代中国的改革不仅使得经济社会发生巨大变迁,国家能力与权力结构也在"条块分割"下

---

① 陈国权、李院林,《论长江三角洲一体化进程中的地方政府间关系》,载《江海学刊》,2004年第5期。

② 陈振明:《公共管理学——一种不同于传统行政学的研究途径》,中国人民大学出版社2003年版,第145页。

③ 陈瑞莲:《论区域公共管理研究的缘起与发展》,载《政治学研究》,2003年第4期。

④ Judith Saidel. 1991. "Resource Interdependence: The Relationship between State Agencies and Nonprofit Organizations." *Public Administration Review*, 51 (6): 543 - 553; Adij Najam. 2000. "The Four - C's of Third Sector - Government Relations: Cooperation, Confrontation, Complementarities, and Cooptation." *Nonprofit Management & Leadership*, 10 (4): 375 - 396;卢维华:《非政府组织与政府的关系:资源相互依赖理论的视角》,载《公共管理学报》,2005年第2期,第32—39页。

发生重大改变，市场并未取代官僚部门的作用，相反，透过利益网络，官僚部门成为名副其实的"国中之国"。① 按照这一逻辑，当代中国政府不是一个完整的实体，而是由许多拥有不同程度自主权的机构所组成，是一种分离性结构，科层机构在功能上相互分割，"条条"、"块块"与"条块"之间经常存在着张力。因此，"条块"关系是我国行政管理实践中一种形象的说法。所谓"条条"，是指不同层级政府间上下贯通的职能部门或机构，条条管理强调是政令的上下一致和贯通。而所谓"块块"，是指每一级地方政府内部按照管理内容划分的不同部门或机构，块块强调的是一级政府的独立和完整，以及政府内部各部门相互之间的协调与配合。有学者从四个方面说明决定"条块分割"的因素②：一是国家行政管理的特性；二是政府机构中层级制和职能制的结合状况；三是国家结构；四是政府行政管理过程中集权和分权的不同模式。他最后指出，尽管条块结构存在不少矛盾，但是"条块结构是不可能取消的"。另一方面，以前瞻性的观点来看，部门毕竟是构成各级政府的机构，是次于"政府"的行政主体，所以不应该归纳到政府间关系的范畴之内。尽管由于计划经济体制的影响，我国政府间关系出现了扭曲的现象，"条块"矛盾突出，政府间关系深受"条条"的影响，使部门成为分析政府间关系的重要变量。然而，部门这一变量只是特定时期出现的影响政府间关系的特殊因素，它会随着体制的日趋完善逐渐淡化，而"政府"这一主体却具有长期的稳定性。

其次，国内政府间关系的主要内容是利益关系。在谢庆奎教授看来，所谓"政府间关系"，实际上是政府之间的权力配置和利益分配关系，具体包括利益关系、权力关系、财政关系和公共行政关系。在林尚立教授那里，政府间关系则包括权力关系、财政关系和公共行政关系。陈国权教授和李院林在阐述概念时，加入了"利益博弈"和"权力互动"的内容，并且以"政治经济关系"作为政府间关系的落脚点。笔者认为，这

---

① Richard Baum, Alexei Shevchenko. 1999. "The 'State of the State'," in Merle Goldman and Roderick MacFarquhar (ed.), *The Paradox of China's Post-Mao Reforms*. Cambridge：Harvard University Press, pp. 333–360.

② 马力宏：《论政府管理中的条块关系》，载《政治学研究》，1998年第4期。

些学者的观点是比较全面的，基本上勾勒出了国内政府间关系的具体图景。但是，基于本书讨论的需要以及进一步对研究问题的抽象，可以对这些内容进行再概括，那么国内政府间关系的核心内容实质上正如同谢庆奎教授所言是利益关系，因为其他关系不过是利益关系的具体化而已。

最后，在国内政府间关系的主导脉络上，纵向关系和横向关系同等重要。诚如林尚立教授所言："在任何一个国家，中央与地方关系都将直接决定整个国内政府间关系的基本格局。因为中央与地方关系决定着地方政府在整个国家机构体系中的地位、权力范围和活动方式，从而也就决定了地方政府体系内部各级政府之间的关系，决定了地方政府之间的关系。"① 改革开放之前，由于一方面缺乏合作的内在动力和需求，另一方面缺乏合作的物质基础，因此，在传统的高度中央集权管理体制下，横向上的地方政府间关系发展不可避免被阻隔。但是，改革开放以来，随着市场化进程的推进以及纵向权力结构的调整等，地方政府作为地方利益代表者的自主意识逐渐觉醒，地方政府为追求本辖区利益的最大化，必然会不断加强横向经济联系，从而使得地方政府间横向关系不断得到发展。因此，谢庆奎教授认为在政府间垂直和水平上的纵横交错关系中，府际关系在改革前后"发生了很大的变化，由单一性走向多样性，由垂直联系为主发展到横向联系为主"②。由此，笔者认为，政府间纵向关系和政府间横向关系在现代国家的内部治理中都同等重要。

综上所述，"国内政府间关系"是指一个主权国家内部多边多级政府之间利益博弈与权力互动的一种利益关系。其中的"多边多级"既包括纵向的中央政府与地方政府、各级地方政府之间的关系，也包括横向上同级地方政府之间以及不存在行政隶属关系的非同级政府之间的关系。

（三）相关概念之比较

1. 联邦主义

联邦主义的应用可以追溯到公元前 13 世纪，古代希伯来人用以维持国家的统一，将各个部落统一在一个单一的国家宪法和几个邦联的政治

---

① 林尚立：《国内政府间关系》，浙江人民出版社 1998 年版，第 19 页。
② 谢庆奎：《中国政府的府际关系研究》，载《北京大学学报》，2000 年第 1 期。

机构之下。到了中世纪,商业城镇运用联邦主义原理组成了共同防御和互助的同盟。1291 年,为保卫独立而提供相互援助,瑞士山区共和国邦联成立。16 世纪,受到宗教改革的影响,瑞士、苏格兰、荷兰、英格兰以及法国和德国的部分地区开始将联邦制原则运用于国家建设,推动了作为社会原则的联邦主义的发展。随着民族国家的兴起和它们彼此间冲突的加剧,联邦制被用来解决民族统一问题和实现国际秩序问题。最终,美国人将联邦主义变成了一种实用的政府制度。①

联邦主义通常被认为是一种在相反和敌对的利益之间以权力制约权力的政府理论。正如西方世界的许多哲学家、神学家和政治理论家所指出的那样,联邦主义思想根植于《圣经》之中。联邦主义关注自治与分享治理的结合。就最广义而言,联邦主义涉及个体、群体和持久的政体之间的联系而又有限的联合,使得在维持各党派相互完整性的同时准备积极追求共同目标。作为一个政治原则,联邦主义与宪法权力的分散有关。

从制度上看,联邦主义"在本质上局限于政府或政体之间的关系中","是一个有关政体的形式问题"。② 作为政体形式的联邦主义有多种类型,包括:联盟(Unions)、宪政分权联盟(Constitutionally Decentralized Unions)、联邦(Federations)、邦联(Confederations)、盟邦(Fedarcy)、联合国家(Associated States)、国际共管(Condominiums)、同盟(Leagues)、共同权力机构(Joint Functional Authorities)以及混合体(Hybrids)。③ 在这些不同的模式中,联邦的影响最大,被认为是一种特定的政府形式,一种由历史决定的法律结构的宪法模式,一种基本的国家结构形式。

按照阿伦·利法特(Arend Lijphart)的观点,制度形态的联邦主义有五个主要特征:(1)一个明确说明分权并保证中央和地方政府所分得的权力不能够被剥夺的书面宪法;(2)一个两院制的立法机关,其中一

---

① 〔美〕丹尼尔·J. 伊拉扎:《联邦主义探索》,彭利平译,上海三联书店 2004 年版,第 138—172 页。

② 同上,第 26—27 页。

③ 〔加〕罗纳德·瓦茨:《联邦分权的模式》,载《国际社会科学杂志》,2002 年第 1 期。

个议院代表大多数人,另外一个议院代表联邦政府的组成单位;(3)在两院制立法机构中,联邦政府议院里较小的组成单位的代表人数超出比例;(4)组成单位踊跃参与联邦宪法修订过程的权力以及单方面更改自己宪法的权力;(5)分权的政府,也就是说,地方政府在联邦政府中享有的权力与中央集权制国家地方政府相比拥有的大权力更多。① 与此相对应,赫蒙·费纳尔(Herman Finer)则更进一步细化地列出联邦制的八个特征(也是联邦制的判断标准):(1)对修正案的控制;(2)与权力由各州保留相对照的权力向中央的分配;(3)上院中由成员单位保留的特殊代表权、否决权和制止权;(4)凌驾于联盟和地域单位之上的法院的存在;(5)独立的财政来源;(6)联盟在对外关系上的排他性控制;(7)一些组成单位的独立政党组织;(8)两套独立的法院的存在,一个是联盟法院,一个是地方法院。②

作为国家结构形式的联邦主义早已存在,人们可以从古希腊的城市国家和意大利中世纪的城市共和国中看到其不同的存在形式,现代意义的联邦主义是由美国在1787年立宪后逐步确立的。因此,一般认为,在讨论《美国宪法》设计的基本特征时,联邦主义是最为显著的概念之一。联邦主义旨在描述联邦与各州政府之间,权力运用区分的一种政治组织形态。在联邦主义下,虽然全国性政府和各成员政府都统一在共同的国家主权和政治系统之下,但各自相对独立,它们之间的协调与合作,是以承认各自在法律和行政上的独立为前提的。这与中央集权制的单一制国家有着根本性的区别。正因为如此,麦迪逊认为:"拟议中的宪法严格说来既不是一部国家宪法,也不是一部联邦宪法,而是两者的结合。其基础是联邦性的而不是国家性的;在政府一般权力的来源方面,它部分是联邦性的,部分是国家性的;在行使这些权力方面,它是国家性的,不是联邦性的;在权力范围方面,它又不是联邦性的,不是国家性的。最后,在修改权的方式方面,它既不完全是联邦性的,也不完全是国家

---

① 〔美〕丹尼尔·J. 伊拉扎:《联邦主义探索》,彭利平译,上海三联书店2004年版,第27—28页。

② Ivo D. Duchacek. 1987. *Comparative Federalism*:*The Territorial Dimension of Politics*. Maryland:University of America Press, pp. 252 – 253.

公、私部门的协作,追求建立一种平等关系。因此,政府间管理是行政革新和政府再造的重要产物,它代表了一种复杂且互相依赖的管理过程。

政府间管理,一方面强调政府间在信息、自主性、共同分享、共同规划、联合劝募、一致经营等方面的协力合作;另一方面强调公私部门的混合治理模式,倡导第三部门积极参与政府决策。其主要内容有:(1)协调性、依赖性的网络型结构。政府间管理克服了传统官僚体制的弊端,重新安排中央—州(省)—地方政府(市、县、乡镇)之间的关系。政府间管理突破金字塔型的层级限制,将整个行政组织体系视为网络状组织。各级政府都处于信息枢纽中,能便捷地获取平行或垂直的信息;可以根据公共服务内容和服务对象,采取灵活的组织形式;不同政府间的资源共享,实现资源配置优化;对重大或者突发事故协调控制,实行项目管理和危机联动管理。(2)公共产品和服务的多元化供给。政府间管理把民营企业、非营利性组织、公民个人也纳入管理的视野,主张公私部门的多元混合。(3)项目和管理功能上的府际间转移。政府间管理主张依据效率原则,把相关公共物品项目和管理功能进行府际间转移。生产公共物品或实施公共规制的技术本质是,不同的服务在不同的地区有不同的效率。劳动密集型服务如警察巡逻和教育,由小型到中型的组织承担最有效率;资本密集型服务如污水污物的收集、处理和排放,则通常是由服务于较大地区和人口的公共设施来承担才最有效率。因此,公共物品和公共服务的供给,应该考虑规模经济效益,采取更为灵活的组织形式。政府间管理还设立政府理事会(Council of Governments, COG)和地区规划理事会(Regional Planning Councils, RPC)等机构来处理公共物品的外部性。目前,发生在地缘层面的政府之间的合作越来越普遍。这种合作既可能是纵向的,也可能是横向的;既可能是正式的,也可能是非正式的。(4)多方协商的合作机制。政府间管理注重建立合作型的组织结构,主张政府的作用是协商和协调公民与各种社区团体的利益,营建共同的价值观;实现政府政策目标的机制是建设公共、私人和非营利性机构的联盟,以满足相互一致的需求;理想的组织结构是一种合作型结构,由内部和外部共同领导。这种合作型的组织结构,既包括政府系统内的各级组织,也包括系统外的企业、公民和非盈利性组织的参与。

(5) 小社区、跨邻里的大都市地区治理结构。大都市中"巨型政府"在安排和提供很多公共服务上的"大而无效"以及居民对大城市改革的普遍质疑,说明"一个社区,一个政府"的治理模式是低效的。政府间管理认为,大都市中高度集中的政府通常不能及时地对市民的偏好、生活方式和其他城市问题作出及时反应,他们要求管理城市的政治单位应该足够小,以便"更方便城区里的政府官员充分了解不同公民团体的不同偏好,公共官员将尽可能贴近公民以使他们对不同邻里的生存条件给予不同的回应,政府官僚机构要尽可能小,以便于管理"①。(6) 目标导向、网际沟通的冲突解决方式。政府间管理抛弃了过去联邦主义和政府间关系处理冲突依靠上级政府权威、法律裁判的方式,而是突出了目标管理、网际沟通、价值愿景、多方参与、对话和协商的冲突解决、管理机制和手段;强调组织互动和网络关系,利用不同功能的专业网络解决问题的过程;围绕以目标结果为导向,强调评估、执行、监督、缩短等功能,实现问题的解决、协调及能力建构。

政府间管理的兴起,将打破传统政府管理的区域和层级观念,有助于由传统的较权威、封闭和狭隘的旧地方主义,转为强调权力或资源相互依赖、开放和区域合作的新地方主义。政府间关系的主角是政府,包括水平关系和垂直关系的静态和动态互动关系,且在这关系网络中强调政府机关工作人员间的互动角色。政府间关系探究的重点是各级政府之间的交互活动、政府间决策过程及协调互动。与政府间关系相比较,政府间管理特别注重政策执行面的问题解决取向,更加依靠非层级节制的网络行政,以协商谈判和化解冲突,从而实现特定政策目标和完成治理任务。政府间关系注重政府体系内部的交流和对话,表现为互相之间的博弈和互动;政府间管理则是一种更为开放的思维,强调政府系统内和系统外的互动,以解决问题为导向,激励官员积极主动的合作。因此,可以将政府间管理看做是国内政府间关系的扩展和发展。

---

① 〔美〕文森特·奥斯特罗姆等:《美国地方政府》,井敏等译,北京大学出版社 2004 年版,第 42 页。

惠三市警务协作框架协议》,协议各方同意建立合作协调机制,包括:建立警务协作联席会议制度、设立三市公安局指挥中心(办公室)主任协调制度、建立各业务部门衔接落实制度,此举标志着深莞惠三市警务大协作框架正式建立并付诸实施。①

此外,城市群发展中的公共事务治理,是各国广域行政的运作焦点,也是国内政府间关系的重要探讨课题之一。至于在城市群区域如何处理广域行政问题,各国所采用的方法各不相同。如美国学者在研究当代美国的城市群治理时,将其治理实践概括为巨人政府论、多中心治理与新区域主义。②而台湾学者则将广域行政的运作模式分为五种:行政区划合并、上级政府执行、中心都市负责、各方共同处理、组织联盟机构。③在当代中国的广域行政实践中,行政区划合并也经常被使用,但其涉及政治和行政等各个层面的复杂问题,可能会引发诸多纷争。

至于广域行政的课题,中央集权国家多采取上级政府执行或交由中心都市负责,地方分权国家则倾向于组织区域性联盟机构,让各个相关政府自由参与,共同合作解决。以美国为例,根据联邦政府的调查统计,每一个城市群平均有102个地方政府存在,包括市、县、镇、学区、特区等,这些地方政府分别拥有不同的权限,虽然彼此的辖区经常相互重叠,但是基于地方分权的政治传统,这些许许多多的地方政府类似于市场上的企业,各自通过合作与竞争,以此有效回应民众的需求。这种合作是通过地方政府间服务协定来实现的,包括政府间服务合同、联合服务协定和政府间服务转移三种形式。④此外,在法国大区政府的体制变革中,配合国家政治、经济发展需求,从经济规划区、中间机关,逐渐发展成为第一级地方自治团体,则是另一种值得参考的广域行政运作模式。⑤

与国内政府间关系相比,"广域行政"这一概念更多地是指一个国家

---

① 《深莞惠警务协作遏制跨市犯罪》,载《南方日报》,2006年8月26日。
② David K. Hamilton. 1999. *Governing Metropolitan Areas*. New York: Garland Publishing.
③ 张正修:《地方制度法理论与实用》,学林文化事业公司2000年版,第265—302页。
④ 〔美〕尼古拉斯·亨利:《公共行政与公共事务》,项龙译,华夏出版社2002年,第369页。
⑤ 赵永茂:《法国区政府对精省后政府组织变革的启示》,载《理论与政策》第14卷,2000年第1期。

内部的地方政府间横向关系,而一般不包含政府间纵向关系。因此,广域行政所研究的问题只是国内政府间关系的一个组成部分。

4. 政府间管理

20世纪30年代提出的政府间关系概念,到了70年代后转而改称政府间管理(Intergovernmental Managment, IGM),这反映出政府间互动关系已经发展成为当代公共管理的重要课题。所谓"政府间管理",是指期待通过非层级节制的网络行政,以协商谈判和化解冲突来达成特定政策目标。① 政府间管理有以下特征:第一,政府间管理是以问题解决为焦点,被视为一种行动导向的过程,通常允许政府官员采取必要的手段,去推动各项具有建设性的工作。第二,政府间管理是了解和处理政府组织变迁的一种方法或工具,可以用来解释各级政府如何以及为何用特定的方式进行互动,并可提供采取有效策略行为的建议。组织结构理论认为,组织设计受周围环境、成员素质、科学技术、领导和管理方法等因素的影响。政府间管理下的政府组织,往往具有宽松和谐、变革创新、平等对话的文化氛围。第三,政府间管理强调联系、沟通和网络发展的重要性,这些途径是促使政府间计划得以顺利推展的正面因素。政府间管理主张政府组织从层级制向扁平化、网络化发展,使沟通变得更为快速、便捷,减少了行政成本,提高了行政效率。②

20世纪70—80年代,美国政府间的关系发生重大变化,出现了政府、市场、社会共同来参与,以应对公共需求的政府间管理趋势。此外,90年代以来的各国政府再造方案中重要的共同趋势之一,就是地方政府间伙伴关系的建立,这也是推动政府之间合作管理的重要原因。同时,风起云涌的全球治理运动,也进一步推动了政府间管理的产生和发展。政府间管理吸纳了治理理论的精华,例如主张政府组织由金字塔型向扁平化;淡化政府权威,由政府单边管理转向多边(政府、企业、公民、社会团体等)民主参与。政府间管理除了注重各级政府关系外,还重视

---

① 陈金贵:《美国府际关系与府际管理的探讨》,载《行政学报》,1990年第22期,第13—26页。

② Agranoff, Robert. 1988. "Directions in Intergovernmental Management." *International Journal of Public Administration*, 11 (4): 357–391.

治中的具体体现。从严格意义上讲，中央与地方关系应该是国家权力在国家政权结构中的纵向配置。不过，与联邦主义重视地方分权相比，中央与地方关系比较强调中央主导和层级节制。

单一制国家之所以用中央与地方关系来涵盖国内政府间纵向关系运作，其原因在于单一制国家的地方分权和自治，都是由中央政府所创设。与联邦制国家先有成员政府后在成员政府基础上建立全国性政府不同，单一制国家往往先有中央政府，然后再建构其地方政府体系。因此，单一制国家用中央与地方关系来描述垂直的政府层级节制，而联邦制国家则用联邦主义强调地方分权，单一制国家的中央政府对其纵向政府间关系运作比联邦制下的联邦政府更具有主导性。此外，单一制国家大多都有中央集权的历史背景，特别强调如何对地方政府有效进行行政控制或自治监督。[①] 然而，随着政治民主化和地方分权化理念的发展，中央政府主导的行政控制型运作模式日渐式微。以英国为例，"二战"后，中央与地方关系就不断发生变化。1979年，撒切尔夫人推动行政改革以来，中央干预地方的现象，有明显增加的趋势。而1997年布莱尔领导的工党政府上台后，则倡导"第三条道路"，力主地方政府角色必须再度转型，中央政府希望地方当局挺身应对挑战，共同合作建立一个现代化的英国。在具体操作上，布莱尔政府行政改革的重要措施是对威尔士、苏格兰和北爱尔兰实行地方自治，将地方行政权移交给新成立的地方议会和地方行政长官。布莱尔政府强调政府间实行权力分享而不是权力分割，强调地方政府的主要角色是治理地方而非执行中央政策，强调在中央与地方以及地方政府之间建立"伙伴关系"，而不是建立纵向的行政隶属关系。

与国内政府间关系相比，中央与地方关系主要侧重于政府体系内的纵向关系，而不包括水平的政府间横向关系。此外，中央与地方关系更强调中央政府的主导地位和层级节制，而国内政府间关系更强调政府间的互动和协作。

---

① R. A. W. Rhodes. 1986. *Control and Power in Center – Local Government Relations*. Hampshire, England: Gower Publishing Company Limited.

3. 广域行政

不论是联邦主义还是中央与地方关系，都是聚焦于纵向的国内政府间关系问题。至于水平性的国内政府间关系，日本和台湾地区学者往往称为广域行政，其主要含义是跨越单一地方政府的行政事务的共同处理。① 具体而言，广域行政在概念上，可以细分为两个部分：一是广域问题，指的是此项问题超越现有行政区划下一个地方政府的管辖范围；二是政府间行政，指的是这种问题必须通过不同地方政府的互动和协作，才能获得解决。广域行政的相关课题主要包括河川流域的整治和水资源利用、都市生活圈的城乡互动、产业发展的规模经济等。至于广域行政的具体实践，可以有许多不同的运作模式。以日本为例，其《地方自治法》积极鼓励地方公共团体推行彼此间的各项合作关系，主要运作类型有四种：形成特别地方公共团体、合作组织协议会或行政联络会议、建立人事或设施性合作关系、设置广域市町村圈。②

"广域行政"通常是指同一行政层级、两个以上地方自治团体之间的政府间合作关系，当然有时也可能跨越两个层级以上，成为多级政府彼此之间的互动关系。这种政府间互动需求，主要源于经济社会环境的变迁，导致既有行政区划设置无法有效地解决地方性和区域性发展问题。例如，长江、黄河、珠江等这样的跨省流域的有效治理，就必须通过协调中央政府与各省政府以及各省政府之间的关系来协同解决。而即使在一个省区范围之内，许多跨地区的公共性问题的有效治理，也是通过广域行政的运作来实施的。如在流域治理方面，2002年10月8—9日，广东省委、省政府在广州召开了全省综合整治珠江工作会议，要求各市党委、政府要把珠江综合整治纳入重要议事日程，要求珠江沿岸各地市、县、镇及区域之间，尤其是河流交界区域之间要互相支持和合作，齐心协力，整体推进珠江整治工作。③ 在公共安全方面，2006年8月25日，深圳、东莞和惠州三地警方在深圳市公安局指挥中心共同签署了《深莞

---

① 张正修：《地方制度法理论与实用》，学林文化事业公司2000年版，第265页。
② 张正修：《地方制度法理论与实用》，学林文化事业公司2000年版，第268—276页。
③ 《广东14城市联手整治珠江 水环境有望得以根本改善》，见新华网，http://news.xinhuanet.com/newscenter/2002-10/11/content_593052.htm，2002年10月11日。

联邦主义的实施模式，各国有所不同。至于联邦宪法如何规范联邦与各成员的权限划分，乃是观察各国联邦主义运作模式的重要焦点。例如，《美国宪法》对于联邦与各州的权限划分，采用的是单独列举联邦权限，将未列举的剩余权限保留给各州；加拿大则是分别列举联邦与各省的权限，将未列举的事权视性质属于全国性或一省性来决定其权限归属；南非则只是列举各邦权限，而未列举事权皆推定属于联邦。② 这三种宪法规范模式的差异性，必然会具体影响其联邦主义的施行。而同一个国家在不同时期，其联邦主义的运作内涵也会出现若干变化。③ 如美国的联邦主义运作在其发展历程中就先后经历了许多次变化，尼古拉斯·亨利将其变化概括为"多层饼式的联邦主义，1890—1930；磐石般的联邦主义，1930—1960；水龙头式的联邦主义，1940—1970；百花齐放的联邦主义，1950—1970；假象式的联邦主义，1970—1980；自我奋斗式的联邦主义，1980 年至今"④。而也有美国学者将其发展演变分为三种形态，即双重联邦制（1789—1932）、协作联邦制（1933—1964）、新联邦制（1972—1988）。⑤

在联邦主义宪政框架下，各级政府间关系可以分为两大部分：一是联邦政府与各成员政府之间的分权框架；二是各成员政府对其地方政府的治理模式。其中，联邦主义的运作主轴，在于全国性政府与各成员政府之间的互动。至于在各成员政府之内，其纵向关系更近似于单一制国家的中央政府与地方政府之间的关系。联邦主义视野下的政府间关系是一种静态的制度安排和设计，它解决了政府结构的制度安排问题，但同时也存在着明显的不足。一是过多关注于组织结构和法律制度，忽视了

---

① 〔美〕汉密尔顿、杰伊、麦迪逊：《联邦党人文集》，程逢如等译，商务印书馆1980年版，第198页。
② 薄庆玖：《地方政府与自治》，五南图书出版公司2000年版，第26页。
③ 王丽萍：《联邦制与世界秩序》，北京大学出版社2000年版。
④ 〔美〕尼古拉斯·亨利：《公共行政与公共事务》，项龙译，华夏出版社2002年，第348—349页。
⑤ 〔美〕戴维·罗森布鲁姆等：《公共行政学：管理、政治和法律的途径》，张成福等译，中国人民大学出版社2002年版，第117页。

政治文化和心理因素对政府间关系的影响。政府间关系的有序运转不仅仅取决于组织的正式结构和法律制度，还决定于政府所拥有的组织文化和心理习惯。联邦主义作为关于联邦制的政治秩序和法律规则，其政府间关系的运行离不开政治文化和心理的影响，这是联邦主义所欠缺和忽视的。二是对地方自治机构及其在政府间关系中的地位重视不够。美国宪法第十条修正案规定："本宪法所未授予合众国或未禁止各州行使之权力，均由各州或人民保留之。"由此产生了一个模棱两可的问题，即什么权力保留"给人民"和什么权力保留"给各州"。州的立法主权至上原则——迪龙（Dillon）法则也就产生了：地方自治机构的设立及其权利都全部源自于州立法机构。迪龙法则使得19世纪晚期所谓的"强盗式财主"对城市的掠夺合法化，忽视了其在政府间关系中的地位。

因此，在基本内涵上，联邦主义与国内政府间关系存在着比较明显的区别，相对于国内政府间关系偏向动态运作的实践管理，联邦主义显然更强调宪政规范的法定权限划分。换言之，联邦主义旨在通过联邦宪法来规范联邦政府与成员政府之间的权限划分，以保障各成员单位宪法权限的完整性和自主性，而国内政府间关系则主张突破既有法令限制，通过动态的政府间管理互动来扩展各级政府的运作空间。不过，在概念使用上，国内政府间关系并非是要取代联邦主义，只是强调可以用国内政府间关系来扩大联邦主义所无法包含的各级政府间运作和互动关系。例如，国内政府间关系并不仅仅局限于联邦和各成员政府之间与各成员政府和地方政府之间的纵向关系，它超越了联邦主义的法制框架，在法定的组织层级和职责分工之外，运用政策手段不断拓宽政府政策的运作空间等。①

2. 中央与地方关系

相对于联邦制国家以联邦主义来论述全国性政府和各成员政府间之互动关系，单一制国家则通常以中央与地方关系来指称其纵向政府间运作框架。在单一制国家中，中央与地方关系成为国家结构形式在现实政

---

① Deil S. Wright. 1988. *Understanding Intergovernmental Relations*. Belmont: Wadsworth, pp. 36 - 39.

征询社会大众对计划和基金的使用提供意见,举行公听会或成立咨询委员会等属于公民参与之监督程序。此外,为使各州对补助金之处理负起较大的责任,国会于1984年制定统一的《审计法》,使得联邦政府综合补助金计划每年可固定提出统一的审计报告,并确立各州对下游计划执行者的审计责任,再由联邦预算管理局建立各项计划审计成本分担的标准。

(4) 府际争议

联邦政府由国会授权成立"联邦政府互动关系咨询委员会"即"政咨会",以缓解府际关系的纷扰和争议,负责全面关系的调整和建议。"政咨会"除了发布判定何种"重大而关切"的问题构成联邦训令窒碍难行之外,更需就联邦训令有利或不利地方政府的各个面向及对于相关法律、规章与法院指令有影响的部分一并作为考虑的重点,甚至有可能与私的产业发生抵触以致影响到私权益部分,亦一并列入考虑。再者,"政咨会"亦针对联邦训令可能构成各州及地方政府权益侵犯的状况加以全盘研究,计分成11类,依其状况性质分别作出对联邦训令加以中止、修正、整合、废止,或是给予联邦补助或保留等建议,务使联邦训令成为明确、有效且地方政府有能力和意愿配合落实之国家纲领。此外,"政咨会"自全国半数以上的州、多个都会区联盟、各州的市镇协会、全国性的州与地方政府协会,以及其官员处广泛搜集关于联邦训令之意见,对于联邦体系内政府互动关系产生挑战之"重要关切"训令加以研究,再列出标准以作为建议之参考,以确保有效的服务与提供安全保障,并牢牢掌握避免联邦训令直接影响各州与地方政府运作的成本和效能之基本原则。

(5) 管制变革

联邦政府系以"财与罚"的法定方式,即"萝卜与大棒"之"威逼利诱"手段作为完成国家目标之治理工具,使国家朝向稳定(Stabilization)、分配(Allocation)与均衡(Distribution)之方向发展。然而,在美国的历史实践经验中,有关联邦训令侵犯到各州及地方政府自主权之争议从未停止。在卡特政府时期,系将改革联邦训令的重心放在使管制的过程合理化、简便化,使管制好而非管制少。而在里根政府时代,则以管制政策之事后救济替代先前之管制政策改革，做法上是尽量减少管制的幅度，并加重各州及地方政府的负担，使各州及地方政府之互动增加，同样达成联邦政府的规范要求。但是在20世纪80年代以后，联邦政府管制政策加诸各州及地方政府的负担继续增加，且帮助各州及地方政府的补助金亦大幅减少，是以联邦与各州及地方政府的纷扰便从原来经济上的负担演变为政治上的抗议，这一形势引起国会和联邦政府的关切。克林顿总统发布行政命令12866号，要求联邦机关在发布州际关系的联邦训令和规定前，应与政策相关之各州它山之石及地方政府作周详的咨商，复以命令限制非补助性联邦训令的数目。① 足征补助金与管制政策之比例及运用方式，关系着地方政府的财政负担和权力分配的困扰，在各个不同的历史时期，均视其实际状况作出弹性调整。

（6）联邦介入

美国联邦政府认为，凡是跨越州界之成本与影响的问题，例如空气污染、废水排放等都需要建立统一的全国标准，因此，是最节省成本的方式，亦能避免各州之间于边际成本少于平均成本时出现破坏性的不当竞争。此外，由于负责任之单位与决策之单位时常在政策问题上失去联系和沟通致形成各自为政的局面，故而，联邦政府应适时介入，以免除各州及地方政府一些外在压力的影响和负担。

2. 日本

现行体制下，日本中央对地方的干预方式有立法干预、司法干预和行政干预三大类。

（1）立法干预

立法干预有立法机关与行政机关实施的干预两种。前者通过法律形式，后者以政令、府令或省令形式。《日本宪法》虽然规定了地方公共团体的组织与行政事务依据地方自治宗旨进行运作，但同时也规定地方公共团体的活动不得违反法律法令，市町村及特别区不得违反都道府县的有关条例，这就意味着中央可以通过立法行为对地方公共团体进行干预。随着确保全国行政水平均等化的推进，有关地方自治领域的行政事务的

① 曹俊汉：《中美资源分配政策评估》，台湾中央研究院欧美研究所1998年版。

区，其后果是使得省政府的作用成了问题。

相对而言，绝大多数经济合作与发展组织成员国都实施了地方层级合理化，其主要形式是市镇合并。中央政府将其作为建立经济上更具有活力、能够提供地方服务的行政单位的一个途径。除了简单的合并之外，增强地方政府能力的另一个办法是建立邻近的地方政府联合体来提供某些服务，以提高效率。在法国，克服小乡镇数量众多带来缺陷的办法就是市镇间合作。据 2005 年统计，共有 20500 个市镇联合体，其中 2525 个具有自己的征税权。这是因为 1999 年一项有关加强和简化市镇间合作的立法，促进了市镇向具有征税权的联合体转交权力和职员，增加了联合体提供服务的数量，提高了担任管理职位人员的数量。

市镇间的这类合作大多是自愿性的，合作的基础是共同利益，是在法律框架内建立的，并且允许各市镇保持自己的身份。无论是合并还是联合，市镇或市镇联合体的政治和行政机关都经由直接或间接选举产生的议会领导。各国在市镇合作的形式和程度上都有所不同，在有的国家，市镇联合体甚至成为一个行政层级。在经济合作与发展组织的大多数成员国都出现了都市圈，客观上要求圈内的各个地方政府进行广泛的合作。

(三) 运行过程中的调控

要建立有效的纵向政府间关系，各方首先必须要有意愿。最理想的当然是各方自愿合作，但这是不现实的，甚至是天真的。因此，设计促进合作与协调达致公共政策目标的激励机制便很重要。其关键在于促进各方采用有效的行为方式，保证互相的责任和义务得到充分理解。这便要求目标与责任都应明确，把职能交叉重叠降到最低。经济合作与发展组织成员国采用了一整套机制来增强各国决策的整体性。这些机制的共同特点是，具有促进纵向和横向协调的灵活性，有助于增强能力，无论国家的宪法结构如何都具有广泛的可行性。这些机制包括的手段十分广泛，从具有约束力的法律和合并措施到柔性的通过专门会议和协调机构的沟通。

1. 美国

(1) 法制规范

美国《联邦宪法》清楚界定了联邦与各州间及州与州的权力行使和

限制的范围,根本上避免了"联邦过度干涉各州、某州割据独立为王,各州法制规范互相扞格,州政府与联邦政府分庭抗礼"等有碍国家统一、削弱中央权威、不利地方互相往来积极发展之情形发生。况且美国联邦最高法院历来扮演着树立《联邦宪法》权威、与时俱进地解释《联邦宪法》精神的守护神角色,加之以美国各州法院法官均统一支领联邦薪资的司法预算独立制度,《联邦宪法》的原则性规范既可透过司法系统的运作动态且清楚地落实在个案审理之中,且各州政府若有背离联邦法令、政策致有违法之情形发生,则因各州法官人事、财政并不由州或地方政府掌控,自然可以避免地方保护主义事件发生。

(2) 联邦训令

美国就联邦政府权力的范围采取列举方式,对州政府的权力则采取保留形式,而在实际的政治过程中,若问题的性质超越州界时,联邦政府便以联邦训令的方式加以规制。联邦训令共包括联邦规定、法规和司法指令等三种,其内容主要有:第一,指示各州及地方政府采取某种特定行动或以特定方式执行某一政策;第二,增加各州及地方政府财务上之负担;第三,删减各州及地方政府的财源。此外,联邦政府依其政策领域的性质,常以不同强制型态的联邦训令,来达成其政策目标并兼顾地方政府的主动性和自主性。例如,以最严厉的民刑处罚为手段之"直接命令",使用极少;而要求各州能建立合乎联邦标准,并将行政权授予各州的"部分权先占"训令,则使用的最为频繁。在许多场合还将不同型态的联邦训令合并使用以促成地方活泼性与中央管制目标之双赢局面。

(3) 补助金制度

"项目补助金制度"系以联邦政府为补助金计划之主导者,各州及地方政府在补助金计划上甚少发言,其责任自然由联邦政府来承担;"财源共享制"则强调各州及地方政府的自主性,因此,补助金的使用和执行由地方政府负担;"综合补助金制度"因强调联邦政府与各州及地方政府在处理补助金方案时的平衡性,故责任的归属引起诸多争议。虽然综合补助金计划已使得民选官员参与计划的决策和执行相对增加,且州长及州议会就计划执行的监督责任亦大幅提升,然而,在做法上,美国国会常常在各项综合补助金计划项目下要求一定的监督程序,包括州政府应议会为实施制定法可制定规章,但必须报主管大臣或其他有关大臣批准,且不得与一般法相抵触;为获得特别权力,地方议会还可请求中央制定私法案。

在美国,许多州宪法规定,县、市可以制定规章或自治宪章,报州长、州务卿或州议会备查或批准后生效。如根据《加利福尼亚州宪法》第十一条,为管理地方事务的需要,县或市的管理机关或宪章委员会可提议制定或修订宪章,经公民投票批准,并报州务卿备案后生效。自治宪章的条款是州法,具有州法的效力。

有的国家,规定地方可以在自己管理事务的范围内制定法令或法律。如《日本宪法》规定,地方公共团体的议会得在法律范围内制定"条例";地方行政首长则对其职权范围内的事务,有权制定"规则"。

4. 行政领域的分权

行政领域的分权,在不同国家不尽一致,但一般来说,在实行地方自治的国家,地方自治机关所负责的是地方自治行政事务,不负责国家行政事务,它们不属于国家行政系统,不是国家行政机关,但中央政府可以依法将一部分国家行政事务划分给地方政府,地方政府也可以依法办理中央政府交办的事务。如在英国,地方政府具有法人地位,但地方政府并无一般权能。按照英国法的原则,地方政府只能行使法律明确规定的职权,如果行使了法律规定以外的职权,就是越权。法律规定地方政府执行的事项,包括必须履行的事项和自行选择的事项两种。

法国是一个长期实行中央集权的国家,但近几十年来,法国进行了权力下放和权力分散的改革,将一部分国家行政职能下放给地方议会,并将中央政府各部门的一部分决策权转给国家派驻地方的机构行使。权力下放后,大区、省、市镇议会的行政权力扩大,除有权决定本级预算外,还有权处理教育、交通、城市规划和住宅建设等法律规定的事务;权力分散后,中央政府在地方的派驻机关增加到大区和省两级,中央许多部通过派驻机关处理了很多中央政府的行政职能和一些重要的与中央有关的地方事务。

在德国,按照地方自治的基本原则,所有的地方事务都由乡镇或县自主地进行管理:乡镇的职权建立在对本行政区域公共事务负责的基础上；县具有城市地方之间的、互补的和不属于各州的、平衡的功能，在其区域内，除非法律另有规定，县承担所有超出乡镇职能以外的其他所有职能，限于与对整个县域地区，或整个县的居民，或至少其大多数的标准化供给和援助有关的任务。州可以制定法律要求乡镇和县承担某种职责（强制性职责），但乡镇和县只能在其权限范围内履行这些职责。必要时，州有权依法发布监督机关指令，要求地方履行强制性职责。

（二）层级关系

1. 特点

发达国家纵向政府间关系有几个特点：其一，这些国家中央与地方的关系并不完全是等级节制性的，尽管中央的作用是决定性的，但是也有平衡机制在起作用；其二，与我国各级政府之间是上下级隶属关系不同，经济合作与发展组织的许多成员国其地方政府之间并不存在上下级隶属关系，如市镇与省或县之间并不存在隶属关系，而是各自直接面对中央；其三，许多成员国在中央以下各层级存在两大行政系统：一套是中央政府派驻行政大区和地区的机关和机构，如在法国这类机构由省长领导和协调，另一套是地区和地方自治机关，在法国是省议会议长领导的执行局及各行政部门；其四，有些成员国设有不是以地域为基础、而是按功能为依据的专门目的机构，在各级政府都可设立。这类机构享有不同程度的自由度，但一般而言其职能只限于某个具体领域，如学区。这类专门职能机构在美国和加拿大比较普遍。

2. 改革

近40年来，经济合作与发展组织大多数成员国即发达国家都进行了地方政府结构调整，主要体现在区划调整和机关合理化两个方面。区划重组的形式多种多样，以中央集权程度高的单一制国家调整的幅度为大。新层级的设立使得国家的结构发生了变化，除了比利时从单一制国家变为联邦制国家之外，西班牙和意大利成为大区化国家，并由此设立了新型机关。这些机关通常被赋予了立法权，其设立的依据是反映文化、语言或历史特点的行政区划。其他一些国家则设立了具有政治重要性的大区或中间层级，如法国在分权改革过程中设立了大区；希腊也设立了经由选举产生的区长领导的大区；芬兰则设立了由市镇自愿结合组成的大

二、发达国家的纵向政府间关系

(一) 权限划分

从国家权力的纵向配置来看,大多数国家尤其是拥有相当人口和幅员辽阔的国家都无法回避国家整体和地方成员单位之间的关系,而其中的核心问题就是纵向政府间的分权问题。正如希腊学者卡里奥珀·斯帕努所言:"中央集权与地方分权,均衡性与灵活性,中央监察与个人负责等等,是近一个世纪以来典型的组织上的矛盾的重新突现地方分权、放松约束,委托制被强调并被认为是医活公共管理僵化机制的组织原则。"①

1. 联邦制国家的分权

在联邦制国家,分权包括两个方面:一是联邦与各联邦主体的分权;二是各联邦主体与地方的分权。

联邦与各联邦主体的权力,一般由联邦宪法划分。如《美国宪法》逐项列举了联邦政府的权力,并于1804年的宪法第十条修正案中规定:"本宪法未授予合众国、也未禁止各州行使的权力,由各州或人民保留。"《美国宪法》并规定联邦应保证各州实行共和政体,在此前提下,各州有权制定自己的州宪法,有权选择和组织任何形式的政府。

各联邦主体与地方的分权则由各联邦主体以宪法、法律规定或由议会批准。由于地方政府是各联邦主体授权或特许成立的,其职权也是各联邦主体授予或特许的,地方政府本身并没有固有的权力。根据狄龙法则,地方政府只能行使由州法律明确授予的那些权力、由这些明示权力所隐含的权力以及为已经宣告的地方政府的宗旨和目标所绝对必要的权力。当对地方政府的任何一项具体权力发生合理置疑时,法院都要使疑难的解决有利于州。但狄龙法则并不反对纯属地方性事务由地方自治体管理。如《加利福尼亚州宪法》规定:"市宪章有权规定该市可以制定并执行的有关地方性事务的一切条例和规章,但应符合该宪章所限定的范

---

① 国家行政学院国际合作交流部编译:《西方国家行政改革述评》,国家行政学院出版社1998年版,第142页。

围;有关其他事务的立法应符合一般性法律。"根据加州宪法,市警察的设置和管理、市的全部或部分下属行政机构、市政选举的组织、市公务员的人事管理等事务,可在自治宪章中规定。

2. 单一制国家的分权

单一制国家的分权,主要表现为中央与地方的职权划分。发达单一制国家大多实行地方自治原则,其中央与地方的职权划分,主要有两种模式:

一是以宪法具体列举中央与地方的职权。如1947年制定并经多次修改的《意大利共和国宪法》,除了在第五条明确规定意大利实行地方自治外,并在第二篇第五章"大区、省和市镇"中,专门规定了各省与中央的事权范围。

二是以通用法律具体列举中央与地方的职权,宪法通常只规定中央与地方的权限划分原则或地方政府行使权限的大致范围,不具体列举中央与地方的权限。如1947年《日本国宪法》对地方制度作了原则规定,确定地方公共团体的职权是管理财产、处理事务和执行行政,并可以在法律范围内制定条例。又如,法国一直是一个中央集权单一制国家。为适应1982年以来地方分权改革的变化,法国2003年对宪法进行修改的《关于共和国地方分权化组织的法律》(2003年5月28日的宪法性法律),重新定义国家与领土单位关系的性质,宣称法国是一个"地方分权"的国家,确立领土单位依法拥有条例制定权、实验权、财政自治权和各级领土单位之间的对等关系,并进一步扩大地方民主,发展了地方公民投票、请求权等直接民主形式。

3. 立法领域的分权

为了维护国家的根本利益和法制的统一,各国对立法领域的职权,包括规定地方政府的产生、权限等事项,大多规定由中央集中行使。如根据1958年《法国宪法》第三十四条规定,地方议会的选举和地方议会的行政自主权及其权限和财源的原则,由法律规定。

有的国家,宪法对某些事项规定总的原则,而具体实施这些法律原则的条例和细则由地方规定。如在英国,奉行"议会至上"原则,所有制定法都由议会通过,同时根据地方政府法和其他专门法的规定,地方县签订了这种共同服务协定。提供最多的服务是图书馆、警察和消防部门之间的通讯、消防和垃圾处理。1972年以来,签订政府间服务合同的城市趋于减少,而与私营公司签订合同,以及与其他地方政府谈判共同服务协定的趋势日益明显。第三,政府间服务转移。将一个政府的职责长期转让给另一个实体、政府、私营公司或非营利组织。长期职责转移对任何一个政府都是一个很严肃的问题,因为这意味着牺牲权威和权力,所以八年间有40%的市、县实行这种转让。职责转移的领域多在公共工程和设施、卫生和福利及普通政府和金融。①

(3) 地方政府的友邻治理运动

友邻治理(也叫双重治理或联合治理)主张保持有限的社区独立,但并不从市政厅完全脱离。② 友邻治理运动的三个实践产物是友邻公司、友邻协会和居民社区协会。友邻公司是非营利性组织,州政府颁发执照,并由城市居民为特定城市地区的公共利益进行管理;与友邻公司一样,友邻协会至少从联邦政府那里得到部分启动资金,是公民的志愿组织,其宗旨是以自己的方式改进社区生活;与友邻公司不同的是,友邻协会没有州政府颁发的执照,大多数友邻协会关注的是规划和发展、住房、高速公路建设、种族关系、税收和教育等问题。居民社区协会则是依照《地方房地产合同法》运作的私营房东组织,一般由其成员选举一个决策机构,交纳一定的费用,并进行一些公共的商业活动,如土地管理。友邻公司、友邻协会和居民社区协会在地方政府的辖区内充当院外活动集团和政府的角色,并在这两个方面工作得卓有成效。③

(4) 跨地区的水污染治理

在美国,水污染问题也经常会产生跨组织的协调结构以协调政府机构、企业以及那些对污染物和污染物排放负责的组织之间的多样化网络。在这个领域中发展起来的协调结构是复杂的组织间协调结构体系,例如

---

① Henderson L. M. 1985. *Intergovernmental Service Arrangements and The Transfer of Functions*. Washington D. C.: International City Management Association.

② Zimmerman J. F. 1972. *The Federated City: Community Control in Large Cities*. New York: St. Martin's Press.

③ 〔美〕尼古拉斯·亨利:《公共行政与公共事务》,项龙译,华夏出版社2002年版,第370页。

《俄亥俄河水治理协定》就是在 8 个州之间（它们都受到俄亥俄河流域污染的影响）达成协议的结果，这个跨政府间组织由一个 27 人组成的委员会领导，其预算通过各成员议会的拨款获得，这一协定下产生的执行局在实施委员会政策和环境保护规制时充当了协调单位。①

2. 日本的广域行政②

现行日本的跨区域行政协调制度并不是单一的，而是多样化的。从是否有法律支撑的角度来看，这些制度可以分为法定制度和无法律依据的制度。

（1）《地方自治法》中规定的几个政府的事务共同处理

A. 事务委托

《地方自治法》第二百五十二条第十四款规定，地方政府可以与另一地方政府签订协议，将一部分事务委托给另一个地方政府处理。这时，委托方须将所需资金转移至受托方，责任和权限也同时被转移。事务委托大多数发生于同一县内，也有少部分是跨县的。

B. 部分事务组合

《地方自治法》第二百八十四条第二款规定，地方政府之间可通过协议，共同设立一个专门处理地方政府部分事务的组织———部分事务组合。

在日本的法律中，各级地方政府（都道府县和市村町）属于普通地方公共团体，事务组合的法律地位是特别地方公共团体。事务组合可拥有自己的职工，可制定和颁布相应的条例。法律规定，如果都道府县加入事务组合需经总务大臣的批准，如果市村町加入事务组合须经相应的都道府县知事批准。目前，事务组合最多的是用于环卫领域的事务处理，其次是防灾领域（如消防和防汛），其他领域还有福利（如老年福利和医院事务）、农业、教育等。原来日本法律规定，一个事务组合只能专门处理单一事务，1974 年经过对法律的修改，可允许设立处理多项事务的复合型事务组合。

---

① Rare B. G. 1986. *Fragmentation and Integration in State Environmental Management*, Washington D. C. : Conservation Foundation.

② 傅钧文：《日本跨区域行政协调制度安排及其启示》，载《日本学刊》，2005 年第 5 期。

政府间所建立的伙伴关系，仍是其他合作关系所无法取代的机制。①

因此，地方政府基于本身的发展需求和问题的缓解，越来越重视通过横向政府间的协作性管理。另外，关于此类横向政府间关系的发展，大致可分为以下三个阶段：第一阶段为传统时期，最主要是处理都市化及都市成长的问题，往往会通过行政区划调整的方式和战略来解决这一问题；第二阶段所强调的是功能整合，除了因应都市化和都市成长的问题之外，希望能够进一步提升地方政府能力，以满足市民多元和多样化的需求，通常是通过地方政府间行政协议、行政契约的方式发展合作关系，达到地方政府间的功能整合效益；目前则是处于第三阶段，除了继续前两阶段的战略之外，同时也强调区域治理，因为目前地方政府除了受到都市化的冲击之外，也面临全球化的挑战，各地方政府希望能够跨越行政区域的界限，通过以政策议题为导向，通过伙伴关系的建立，整合资源以发挥协同作用，进而提升整体区域的竞争力。

（二）发达国家地方政府间关系的协调机制

1. 美国的政府间横向关系协调

（1）州际关系的协调

A. 州际协调

在发生矛盾或需要合作的各州之间首先进行自我协调。这种协调通常是通过签订具有约束力的双边或多边法律协定或行政协议来实现，各州所签契约受美国法律保护，具有法律效力。相应各州之间，可以据此形成一种正式的和稳定的州际合作。契约的内容涉及州际商品贸易的互惠条款，一些大型州际项目的建设和管理（如跨州大桥、隧道、水利工程，等等），以及具有超越本州利益的项目建设，如马萨诸塞州和新罕布什尔州通过协议联合成立了梅尔马克峡谷水控制委员会，负责在新罕布什尔州内建设一项抗洪工程，该州由此而损失的税收收入则由马萨诸塞州予以补偿。②

---

① OECD. 2001. *Local Partnerships for Better Governance.* Paris：OECD, pp. 14 – 15.
② 郑迎平：《美国是如何处理各州之间关系的》，载《经济研究参考》，1998 年第 18 期。

B. 设立委员会之类的州际组织

这类州际组织十分有助于州际的交流、协调与合作。跨州的实体有179个，大多数是过去30年里成立的。1789—1940年成立的只有57个，但在其后的50年中新出现了122个。跨州实体一般需要议会的批准才行，而且很多已演变成为跨州的机构。现在各州有60多个教育、河流管理、交通、港口、渔业和能源的跨州机构。最引人注目的例子可能是纽约—新泽西港务管理局。它成立于1921年，两个州的州长任命六位局长负责纽约和新泽西州全部地区的交通。它有6 000多名雇员，是所有跨州机构中最多的。除此之外，还有一些活动范围更为广泛的、旨在推动地区利益的联合组织，比如1977年13个西部州政府成立了西部州长政策办公室。它在丹佛市设立了一个人员齐备的办公室，负责分析敏感的地区问题，主要是能源问题。1976年，东北地区的7个州（康涅狄格、马萨诸塞、新泽西、纽约、宾夕法尼亚、罗德岛和佛蒙特州）成立了一个东北州长联盟，宣布其原则目标之一是在国会面前作为一个统一战线争取更多的联邦资金。在国会中，各州也结成了各种各样的地区联盟，包括新英格兰国会领导人会议、东北—中西部经济发展同盟、大湖地区会议、阳光地带会议和西部各州同盟等。所有这些组织说明了越来越多的人对合作胜于竞争这一事实的认同。①

（2）地方政府之间围绕跨地区性公共物品的供给而形成合作网络

在州政府的鼓励下，市、县政府采用多种合作方式来提供更多、更好和更经济的服务，而且它们的合作热情非常高。这种合作是通过政府间服务协定，即本地政府与其他政府所作的安排，旨在向本地公民提供服务，协议主要有三种形式：第一，政府间服务合同。由本地政府向另一个政府（向本地居民提供了某种服务）支付费用。有半数以上的市、县政府签订了政府间服务合同。合作服务最多的是监狱、排污处理、动物管理和税收。第二，联合服务协定。两个或更多的政府之间为共同规划、融资和向所有居民提供某种服务而签订的协议。60%的市和54%的

---

① 〔美〕尼古拉斯·亨利：《公共行政与公共事务》，项龙译，华夏出版社2002年版，第359页。

3. 现代发达国家地方政府的职能不断扩大，普遍推行地方自治。随着国家垄断资本主义的发展，在福利经济的推动下，发达主要国家地方政府的职能不断扩大。联邦制国家一段时间的集权趋势使中央包袱沉重，效率低下，倾向于将部分中央权限和事务还权于地方政府，如美国推行的"新联邦主义"和"政府企业化"改革等。单一制国家战后经济的发展，也促使中央政府将大部分管理公共事务的职能下放给地方政府，使地方政府成为为社会提供服务和管理的主要机构，如英、法两国。随着地方职能的扩大，打破了传统中央与地方相互隔离、完全地方自治的局面，使完全自治走向在中央监控下的有限自治，也使传统中央集权国家赋予地方政府一定自治权。因此，地方自治是战后各国普遍存在的现象。

4. 发展纵向政府间合作、平衡矛盾将会是贯穿发达国家纵向政府间关系的主流。随着经济和社会发展，纵向政府间的共同利益将会越来越多，双方的依赖性也会越来越强。面对这种情形，纵向政府间只有进一步扩大合作，才能既缓和纵向政府间的冲突，又能使地方更多地分担中央的困难。同时也要看到，纵向政府间矛盾将始终存在，中央政府仍面临来自地方政府的对抗性压力。因此，中央政府在加强控制的同时，也会更多地通过各种手段和措施来减轻这些压力，平衡各种矛盾。扩大合作、平衡矛盾将是"民主政府的艺术和需要"。

三、发达国家的政府间横向关系

（一）横向政府间伙伴关系的发展

20世纪90年代以来，发达国家的不少地方政府经受了越来越大的压力。中央政府由于遭遇财政问题而限制对地方的拨款，从而将负担转向地方，同时下放原有的责任，赋予下级政府新的责任。中央政府对地方政府的态度是，你们可以更加自由地去做你们想做的事，但中央的资助会减少很多，其结果是同时导致了地方分权和更加严格控制财政的局面。

为了应对中央政府削减财政所造成的问题，地方政府采取了不同的方式。它们努力使自己的日常管理更加企业化，从而更有效地使用财政资源，如将它们的部分职责承包给私人企业，或是推行内部审计和内部竞争。它们将责任转移到不同的跨政府领域和各个层次上。另一方面，受全球化的冲击，在美国、英国和日本等发达国家，中央政府逐渐面临财政收入等诸多困境，无力顾及地方发展。这种传统主权逐渐削弱的趋势，促使地域间的实质距离缩短，以致各地区或城市成为全球竞争市场中的单一元素，造成地方面对面的激烈竞争。

为应对这一时代趋势的发展，地区应在全球化架构下，提出应对全球化而互动的地区发展实践法则和战略。然而，传统地方向中央申请补助、被动执行中央政府决策的中央集权式政府管制形态难以适应在地需要，并可能产生"政府失灵"，不足以有效回应来自大环境中的问题和挑战。因此，既有的行动成果已无法适应现阶段地区发展需求。正是基于这样的背景下，地方政府为了应对全球化冲击和区域竞争，提升自身的竞争优势，地方政府间建立战略性伙伴关系便成为一种趋势。而20世纪90年代以来，各国政府再造方案中重要的共同趋势之一，就是地方政府间伙伴关系的建立。而英国城市复兴运动的兴起，更是对伙伴关系的发展起到了推波助澜的作用，成为地方政府间伙伴关系的主要推动与伙伴关系的主要发源地。20世纪90年代初期，这一思想得到了社会主要政治派别的一致拥护、公共机构和私营机构及地方社区的积极参与，成为超越政治界线的一个城市复兴基本策略。2001年，为进一步改善地方治理，英国政府提出"地方战略伙伴关系"计划，将之作为一项国家政策。这一政策可以看做全国政府提出的一项旨在改善地方治理的政策，它强调了各地方治理主体之间消除界限，主张在地方层次将公共部门、私人部门、社区与志愿部门等不同方面联结起来，促进更和谐的治理模式。

不仅英国是这样，整个欧洲国家都面临相似的情况。为了应对这些问题，地方政府间建立战略性伙伴关系成为一种趋势。经济合作与发展组织将这种趋势的原因，归诸于以下方面：第一，由于环境保护和经济可持续发展等政策问题，亟需区域内各地方政府间协力处理；第二，由于区域经济发展失衡，地方政府间必须通力合作解决失业和贫穷等社会问题；第三，在全球化的冲击下，区域内各地方政府间必须通过资源和行动的整合，以发挥协同作用，提升地方竞争力；第四，尽管地方政府为提升其效能，已经与许多私部门或非政府组织建立伙伴关系，但地方法令不断增多,并且这些法令规定过细,过度干预现象比较突出。

(2) 司法干预

司法干预也有司法机关与行政机关实施的干预两类。日本现行的司法制度下,地方公共团体有关行政处分方面的诉讼,必须服从司法裁判所的裁决。另外,还有一套行政诉讼体系。行政机关司法干预的例子有:关于地方交付税补助数决定向自治大臣的陈述、市町村对都道府县建设事业负担金的异议向自治大臣提出的申请、对中央各部门补助金决定的不服而向自治大臣的申诉等。

(3) 行政干预

中央对地方公共团体的干预形式最常见的是行政干预。战后,日本的初等教育、警察、消防等事务从中央移交给地方,另外,区域性道路、公园、各种会馆等公共设施建设,农林水产以及中小企业发展,上下水道、医院以及公害对策,老人及残疾人福利等内政事务基本上通过地方公共团体来实施。但是,出于维持全国均等的公共服务的需要,地方通常寄希望于中央的指导,而立法与司法干预缺乏迅速、果断的效果,因此,行政干预成为普遍方式。行政干预既有通知等书面形式,也有补助条件的口头说明(会议传达)形式,几乎所有领域,地方公共团体的一举手一投足都受到行政干预的约束。

因此,名义上日本实行地方自治制度,实际上中央政府的触角几乎遍及地方政府活动的各个领域,并且这些干预都通过法律形式加以明确。如《地方自治法》赋予了内阁大臣、自治大臣以及各省厅主管大臣对地方事务进行行政干预的权力。在《地方自治法》以外,还存在诸多通过其他法律形式规定的行政干预。如《地方税法》关于地方《法外普通税》的许可;《地方公营企业法》有关地方公营企业财政再建计划的承认;《地方教育行政相关法律》关于文部大臣对都道府县教育委员会的指导、建议、援助以及对违反法律行为的纠正措施要求;《生活保护法》中规定厚生大臣对该法的实施拥有指挥、监督和检查权;《农业振兴相关法律》规定,都道府县知事确定的农业振兴基本方针,需接受农林水产大臣的劝告并征得其承认以及资金的斡旋、筹集和援助等。

设立中央派出机关是行政干预的另一种形式。中央在地方的派出机关是根据《国家行政组织法》的有关规定设立的地方分支局，掌管中央各部门的一部分事务。在1946年实行知事公选制时，设置了大量的中央派出机关。战前，都道府县知事是中央向地方派出的代表，由中央任免；战后，担心难以控制地方行政活动，中央各省厅纷纷设立了派出机关。

（四）发达国家纵向政府间关系的发展趋势

现代发达国家由于社会历史、文化、宗教、民族精神与社会组织和结构的差异，使其纵向政府间关系在国家结构和中央与地方权限范围内有各自不同的特征。但现代发达国家的纵向政府间关系又是建立在19世纪和20世纪现实的政治、经济和社会基础之上，其发展显示出明显的共同特征：

1. 中央集权化和地方分权化始终贯穿于发达国家纵向政府间关系的发展过程。现代发达国家纵向政府间关系的演变有两种不同倾向：第一，部分国家的纵向政府间关系由分权走向集权。美国初始建立的是相对松散的邦联，后过渡到相对紧凑的联邦制，以后又在经济发展中多次出现集权化趋势，20世纪又由双重联邦制过渡到合作联邦制。第二，另一部分发达国家的纵向政府间关系时由集权走向分权。法国大革命后建立的是高度集权制国家，随着经济的发展逐步下放权力，到20世纪80年代逐渐具备地方自治的集权制国家结构特征。日本明治维新后建立的是中央集权的天皇制政权，后几经演变成为当今较为完善的地方自治制的国家。因此，中央集权化和地方分权化是现代发达国家纵向政府间关系发展的基本轨迹。

2. 发达国家协调纵向政府间关系的基本手段是法制和财政控制。法制原则是发达各国在协调纵向政府间关系时奉行的基本原则。发达国家纵向政府间关系不仅都建立在明确而广泛的宪法和法律基础之上，而且都努力通过法律化、制度化、程序化的手段来协调纵向政府间的关系和矛盾。这就使纵向政府间关系能在法律基础上保持相对稳定。发达各国中央政府还建立一套比较完整的"财政制约和推动机制"来调控地方财政和行政，并引导地方政府的决策。这一机制以中央政府通过分税制控制一部分收入，然后通过财政拨款、财政补贴来推动地方政府执行国家政策和宏观协调社会发展。

在从单纯的中央行政性集权的权力关系向在制度和法律保障下的中央集权和地方分权并存关系的转变过程中,发挥着直接的推动作用。

2. 中央与地方关系发展中存在的主要问题

纵向权力结构调整过程中的内在矛盾在推动改革与发展的同时,也为改革与发展的顺利推进造成了障碍。改革后地方分权的发展,充分调动了地方发展经济的积极性,促进了地方经济的繁荣与发展,特别是对沿海地区的改革开放与经济发展,起到了明显的推进作用。同时,改革后地方分权的发展也有明显的消极作用,主要体现在:

(1) 中央政府的权威削弱,宏观调控乏力,这使中央政府在纵向政府间关系中的主导地位受到动摇

改革开放以来,非制度化的放权让利,新旧体制并存,配套改革没有跟上,使得地方政府行为失范难以避免。地方政府为了局部利益,置整体利益、全局利益于不顾,对中央政府欺瞒抗争;不顾中央法令政策,自行其是"你有政策、我有对策",造成了中央权威流失、功能弱化、宏观调控乏力。主要表现在:① 中央政府财政汲取能力降低,中央财政依旧困难。20世纪80年代以来,国家财政能力迅速下降,已经形成了财政上的"弱中央、强地方"格局。中央财政收入占全部财政收入的比重逐年下降,1981年为57.6%、1990年为45.1%,1992年则下降为38.6%。中央财政收入占GNP的比重由1978年的31.2%下降为1992年的14.7%①,使中央财政占全部财政收入的比重远远低于发达市场经济国家。中央政府收入中有偿性债务收入比例偏高,并逐年增大,已把国家财政特别是中央财政拖入了极端困难的境地,我国的中央支出的资金来源,一半以上要依赖于国债。更为严峻的事实还在于:这几年,中央财政的债务依存度一直呈上升趋势,1994—1997年依次为52%、53.68%、57%,平均每年上升1.87%。② 中央政府投资比例下降,年年"直接融资自主权"就严重干扰了中央的货币政策,地方以大大高于银行储蓄利率和国债利率的水平从社会筹措资金,使中央政府汲取财政的能力急剧下

---

① 李国强:《体制转轨的宏观调控政策研究》,载《经济工作者学习资料》,1999年第25期。

② 王绍光、胡鞍钢:《中国国家能力报告》,辽宁人民出版社1993年版,第6—7页。

降。② 宏观调控难以落实，中央汲取财政能力是中央宏观调控的基础，前者下降必然导致后者下降。权力下放以后，中央政府与地方政府的功能重新划分，地方政府功能强化。中央的产业政策、金融政策、投资政策、货币政策等在执行中严重失控、失真，地方政府对中央政府的政策法令阳奉阴违，造成经济发展大起大落；中央应有的权力，有的虚化，有的弱化，有的下放到地方，影响到中央政府在国家生活中的主导地位，以及在中央与地方关系中的主导地位。

(2) 地方政府角色错位和行为失范，使中央与地方关系失衡

改革开放以来，随着中央向地方的放权让利，地方政府作为地方利益主体的意识逐渐觉醒。中央对地方的放权让利，扩大了地方政府的职权，巩固和加强了地方利益，同时也加重了地方政府的责任，使地方不得不格外关注本地区经济社会的发展，从而产生了强烈的地方利益扩张意识和行为。加之地方分权缺乏规范和约束机制，结果导致地方行为失范和角色错位，加剧了中央与地方关系的矛盾。这主要表现在：

第一，地方主义泛滥。随着地方权力扩张，地方主义迅速滋长，一度到了难以驾驭的地步。地方主义在经济上表现为"诸侯经济"，对地区资源、产品进行保护、分割，人为设置贸易壁垒和经济屏障，人为分割市场。20 世纪 90 年代以来，地方主义在走私、打假、投资活动中的表现依然严重。当前，地区间市场封锁倾向有所抬头，地方政府保护本地企业的行为逐渐演变为旷日持久的市场封锁之争；在政治上则表现为分散主义、本位主义、无政府主义，各地方政府大搞"上有政策、下有对策"，阻碍中央政府宏观政策的执行；在司法上地方保护主义也大行其道，既严重阻碍了司法的统一和公正，也妨碍了市场的统一和发展。

第二，地方政府功能膨胀。在中央政府与地方政府权力界限不明、政府与企业职责不清的情况下，地方政府一方面向中央政府要权和越权，另一方面强化了对所属企业的干预，同时还截留了中央政府下放给企业的一部分自主权，通过各种途径加强对企业的控制，"造成政府各部门分兵把守行使企业董事会的职权的情况，其中投资决策权由计划部门掌握、技术改造由经贸委审批、企业领导由政府部门任命、经营业绩由政府部

理权日益扩大。据统计显示，1983年，中央政府所掌握的工业产值只有30%—35%，省级或省级以下的政府进行直接或间接控制的达65%—70%。① 这种控制规模的比较，导致中央相应地扩大地方在财力、物力、人力、外汇、投资等方面的支配权，使得地方政府又成为地方利益的代表。由于中央政府对地方政府的财政和经济管理权的下放，并不是以变更旧的管理体制为前提，放权仍是一种行政性放权，并没有脱离以前放权实践的本质，因此，这种放权并不能避免集权、分权的恶性循环。为了回应经济上的变化，必须进行相应的政治体制改革。

政治体制改革的突破口是改变权力结构，即改变权力过分集中的现象，从根本上讲，就是要改变党的一元化领导。改革突破口的选择，决定了中央与地方关系这种纵向关系的调整，在政治方面的切入点却是从横向上入手的。由于中国党内的集中制管理原则和特征相当突出，当党的力量从横向上对政府的行政工作进行直接控制时，这种党内的纵向集中会加重政府部门的集权化倾向。从行政的角度来说，地方政府要获得政治权力是相当困难的，只有从横向上对党与政府的关系加以调整，才能为中央与地方政府行政权的划分提供保障。因此，横向集权现象的改革就是要实现党政分开。实现了党政分开，各级政府之间的上下级关系就可以由原先党组织的上下级关系转变为行政的上下级关系，这对地方政府是一种权力上的"松绑"。这一"松绑"，首先，使得行政首长负责制可以顺利推行，直接或间接地加强了政府行政在整个政治体系中的地位和作用；其次，使得地方人大的作用得以发挥，特别值得一提的是，有些地方的人大在政治运行中起到了强大的作用，如广东省人大对政府管理工作的指导和监督作用就在迅速地发展；再次，它还活跃了公民社会的力量，继而又直接推动了地方政府的发展。当然，与经济体制的改革相比，政治方面的放权是相当有限的，但是，这种有限的变革却对经济改革的顺利进行提供了必要的政治环境，促进了我国地方经济的迅速发展。

---

① 雷朴实、吴敬琏：《论中国经济体制改革的进程》，经济科学出版社1988年版，第138页。

(2) 90年代加强中央权威的改革

80年代的简政放权，无论在经济上还是在政治上，都为地方政府的发展创造了有利条件。然而，地方政府的发展与权力的扩大，反过来导致了中央权力的弱化，中央对地方的宏观调控能力减弱，地方割据强势对中央进行一定程度的抗拒。从80年代中期以来，开始出现危及中央权威的倾向。1986年，中央财政赤字突破70亿；1987年，国有企业承包制使这一态势继续恶化，中央财政进一步滑坡；1988年，地方财政综合大包干体制的实行，导致中央的宏观调控能力削弱到了最低点。这引起了学术界和理论界的极大关注，维护中央政府权威成为1988年的讨论热点。无论是从政治学还是从经济学的角度来分析，理论家们都深刻认识到，转型时期必须加强中央政府的权威，只有在强大的中央政府领导下，才能保证改革与转型过程的稳定，"强地方弱中央"只会有害于现代化进程。为此，经济学家还给出了一些有利于强化中央政府权威的政策建议，如实行分税制、强化中央银行的稳定货币职能①、建立国有产权组织、加强银行独立化过程等②。这些政策建议，成为指导我国90年代改革深入进行的理论基础。从1989年开始，中央以行政强力的方式实施治理整顿，加强了中央政府的宏观调控能力，控制住了过热的经济发展。三年治理整顿之后，建立社会主义市场经济体制，实行整体配套改革成为90年代改革的主旋律。1993年11月，中共中央作出了《关于建立社会主义市场经济体制基本问题的决定》，指出要建立现代企业制度，政企彻底分开；培育市场体系；实行分税制。这些措施，从物质上与制度上为加强中央权威提供了强大支持。1994年，中央与地方关系的发展进入了一个新的转折点。现代企业制度的建立将政企之间的关系彻底斩断，从而使行政性分权失去了意义，走出了"条条"或"块块"的分割模式；市场体系的建立与分税制的实施，将更进一步地打破中央与地方关系中的集权——分权循环模式。特别是分税制，它是中央与地方关系的根本性变革，为中央与地方走向一种集分并存、相互依赖的权力关系模式奠定了基础，

---

① 吴敬琏、周小川等：《中国经济改革的整体设计》，中国展望出版社1988年版，第3—24页。

② 刘国光等：《80年代中国经济改革与发展》，经济管理出版社1991年版，第168页。

川县有义务出动消防车。

(3) 实施划定广域（跨区域）行政圈政策

广域行政圈又分为广域市町村圈和大都市周边地区广域行政圈两种。前者于1969年设立，现有广域市町村圈共340个；后者于1977年设立，现有大都市周边地区广域行政圈共24个。

实施划定广域行政圈政策的目的是避免原市町村在公共设施方面的重复投资，尤其在一些财源较少的市町村，采取该做法可收到少花钱、多办事的效果。广域市町村圈和大都市周边地区广域行政圈的不同点在于，前者指地方城市能与周围的农村和渔村联动发展、人口规模在10万人左右并且已经或者有可能形成日常社会生活圈的地区；后者指大城市在历史上、地理上和行政上与周边地区有密切联系的区域、人口规模一般在40万人左右。

(4) "事实上的协议会"

除了上述由法律依据的政府间协调制度以外，日本还大量存在着没有法律依据的跨行政区的协商型机构或组织，如全国市长会、全国市议会议长会、全国町村长会、全国町村议长会及一些大城市圈的行政首脑会议（如东京圈有一个涵盖东京都周围七县市的"七都县市首脑会议"）等，这些机构被称为"事实上的协议会"。这种协商型机构由于设立手续简便，因而大量被运用于向政府建言献策、政府间协调和信息交换。一些"协议会"的参与者除了政府以外，还包括行业团体、非政府组织和非营利组织，因而能够形成代表面较广的民意。

四、对当代中国的启示

（一）中国政府间纵向关系的发展及其存在的主要问题

1. 体制转轨中中央与地方关系的变化

鉴于高度中央集权的传统体制愈来愈无法适应经济社会发展的要求，改革开放以后，中央与地方的关系开始逐渐发生变化。这一变化大体上可以分为两个阶段：

(1) 20世纪80年代的放权改革

我国的全面改革是从经济体制的改革开始的。推动改革开放全面展开的十一届三中全会将放权确定为改革的一个基本主题，其具体内容包括：一是改革权力的配置，给地方政府和生产单位更多的决策权；二是改革利益的分配，给地方、企业和劳动者个人以更多的利益。通过这种"简政放权"或"放权让利"的改革，调动地方政府和生产者的积极性。

经济体制改革的突破口是财政管理体制的改革——实行划分收支、分级包干的财政管理体制。1980年，在江苏、四川试点成功的基础上，国务院颁布实施财政体制改革。这次改革的特点是由过去的"一灶吃饭"改为"分灶吃饭"，由"条条"分配为主改为以"块块"分配为主，由"一年一定"改为"一定五年不变"，由"总额分成"改为"分类分成"。① 因此，财政体制改革就是要实现"分灶吃饭"，即按照经济管理体制规定的隶属关系，明确划分中央和地方财政的收支范围，将收入划分为中央财政固定收入、地方财政固定收入和中央、地方调剂收入，并根据核定的地方收支基数，分地区确定地方固定收入上缴比例、调剂收入上缴比例或定额补助数额。② "分灶吃饭"使地方可以在限定的比例和数额内拥有财政支配权，这就赋予了地方较大的财政自主权。而且，从"条条"向"块块"的支配权转变，改变了过去下放权力时"条条"为主所导致的财政系统内放权，而地方财政没有实质自主权的现象，地方财力的分配和使用完全与中央各经济主管部门脱钩，不再受到来自中央各经济主管部门的干涉，拥有了真正的财政自主权。由于"分灶吃饭"对地方产生的刺激作用，各地方的财政收入迅速增加，极大地提高了地方政府在经济管理中的影响作用，使得地方政府成为地方经济发展的主宰。

由于财政收入的获得与企业的经营是密切联系在一起的，因此，下放财政权的同时，中央也下放了企业的经济管理权，即下放了与企业有关的人、财、物支配权。对企业管理权的下放，使得地方政府的经济管

---

① 宋新中：《中国财政体制改革研究》，中国财政经济出版社1992年版，第48—49页。
② 田一农等：《论中国财政体制改革与宏观调控》，中国财政经济出版社1988年版，第91页。

C. 协议会

协议会是日本为应付人们生活圈不断扩大而采取的处理跨区域事务的一个形式。《地方自治法》第二百五十二条第二款规定，协议会由地方政府间通过协议设立。与事务组合不同的是，协议会不属于地方公共团体，因此，它没有固定的职工和财产，不具有法人资格。协议会的工作人员一般由有关地方政府派来的人员担任。协议会的主要工作是：① 处理事务；② 联络和协调；③ 制定跨区域的计划。

D. 设置共同机构

《地方自治法》第二百五十二条第七款至第十三款规定，地方政府之间可通过协议共同设立委员会并安排专职委员。该制度与上述协议会一样，都不属于地方公共团体，但不同的是，设置共同机构的主要目的是为了精兵简政，减少行政支出，提高行政效率，同时确保优秀的专职委员。这一机构由设立该机构的几个地方政府共同所有。以神奈川县为例，该县有两个有关老年人护理员资格认证的认定审查会，均属于由几个町共同设立的机构。

E. "广域联合"即跨区域政府联合

经过1994年修改的《地方自治法》第二百八十四条第三款规定，"政令指定都市"指人口规模在50万人以上、由政府通过颁布政令指定的城市。在得到相关都道府县的授权之后，这些城市可具有处理涉及居民日常生活事务的权限。"政令指定都市"目前有大阪、京都等14个城市。"中核市"指人口规模在30万人以上（人口规模不足50万人时，白天人口应超过夜晚人口）、面积在100平方公里以上的地方自治体。"中核市"具有相当于"政令指定都市"的权力，即一旦达到"中核市"的标准，都道府县将在城市规划、福利卫生等方面对"中核市"下放部分权力，另外，"地方交付税"也将相应增加。截至2003年底，日本共有"中核市"30个。区域的政府可以联合的形式处理跨区域行政事务。"广域联合"与上述部分事务组合相比，政府可以处理更多的跨区域行政事务。

F. 区域开发事业团

《地方自治法》第二百九十八条规定，几个县可以共同成立旨在对跨区域基础设施进行开发的区域开发事业团。该事业团的设立须经相关县的县议会表决通过,并经总务大臣和相关县知事的批准。这一形式有以下特点:第一,只从事基础设施的前期开发,不涉及项目建成后的管理;第二,事业团有有效期,项目开发完成,事业团就解散;事业团的事务处理有许多特例。

经过多年的实践,日本跨区域行政协调制度形成了多样化的格局。据日本总务省调查,截至2001年6月底,日本全国有法律依据的地方政府间协调制度共有11777例,其中最多的是事务委托,占总数的69.9%。其次是部分事务组合,占21.6%。以下依次是设置共同机构(4.1%)、协议会(3.7%)、"广域联合"即跨区域政府联合(0.7%)、地方开发事业团(0.1%)。

(2) 特别法中规定的跨区域行政协调制度

上述制度都是在《地方自治法》中有明文规定的。此外,日本还有一些跨区域行政协调制度是建立在其他法律基础之上的。

A. 地方行政联络会议

该会议由《地方行政联络会议法》所规定,于1962年设立。设立该会议的目的在于通过加强地方政府之间的横向联系,促进跨区域行政的实施,同时有助于地方自治向跨区域发展。根据法律规定,日本全国分成九大块,即北海道、东北、关东、东海、北陆、近畿、中国、四国、九州,各大块各自设立地方行政联络会议,会议成员由相关知事、政令指定都市市长以及中央政府负责地方事务的负责人组成。会议讨论的范围,包括道路、铁路、港口和机场的规划,水资源开发,环境对策,灾害对策等。

该会议在实际运作过程中也有一些问题,如只向中央政府提建议,对有利害冲突的问题采取回避态度等。

B. 地方公共团体之间的协定

这种形式由《防水法》(即《防汛法》)和《消防法》规定。例如,神奈川县分别与东京都、山梨县签订了《防汛协定》,规定双方有义务交换汛情信息。在消防方面,神奈川县参加了《东京湾消防相互支援协定》和《13个大都市灾害时相互支援协定》,一旦邻近地区发生火灾,神奈门考核"①。在体制转轨进程中，地方政府是一个准经济主体，是一种行政权力和地方利益融为一体的超经济组合；在现行的"压力型体制和绩效考核体制"下，导致争相扩大基建规模、抢项目、争投资、重复引进、重复建设，使国家产业结构严重失衡，由此也引发了一次又一次的以"信贷扩张、通货膨胀"为主的经济过热现象，造成经济领域的混乱，使得国家宏观经济调控无法落实。

第三，中央与地方博弈对策。由于地方利益的驱动，在一些关键问题上，地方与中央讨价还价，尤其是省一级政府成为中央政府的主要挑战者。他们通过各种非正式途径游说、劝告以获得优惠政策和特殊权力，甚至采取"寻租"的方式使中央政府作出某些让步。对此，有学者指出："中国的渐进性改革并未将中央对国有经济的控制权和剩余索取权直接分配给企业，而是逐步转化为企业控制，这使地方政府在这一时期不仅获得了区域内国有经济的剩余分享权和控制权，而且区域调控权限和微观管制职能在一定程度上还得到了强化。在转轨时期的中央与地方关系中，地方政府尽管没有合法的市场主体地位，却在相当程度上从传统的行政隶属关系中摆脱出来，成为事实上的经济主体；并且相对于以社会经济福利最大化为己任的中央政府而言，地方政府有其独立的经济私利，符合经济人的行为假设，具备了与中央政府讨价还价的能力，进而成为独立的经济利益博弈主体。"②

（3）地方主义的盛行，影响了国内统一市场的形成

地方政府为了增加地方的收入，采取各种手段限制外地商品的流入，限制本地资源的流出，保护本地企业和本地市场。地区封锁和地区保护使得市场被行政区划所分割，全国的统一市场难以形成，从而妨碍了资源的合理配置。

---

① 汪玉凯主编：《中国行政体制改革20年》，中州古籍出版社1998年版，第123页。
② 王国生：《过渡时期地方政府与中央政府的纵向博弈及其经济效应》，载《南京大学学报》，2001年第1期。

(二) 中国地方政府间横向关系发展及其出现的问题

1. 体制转轨中地方政府间横向关系的发展

随着改革开放以后行政性分权的进行，中央政府与地方政府的关系发生了变化，这种分权部分地改变了地方政府的地位和利益取向。这是由于：第一，决策分权允许地方政府在中央给定的约束线内发挥自主创造性，进行不同方式的政策试验；第二，财政分级核算、收入分成，在经济上使得地方政府有了追求经济绩效的动力。这两项变化，为地方政府带来了双重身份：一方面，它是中央政府在一个地区的"代理人"，它要服从于中央政府的利益；另一方面，它在一定程度上又是一个地区的"所有者"，通过组织和运用经济资源可以增进自己的利益。在经济体制与政治体制改革进程中，地方政府不但获得了经济发展的自主权和主动权，另外，由于地方政府官员的政绩日益与地方经济发展直接挂钩，因此，地方政府作为一个相对独立的地区利益主体的角色日益凸显，这种利益主体的地位不仅体现在地方政府掌握的权力和承担的责任上，另外，可以从实际经济生活中地方政府几乎包罗万象的作用中找到佐证，这样就为地方政府间产生横向联系创造了有利条件。另外，随着行政性分权的展开，政府向企业的"经济性分权"也拉开了帷幕，企业在一定程度上获得了部分市场主体地位，市场经济得到了一定程度的发展，经济发展必然会不断突破既有行政区划的藩篱，因而市场经济的发展也使得地方政府之间的交往和联系日益增多。因此，改革开放以后，随着中央对地方的权力下放和市场化取向改革的推进，地方政府逐渐成为相对独立的利益主体，除原有的中央与地方关系问题外，又增加了一种新型的政府间关系，即地方政府间关系；毋庸置疑，作为政府间关系的两个层次，二者之间是密切关联的，"纵向的政府间关系决定着横向的地方政府间关系，而横向关系的发展将会直接影响到纵向关系的发展"；但二者之间也存在一定的差异，因为"如果说纵向的政府间关系主要具有政治与行政意义的话，那么横向的地方政府间关系主要具有经济意义"。①

地方政府间横向关系的发展对于促进横向经济联合与协作、促进市

---

① 林尚立：《国内政府间关系》，浙江人民出版社1998年版，第24页。

场经济的发育与成长起着非常重要的作用,因为它有利于促进资金、设备、人才、技术的合理流动,有利于促进各地区经济结构和产业布局合理化,有利于打破条块分割和地区封锁,有利于经济发展水平不同的地区相互取长补短和优势互补,有利于通过良性竞争推进政府管理创新等,对于加快整个经济体制改革和社会主义现代化建设都具有深远的意义。正因为如此,有学者指出,"以经济协作为基础的地方政府间的横向合作,不仅有利于本地和本地区的经济发展,而且也有利于减缓地区经济发展的不平衡,从而推动整个国民经济的发展;因此,地方政府间合作的发展是符合中国社会和经济发展潮流的,是具有积极意义的"①。

2. 地方政府间横向关系发展中出现的主要问题

在当下中国这种特殊的政府主导型市场经济模式的影响下,以及经过近20年中央向地方分权让利的改革,地方政府已经成为相对独立的利益主体。地方政府为了追求本地区经济社会发展最大化,在发展横向的政府间关系时,却出现了种种问题。

(1) 重复建设而导致产业结构趋同

地区间经济矛盾的序曲是重复建设,重复建设包括盲目引进和重复布局,这是我国经济生活中一个长期存在而未能有效解决的难题。改革开放以来,我国先后在改革开放初期的1980年、1985—1988年、1992年以后发生过三次引人注目的重复建设高峰,而且涉及的范围、产生的消极影响越来越广泛,大有屡禁不止之势,这与地方财政大包干和地方政府盲目投资密切相关。② 而每次重复建设之后,接踵而来的就是地区间全方位的对峙和较量。所谓"重复建设",是指由于生产同类产品的企业数量过多,造成全国总体生产能力过大,生产设备闲置的现象。当利益获得机制发生变化时,不同类型的区域在同一领域盲目引进,盲目上项目,小规模企业如雨后春笋般出现,致使总供给大大超过总需求,这便是重复建设。尽管一定程度的重复建设有利于市场竞争,有助于企业调整产品结构、降低生产成本、提高产品质量,但重复建设的显著特征往往是

---

① 林尚立:《国内政府间关系》,浙江人民出版社1998年版,第24页。
② 魏后凯:《从重复建设到有序竞争》,人民出版社2001年版,第2页。

企业规模小、产业结构趋同、产业层次不高、产业效益低下，也就是经济学意义上的"规模不经济"，甚至导致企业间的恶性竞争和各种短缺资源的严重浪费。翻开历年的《中国统计年鉴》，在工业产品生产上，往往看到同一种产品在许多省市都有生产。重复建设不仅在工业领域存在，其他领域也存在。产业结构趋同不仅表现在省与省之间，而且还表现在县与县之间。具体地说，我国的重复建设有几个基本特征：一是商品的生产能力大大超过市场的需求能力；二是同一种商品的生产能力在不同地域甚至同一地域内广泛复制；三是大量的企业没有达到应有的生产规模；四是重复建设不仅在工业领域存在，其他产业领域也存在。① 据不完全统计，20世纪80年代以来，我国的重复建设所涉及的行业超过200个，已经从当初制造业领域向几乎所有部门扩散，不仅存在于基础设施和证券机构，还存在于汽车、电子、机械、化工和建筑业五大支柱产业，而且如医药、钢铁、啤酒、农产品加工和高新技术产业等也不例外。对于重复建设产生的原因分析，除了一些纯粹的经济因素之外，很大程度上是一种地方政府行为，因为在现行任期责任制的约束下，地方政府的政绩需要通过相关经济指标加以体现，在重复建设成本较低的情况下，地方政府显然更关心"建设"而忽略"重复建设"。我国产业结构趋同的主要根源在于我国新旧体制转轨时期，地方政府仍然是投资主体，其对政绩追求的内在冲动和外在刺激就是我国产业结构趋同现象周期性出现的根源。② 所以，有学者在经过深入分析之后，指出影响我国产业结构调整效果的深层次原因是各级政府对地区利益的片面追求。③

（2）地区大战

由于重复建设造成生产能力过剩，要保证各地的加工工业生产能力不闲置，必须具有充足的原材料供应。在原材料供应普遍不足的情况下，生产能力又不能闲置，形成骑虎难下之势，各地区之间便剑拔弩张，地区大战遂一发不可收拾。20世纪80年代中后期，"羊毛大战"、"生猪大战"、"板栗大战"、"中药材大战"、"丝绸大战"等100多种地区大战在

---

① 魏后凯：《从重复建设到有序竞争》，人民出版社2001年版，第40—42页。
② 陈建：《博弈论与区域经济》，天地出版社2000年版，第57页。
③ 胡荣涛等：《产业结构与地区利益》，经济管理出版社2000年版，第89页。

中华大地上此起彼伏,演出了令千万人荡气回肠、大喜大悲的闹剧。在80年代后期市场紧缩的情况下,各种地区大战经过短期的消停之后,又于90年代初期鸣锣上演了,诸如"羊绒大战"等各类大战不一而足、连绵不绝。改革开放20余年间,地区大战分成三个大的发展阶段:第一次是地区原料大战(1985—1988)。第一场真正意义上的"大战"是"羊毛大战"。1982年中国的羊毛产出达到顶峰,接近2.02亿公斤,之后开始下降,1985年下降到1.78亿公斤左右。而这时各地工业与乡镇企业尤其是需要羊毛的工业企业大量增加,在供求上产生了一个很大的缺口,这导致国内羊毛价格迅速上扬。恰在此时,中央政府取消了统一的派购体系,原来由中央政府集中的市场和价格制度变为由合同和市场来控制,于是羊毛有了一系列价格。当中央政府对市场的集中控制放松之后,地方之间的利益矛盾明显公开化,导致"羊毛大战"。① 1985年前后,全国各地先后取消了生猪统购统销,"生猪大战"迅速波及全国。② 80年代中后期,在蚕茧主产区不断产生抢购蚕茧风潮,被称为"蚕茧大战"。③ 第二次是"产品大战"(1988—1992)。1988年是治理整顿年,各地经济趋于萧条,产品积压、市场疲软,各地纷纷打起"产品大战",主要是限制商品的自由流通,搞市场分割。第三次是"政策大战"(1992年之后)。从1992年起,中国的每一个角落都在紧锣密鼓地争夺特区政策、工业区政策、开发区政策、高新技术政策、保税政策、经济技术发展政策;众多省、市、县的"经济大使"穿行于京城和省城之间,活动于学院之内,为本地争取各种优惠政策而不遗余力;各省区市的首脑纷纷涌向北京,举行新闻发布会,向中外记者们宣布本地区改革开放的优惠政策和特殊政策,并且相互攀比。

(3) 分割市场

地方市场分割主要指一国范围内各地政府为了本地的利益,通过行政管制手段,限制外地资源进入本地市场或限制本地资源流向外地的行为。而在利益的驱动下,很多地方政府登上"市场大战"的前台,或以

---

① 卢小飞:《羊毛大战的背后》,载《人民日报》,1986年7月21日。
② 凌志军:《生猪大战及其由来、改革措施》,载《人民日报》,1988年2月15日。
③ 何加正、魏亚玲:《一场防而未止的大战》,载《人民日报》,1988年8月27日。

会议形式、或以行业内部规定、或以文件形式等,指令性或暗示性地要求本地单位和个人买本地货、购地方物。过去,中国一些省份的地方保护主要表现在啤酒等消费品上,保护范围也主要是在县市区域;而如今,一些省份的地方保护已经从消费品领域扩展到几乎所有产品领域,进而蔓延到投资领域,保护范围也从县市一级扩大到地市级甚至省级。如苏北地区埠宁、宿迁等县市在啤酒滞销问题突出后,成立了专门机构"酒类市场管理办公室",专门设立关卡,采用种种不正当手段阻挠外地啤酒进入本地市场。① 无独有偶,2000 年黑龙江省龙江县政府以整顿啤酒市场秩序为由,依据齐齐哈尔市人大颁布的《酒类管理条例》以及齐齐哈尔市政府办公厅签发的《关于整顿酒类市场的通知》,成立了由酒类专卖局牵头的龙江县啤酒市场稽查队,多次封锁、扣押、没收外地啤酒,给业主和生产厂家造成严重的经济损失。② 此外,像"湖南祁东阻截外地化肥事件"、"吉林四平派吉烟事件"等也都成为热门话题。③ 而按照法国经济学家桑德·波森特(Sandra Poncet)的研究,1997 年中国的国内省级间商品贸易平均关税达到 46%,比十年前提高了 11%,这一关税水平超过了欧盟各成员国之间的关税水平,与美国和加拿大之间的贸易关税相当。也即是说,1987 年中国消费者购买各自所属的省份自制产品的数量是其他省产品的十倍,而到 1997 年这一比重达到了二十一倍。④ 对于这一点,有学者通过详细的实证研究,也发现我国各省区之间经济联系比较弱,各省自成体系,实现经济发展的自我循环,割裂了全国统一市场。⑤ 地方政府在保护和封锁地方市场中,主要采取限制流入的市场封锁和限制流出的市场封锁两种方式,与其他地方政府进行博弈。在限制流

---

① 成吉昌:《苏北啤酒市场又搞地方保护 江苏省技监局发文要求制止》,载《市场报》,1999 年 5 月 13 日。
② 张惠萍:《一份文件封锁啤酒市场》,载《中国工商报》,2000 年 6 月 13 日。
③ 王文雁、张林刚:《吉烟现象》,见《焦点访谈》,1999 年 11 月 10 日;李成刚:《围城大战》,载《中国经济时报》,2000 年 12 月 19 日。
④ 转引自 Bruce Gilley. 2011. Provincial Disintegration: Reaching Your Market Is more than just a Matter of Distance, 22/11, 载《远东经济评论》。
⑤ 叶裕民:《中国区际贸易冲突的形成机制与对策思路》,载《经济地理》,2000 年第 6 期。

入的封锁中，一是采取由地方政府直接出面，擅自设置各种名义的"关卡"，利用行政手段阻止外地商品进入本地市场；二是行使地方政府的经济职能，并随意扩大其权限，利用经济手段，制定优惠或倾斜政策，有时还利用行政力量进行干预，在流通领域内保护本地产品市场；三是运用各种超经济手段，"堵"、"卡"、"打"外地产品的进入。而在限制本地商品流出方面，地方政府利用经济的、法律的和行政的手段进行市场边界的封锁。各地方政府采取设立关卡、限制外地商品进入本地市场和阻止本地商品流出等措施为本地企业提供行政保护，运用经济政策、扩大管理范围、增加审批手续以强令当地企业经营、收购或推销本地产品，运用财政、税收、金融、价格等经济杠杆迫使或诱使当地企业实施封锁市场政策等①，从而激化了地区间保护和反保护的矛盾与冲突。这种地区市场分割是从 20 世纪 80 年代初实行"放权让利"、向地方政府行政性分权后出现的。其产生的原因，有学者认为主要是行政性分权体制形成、演进的结果，是体制转轨的必然产物，而地方政府作为利益主体、经济主体和管理主体的"三位一体"则是产生地方市场分割的根本原因。②

（4）跨地区性公共物品供给不足和公共事务治理失灵

由于各个地方政府追求自身利益最大化，进行地区大战和地区封锁，进而损害了地方政府之间应有的合作关系，从而出现"公用地的灾难"，导致一些跨地区性公共物品的供给失灵。作为一种跨地区的公共物品，往往无法回避"搭便车"和外部性原因而产生的供给和维护问题。如1998 年特大洪灾，暴露出长江上游生态破坏严重、森林过量采伐、水土流失加剧；中下游河道人为设障，泄洪能力减弱；中下游湖泊由于淤塞和围垦，面积大为减少，调蓄洪水能力降低。③ 例如，处于河流上游的地区发布禁令，不允许当地厂商将未经处理的废水直接向河内排放，并投资购买污水净化设备，以保护河流不受污染；但它无法阻止下游地区成为该项行动的受益者，因而下游地区可以在上游地区以高成本维持河流无污染的情况下无偿享受清洁河流所带来的利益；在此情形下，上游地

---

① 陈甬军：《社会主义市场通论》，福建人民出版社 1994 年版，第 308—309 页。
② 陈东琪等：《打破地方市场分割》，中国财政出版社 2002 年版，第 215 页。
③ 汤爱民：《大整合》，中国经济出版社 2000 年版，第 399—400 页。

区对治理河流污染必然不会充分投入；同时，还容易产生地区间的矛盾和冲突。另外，如传染性疾病的控制，如果没有跨地区间协作，势必无法从根本上进行控制。类似这样的事例还有很多：如在湖南省新宁和城步交界的界福山，曾经逃脱第四纪冰川毁灭性打击而顽强生存下来的国宝银杉，进入20世纪80年代以后却惨遭人为破坏，因为这两个县为银杉所在地山林归属发生纠纷，时有争执，曾多次请它们的上级原湖南省邵阳地区行署确定山林权归属，却长期得不到明确解决，两县忙于山林纠纷，使得银杉保护措施废弛。① 2002年7月初，淮河安徽段蚌埠闸下游江苏境内的洪泽湖泄洪，囤积在安徽、河南境内的大量工业污水也一同被排入淮河，下泻洪泽湖，洪水所过之处，鱼、蟹、虾、河蚌、螺蛳大面积死亡，昔日清澈的湖水变成了黑褐色；不到一个月，洪泽、金湖等地的环湖特种水产养殖专业户直接经济损失就达1亿多元，不少养殖户已倾家荡产。② 而2003年SARS疫情的传播和民众恐慌心理的加剧，与我国当前条块分割的管理体制和地方保护主义之间有着密切的关系，是典型的跨地区性公共事务治理失灵的例子。在2003年4月初北京市的疫情已相当严峻的情况下，卫生部和北京市政府居然不能掌握确切的数据，地方政府、中央政府主管部门、军队所属医院等条块分割、信息封锁、难以协调和统一管理的问题之突出可见一斑。同时，为了保护地方经济利益，许多省市都竭力回避承认当地发生了疫情，直到中央政府强制改正为止。在中央政府的防范和管理措施出台后，许多地方政府的地方保护主义措施，几乎达到了无以复加的地步。切断从北京通往某些省市的高速公路，村村、乡乡、市市之间设置各种有形的和无形的路障，对来往人员进行盘查和隔离等；有些经济中心城市的做法与许多农村和老少边穷地区竟毫无二致，不仅实行城区间的隔离制度，甚至还推出了检举外地人的奖励措施。③

---

① 载《人民日报》，1987年10月11日。
② 童大焕：《环境污染与政府间博弈》，载《南方周末》，2002年8月8日。
③ 张再生：《从非典疫情的蔓延说中国的公共管理与公共政策建设》，载《中国经济时报》，2003年6月9日。

3. 地方政府间横向关系恶性发展所造成的主要危害

上述地方政府间横向关系发展中的冲突，造成了一系列危害社会经济发展的后果：

首先，地区间重复建设造成了严重危害。地区间重复建设而导致产业结构趋同所带来的所谓市场繁荣、高速增长只能是暂时的、虚假的，而留下的危害却是长期的、严重的：（1）使得专业化分工协作水平低下，丧失了地区分工利益，造成全社会整体经济效益下降；（2）造成资源和生产能力的浪费闲置，据统计 20 世纪 80 年代末 90 年代初，全国重复建设的加工工业行业达 38 个，出现棉纺织生产能力放空率为 25%、彩电生产能力闲置 50%、家用电冰箱生产能力放空率为 70% 左右、自行车生产能力放空 40%；①（3）造成地区结构冲突激化，各地区围绕资源和市场的矛盾与冲突日益激化，波及全国的资源大战此起彼伏。

其次，地区大战造成的危害也是相当严重的。（1）在经济政治上，加强了地方政府间相互分离的趋势以及地方政府对中央政府的离心倾向，成为危及整个社会稳定和协调发展的潜在因素；（2）片面追求地方利益，影响了市场在全国资源配置中基础性作用的发挥，阻碍了全国统一大市场的形成；（3）严重阻碍了国有企业经营机制的转换与地方政府职能的转变；（4）阻碍了地方产业结构转换，影响到当地企业的竞争力，损害了地方的长远利益。②

再次，地区间市场分割造成了严重的危害。地区间市场分割则使得整个国民经济运行被扭曲，无法实现社会资源的优化配置，从而导致全国性的市场失灵。其危害具体表现在：（1）导致经济运行机制扭曲，市场信号失真，干扰宏观经济平衡，社会资源无法实现最优配置；（2）严重妨碍市场体系建设；（3）不适应当前经济全球化和我国对外开放新形势的需要。③

最后，跨地区性公共事务治理失灵也产生了严重的危害。地区间公

---

① 王冰等：《地区经济结构优化升级的理论渊源与对策取向》，载《武汉大学学报》，2002年第1期。
② 王枫云：《地方市场封锁中的政府行为分析》，载《江汉论坛》，2002年第6期。
③ 陈东琪、银温泉主编：《打破地方市场分割》，中国财政出版社 2002 年版，第 10—14 页。

共物品的供给不足和公共事务的治理失灵，一方面使得一些跨地区的公共资源面临"公用地的灾难"，另一方面削弱了地区间的联系和交往。

总之，地区间冲突，既损害了市场经济的健康发展，也危及国家政治整合和社会稳定。

(三) 发达国家实践的启示

1. 纵向政府间关系法治化

(1) 完善纵向政府间职权配置

从改革方向和规范要求来看，首先，要根据公共产品性质和外部性大小来重新配置纵向政府间事权，划清各级政府的支出责任，并以此为基础划分税制；其次，建立规范的纵向政府间财政转移支付制度，应该包括一般性补助即税收返还、专项拨款补助、特殊因素补助等；再次，调整税费关系，规范政府收入，同时进一步完善地方税体系。而从长期趋势来看，纵向政府间职权配置有三种思路可供选择：一是近期在事权安排格局基本不变的条件下调整财权配置，主要是解决地方政府财力不足的问题；二是中期在财权配置格局基本不变的条件下调整事权安排，将目前地方政府的部分基础性公共服务事权适当上缴；三是从最终改革目标来看，需要进行整体性改革，使事权安排和财权配置相互进行适应性调整，逐步建立起符合市场经济体制需要的纵向政府间职权配置格局，首先要明确社会主义市场经济条件下政府的事权范围和各级政府间事权范围划分，然后以此为基础在各级政府间进行财权和财力配置，同时修改预算体制使之与分税制协调一致，并进一步改革规范转移支付制度。[①]

(2) 发展民主政治

在传统的中央集权管理体制下，由于地方政府的权力来自于上级政府或中央政府的授权，由此形成了对上负责而对下不负责的政治格局；而且由于信息不对称，上级政府对地方政府的约束成本太高，因此，无法完全保障人民的民主权利得到落实。而实行纵向政府间关系民主化，建立中央与地方的适度分权体制，既能够克服传统体制必然带来的各种

---

① 宋立、刘树杰：《各级政府公共服务事权财权配置》，中国计划出版社 2005 年版，第 44—48 页。

弊端，又为人民广泛的政治参与提供广阔的舞台和空间而赢得民众的支持，确保地方政府在法律范围内，在地方选民的直接监督下，进行地方公共事务的治理，既可以减少监督成本而增强了中央政府的合法性和权威，又符合地方选民的利益和愿望而实现真正的民主。从改革与发展的方向来看，在强化纵向政府间自上而下监督的同时，更应该通过完善民主政治以强化来自民众和社会对地方政府自下而上的制约。其基本内容包括：一是建立健全地方利益的表达和平衡机制，实现中央决策民主化和科学化。在重大决策或法律出台之前，应主动征求地方政府的意见，邀请地方政府派人员参加，同时地方政府也应积极主动地参与，代表地方利益对中央的决策施加影响，使中央与地方的关系由过去以行政组织为基础的行政领导和服从关系转变为以相对经济实体为基础的对策博弈和合作关系。二是增强地方公共权力的人民性。只有不断发展和完善民众利益表达和参与决策的机制，才有可能使地方政府主动承担地方公共管理和公共服务的职责，才能驱使有了较大自主权的地方政府始终以地方居民的需求为中心，同时不偏离中央控制的法治轨道。三是政务信息公开化。政府过程是否透明公开，是制约地方民众监督政府的主要因素。有媒体分析指出，政府机构掌握着80%的公共管理信息，政府官员掌握着公共资源的定价和配置权，透明度低，是造成行政成本居高不下的主要原因。[①] 而从欧美发达国家的成功经验来看，"阳光型"政府运作不仅增强了政府权威基础，而且有利于民众对政府运行的监督。四是培育第三部门对地方政府的监督。在纵向政府间关系中，第三部门的完善，不仅有利于强化地方政府对中央政府的渗透，而且也有利于弥补自上而下监督机制的缺陷。因为第三部门的发展，不仅可为公众的自组织提供空间，而且由于其以公共利益或团体利益为目标，以促进整体利益和社会发展为宗旨，超越了地方政府的自身利益，从而可以避免地方政府权力滥用造成的危害，使地方政府的权力运行更具有公开性和民主性。[②]

---

① 《98.3%的人认为行政成本浪费》，载《羊城晚报》，2007年3月28日，第A8版。
② 张志红：《当代中国纵向政府间关系研究》，天津人民出版社2006年版，第351页。

(3) 完善法制

迄今为止，中国的纵向政府间关系调整都是纵向政府间谈判妥协的结果，缺乏稳定性和连续性，在实践中主要是根据中央和地方政府的"决定"、"通知"、"条例"来传达和执行的。① 其中，纵向政府间职权配置调整并没有经过全国人大和地方人大，主要是纵向政府间由行政渠道来解决，因此，缺乏内在的稳定性和法律保障。事实上，由于上级政府能够比较随心所欲地调整纵向政府间职权配置，从而可以将事权层层下放而将财权层层上收。地方政府面对的是随时会发生变化的职权配置格局，也就不可避免地滋生不负责任的短期行为。而且在实践中，中央与地方政府以一对多的博弈要付出高额成本和巨大代价。中央一旦对某个地方妥协，其他地方势必想方设法提高自己的要价，希望能争取到较理想的政策和资源。向中央要政策、"变通"政策，并不遗余力地加以利用，必然会酿成恶果。比如，各地一旦拥有给予企业税收优惠的权利，就纷纷出台各种优惠措施，造成全国税收优惠政策混乱，名目繁多的减免税优惠和企业摊派并存，中央政府的税收大量流失，而地方政府的预算外资金大幅上升，在一定程度上强化了地方政府对企业的行政干预。因此，应该考虑将纵向政府间职权配置和职权调整的程序以法律形式固定下来，使纵向政府间的领导、指挥、协调、约束和控制关系都有充分的法律保障和约束，而不是建立在靠人际关系、情面或某种交易上，同时各级政府的职权也需要由相应的本级人大授权并接受法律监督，以促使诸如落实科学发展观这样的纵向政府间关系走上法治化的发展道路。

2. 建立健全地方政府间横向关系的协调机制

从当代美国的治理实践中，可以得出的基本结论是：有效治理的关键在于制度建设，包括构建多元化的治理机制、塑造良好的制度环境和规范的地方政府管理。② 基于这一判断，建立健全地方政府间横向关系的协调机制，其基本思路在于：

---

① 姚洋、杨雷：《制度供给失衡和中国财政分权的后果》，载《战略与管理》，2003年第3期。

② 张紧跟：《当代美国的地方政府间关系协调：实践及其启示》，载《公共管理学报》，2005年第3期。

(1) 创新制度环境

所谓"制度环境",是指一系列用来建立生产、交换与分配基础的政治、社会和法律基础规则。① 相对于治理机制而言,制度环境是一个社会中所有制度安排的总和,往往保持相对稳定,它实际上是具体治理机制发挥作用的外在环境。

在珠三角一体化进程中,要实现区域治理制度创新,必须推进制度环境层面的创新。为此,第一,积极推进法治建设。市场经济是法治经济,因此,基于市场经济基础上的区域一体化也离不开法治。在当代中国地方政府间横向关系运作实践中,法律没有得到严格、统一和协调的执行,不同的地方各自为政,"各人自扫门前雪",造成了执法中尺度不统一、缺乏协同配合等。首先,必须明确宪法权威,强化宪法在统一国内市场中的作用。其次,完善有利于区域一体化的法律制度。一方面,要认真清理各地招商引资、产业政策等方面不协调、容易引发不良竞争的政策规定;另一方面,加强地方立法,规范各地竞争行为,建立公平有序的市场环境。最后,不仅应该加快法治政府建设的进程,还应该考虑解决地方政府间立法协同的问题。第二,按照科学发展观的要求改革地方政府政绩考核机制。张廷伟曾以长三角为例,剖析了现行的地方政府政绩考核体制对区域一体化产生的负面影响。② 尽管近年来国内不少地方已经在改革地方政府官员绩效考核方面进行了大刀阔斧的改革,但仍强调与所辖地区经济发展成就直接挂钩,并且这种经济发展成就又主要以上项目、建企业、经济增长速度多少等指标来进行简单量化和比较。这样,势必导致各行政区领导强化资源配置本地化和保护本地市场。因此,除了继续按照科学发展观要求改革政府绩效评价指标体系和改革评价方式等之外,还应该考虑将促进区域一体化等相关指标纳入考评体系。第三,理顺中央与地方关系。鉴于中央与地方之间"治乱循环"所带来的一系列不良后果,应深化财税体制改革,完善分税制。财税体制是中

---

① 〔美〕L. E. 戴维斯、D. C. 诺斯:《制度变迁的理论:概念与原因》,见《财产权利与制度变迁——产权学派与新制度学派译文集》,刘守英等译,上海三联书店1996年版,第270页。

② Tingwei Zhang. 2005. "From Intercity Competition to Collaborative Planning, the Case of the Yangtze River Delta Region of China." *Urban Affairs Review*, 42 (1): 26–56.

央与地方关系的核心问题。合理界定中央与地方的财权,关系到全国统一市场秩序的形成。首先,应合理界定政府事权,划清各级政府的支出责任,以此为基础划分税制。其次,建立规范化的中央对地方的转移支付制度,如一般性补助即税收返还、专项拨款补助等。最后,应调整税费关系,规范政府收入,完善地方税体系。第四,重塑地方政府间竞争模式。我国20世纪80年代以来的市场化和分权化改革,促进了地方政府间围绕经济增长为首要目标的地方政府间竞争,一方面推动了我国国民经济整体的高速发展,另一方面为了实现本辖区的经济高速增长和充分就业,地方政府往往不顾资源整体配置的效率,热衷于推行以邻为壑的地方保护主义政策措施,致使诸侯经济泛起、地方保护主义泛滥。而协调地方政府间横向关系不是要消灭地方政府间竞争,而是要重建地方政府间竞争秩序,这必须从以封闭式的地方保护主义为策略的资源竞争转向开放式的制度创新为基础的制度竞争,通过制度创新来吸引资源、创新技术、促进增长,而不是通过地方保护主义来维持增长。

(2) 创新治理机制

所谓"治理机制",是指确定合作或竞争方式的经济实体之间的合约关系或治理结构。① 由于交易的属性不同,也就必然会有不同的治理机制。从美国的区域治理实践来看,"没有一种组织模式能有效处理大都市区复杂的动态情况,围绕那些跨辖区的问题而组成各种利益共同体是经常的事情,需要建立多种不同的组织规模,以实现规模效益,培育自治精神;区域问题的解决应该建立在现行政治制度安排的基础上"②。所以,威廉姆森指出,"交易的属性不同,相应的治理结构即组织成本与权能就不同,因此就形成了交易与治理结构的不同配比"③。

在当下美国的制度环境中,由于形成了多元化的治理制度,通过科层制、市场机制和组织间网络机制的综合治理,因而在地方政府间横向

---

① 〔美〕奥利弗·E. 威廉森:《治理机制》,王建等译,中国社会科学出版社2001年版,第480页。

② 〔美〕罗纳德·J. 奥克森:《治理地方公共经济》,万鹏飞译,北京大学出版社2005年版,第18—19页。

③ 〔美〕奥利弗·E. 威廉姆森:《资本主义经济制度》,段毅才等译,商务印书馆2002年版,第538页。

关系协调的治理实践中，取得了相对满意的结果。这种多元治理模式在美国大都市区治理实践中体现得相当明显："美国的大都市区管理存在许多模式，既有跨界联合组织，也有正规的大都市区政府，还有单一目的的特别区；美国大都市区政府或者联合政府提供的是地方政府无法提供的跨区服务，两者职能分工明确，未剥夺地方自治权力，也没有削弱特别区的作用，美国大都市区管理的选择充分尊重民意；州界往往是美国大都市区有效管理的障碍，只能形成一些松散的跨州联合组织；大都市区的中心市和中心县区域矛盾往往最为突出，常会形成紧密型的大都市管理，公私伙伴关系组织的建立有助于产业结构转型和城郊共同发展；当地方政府高度分化难以建立有效的区域合作时，自上而下的干预往往会起到一定的积极作用。"① 在组织经济学家看来，科层制创立的原因是市场效率的失灵，由于信息不对称、垄断力量和外部性，所以科层制成为市场的替代品。② 但是，经验事实表明："看得见的手"和"看不见的手"只是分别用于两个极端的情况，在市场和科层制之间，还有另外一种中间力量在发生作用，这第三种力量就是网络。③ E. 奥斯特罗姆也认为："划分公用地，建立私人产权，这在许多情况下可以增进效率，对此种观点并无异议。同样，通过中央政府机构管理某些资源，可能避免在其他情况下的过度使用，对此种观点我也无异议。我不同意如下的看法，即中央政府管理或私人产权是'避免公用地灾难的唯一途径'。将体制规定限定在'市场'或'国家'上，意味着社会科学'药箱'只包含两种药。"④ 从理论研究来看，市场和科层制作为两种基本的治理机制，一般被认为是可以相互替代的。这是因为从交易费用理论的角度来看，科层内部交易费用过高时可以通过市场来"外化"，而当市场交易费用过高时可以通过科层制组织来"内化"。但是，当市场和科层制组织机制都无法

---

① 林涛：《国民经济区域调控》，复旦大学出版社 2000 年版，第 63—64 页。
② 〔美〕盖瑞·米勒：《管理困境——科层的政治经济学》，上海三联书店 2002 年版，第 37—43 页。
③ H. B. Thorelli. 1986. "Networks: Between Markets and Hierarchies." *Strategic Management Journal*, 7: 37–51.
④ 〔美〕埃利诺·奥斯特罗姆：《制度安排和公用地两难处境》，见 V. 奥斯特罗姆、D. 菲尼、H. 皮希特编：《制度分析与发展的反思》，王诚等译，商务印书馆 1996 年版，第 89 页。

成功有效地降低交易费用时,又该如何选择呢?显然,任何单一治理机制都不是万能的,必须构建多元化的治理机制。

(3) 规范地方政府

在新制度经济学的理论体系中,行为主体被假设为有限理性和机会主义的经济人。① 在这种情况下,相应的激励和约束机制在促进治理主体间合作中就必不可少。因此,在地方政府间横向关系协调中,还必须建立健全相应的激励约束机制。

我国的区域发展缺乏一致性的规则,各地区在招商引资、土地批租、外贸出口、人才流动、技术开发、信息共享等政策上都存在很大的差异,没有规范区域一体化发展的统一法规。区域一体化发展缺乏必要的制度保障。因此,在区域一体化发展进程中,区域政府间针对区域整体发展所达成的共识,应以制度化的规则作保证,并确立基本的要求:一是为合作行为提供足够的激励,二是对违反"游戏规则"者、采取机会主义者予以惩罚,使违规者望而生畏。从机制设计的角度来说,区域一体化发展规则是利益相关者在有限的博弈中形成的博弈均衡。这种规则的形成虽然是半经验性的,但它们在一个群体内可以正规的方式发挥作用并被强制执行。

另外,应建立相应的区域利益分享和补偿机制,助力区域一体化发展规则的形成和有效运作。区域一体化发展的出发点是地方政府通过合作来共享整体利益。打破传统的工业体系,重新调整各地方政府的产业结构,形成合理的产业布局和产业分工体系是区域一体化建设的题中应有之义。区域一体化发展中,有些地区可能必须从某些产业中退出,去重新定位自己的优势产业,而另一些地区则可以乘机扩大市场和规模,进一步壮大自身的产业优势。有些地区生产的可能是低附加值的上游产品,有些地区生产的可能是高附加值的下游产品,地区利益将从劣势方流向优势方。需要优势方给予劣势方以必要的补偿,共享一体化收益。因此,需要建立相应的区域利益分享和补偿机制,即各地方政府在平等、

---

① 〔美〕埃里克·弗鲁博顿、〔德〕鲁道夫·芮切特:《新制度经济学——一个交易费用分析范式》,姜建强等译,上海三联书店 2006 年版,第 3—6 页。

互利、协作的前提下,通过规范的制度建设来实现地方与地方之间的利益转移,实现各种利益在地区间的合理分配。

本章主要参考文献

1. Agranoff, Robert. 1988. "Structuring of Human Services in Local Government: Management Versus Reorganization." *New England Journal of Human Services*, 8.

2. Agranoff, Robert. 1994. *Comparative Intergovernmental Relations*. In Randall Baker (ed.), *Comparative Public Management: Putting U. S. Public Policy and Implementation in Context Westport*. Connecticut: Praeger Paperback.

3. Anderson, W. 1960. *Intergovernmental Relations in Review*. Minneapolis: University of Minnesota Press.

4. Anton, Thomas J. 1985. "Decay and Reconstruction in the Study of American Intergovernmental Relations." *The Journal of Federalism*, 15.

5. Brennan, G. & Buchanan, J. M. 1980. *The Power to Tax: Analytical Foundations of a Fiscal Constitution*. New York: Cambridge University Press.

6. Bird, Richard M. 2000. "Fiscal Decentralization and Competitive Governments." In Gianluigi Galeotti, Pierre Salmon, and Ronald Wintrobe (Eds.), *Competition and Structure: The Political Economy of Collective Decisions: Essays in Honor of Albert Breton*. London: Cambridge University Press.

7. Breton, Albert. 1991. "The Existence and Stability of Interjurisdictional Competition." In Kenyon, Daphne A. & Kincaid, John (Eds.), *Competition Among States and Local Governments: Efficiency and Equity in American Federalism*. Washington, D. C.: The Urban Institute Press.

8. Buchanan James M. 1996. "Federalism and Individual Sovereignty." *Cato Journal*, 15 (2 - 3).

9. Cameron, David. 2001. "The Structure of Intergovernmental Relations." *International Social Science Journal*, 167.

10. Cai, Hongbin & Treisman, D. 2004. "State Corroding Federalism: Interjurisdictional Competition and the Weakening of Central Authority." *Journal of Public Economic*, 88(3 - 4).

11. Cawson, A. & Saunders, P. 1983. "Corporatism, Competitive Politics and Class Strength." In R. King (Ed.), *Capital and Politic*. London: Routledge & Kegan Paul.

12. Chandler, J. A. 1992. "Three Faces of Intergovernmental Relations." *Public Policy and Administration*, 7.

13. Cornes, Richard & Sandler, T. 1996. *The Theory of Externalities, Public Goods and Club Goods (2nd edn.)*. Cambridge: Cambridge University Press.

14. De Vries, Michiel S. 2000. "The Rise and Fall of Decentralization: A Comparative Analysis of Argument and Practices in European Countries." *European Journal of Political Research*, 38.

15. Edwards, C. & De Rugy, V. 2002. "International Tax Competition: A 21st Century Restraint on Government." *Cato Policy Analysis*, 431.

16. Elazar, Daniel J. 1964. "Federal – State Collaboration in the Nineteenth – Century United States." *Political Science Quarterly*, 79.

17. Elazar, Daniel J. 1984. *American Federalism: The View from the States (3rd ed.)*. New York: Harper & Row.

18. Elazar, Daniel J. 1995. "From Statism to Federalism: A Paradigm Shift." *The Journal of Federalism*, 25:2 (Spring).

19. Gordon, Roger H. 1983. "An Optimal Taxation Approach to Fiscal Federalism." *Quarterly Journal of Economics*, 98 (4).

20. Jordan, Andrew. 2001. "The European Union: An Evolving System of Multi – level Governance or Government?" *Policy & Politics*, 29 (2).

21. Kincaid, John. 1991. "The Competitive Challenge to Cooperative Federalism: A Theory of Federal Democracy." In Kenyon, Daphne A. & Kincaid, John(Eds.), *Competition Among States and Local Governments: Efficiency and Equity in American Federalism*. Washington, D. C.: The Urban Institute Press.

22. Krane, D. 2001. "American Federalism, State Governments and Public Policy: Weaving Together Loose Theoretical Threads." In Ott, J. Steven and E. W. Russell(Eds.), *Introduction to Public Administration*. Massachusetts: Addison – Wesley Longman.

23. Loughlin, Martin. 1996. "Understanding Central – local Government Relations." *Public Policy and Administration*, 11(2).

24. Marks, G. & Hooghe, L. 2004. "Contrasting Visions of Multi – Level Governance." In Ian Bache and Mathew Flinders(Eds.), *Multi – Level Governance*. Oxford: Oxford University Press.

25. Matland Richard E. 1995. "Synthesizing the Implementation Literature: The Ambiguity – Conflict Model of Policy Implementation." *Journal of Public Administration Research and*

Theory, 5(2).

26. McGuire, Michael. 2006. "Intergovernmental Management: A View from the Bottom." *Public Administration Review*, 66(5).

27. McLure, Charles E. 1983. *Tax Assignment in Federal Countries*. Canberra: Australian National University Press and Centre for Research on Federal Financial Relations.

28. Musgrave, R. A. & Musgrave, P. B. 1989. *Public Finance in Theory and Practice (3rd ed.)*. New York: McGraw–Hill Companies.

29. Oates, Wallace E. 1972. *Fiscal Federalism*. New York: Harcourt Brace Jovanovich.

30. Oates, Wallace E. 1993. "The Role of Fiscal Decentralization in Economic Growth." *The National Tax Journal*, 66.

31. Oates, Wallace E. 1999. "An Essay on Fiscal Federalism." *Journal of Economic Literature*, 37(3).

32. Oates, Wallace E. & Schwab, R. M. 1988. "Economic Competition Among Jurisdictions: Efficiency Enhancing or Distortion Inducing." *Journal of Public Economics*, 35.

33. Oates, Wallace E. & Schwab, R. M. 1991. "The Allocative and Distributive Implications of Local Fiscal Competition." In D. Kenyon and J. Kincaid(Eds.), *Competition Among States and Local Governments*. Washington, D. C.: Urban Institute.

34. OECD. 1997. *Managing Across Levels of Government*. Downloaded from: http://www.oecd.org/dataoecd/10/14/1902308.pdf.

35. OECD. 2001. *Local Partnerships for Better Governance*. Paris: OECD Publications.

36. Opeskin, B. R. 2002. "Mechanisms for Intergovernmental Relations in Federations." *International Social Science Journal*, 53(167).

37. Ostrom V. 1985. "Constitutional Consideration with Particular Reference to Federal Systems." In F. X. Kaufmann, G. Majone and V. Ostrom(Eds.), *Guidance, Control and Performance Evaluation in the Public Sector*. New York: de Gruyter.

38. Ostrom V. & E. Ostrom. 1965. "A Behavioral Approach to the Study of Intergovernmental Relations." *American Academy of Political and Social Science*, 359(1).

39. Peters, B. Guy. 1998. "Managing Horizontal Government: The Politics of Coordination." *Public Administration*, 76.

40. Pressman, J. L. & A. Wildavsky. 1984. *Implementation (2nd ed.)*. Berkeley: University of California Press.

41. Qian, Yingyi & Barry Weingast. 1996. "China's Transition to Markets: Market–Preserving Federalism: Chinese Style." *Journal of Policy Reform*, 1(2).

42. Rhodes, R. 1992. *Beyond Westminster and Whitehall: The Sub – Central Governments of Britain*. London: Routledge.

43. Rogers, Everett M. 1995. *Diffusion of Innovations*. New York: The Free Press.

44. Rosenthal, Donald B. & James M. Hoefler. 1989. "Competing Approaches to the Study of American Federalism and Intergovernmental Relations." *The Journal of Federalism*, 19 (1).

45. Scott, Allen J. 2001. *Global City – Regions: Trends, Theory, Policy*. London: Oxford University Press.

46. Shah, A. 1994. *The Reform of Intergovernmental Fiscal Relations in Developing and Emerging Market Economies*. Washington D. C. : World Bank.

47. Stoker, Gerry. 1995. "Intergovernmental Relations." *Public Administration*, 73 (Spring).

48. Sullivan, H. & Skelcher, C. 2003. "Working across Boundaries: Collaboration in Public Services." *Health & Social Care*, 11(2).

49. Taylor, P. J. 1985. "All Organization Is Bias: The Political Geography of Electoral Reform." *The Geographical Journal*, 151(3).

50. Tresch, Ricard W. 1981. *Public Finance: A Normative Theory*. Texas: Business Publications.

51. Watts, Ronald L. & Daniel J. Elazar. 2000. "Comparative Federalism and Post – statism." *The Journal of Federalism*, 30: 4 (Fall).

52. Watts, Ronald L. 2001. "Models of Federal Power Sharing." *International Social Science Journal*, 167.

53. Wildasin, David E. 1991. "Income Redistribution in a Common Labor Market." *The American Economic Review*, 81.

54. Wright, Deil S. 1975. "Revenue Sharing and Structural Features of American Federalism." *The ANNALS of the American Academy of Political and Social Science*, 419(1).

55. Wright, Deil S. 1984. "Managing the Intergovernmental Scene: The Changing Dramas of Federalism, Intergovernmental Relations and Intergovernmental Management." In Eddy, William B. (Ed.), *Handbook of Organization Management*. New York: Marcel Dekker.

56. Wright, Deil S. 1988. *Understanding Intergovernmental Relations (3rd ed.)*. California: Brooks/Cole.

57. Wright, Deil S. 1990. "Federalism, Intergovernmental Relations, and Intergovernmental Management: Historical Reflections and Conceptual Comparisons." *Public Administration Review*, 50(2).

58. Wright, Deil S. 1998. "Federalism, Intergovernmental Relations, and Intergovernmental Management: The Origins, Emergence, and Maturity of Three Concepts Across Two Centuries of Organizing Power by Area and by Function. " In Rabin, J. , Hildreth, W. B. & Miller, Gerald J. (Eds.) , *Handbook of Public Administration (2nd ed.)*. New York: Marcel Dekker.

第四章　大都市区与城市群治理比较

进入21世纪,中国步入了加速城市化阶段。正如美国著名经济学家约瑟夫·斯蒂格利茨曾指出的:"在21世纪初期,影响世界最大的两件事,一是美国的新技术革命,二是中国的城市化。"可见,城市化以及由此引发的大都市区与城市群治理问题,将是中国政府在未来很长一段时期面临的重大公共管理挑战。美国与中国国土面积差不多,自20世纪以来历经了百年城市化的漫长过程,期间出现过由长期的大都市化到当代的城市群发展的规律性特点。因此,比较中美两国大都市区和城市群治理的不同特点,借鉴美国城市化过程中的成功经验,对完善我国城市群治理具有重要的理论意义和政策价值。

一、美国的城市化:从大都市区扩张到城市群崛起

美国是世界上最为典型的城市化国家,其城市发展模式先后经历过两个阶段:第一阶段是殖民地时期至20世纪20年代,美国成为城市化国家;第二阶段是20年代至今,美国成为大都市区化国家。[①] 在漫长的大都市化过程中,美国的大都市区治理历经了三次理论论争及制度实验。而美国城市群的广泛崛起,则是大都市区发展到一定阶段的必然产物,

---

[①] 王旭:《美国城市发展模式》,清华大学出版社2006年版。

可谓是水到渠成的自然演化结果。

(一) 大都市区与城市群概念辨析

大都市区(Metropolitan District)和城市群(Megalopolis)是两个不同的概念。在国内学界,很多人对这两个概念不加区分,经常混用。尤其是后者,一般又译成"大都市圈"、"大都市连绵带"、"城镇密集地带"、"城市带"、"城市经济圈",等等。我们认为,城市群这个概念虽有中文翻译上的不同,但就其本质而言没有很大区别。不过,从美国的城市演化史看,大都市区和城市群确实是两个相互关联但又内涵不同的概念。

1. 美国大都市区的概念及其发展演变[①]

在美国,大都市区的概念有着悠久的历史,经历过多次发展演变。不过,在大都市区的界定标准方面,虽然前后的变动很大,但具有明显的连续性,其核心内容可参阅表4-1。

1910年,美国首次提出"大都市区"(Metropolitan District,简称MD)概念,其标准为:人口在10万及10万以上的城市及其周围10英里范围内的郊区人口,或与中心城连绵不断、人口密度达150人/平方英里的地区,均可合计为大都市人口。当时这一概念的提出,乃是适应美国城市迅速发展的需要而产生的。因为进入20世纪后,美国城市化出现了新的现象。一些规模较大的城市超越原有的地域界线,向周边扩展,将周围地区纳入城市化轨道,并与中心城市紧密相连、融为一体。所以引入大都市区概念把这一地区列为一个整体进行考察十分必要,借此可以更科学地和客观地衡量城市化的水平,为拟定城市相关政策提供依据。此后,为了准确反映大都市区的发展状况并保持概念的连续性,美国联邦预算局先后对大都市区的定义进行过多次修改。

到1950年,这种统计区被正式定名为"标准大都市统计区"(Standard Metropolitan Statistical Area,简称SMSA)。它包括一个拥有5万或5万人口以上的中心城市及拥有75%以上非农业劳动力的郊县。在这个新定义中,中心城市的标准由原来的10万人口降为5万,而且其郊县以整个

[①] 洪世键:《大都市区治理》,东南大学出版社2009年版,第16—18页。

县为单位。后来对大都市区定义的修订都在此基础上进行，或者对大都市区概念的进一步细分，或者对大都市区界定标准的适当调整，既基本上保持了概念的连续性，又较好地反映出大都市区发展的客观状况。

1980年的定义在此基础上有所补充："若该区域总人口达到或超过10万，并且有5万人口以上居住在人口统计署划定的城市化区域中，即使没有中心城市，也可划为大都市区。"1980年的定义还规定，人口在百万以上的大都市区内，其单独的组成部分若达到一定的标准，则可划分为"主要大都市统计区"（Primary Metropolitan Statistical Area，简称PMSA），而任何包含PMSA的大都市复合体都可称为"联合大都市统计区"（Consolidated Metropolitan Statistical Area，简称为CMSA），这两个标准，能有区别地反映规模较大的大都市区的发展情况。1983年，"标准大都市统计区"改名为"大都市统计区"（Metropolitan Statistical Area，简称为MSA），其具体标准没有变化。

1990年，美国又将"大都市统计区"更名为"大都市区"（Metropolitan Area，简称MA），其统计范围略有调整，规定每个大都市区应有一个人口在5万人以上的核心城市化地区，围绕这一核心的都市区地域为中心县和外围县。现在的"大都市区"（MA）与近100年前的"大都市区"（MD）相比，中心城市的规模门槛降低了，由原来的10万人降为5万人，而外围地区由原来的10英里范围内扩大为整个中心县和外围县。现在的美国，传统的"城市"与"乡村"的界限和定义失去意义，代之为"大都市区"和"非大都市区"，这种划分更符合客观实际。当年美国统计的大都市区为268个，拥有1.98亿人口，占全国总人口的79.5%。其中，人口在百万以上的大都市区数量达40个，人口占总人口的51.5%。

2000年，美国管理与预算办公室把大都市区的概念进一步更新为"包括一个可识别的人口核心和具有核心的高度一体化的毗邻地域的地区"。据统计，2007年美国的大都市区达到331个，人口2.2亿，其中百万人口以上的大都市区53个，这使美国成为一个以大型都市区为主的国家。

表 4−1　美国大都市区概念及特征的演变过程①

时间	名称	概念及特征
1910	大都市区（MD）	大都市区包括一个 10 万以上人口的中心城市及其周围 10 英里以内的地区，或者虽超过 10 英里但与中心城市连绵不断、人口密度达到 150 人/平方英里以上的地区
1949	标准大都市区（SMA）（1950 年改称为标准大都市统计区 SMSA）	包括一个拥有 5 万人或 5 万人以上的中心城市及拥有 75% 以上非农业劳动力的郊县
1980	标准大都市统计区（SMSA）（1983 年更名为大都市统计区 MSA）	人口在 100 万以上包括两个或两个以上城市化地区的大都市区，假如满足特别的标准，还需要进一步定义出它们的组成部分，即"主要大都市统计区"（PMSA），而包括由两个或两个以上 PMSA 的大都市复合体则称为"联合大都市统计区"（CMSA）
1990	大都市区（MA）	大都市区泛指所有的大都市统计区、基本大都市统计区和综合大都市统计区，其统计范畴略有调整，规定每个大都市区应有一个人口在 5 万人以上的核心城市化地区，围绕这一核心的都市区地域为中心县和外围县。中心县是该城市化地区的中心市所在的县；外围县则是与中心县邻接且满足以下条件的县：（1）从事非农业活动的劳动力至少占全县劳动力总量的 75% 以上；（2）人口密度大于 50 人/平方英里，且每十年人口增长率在 15% 以上；（3）至少 15% 非农业劳动力向中心县以内范围通勤或双向通勤率达到 20% 以上

---

① 黄勇：《美国大都市区的发展与管理》，载《浙江社会科学》，2001 年第 3 期，第 40—41 页。

(续表)

时间	名称	概念及特征
2000	核心基础统计区（CBSA）	指一个拥有至少1万或1万以上人口的城市核心区以及与之有较高经济和社会整合度（主要标准为通勤联系）的周边地区组成的地域实体。核心基础统计区包括"大都市统计区"（Metropolitan Statistical Areas）和"小都市统计区"（Micropolitan Statistical Areas）两大类，其中大都市统计区必须包括至少一个人口在5万或5万以上城市化区域，小都市统计区必须包括至少一个人口在1万以上5万以下的城市化区域

说明：MD（Metropolitan District）；SMA（Standard Metropolitan Areas）；SMSA（Standard Metropolitan Statistical Areas）；MSA（Metropolitan Statistical Areas）；PMSA（Primary Metropolitan Statistical Area）；CMSA（Consolidated Metropolitan Statistical Area）；MA（Metropolitan Areas）；CBSA（Core Based Statistical Area）。

2. 城市群的概念及美国当代的城市群

"二战"结束以后，随着美国经济的全面复苏，交通条件的改善，通讯科技的进步，美国的城市化广度和深度发生了重要变化：大都市化不断发展的结果，自然孕育了一批以集聚城市化为主的超级城市（人口在400万人以上）、巨城市（人口在800万人以上）的出现，人口和产业在空间上一方面继续向大城市集聚；另一方面向大城市郊区扩散，从而又形成众多地域相连的大都市区，若干大都市区因地理空间相互毗连，最后连绵组合而成大都市带，即城市群。

1957年，法国著名城市地理学家戈特曼（Jean Gottmann）借用古希腊"Megalopolis"（意为"巨大的城市"），最早为"城市群"这一城市化现象命名。当时他在考察了美国东北部大西洋沿岸的特大都市区的繁华景象后，将由若干大都市区连成一片的地带称之为"城市群"，即"大都市带"。戈特曼认为，城市群的内涵主要包括：（1）随着大都市区的发展，传统的城乡差别已经消失；（2）此前各独立的大都市区随交通的发展而蔓延，最终彼此交融在一起；（3）人类的各种活动高度密集于这些地区，促使大都市区间联系紧密、相互依赖，同时，各大都市区向更加专业化、功能化的方向发展。它们之间最终形成了一个有机的整体和完整的经济生态圈。①

由此我们可以看到，城市是一个区域的中心，通过极化效应获得快速的发展，并对周边区域产生辐射带动效应，形成一个又一个大都市区，随着相邻大都市区核心城市规模的扩大和城际之间交通条件的改善，其辐射区域不断接近并有部分重合，大都市区之间的经济联系越来越密切，相互影响越来越大，最后逐渐形成一体化趋势，就可以认为形成了一个大城市群。②

综上所述，大都市区和城市群两个概念有很大的不同，前者由两个基本要素组成，即城市中心商业区和以居住为主的郊区，它是美国管理和预算总署人口统计时的标准统计单位，是构成城市群的基本要素；而后者，顾名思义，是前者的有机融合或串联。同一地区或邻近地区大都市区的发展、蔓延、交融，逐步形成了城市群。③ 因此，城市群是大都市区发展的自然结果，是美国城市化进程的最新阶段。或者可以说，美国长期的大都市化是城市群出现的前提条件，倘若没有足够广度和深度的大都市化，就不大可能出现当代的城市群。案例 4-1 概要介绍了当代美国的十大城市群。

> **案例 4-1　当今美国的十大城市群**
>
> 　　目前，美国有十个大城市群（其中少数跨越了国界），分别是：
>
> 　　1. 波士华（Bos-Wash）城市群。1957 年，法国地理学家戈特曼在细致考察了美国东北海岸三个世纪以来的城市发展后，发表了一篇具有划时代意义的著名论文《大城市群：东北海岸的城市化》（"Megalopolis: or the Urbanization of the Northeastern Seaboard"），首次提出了"Megalopolis"这一崭新的城市

---

① Jean Gottman. 1961. *Megalopolis: The Urbanized Northeastern Seaboard of the United States*. New York: The Twentieth Century Fund.

② 秦尊文：《美国城市群考察及对中国的启示》，载《湖北社会科学》，2008 年第 12 期，第 81—84 页。

③ 郭九林：《美国大都市连绵带的综合考察及启示》，载《经济地理》，2008 年第 2 期。

群体空间概念。他用这个词来描述美国大西洋沿岸北起波士顿、纽约，南到华盛顿，长达970公里，宽50—160公里的城市密集地带。1976年，戈特曼将其列为世界六大城市群之首。2007年，波士华城市群人口为5430万人，占全美的18%；经济总量22000亿美元，为英国或法国的一倍多，为加拿大或印度的两倍多。其支柱产业为金融业、传媒业、生物科技产业。

2. 芝匹兹（Chi－Pitts）城市群。于美国中部五大湖沿岸地区，有匹兹堡、克利夫兰、托利多、底特律、芝加哥等大中城市以及众多小城市，城市总数达35个之多。2007年，人口为4600万人，经济总量为16000亿美元。支柱产业为制造、运输、商业房地产、零售。其核心是美国的第二大城市——芝加哥，经济总量大于瑞典。这个城市群如果把延伸到加拿大的多伦多和蒙特利尔算进来，则被称为"北美五大湖城市群"。

3. 夏兰大（Char－lanta）城市群。地处美国东南沿海，起于罗利－达勒姆，经夏洛特，直到亚特兰大。2007年，人口2200万，经济总量7300亿美元。支柱产业为金融、生物技术、电信制造。夏兰大城市群形成一个巨型三脚架：区域总部中心和人才磁力中心亚特兰大，区域金融中心夏洛特，区域技术中心则在北卡罗莱纳。

4. 南加州（SoCal）城市群。地处美国西南沿海，起于洛杉矶，通过圣迭戈，直到墨西哥的蒂华纳。2007年，人口2140万，经济总量7110亿美元。支柱产业为娱乐、金融、生物技术、数字技术。洛杉矶拥有杰出的电影，娱乐和流行文化，也是一个重要的港口和金融中心；圣迭戈拥有世界一流的信息技术、生物技术；蒂华纳是世界上最大的电视、电子和高科技新产品制造中心。该地区是结合了尖端的创造力和创新的能力，生产产品的成本相对较低。

5. 多布切斯特（Tor – Buff – Chester）城市群。起于加拿大多伦多，通过美国的布法罗（Buffalo），至罗切斯特。2007年，人口2200万，经济总量5300亿美元。支柱产业为艺术、金融、电影、信息技术。它是北美第五大城市群，也是全球第十二大城市群。罗切斯特，是世界领先的光电生产和研究中心，一些全球著名的大公司如施乐、柯达等就聚集在这里。

6. 北加州（NorCal）城市群。地处美国西部沿海，它围绕着旧金山海湾地区，从南部的硅谷到北部的纳帕谷。2007年，人口1300万，经济总量4770亿美元。支柱产业为生物技术、软件、数字内容、计算机和电信的设计、制造业。这里是高新技术产业集群聚集地，是风险投资家、酿酒师、软件工程师和网页设计师的乐园，是美国最具活力的地区。

7. 南佛罗里达（SoFlo）城市群。地处美国东南部佛罗里达半岛上，其地域占南部佛罗里达州的一半，其中包括迈阿密、奥兰多和坦帕。2007年，人口1500万，经济总量4280亿美元。支柱产业为旅游、保健、贸易、房地产开发。这里是护士、药剂师、房地产开发商能够开展创造性一流工作的地方。迈阿密是其重要城市，它是拉丁美洲的银行和投资进入美国的门户；奥兰多是娱乐和设计，具有相当能力的艺术和娱乐技术，当然也是迪斯尼世界的故乡；西棕榈滩则是新兴的生物技术产业基地，也是海洋生物学研究中心。

8. 达奥斯汀（Dal – Austin）城市群。地处美国南部墨西哥湾西部，由达拉斯、圣安东尼奥和奥斯汀市形成一个巨大的经济三角。2007年，人口1000万，经济总量3700亿美元。支柱产业为计算机和芯片制造、银行、房地产开发。随着8亿美元新的丰田汽车厂在圣安东尼奥建成，这一城市群成为美国增长最快的汽车制造中心。奥斯汀市所在的德州已超过加州风能产业，成为全国最大后石油绿色技术基地，这里也是世界上最大的个人电脑制造商戴尔公司所在地。同时，创意产业发达，提供的就业岗位占全市的40%，比全国平均水平高出四倍多。

9. 休奥尔良（Hou-Orleans）城市群。地处美国南部墨西哥湾中部，这里就是从休斯顿到新奥尔良的"阳光地带"。2007年，人口1000万，经济总量3320亿美元。支柱产业为能源、沿海基础设施建设、航空航天，及其他制造业。石油工程师、地质科学家、土木工程师，在这里是创造性的关键工作岗位。在休斯顿，提供了超过三分之一的美国石油工业工作岗位。新奥尔良也是重要的石油工业城市，也是一座著名的旅游城市，这里的居民大多说法语，吃法国菜，保留着法国和西班牙的风俗和习惯，所以有人称此处为"美国的巴黎"。

10. 卡斯卡迪亚（Cascadia）城市群。地处美国西北部沿海，起于俄勒冈州的梅德福、波特兰市，经西雅图，至加拿大温哥华。2007年，人口900万，经济总量2600亿美元。支柱产业为航空航天、软件、电子商务、全球零售、旅游。这里是波音公司的生产基地，也是微软、亚马逊等全球软件和基于互联网的大公司所在地。它还拥有领先的生活方式和消费品牌，如星巴克、耐克等。

资料来源：秦尊文：《美国城市群考察及对中国的启示》，载《湖北社会科学》，2008年第12期，第81—84页。

（二）美国大都市区治理的三次理论论争及其制度演进

美国学者比尔·斯科特根据地理、经济和社会空间结构上的演进特点，将美国大都市区的演化划分为三个阶段：单中心（中心城市为主导的阶段）、多中心（市区和郊区相互竞争的阶段）和网格化阶段（复杂的相互依赖和相互竞争关系）。与此对应，美国大都市区治理的制度演变过程明显分为三个阶段：第一阶段——以兼并、合并为特征的单中心城市扩张；第二阶段——以专区为典型的多中心治理结构；第三阶段——以区域治理能力建设为核心的大都市区治理转型。① 实际上，在这些制度实践背后，交织了三次重要的理论论争：一是传统区域主义时期主张的大都市区政府或曰"巨人政府"；二是"公共选择"学派主张的多中心的大都市区治理；三是新区域主义主张的网络化的大都市区治理。下面分别作具体介绍。

1. 传统区域主义时期：大都市区政府

在美国城市化的早期，大都市区政府建设被当做是传统改革思路。其第一阶段是在19世纪中后期，包括费城、旧金山和纽约在内的美国一些主要城市建立了市郡合并（City-county Consolidation）的区域政府。1898年，纽约市宣布其周边的四郡二十市合并成现在的"大纽约市"。这个在当时影响最大的市郡合并，标志着北美历史上第一波"区域政府合并"达到了高潮。这个潮流是有其独特的时代背景的。在19世纪中后期，众多的北美城市正面临着工业化和城市化的巨大挑战，许多市政设施和服务都无法跟上人口膨胀后的需求。为了更好地统一规划市政服务和管理，一些主要城市求助于成立"区域型"政府，以解决公共服务问题。合并的"大纽约市"就成为当时世界上最大的"区域型"都市。

从20世纪40年代到80年代中期，"巨人政府"论这一传统改革思路一直在美国学术界占主导地位。"巨人政府"论认为，大都市区的碎片化结构严重损害了解决区域性公共问题的能力，而大都市区日益增加的相互依赖性要求采取综合性的和协调性的规划与权威性行动，主张"一个大都市区，一个政府"。这些大区域政府的建立，起初主要是为了实现三个目的②：一是经济规模效应。区域政府面向更多的服务人群，政府职能和公共服务措施可以有更广泛的群众基础。按照经济规模效应理论，一些公共服务设施，比如说城市供水、垃圾处理和现代刑事

---

① 洪世键：《大都市区治理》，东南大学出版社2009年版，第178—188页。
② 张紧跟：《新区域主义：美国大都市区治理的新思路》，载《中山大学学报》，2010年第1期。

侦破设备等等，都需要有一个最低人口数量以分摊提供服务的固定成本，使公共服务的平均成本大幅下降。大区域政府的建立，为实现经济规模效应提供了人口基础。二是大区域政府的建立，有利于精简各级政府机构的重复设置，以最精简的政府机构和人员向全区域提供最高效的服务。三是使政府责任更有针对性。简明的政府网络体系使群众对政府各部门职能一目了然，避免了各级政府机关互相推诿、职责不明。统一的区域政府为区域内公共服务和政务管理统一协调，做到资源统筹、高效明责。

具体来看，传统区域主义时期大都市区政府的改革措施主要包括：（1）中心城市的扩张，通过兼并邻近的郊区和市镇，主要集中在南部和西部各州。（2）市县合并，1945—1976年有14起市县合并，1976—1990年有6起市县合并，1996年有3起，1997年有4起成功的市县合并，最近的案例是堪萨斯市和万多特县的合并。① （3）建立广泛权限和自治的双层制度，上层大都市区政府功能主要集中于那些跨地区的事务，如空气和水污染控制、垃圾处理、区域性土地利用规划等，而地方性事务，如街道照明、地方公园和运动场、垃圾收集等由下层地方政府处理。② "巨人政府"论认为，改革不仅可以产生出统一的行动、更公平的公共服务、更强的区域公共治理能力，而且给公众带来了对更有效的政府进行控制的民主化福利，并提高了选举的或被任命的官员的品质。③

---

① David K. Hamilton. 1999. *Governing Metropolitan Areas*. New York: Garland Publishing, p. 95.
② L. J. Sharpe. 1995. "The Future of Metropolitan Government." In L. J. Sharpe (ed.), *The Government of World Cities: The Future of the Metropolitan*. Chichester, England: John Wiely and Sons, pp. 15 – 17.
③ Brett Hawkins, Keith J. Ward & Mary P. Becker. 1991. "Governmental Consolidation as a Strategy for Metropolitan Development." *Public Administration Quarterly*, 15: 258 – 259.

> **案例 4-2 美国的"双城大都市区议会"和"波特兰大都市区政府"**
>
> 双城大都市区位于美国明尼苏达州东部,双城即指圣保罗和明尼阿波利斯两个分居密西西比河东西侧的城市。1967年,由州立法院授权建立了"大都市区议会"(MUC),管辖7个县。议会共有17个成员,由州长提名任命,一般一个城市一个代表,其基本职责包括三项:一是对大都市区内的实际事务进行长远规划,对一些长远支出预算进行审查;二是对一些都市组织如交通局、垃圾处理委员会、航空委员会的预算运行进行监督;三是就某些问题给县政府和各市议会提供咨询服务。MUC成立之初,遵守其创立宗旨,以规划者的身份出现,工作针对性很强,工作方法民主,成功地处理了一系列困扰当时大都市区的实际事务,如决定垃圾填埋场、飞机场选址、挽救私人运输系统、规划空间用地等,得到各方舆论的一致好评,MUC后来由于越来越多地参与具体事务的管理,开始与地方政府出现矛盾,加上议员系非选举产生,其地位和影响力逐渐下降。
>
> "波特兰大都市区政府"则是全美第一个直接选举产生的区域政府,其职能主要是会同地方政府制定区域规划,保护环境,提供区域性公共服务。经过几年的发展,这个政府组织已经成为解决许多区域性重大问题的灵活而有效的区域性行政组织。

但在美国式的民主中,合并型的区域"巨人政府"是与传统的"管制最少的政府乃是最佳政府"的理念背道而驰的。一个庞大的政府可能拉开了管理机构和居民之间的距离。按照传统组织行为学的理论,管理者和被管理者之间的距离应保持相对接近,这样有利于意见的上传下达,政府能够及时了解居民的需求,居民能够有效地和政府沟通,做到信息链的流畅贯通。如果由一个过于庞大的政府负责老百姓的日常民生和公共设施,就很难做到因地制宜、灵活地制定措施。"巨人政府"还可能带来政府机构臃肿,机关人员难于管理,改革无法实施等组织性问题,降低政府的办事效率。过于庞大的"巨人政府"还有可能忽视辖区内一些弱势社会或者种族群体的经济和文化需求，不能做到社会和经济资源的公平分配。因此，在20世纪初期，区域政府在北美地区的发展日渐衰退。在"二战"前后直至90年代的几十年中，美国经历了近50年的城市扩张和"郊区化"（Suburbanization）的历程。随着城郊人口的增长及其政治经济实力的不断提高，区域合并的"巨人政府"受到了越来越大的抵制。区域政府只是在20世纪六七十年代的少数一些美国城市出现过。比如说在田纳西州的纳什维尔（Nashville）、佛罗里达州的杰克逊维尔（Jacksonville）和印第安那州的印第安那波利斯（Indianapolis），城区和市郊政府都发生了大规模的合并，产生了统一机构、统一管理的大区域政府。虽然说这几个例子被称为区域政府在美国的第二波发展，但总的来说，区域合并式政府在美国没有大范围的流行。据不完全统计，在过去100多年中，有超过85%的政府合并提议被选民否决。

2. 公共选择理论：多中心的大都市区治理

尽管与"巨人政府"论一样都产生于20世纪50年代，但多中心治理理论在80年代末期才开始占主导地位。在这几十年中，美国城市发展中占统治地位的是"公共选择"（Public Choice）理论，该理论主张大都市区采取分权而不是集权的治理制度，强调居民的自发选择，"以脚投票"，把选择权大幅度地交给了自由市场和地方政府；奥斯特罗姆和蒂鲍特等学者认为，"巨人政府"论所倡导的"科层制"治理导致供给过剩和不必要的生产，多个地方政府间竞争所形成的"市场机制"才是最有效的。而且大的、单一的大都市区政府并不必然如那些主流学者认为的那样具有效率，相反大量小的地方政府往往具有高效率和良好回应性。公共选择论者认为，大量自治的地方政府的存在创造了一个类似于市场的环境，在那里居民可以选择最适宜于自身偏好的税收/服务交易的行政辖区。他们坚持认为，大都市区制度化的碎片化，对于有效的公共服务供给是有利的。受多中心理论的影响，美国地方政府开始出现极端分散的局面：

一是各类功能单一的"综合型"（General Purpose）和"特别区"（Special District）在美国大行其道，全国范围内出现了将近5万个主管学校、供水、图书馆、公园等公共服务的"特别区"政府,在数量上甚至超过了市、郡、县等各级地方政府的总和。所谓"特别区",是根据某种特定的管理需求,划出一定的区域范围,设立专门管理机构,实行区域治理。这种模式在美国非常流行,可以说带有普遍性。有人称之为"以物为中心的行政区划"。主要原因是,在美国政治文化传统中,强调的是地方自治,它们宁可通过各种共同建立的专门机构去处理各种区域问题,也不愿建立一个管辖全部区域事务的大都市区政府。也就是说,它们只愿建立管理体制,不肯建立政府体制。这种特定的区域及其专门管理机构在美国统称为"特别区"。特别区的区域范围划定根据需要有大有小,大的基本上覆盖整个大都市区,小的则只有2—3个城市的组合;特别区的种类更是五花八门,有大气质量管理区、水区、学区、废弃物管理区、交通运输区、空港管理区、公园区、消防区、海岸保护区、图书馆区、体育场馆区等,有的甚至灭蚊也设立专门的管理区。大的特别区由州授权建立,小的由县设立,其中许多由民选产生。因此,特别区管理机构具有相当权威性。目前,美国共有3.3万多个特别区,其职能主要是协调利益冲突,提高资源共享性。

案例4-3 加州南海岸大气质量管理区

加州南海岸大气质量管理区属美国特别区中比较大的一种类型。它的管理范围涉及洛杉矶、橙县、河边县和圣贝纳德诺(San Bernarclino)四个县、1000多平方英里、1500万人口。它成立之前,四个县都有各自的大气质量管理机构。因大气污染具有流动性,故在1977年根据有关法律成立了该跨区域管理机构,同时四县的相应机构被撤销。它的主要职能是管理固定空气污染源,像汽车等流动污染源由州政府直接管理。管理区设有一个管理委员会,有12个委员,其中州政府代表3个,其他9个委员由各县和部分规模较大城市代表组成,有的城市市长亲自参加。管理委员会一般在每个月的第三个星期日上午召开例会,讨论通过预算、立法、人事等重大决策。管理区内设立法、执法和监测三个主要职能部门。立法部门每三年编制一次大气质量管理计划，确定改善大气质量的目标和措施。根据这一计划，还要对各种污染源制订具体的管理法则，各种法则经过管理委员会审议通过后即可实施。执法部门主要是负责审查颁发许可证及对各企事业单位的环保计划和措施执行情况进行监察，对违规者给于（予）处罚。企事业单位领取许可证时需要交费，另外每年要交年费。管理区还对污染企业收取排污费。目前，管理区近90%的日常运转费用由各类收费解决，监测部门的职责是负责对大气质量的监测分析，其监测数据已有50年历史。此外，管理区也做一些环保新技术的推广工作。

二是很多地方组建了半官方性质的地方政府联合组织。由于大都市区中有许多问题依靠单个地方政府根本无法解决，在这种背景下，诞生了一种由地方政府自愿联合，获得联邦和州政府支持的半官方性质的、松散型的行政组织——地方政府协会。由于这类组织易被各方接受，且具一定的协商、协调功能，所以发展较快。

案例4-4 美国的南加州政府协会

南加州政府协会是美国最大的地方政府协会之一。它成立于1966年，管辖范围涉及洛杉矶县、橙县和河边县等6个县、188个城市、1600万人口、3.8万平方英里的区域。辖区内城市是否参加协会完全自愿，目前188个城市中有135个参加了协会。协会设有董事会，重大问题由董事会表决决定。现有董事会成员70个，规模较大的城市一市一个，一些小城市则联合推选一个成员，董事会成员必须是民选官员。其职能主要是从事交通、住房、空气质量、水资源等方面的区域性规划。

> 协会的日常运行经费由联邦和州政府拨款及各协会成员城市缴纳年费解决,每年2200万美元,工作人员100人左右。从南加州政府协会的实践看,最成功的工作是在编制和实施区域性交通规划方面。联邦政府要求协会每三年编制一次区域交通规划,并规定:凡联邦政府拨给地方政府的交通项目补助经费,必须是纳入规划的项目。由于联邦的支持,使交通规划的编制和实施都比较顺利。最近,协会刚编制完成2001—2006年的区域性交通执行项目规划,总投资需240亿美元。

三是政府间签订府际合约。这也是美国大都市区区域协调管理中采用比较普遍的一种方式,主要在公共设施方面的合作,按市场法则进行。如洛杉矶市在筹建污水处理厂时与周边城市进行了广泛的磋商,最后与29个城市签订合约,洛杉矶市投资46亿美元兴建日处理能力4.5亿加仑的污水处理厂(目前规模居世界第二),其他29个城市有偿共享。签订合约方式用得较多的是警察与消防方面的合作。如核桃市人口只有3万,其市政府与县政府签订合约,由县政府的警察局、消防局有偿提供核桃市的治安和消防服务。市与市之间也有签订治安和消防合约的,主要是就近合作解决城市边缘地带的治安和消防问题。另外,还有图书馆、公立医院等市与县政府签订合约的。总之,合约方式把市场法则引入行政管理领域,受到普遍欢迎。

3. 新区域主义:网络化的大都市区治理[1]

由上可知,"巨人政府"论将合并视为城市政府的最好形式,但其目标分析和政策倡导之间往往是自相矛盾的,而且经验研究可能证明在分权化的地方政府间采取某种形式的合作更有利于解决区域性问题[2],或者

---

[1] 叶林:《新区域主义的兴起与发展:一个综述》,载《公共行政评论》,2010年第3期。
[2] H. V. Savitch and Ronald K. Vogel. 1996. "Louisville: Compacts and Antagonistic Cooperation." In H. V. Savitch and Ronald K. Vogel (Eds.), *Regional Politics: America in a Post-city Age*. California: Sage Publications, pp. 130–158.

相反的是碎片化、财政不平等以及其他问题可能继续存在于合并后的政府体制之中。① 从实际影响来看，这一传统改革思路所预期的效果，如减少支出、提高服务绩效、缩小地区差异、提高区域经济竞争力等，也很难说完全实现了。因此，有论者对"巨人政府"论的发展前景表示悲观。② 而建立在公共选择理论基础上的多中心治理也只是一个理论的条件，缺乏实质的事件来支持。③ 多中心治理理论假定地方政府如同市场主体一样能在给定机会和区域政治经济的约束下进行理性选择，但经验研究表明这种理性是有限的，并不能避免"公用地的灾难"。而且，多中心治理理论在强调效率和经济的同时，却忽视了类似平等和公正这样重大的社会问题。④ 此外，面对区域性公共服务供给中可能存在的负外部性，尽管公共选择理论主张通过自愿谈判和临时性安排来促进公共服务供给的协调，但还缺乏事实依据。⑤ 因此，"巨人政府"论和多中心治理都不足以解决全部的大都市区治理问题。

20世纪90年代以来，美国掀起了第三波的区域发展理论和实践。在这个阶段，一个标准性的政策变化是对于"政府"（Government）和"治理"（Governance）这两个概念的区分。"政府"的概念是基于正式的政府机构和部门。这个概念强调一切公共服务职能只能由指定的政府部门来执行，为了实现区域化调度，就必须有一个正式的区域政府。这种强制的政府管理的传统实践在全世界范围内已经流行了数百年，被许多国家和地区认为是唯一可行的推行政务的手段。然而，在过去20多年中，这种"大政府"观念受到了"新区域主义"的冲击。"新区域主义"提

---

① Blomquist, W., & Parks, R. B. 1995. "Fiscal, Service, and Political Impacts of Indianapolis – Marion County's Unigov." *Publius*, 25 (4): 37 – 54.

② David K. Hamilton. 1998. *Governing Metropolitan Areas: Response to Growth and Change*. London: Routledge, pp. 108 – 109, 131.

③ Frey, B. S. & R. Eichenberger. 2001. "Metropolitan Governance for the Future: Functional Overlapping Competing Jurisdiction (FOCJ)." *Swiss Political Science Review*, 7: 124 – 130.

④ Harold Wolman, Milchael Goldsmith. 1992. *Urban Politics and Policy: A Comparative Approach*. Massachusetts: Blackwell Publishers, pp. 17 – 18.

⑤ M. Keating. 1995. "Size, Efficiency and Democracy: Consolidation, Fragmentation, and Public Choice." In David Judge, Gerry Stoker, Harold Wolman, *Theories of Urban Politics*. London: Sage Publications.

出了"治理"的概念,强调某些关键性的区域政务和公共服务可以通过区域内各级不同政府或者政府部门间的灵活协作来达到其最佳配置,或者由区域内各级不同政府自愿参与组成协调管理委员会来统筹规划区域内各项事务。比如说区域发展规划以及区域协同发展就可以通过区域内的省、市以及地区政府共同参与,共同修订区域长期规划来达到互相合作、共同发展的目的。这种不需要强制政府干预的政务管理强调了灵活的合作机制,以各级政府和政府部门的自愿参与为基础,把传统的纵向型政府管理变成了现代化的水平型合作网络,为解决区域问题、指导区域发展指出了一条新路。同样重要的是,这种灵活的"半政府"形式的公共政策,避免了设立大型区域政府机构的复杂过程,也同时避免了单个政府机构由于管理过大行政区域带来的政策僵硬、变化不及时,以及不能根据区域内各地社会经济条件的不同而量身定做灵活政策的潜在问题。

应该说"新区域主义"并不是随机产生的,而是有着其很深的理论基础和时代背景。首先,"新区域主义"代表着城市以及城市区域在全球化形势下的愈发重要性。在"二战"以后直至20世纪80年代以前,西方各国的主要城市出现了"多中心"(Polycentric)的发展态势,城市区在国家经济中的作用有所衰退,人口大量向近郊(Suburbs)迁移,中心城市出现了经济社会发展上的倒退。许多西方城市基础设施老化,人口素质下降,犯罪率上升,像美国的纽约和芝加哥等城市都面临着严重的衰退和不宜居住的问题。然而,随着全球经济以及全球化的发展,城市的核心作用在20世纪80年代以后又逐渐显示了出来,中心城市又一次占据了人类历史发展、社会进步的前沿。这是因为全球化不但促进了国际经济的迅速发展,高层次的服务业(Professional Service)成为全球经济发展的新支点,更重要的是带来了世界范围内的文化多样化和不同社会形态之间的交流。随着世界各地间经济文化交流的日益频繁,信息的传输和沟通要求形成一个发达的城市网络。这种沟通突破了国界的限制,国家政府(Nation State)已经不再是世界经济文化交流的主角,以各级城市为节点而形成的错综复杂的网络成为全球化环境下世界发展的主要通道,城市政府(City State)也成为政治经济文化交流的主体单位。在这个网络中，不同大小、不同地区的城市成为提供现代化通讯，发展高科技产业，促进文化交流和一体化的主要地点。城市具有丰富的文化内涵、悠久的历史传统、中心的地理位置，这些都是才发展了几十年的近郊地区所无法比拟的。城市中心再一次回到了人类发展的巅峰。全球化对城市发展的影响也成为近二三十年来城市学科最重要的讨论课题之一，特别是处于发展最前沿的包括纽约、伦敦、东京等在内的"全球城市"（Global City）。这些城市不但在经济上超级繁荣，而且引领了世界范围内的文化融合，使全球一体化的观念深入人心。

在这个城市复苏的浪潮下，城市区域在世界各国的兴起成为城市发展的新趋势。在全球竞争日益激烈的环境下，传统意义上单一的城市中心已经不能满足竞争的需要。整合区域优势，充分利用城市以及周边地区的资源互补，以区域为拳头在全球市场中获得竞争优势已经成为备受关注的发展模式。这种新形式的区域发展迫切要求一种既能有机整合区域资源，又能避免前文讨论的大政府弊端的合作治理模式。"新区域主义"就在这种时代的背景下应运而生了。相比于 20 世纪末期前，在欧美国家流行的"巨人政府"和"多中心"的区域政策，"新区域主义"的发展具有几个鲜明的特点：（1）治理而非管理；（2）跨部门而非单一部门；（3）协作而非协调；（4）过程而非结构；（5）网络化结构而非正式结构。[①] 具体而言，大都市区治理超越了一个特定的地方政府的管辖范围，是两个或两个以上的地方辖区联合形成的治理层次；在区域治理中，共同参与的各地方主体间既有竞争，也有合作；区域治理的组织载体呈网络化形态；区域治理将区域内某些资源有机地整合起来，避免了由于地方高度资源分割化使用而带来的重复建设和资源浪费，提高了资源的使用效率。

在"新区域主义"理论和实践发展的推动下，欧美各国的都市圈（Metropolitan Region）相继发明了多种颇有创意的新型政务管理模式。比如说，在英国的伦敦、美国的明尼安那波利斯（Minneapolis）和波特兰

[①] Allan D. Wallis. 1994. "The Third Wave: Current Trends in Regional Governance." *National Civic Review*, 83: 292–293.

(Portland)等城市出现了一种"多层次"(Multi-tier)的治理模型。这种模型在最大限度上保留了一个都市圈内各级地方政府的组织结构和管理功能,在此基础上,建立了一个地区性的"伞型"(Umbrella Level)管理机构。这个管理机构并不越权管理其辖区内各级政府的日常事务,而只是负责涉及各个辖区之间的区域范围政务,比如说大型水域的环境保护,城市之间的轨道交通和区域财政事务等。各级地方政府仍然负责全面的公共服务,保持原有的决策权和独立性。(Savitch, 2010)这种结构的安排有些遵循美国联邦宪政的原则。根据《美国宪法》的规定,美国联邦政府无权干涉各州政府的内部事务,而只能管理涉及多个州之间(Inter-state)的各种事务。各个州在自己的辖区内对州内事务有绝对的管辖权,不受联邦政府限制和管辖。

在美国的匹兹堡(Pittsburgh)和路易威尔(Louisville)以及加拿大的汉诺威(Hanover),这些城市提出了另一种治理方式——多边联合治理(Linked Function)。这种治理方式比"多层次"治理模型更加灵活多变,并不要求形成一个地区性的管理机构,而只是在本地区内的各级和不同地方政府间以合约的形式签订协议,建立税收共享(Revenue Sharing)、公共服务合作以及区域经济发展等多方面、全方位的合作。根据萨维奇等人(Savitch et al., 2009)的具体阐述,在美国的肯塔基州路易威尔市及其所在的杰弗逊郡(Jefferson County)在1986年缔结了《多边联合治理协议》。正如美国大部分的市郡关系,路易威尔市在地域上完全包含于杰弗逊郡内,但有其完全独立的行政权力,在2000年有人口25万,市区面积65平方英里。杰弗逊郡在地理位置上包括了路易威尔市以及其周边的80余个独立的小城市(Municipality),并管理辖区范围内其他未建市(Unincorporated)的地区,人口约55万,辖区面积385平方英里。在合作协议中具体规定了市郡政府将共享个人及企业所得税的征收,路易威尔市政府将取得58.7%的份额,杰弗逊郡可以使用剩余41.3%的个人及企业所得税。两个政府合作管理辖区内的事务时,制定了详细的合作原则。市政府负责图书馆、博物馆、动物园和城市公共危机管理,郡政府负责区域范围内的环境保护、公共安全和用地规划。在《多边联合治理协议》实行的首个12年中,辖区内的经济发展得到了很大的促进，路易威尔市和杰弗逊郡逐渐走上了后工业化的道路，发展成为一个现代化的都市。1998 年，市郡政府同意将这个协定自动延长 12 年。但是在 2000 年的大选投票中，由于各方面原因，路易威尔市和杰弗逊郡合并组建了路易威尔都市政府（Louisville Metro），《多边联合治理协议》自动失效，此项合并引起了美国全国范围内诸多学者的激烈讨论。最新的研究成果显示，市郡合并后的几年中路易威尔都市发展并没有得到很大的改善，反而产生了一些负面的社会影响。

以上两种治理模式都产生于辖区重叠的各级政府之间，萨维奇（Savitch，2010）还介绍了一种在不接壤的城市间的"跳跃式"（Jumped Scales）合作方式。比如说在美国西海岸的西雅图和加拿大的温哥华市就订立了长期的资源共享和支持交流协议。在欧洲，这种"跳跃式"的合作也在马赛—日内瓦—巴塞罗那这些城市间悄然兴起。

总而言之，以上几种富有创造性的方式是过去二三十年中"新区域主义"理论在欧美各大都市圈之间的实践发展，其对"政府"和"治理"这两个概念的区分反映了区域发展理论在新世纪世界范围内的演化趋势。当然，作为在过去 20 多年间涌现出来的新兴区域治理模型，"新区域主义"并不是解决所有区域问题的万能良药，其治理模型也无法被随意地应用于所有地区。随着时间的推移，一些中外学者已经对"新区域主义"提出了一些批评和质疑，强调必须根据各地不同情况灵活运用而不能一概而论。在理论层面上，由于"新区域主义"模式缺乏强制性的政策手段，主要是依靠政府和其他组织的自愿参与和主动合作，在一些地方保护主义严重、集团利益复杂的地区，其可行性可能会受到很大的局限。在实践层面上，在许多地区"新区域主义"的成功取决于一些特定要素，比如说地区领袖的领导才能、一些突发性的地区事件而统一民众意见，以及上级政府的扶持和激励，这些不具备必然性的要素也使"新区域主义"模式在不同地区的通用性受到一定的限制。在某些情况下，由于缺乏正式的法律法规和政策条例，在某些地区"新区域主义"的实践可能带来制定、执行和落实区域政策的责任分配不明确，由此削弱政策的效果或者导致缺乏明晰的问责机制。

不过，虽然"新区域主义"受到了一定批评和质疑，但它代表了过去 20 年来欧美区域制度理念的新一波发展，全面理解它的内涵和模式将对研究总结各国区域发展具有重大的意义。随着全球化的深入和都市圈在众多欧美国家的蓬勃发展，区域治理理论在"新区域主义"的基础上已经出现了一些更新的拓展。特别是在全球经济一体化的环境下，都市圈正日渐成为国家领土重构的重要组成课题。比如说"地域重划"（Rescaling，Reterritorialization）就指出了在城市区域成为全球经济重要竞争者的历史条件下，区域政策将更致力于重新设计和提高城市的基础建设，以使都市更能在全球经济中更具备竞争优势，改变大都市治理的制度安排将在很大程度上决定区域的发展战略和竞争实力。

（三）美国城市群的发展演进及其特点

1. 美国城市群的崛起过程

20 世纪后半期，美国的城市化出现了由起初的大都市化向城市群发展的转变。就发生学角度而言，美国城市群的崛起不是一朝一夕的事情，大致经历了四个发展阶段[1]：

（1）城市独立发展阶段

随着交通的改进和工业的发展，人口和经济活动不断向城市集中，城市规模不断扩大。但此时城市之间的联系比较薄弱，整个地区的空间结构表现为众多小城市松散分布。只有一些区位性中心城市如港口城市，其向外型的经济职能比较发达。

（2）区域城市体系形成阶段

随着美国全国铁路网的形成和工业革命的发展，美国的城市化进入鼎盛时期。城市规模急剧扩大，数量明显增加，区域城市化水平日益提高，综合性和专业性城市日益凸显，大中小型城市分层构成了区域内的城市体系。

（3）城市群形成阶段

汽车产业的蓬勃发展和公路建设推动了城市规模的不断扩大，外国移民和国内移民大量涌向城市，原有的城市边界被一圈圈扩大，郊区化进程加快，中心城市和郊区互动形成了新的城市模式——大都市区。大

---

[1] 刘敏：《20 世纪后半期美国大都市连绵带发展研究》，厦门大学博士学位论文，2006 年。

都市区内城乡分野不再明确,经济辐射范围扩大。

(4) 城市群成熟期

由于州际间高速公路网和民用航空业的发展,大都市的规模进一步扩大,巨型和超巨型大都市逐渐形成,人口和经济活动由中心城市向郊区分散,郊区的功能越来越完备,城市周边出现了多个次中心郊区和卫星城市,它们与中心城市既竞争又互补,形成多中心的大都市空间布局。大都市区内卫星城市和郊区规模的扩大,使其与相邻或者相近的其他大都市的卫星城市或郊区相连接甚至融合,从而形成城市和郊区的密集区域。

由上可知,交通技术和高科技是促进美国城市群从萌芽、发展到成熟的两个强劲的动因。一方面,美国经历了四次交通大发展,分别是运河和收税公路、铁路、汽车和公路、高速公路和航运发展时期。每一次交通技术的革新将美国的城市化进程推向一个新的高度,城市规模由此扩大,人流、物流、资金流、信息流随之加快,从而使美国的城市由孤立发展到出现郊区、大都市区、巨型大都市区,最后到城市群。另一方面,在城市规模和功能由低级到高级的演进过程中,信息技术革命加速了大都市区向城市群迈进的速度。信息技术提高了信息的传输和处理能力,从而解放了企业经济活动的空间限制。根据市场需要和利益最大化原则,企业的决策、研发、生产、加工、销售、服务等机构进行合理空间分布,分散到区域之内、区域之外,甚至国外,企业的一切活动都由交通和通讯网络来维系,客观上促进了城市群的发展,连绵带内部出现了职能明确、梯队合理的城市空间布局。

2. 美国城市群发展的特征[①]

宏观上看,美国的城市群均由大都市区组合而成,在这种组合中,各个大都市区在城市群中承担着不同的功能,其中每个城市各具独立性和特色,而整个城市群保持着整体功能的完整性,是多种城市职能作用的复合体。同时,美国城市群的扩展模式大致如图4-1所示,它是一种由东向西、由发达地区向次发达地区波浪式发展的梯度扩展过程,即由

---

① 郭九林:《美国大都市连绵带的综合考察及启示》,载《经济地理》,2008年第2期。

东部的波士顿、华盛顿、克利夫兰等向中部和中西部延伸。在人口重新布局的过程中，非大都市区、大都市区、中心城市和郊区等对人口的聚集程度各有不同的表现，其中非大都市区变化幅度较小，中心城市的变动幅度也不大，郊区和大都市区的变动最为明显。

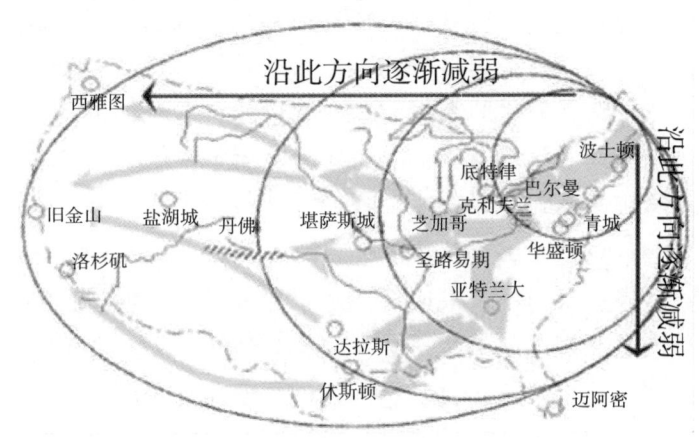

图 4-1　美国城市群的扩展过程

从微观上看，美国城市群内部呈现出如下两大特点：

一方面，城市空间形态巨大，人口高度密集，社会经济和文化活动高度密集，是美国社会生活的主要舞台，以及财富、权力、制造业、物流、信息、服务、管理的中心，领导美国的政治观念和行为、科技创新、文化艺术和时尚消费，是美国社会的中枢和大脑。

另一方面，城市体系复杂，城市之间既联系又分工，不但是各大都市区因膨胀而造成地域上的联合，还是一个有机的城市体系。在这个城市生态圈内，既有国际中心，又有全国、地区和地方中心，各大都市和城市之间特色鲜明、功能明确，内部组织生态结构呈多中心发展态势。以东北部的波士华（BosWash）城市群为例。该都市带由波士顿、纽约、费城和华盛顿特区四大核心大都市区构成，它们之间职能分工明确。纽约是美国的金融和商贸中心，有最为发达的商业和生产服务业，它为这一地区提供最多、最重要的服务，全国最大的股票和商品交易所、最大的投资和商业银行都汇聚此地。波士顿大都市区是整个新英格兰地区的政治、经济、文化、教育和公共服务中心。高科技产业、金融、教育和医疗服务、建筑和运输服务是波士顿大都市区的主要产业，其中高科技产业和教育还是波士顿最具特色和优势的产业。费城大都市区的经济结构十分多样化，主要的产业有健康服务业、制药业、空间制造业、教育服务和交通服务业。由于地处波士华的中部，费城的经济得益于优越的地理位置，与全国一些规模最大的城市市场接近，地价较低，费城中心区的商业异常活跃。著名的宾州大学和大量的科研机构也为这一大都市区提供了大量高素质的劳动力，因而费城吸引了很多客户服务和商业服务公司，还有很多国际企业也选择费城开办分公司，其中大多是制造业公司。费城的港口是美国最繁忙的港口之一，以集装箱的容量来说是北美第二大港，以进口货物量来说是美国第四大港。费城是这一地区的交通枢纽，贯通东北海岸的电气化高速铁路系统——"东北走廊"的所有者美国铁路客运公司（Amtrak）总部就位于费城。华盛顿大都市区作为全国的政治中心，经济结构独特。信息、金融、商业服务、健康和教育服务、休闲娱乐和餐饮业是这里的支柱产业。此外，信息产业、生物科技、国际商务、专门服务和旅游业也相当发达。作为超级大国的首都，华盛顿地区在国际经济中同样有很大影响，全球性的金融机构，如世界银行、国际货币基金组织和美洲发展银行的总部都位于比。每年，国际商业活动对这一地区经济的总体影响达到了340亿美元，占地区生产总值的14%。巴尔的摩大都市区自殖民地时期以来就是重要的制造业中心和商贸中心，而与华盛顿特区的接近使得它分享了很多联邦开支和政府采购合同，相应地，国防工业在巴尔的摩有很大发展。

二、中国三大城市群发展的现状与问题

改革开放以来，我国东部沿海地区凭借"先行一步"的政策优势，率先推进了市场化、工业化和现代化进程。伴随着经济和人口的集聚效应，以及交通通讯等基础设施的全面提升，这些先发地区的城市化进程也发生了深刻的变化。这种变化集中体现为：长三角、珠三角、环渤海湾地区的城市化正在由改革开放前30年的渐进大都市化，过渡到方兴未

艾的城市群发展阶段。从某种意义上说,我国东部沿海日渐崛起的三大城市群,代表了当代中国城市化发展的最高水平。这里仅就中国三大城市群的发展历程及存在问题作概要分析。

(一) 长三角城市群

1. 长三角城市群发展的渐进历程①

长三角城市群的兴起,从1982年提出"以上海为中心建立长三角经济圈的设想"算起,至今已有近30年的历史。

起初的"长三角经济圈"指上海、南京、苏州、杭州、宁波等5个城市。1983年3月2日,上海经济区规划办公室正式成立,当时上海经济区的范围包括:上海、苏州、无锡、常州、南通、杭州、嘉兴、湖州、宁波、绍兴等10个城市。在后来的几年中,江苏的南京、镇江、泰州、扬州和浙江的舟山被囊括进来,构成传统意义上的长三角15个城市。20世纪80年代后期至90年代中期,上海经济区曾召开了几次会议,基本同意《上海经济区发展战略纲要》,通过了《上海经济区章程》。后由于多种原因,1988年6月1日,原国家计委发出通知,撤销上海经济区规划办公室。是年,上海经济区最后一次省市长会议在上海召开并处理各项善后工作。这之后经济区的发展没有实质性的进展。

直至1997年,由原上海经济区城市经济协作办公室牵头,成立了长江三角洲城市经济协调会。这次会议决定长江三角洲城市经济协调会每两年召开一次会议。2003年,在南京召开的第四次会议上,浙江省台州加入"长三角"城市经济协调会,使"长三角"由传统的15个城市扩展为16个城市。2004年初,确定了"两省一市规划工作联席会议",并在上海召开了第一次会议。第二次会议主要是研究确定"长三角"城市群规划编制工作的总体构想、基本框架和工作组织方式,并对当时亟需开展的主要工作和下一阶段的工作目标及第三次联席会议的议题等进行了商讨,各方在诸多方面达成共识。

2008年9月,国务院颁发〔2008〕30号文件,将上海市、江苏省和

---

① 王玉珍:《长三角城市群协调发展机制问题新探》,载《南京社会科学》,2009年第11期。

浙江省全境划归为长江三角洲地区,至此,长三角城市群扩展为25个城市。目前,长三角城市群区域空间布局的现状,概括起来有以下几个特点①:

一是形成长三角城市群空间布局结构的基础设施体系,城市群内部城市间"同城效应"日益显著。长三角区域相继建成沪宁、沪杭、杭宁、同三国道等高速公路以及苏通大桥、沪崇启大桥、杭州湾跨海大桥的建设,使长三角"同城效应"日益凸现。

二是长三角区域人口向城镇集中加速,城市化水平逐步提高,公共和社会服务设施明显改善。长三角区域农村人口向城镇转移趋势明显,城镇规模不断扩大。公共设施和各项社会事业同步推进,共同发展。

三是城市群的城市体系布局上呈现出特大城市和大城市偏少的扁平状结构。长江三角洲地区16个地级以上城市中,人口超过300万的特大型城市仅有上海和南京2个,人口在100万—300万之间的有5个城市,而在5万以下的小城镇有近千个之多。

2. 长三角城市群的协调机制

经过多年实践探索,长三角城市群协调发展机制的组织形式已大体形成,主要由三个层面组成:

第一个层面为副省(市)长级别的"沪苏浙经济合作与发展座谈会"。从2001年开始,每年举行一次,确定三省市合作的"大政方针",共谋发展大计。这一层面的协调,主要提出长三角城市群在一定时期内的合作发展意向,通过合作发展要达到怎样的目的,它侧重研究的是区域发展的重大决策问题。

第二个层面为15(+1)城市市长级别的"长江三角洲城市经济协调会"。这是最具实质性的一个工作协调会议,每两年举行一次。"协调会"主要是及时贯彻落实座谈会精神,具体商谈区域内城市群合作发展中可能遇到的体制机制障碍,提出解决这些问题的协调方案,它侧重研究的是怎样落实决策的问题。

---

① 郁鸿胜:《长江三角洲城市群一体化发展的新视野与践行路径》,载《中国延安干部学院学报》,2010年第5期。

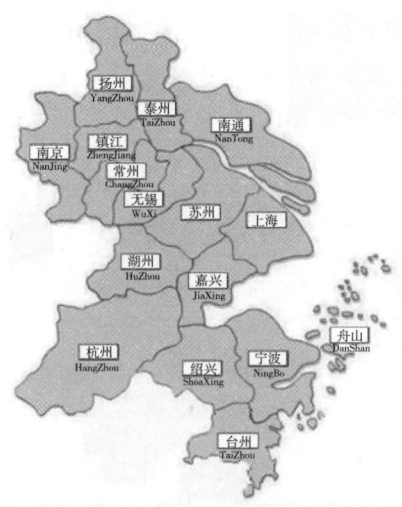

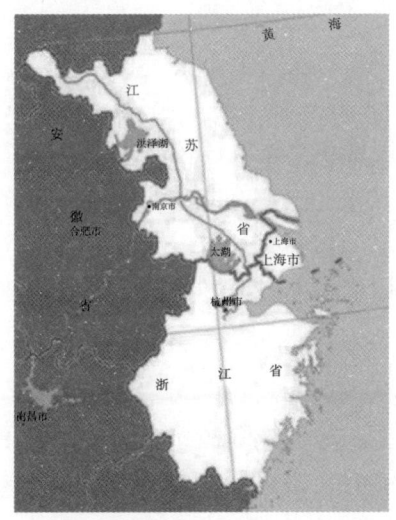

图 4-2 长三角城市群与长三角经济区对比

第三个层面为长三角各城市政府部门之间的协调会。该层面包括在交通、科技、旅游、金融等 30 多个专业部门建立对口联系协调机制。通过建立这种多元的、立体的对口联系合作框架，使上述好的设想在不同领域和行业得到实现，它侧重研究的是寻求落实决策的具体路径问题。可见，长三角城市群协调机制凸显强势政府的重要地位。政府在产业发展布局、在推进区域经济合作方面都起到积极的作用。如苏州、无锡、上海三地从2002年开始启动交通卡互通工程；由南京信息中心主办创建、长江三角洲部分城市参与共建的"中国长江"网站也已开通；苏嘉杭三地交通部门率先打破行政区划的藩篱，使三地公路旅游客运市场达成一致；2007年5月30日，沪苏浙在上海签署了《长三角区域"大通关"建设协作备忘录》，同年11月，上海、苏州、南通实现了公路异地互售始发车票；与此同时，江苏省政府常务会议审议通过了《江苏省环境资源区域补偿办法》，该补偿办法在太湖流域选择跨行政区域的主要河流开展试点，如果交界断面水质超标，上游地区政府将按三种主要污染物超标浓度，每吨支付给下游地区1.5万元至10万元不等的环境资源补偿资金。2007年12月，苏浙沪三地工商部门共同发布了"长三角工商一号、二号"文件，率先在工商领域拆除行政区划篱笆。三省市之间的企业异地办厂实行市场准入政策，鼓励民营企业跨地区投资，在省际间开通著名商标保护"直通车"，共建三地工商管理部门办案协作机制。类似这样的协调合作的探索，还表现在文化教育和人才培养等方面。

3. 长三角城市群发展中面临的主要问题①

一是长三角城市群的首位城市作用偏弱，城市的首位度偏低。上海的城市首位度只占全国GDP的5%。与国际发达国家首位城市相比差距较大，如纽约占24%、东京占26%、伦敦占22%、首尔占26%。

二是城市群域的城市功能定位与分工不够明晰。长三角城市群域各城市之间的文化、历史、区位、资源条件存在一定的相似性，长期以来形成各城市的经济同构化，城市的定位和职能分工模糊。无论是在《上海优先发展先进制造业行动方案》，或是《浙江省先进制造业基地建设纲要》，还是江苏的《沿江开发战略》中，汽车、石化、电子信息产业等均为未来发展的主导产业。在长三角16个城市中，选择汽车零配件制造作为重点发展产业的有11个，选择石化作为重点发展产业的有8个，选择电子信息业作为重点发展产业的有12个。根据联合国工业发展组织国际

---

① 王玉珍：《长三角城市群协调发展机制问题新探》，载《南京社会科学》，2009年第11期。

工业研究中心提出的相似系数计算方法，上海和江苏的产业结构同构率达80%，从1993年到2006年，浙江和江苏的制造业结构相似系数最高，十年平均值为0.951（同构率为95.1%）；江苏和上海的制造业相似系数次之，十年平均值为0.842；浙江和上海的制造业结构相似系数最低，十年平均值为0.745，但最小值仍高于0.7。这些数据表明，长三角确实存在严重的产业同构现象。各城市政府经济运行带有明显的地方利益特征，不仅省级中心城市（上海、南京、杭州）缺乏合理的职能分工，而且同一省区内的产业结构趋同现象也很明显，这容易导致各城市不同程度地存在"小而全""大而全"的产业布局倾向，对外集聚和辐射功能严重受阻，加上城市间缺乏合理的垂直分工和水平分工，区域合作和摩擦始终并存，重复建设、资源大战、吸引外资恶性竞争等顽疾久治不愈。这种集经济发展和行政壁垒、区域共荣和地方矛盾于一体的经济现象，只有通过城市合理定位、产业错位发展才可以使其缓解。

三是行政区划的行政分割成为合理调整城市群域各城市的规模等级的重要制约瓶颈。长三角地区分属江苏、浙江、上海两省一市，行政壁垒成为调整城市体系很强的负面影响。目前，长三角城市群等级结构比较完整，非农人口超过1000万人的城市有1个，200万—500万人的城市有5个，100万—200万人的城市有7个，50万—100万人的城市有4个，20万—50万的城市有18个，20万以下的城市有19个。从行政级别上看，长三角城市群现有1个直辖市、3个副省级城市、12个地级市、37个县级市和1182个建制镇。由于现阶段正处于传统经济向市场经济转型时期，尚缺乏与大都市区相适应的行政管理体制和干部政绩考核制度，造成长三角城市群行政分割、产业雷同和恶性竞争等现象依然比较严重。

四是长三角城市群跨区域环境整治突出，可持续发展遭遇挑战。随着长三角城市群经济的快速发展，对资源的提取需求和排放数量的相应增加，区域内排污综合治理的要求越来越高，越来越急切。以水污染为例，由于长三角区域内长江、太湖、钱塘江、京杭运河等主要河流水域都流经各城市，因此，产生了许多跨地区的排污问题。如苏州和上海、苏州和嘉兴、湖州和苏锡常、绍兴和杭州等均存在不同程度的跨地区排污问题，尽管各地也采取了一些整治措施，但由于缺乏统一协调的行动计划和具体措施，治理效果不佳；再就是长三角城市群空间分布密集，人口高密度集聚，城市绿化面积减少，这些都潜在地威胁着经济的可持续增长。此外，长三角城市群还存在着土地资源不足的问题：一方面，城市化的加速使城市占用土地面积增加，耕地减少；另一方面，长三角各城市都存在土地集约利用不够的问题，如开发区用地铺张、不合理闲置土地、房地产业无序开发侵占大量土地资源、城市发展强调外延扩张忽略内涵提升等问题；这些跨界流域跨界地域跨界排污问题的综合整治，是长三角城市群可持续发展面临的难题。

五是长三角城市群政策法规协调刚刚起步，制度建设任重道远。长三角城市群在协调发展机制上的探索，主要依靠各市政府的行政力量，通过三个不同层面的政府级协调会议，协调处理区域一体化进程中所遇到的矛盾和问题。因此，在解决某一问题时各市政府往往是就具体个案商讨解决方法，而且主要依靠行政部门的权威加以解决，虽然解决的力度比较大，但这种方式是就事论事的、是权宜性的而非恒久性的，还没有深入到制度层面。尽管长三角地区在基础设施的大通关方面、在跨界水体生态补偿方面、在建立和实行统一的工商行政管理制度方面已经破题，但对体制机制层面的探讨刚刚起步，缺乏区域协调的常设机构，各市之间出现的矛盾不能及时解决，更不能对区域协调问题进行长期跟踪和研究，缺乏统一的市场行业标准，缺乏区域性的安全认证机构，缺乏区域协调的法律依据和政策保障。

（二）珠三角城市群

1. 珠三角城市群的发展概况

1994年，广东省委七届三次全会首次正式提出"珠江三角洲经济区"这一概念，并着手对珠江三角洲经济区进行规划。广东省政府成立了珠三角经济区规划领导小组，完成了《珠江三角洲经济区现代化建设规划纲要》，并建立了珠三角经济的数据库；初步协调了一些重大问题，如基础设施建设、产业布局、环境保护、社会发展和城市群等五个重点专题；提出了30多项重大工程，由规划协调领导小组统一进行规划和协调，由省、市、县分工建设等。这一构想，希望通过珠三角规划协调领导小组的工作，使珠三角经济区由各地原来的"单打冠军"转变为"团体冠军"。

1995年6月,广东省有关部门根据珠江三角洲经济区发展战略,完成了《珠江三角洲经济区城市群规划》的制定工作。该规划明确了珠三角的都市圈发展战略布局,"以珠三角有机协调的城市群为整体,以广州为核心,以广州至珠海和广州至深圳的发展线为主轴,建设大广州和珠江口东岸、西岸三个大都市地区,建立都会区、市镇密集区、开敞区和生态敏感区四种用地类型的空间协调发展模式"。但是,从后来的实践来看,在广东特殊的经济发展模式(高度外向型经济)与特殊的行政格局(如深圳和珠海是有高度自主权的特区,广州是副省级城市)背景下,由于缺乏行之有效的区域治理制度,省政府很难协调各方的利益,这一构想基本上没有达到预期的目标。

2008年12月,国务院批复了《珠江三角洲地区改革发展规划纲要(2008—2020年)》,珠江三角洲一体化上升为国家发展战略。《规划纲要》明确要求珠江三角洲地区九市要打破行政体制障碍,遵循政府推动、市场主导,资源共享、优势互补,协调发展、互利共赢的原则,创新合作机制,优化资源配置。要制定珠江三角洲地区一体化发展规划,探索建立有利于促进一体化发展的行政管理体制、财政体制和考核奖惩机制。在省政府的统一领导和协调下,建立有关城市之间、部门之间、企业之间及社会广泛参与的多层次合作机制。以广州佛山同城化为示范,以交通基础设施建设一体化为切入点,积极稳妥地构建城市规划统筹协调、基础设施共建共享、产业发展合作共赢、公共事务协作管理的一体化发展格局,提升整体竞争力。推进城市规划一体化,优化珠江三角洲城市群的空间结构布局。加快建设珠江三角洲城际快速轨道交通系统,推进高速公路电子联网收费,撤除普通公路收费站,减少高速公路收费站,建立统一的综合交通运输体系。统筹推进能源基础设施建设一体化,形成统一的天然气输送网络和成品油管道网络,实现区域内油、气、电同网同价。统筹规划信息基础网络,统一信息交换标准和规范,共建共享公共信息数据库。统筹跨行政区的产业发展规划,构建错位发展、互补互促的区域产业发展格局,推进产业协同发展。协同构建区域环境监测预警体系,建立区域联防协作机制,实现区内空气和水污染联防联治。

加强社会公共事务管理协作，推进区域教育、卫生、医疗、社会保障、就业等基本公共服务均等化。到2012年，基本实现基础设施建设一体化，初步实现区域经济一体化。到2020年，实现区域经济一体化和基本公共服务均等化。

2009年6月10日，广东省人民政府办公厅发布了《关于加快推进珠江三角洲区域经济一体化的指导意见》，提出要推动实现珠三角交通一体化、能源水资源供应一体化、信息一体化、产业发展一体化、生态环保一体化、城市规划一体化、基本公共服务一体化，强调要以广佛同城化为突破口探索一体化发展新模式，在省政府的统一领导下，形成城市间、部门间、企业间及社会广泛参与的多层次合作机制。同时，《指导意见》还提出"近期以推进广佛肇、深莞惠和珠中江经济圈一体化为重点，推进城市群规划建设一体化，实现各经济圈内部及相互之间基础设施的共建共享"。省实施《珠江三角洲地区改革发展规划纲要（2008—2020年）》领导小组加强组织协调，大力推进珠江三角洲区域一体化工作。珠江三角洲九市积极行动，2009年2月27日，深圳、惠州与东莞签署了《推进珠江口东岸地区紧密合作框架协定》；3月19日，广州与佛山签署了《广州市佛山市同城化建设合作框架协定》；4月17日，珠海、中山与江门签订《推进珠中江紧密合作框架协定》。上述协定标志着珠三角一体化在三个经济圈的发展进入了实质性阶段。2010年5月，广东省政府批准了基础设施建设、产业布局、城乡规划、环境保护和基本公共服务五个一体化方案，珠三角一体化的发展思路逐步明晰。

2. 珠三角城市群治理的新进展①

进入21世纪以来，由于受环境、资源、人口等多方面压力的影响，珠三角的"城市经济"发展格局开始遭受挑战。尤其是2008年世界金融危机发生后，外部的国际环境变化更是对珠三角的可持续发展带来剧烈的冲击。在这个背景下，珠三角的城市经济发展模式逐步向区域经济、城市群经济发展模式转变。珠三角地区政府在推进城市群治理方面，表

---

① 张紧跟：《从多中心竞逐到联动整合——珠江三角洲城市群发展模式转型思考》，载《城市问题》，2008年第1期。

现出新的积极变化：

(1) 强化区域合作的意识

近年来，珠三角地区的合作力度不断加大，主动融入区域发展已经成为基本共识。如深圳明确指出，"深圳要加强与广州的合作，加强与东莞、惠州、佛山、珠海以及珠三角其他城市的合作，实现优势互补、共同发展"。而在广东省政府准备重新规划珠三角后，广州、深圳、珠海、东莞四市主要负责人都表示，即使"新蓝图"实施会让他们作出暂时牺牲，也将以大局为重。在 2003 年的广东省人大会议上，来自珠三角地区的各个地方政府负责人主张建立珠三角地区市长联席会议制度，加强区域合作，提高珠三角的综合竞争力，实现共同繁荣和发展。

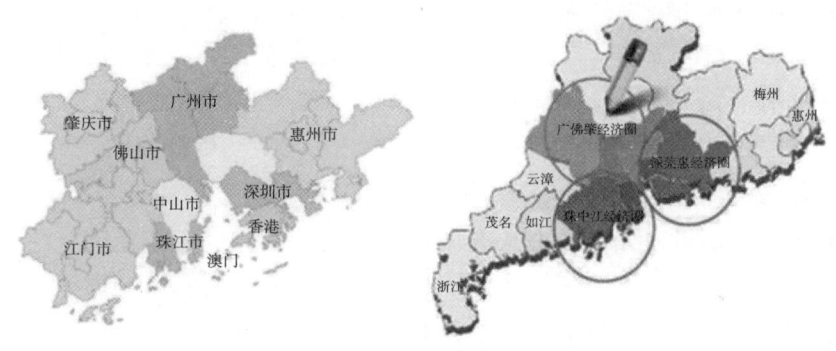

图 4-3 珠三角城市群与三大都市圈示意图

(2) 加强都市圈的规划

早在 1995 年的《珠江三角洲经济区城市群规划》中，就确立了以珠三角有机协调的城市群为整体，以广州为核心，以广州至珠海和以广州至深圳的发展线为主轴，建设大广州和珠江口东西两岸三个都市带地区。后来，经过不断完善，形成了珠江三角洲三大都市圈的基本发展规划。在空间格局上，珠三角地区形成两条发展主轴、三大都市圈，呈网络状发展。两条发展主轴分别向香港、澳门延伸，一条是广港发展轴；一条是广澳发展轴。三大都市圈分别是中部都市圈（广州、佛山、肇庆）、东岸都市圈（深圳、东莞、惠州）、西岸都市圈（中山、珠海、江门）。都市圈规划有别于传统意义上的城镇体系规划，它突破了行政区划的限制，并遵循城市和区域发展的规律，对空间规划的创新和指导产生了积极的效果。都市圈规划并未挑战已有的规划编制、审议和实施的管理体制，其中的工作重点是在完备的纵向控制系统当中，增加横向的沟通管道，并建立横向的协商对话机制作为区域合作的一项重要工具。

（3）签订部门间府际协议进行合作

通过部门间的协商和协议开展合作，是近年来珠江三角洲区域合作的亮点，也是最具成效的合作策略，因为这种通过具体职能部门之间的沟通、协调与合作，是最直接、最能避免行政区划边界限制的最佳方式。尽管它不具有整体性和长远性，但却具有相当的弹性，也适合区域合作中先易后难的治理原则。在发展旅游业方面，从2001年起广州、深圳与珠海就结成紧密的伙伴关系，三市以整体旅游形象出现在国内外的旅游推介会上。在流域治理方面，2002年10月，广东省委、省政府要求珠江沿岸各地市、县、镇及区域之间，尤其是河流交界区域之间要互相支持和合作，齐心协力，整体推进珠江整治工作。在人力资源领域，2004年5月，珠三角十城市草拟了《珠三角城市群人才交流一体化战略宣言》。2007年3月，珠三角城市群八市人才交流服务中心主任签署了《珠三角城市群人才交流一体化合作框架协议》，各方将在市场信息共享、人事代理、人才租赁、人才测评、高校毕业生就业等领域开展合作。在公共安全方面，2006年8月，深圳、东莞和惠州三地警方共同签署了《深莞惠三市警务协作框架协议》，此举标志着深莞惠三市警务大协作框架正式建立并付诸实施。在城乡规划方面，2007年7月，广东省建设厅在广州召开了珠三角城镇群城乡规划局局长联席会议第一次全体会议，决定珠三角各市凡是具有区域性影响的重大项目需要城市间协商后才能上马，不经专题会议协商或协商不成的，项目所在地城市的规划局不得办理建设项目的选址规划。

（4）推动行政区划改革

在珠江三角洲，由于行政区经济已经成为区域经济一体化发展的梗阻，因此，20世纪90年代以来展开了大规模的行政区划改革。由于"市管县"体制所引起的条块分割以及市县争利的矛盾等弊端，与江苏、浙江等省推行的"强县扩权"改革不同，珠江三角洲地区的行政区划改革表现为撤县（市）并区，将大城市行政区周围的县或县级市改为区，纳入到大城市行政区范围内，为解决市管县产生的诸多矛盾以及为大城市与周边地区的统一规划和协调发展创造条件。在这种背景下，2000年广州将原来代管的县级市花都和番禺并入广州，2002年佛山将其原管辖下的顺德市、南海市、高明市和三水市撤市并区而组建了大佛山。类似的还有珠海撤销斗门县设立斗门区，大惠州"合并"了惠阳市，江门市"合并"了新会市。这些中心城市的行政区划改革，一方面是由于自身市区所辖范围太小而不利于城市的整体发展，另一方面城市区域的扩大有利于提升自身的竞争力。

3. 珠三角城市群发展存在的问题①

目前，珠三角各城市间仍以行政区划为主体，城市间主体功能定位不明晰，产业同构化和项目重复建设较为普遍，仍处于从"城市经济"向"区域经济"、从城市"单打独斗"向"协同作战"转变的过程中，诸多深层次问题尚未有效解决，具体体现在：

1. 基础设施重复建设

珠三角各城市基础设施重复建设，同时存在着深圳、珠海、广州三大机场；港口方面则有广州黄埔港、深圳盐田港、珠海高栏港、中山港、南沙港等。广东省统计局2008年3月发布的研究报告也认为，珠三角各地竞争多于合作，基础设施彼此独立发展，区域整体功能协调性受阻碍，存在"诸侯经济"意识，突出表现在各地在机场、港口、公路建设等方面都以我为中心，自成体系，造成重复建设和资源浪费。此外，在基础设施建设上，珠三角各市之间也衔接不足，缺乏协调，相邻城市的行政边界地区常常会出现断头路。例如，广佛放射线珠江大桥和黄歧对接工程与龙溪大道—海八路升级改造项目属于2009年度广佛同城化的重点项目，但至今两地在开工和完工时间上仍无统一意见。

2. 产业同构程度依然过高

尽管近年来珠江三角洲的产业同构程度逐步降低，但是仍然过高。根据2007年珠江三角洲九个城市规模以上制造业企业和服务业的增加值

---

① 中山大学珠三角一体化战略研究课题组：《珠三角一体化战略研究》，2010年12月。

数据（见表4-2），珠三角区域内两市之间产业结构相似度最低的是佛山和肇庆，但也达到0.850，介于0.850和0.9之间的包括广州和佛山、广州和惠州、佛山和肇庆、惠州和肇庆、东莞和肇庆、中山和肇庆，产业结构相似度达到0.990以上的有珠海和东莞、佛山和中山、惠州和中山、佛山和惠州、中山和东莞、珠海和惠州、深圳和珠海。其中，珠海和东莞、佛山和中山、惠州和中山之间的产业结构相似度更高达0.998以上，接近基本相同状态。作为珠三角两大主要经济"龙头"的广州和深圳产业结构相似度达到0.981；深圳与除广州以外的其他七个市的产业结构相似度最低的也达到0.913，广州与除深圳以外的其他七个市产业结构相似度最低也达到0.876。因此，无论广州还是深圳，都没有形成作为区域经济核心所应有的相对独立的产业结构。过度趋同的产业结构不仅使珠三角区域的经济发展无法实现资源的优化配置，更可能使珠三角区域的产业发展停留在大规模、低效率、内部竞争消耗过大、竞争力低下的状态。从珠三角各市主导性高新技术产业的发展来看，其产业同构情况也非常明显（见表4-3）。

表4-2　2007年珠江三角洲产业结构相似系数

	深圳	珠海	佛山	惠州	东莞	中山	肇庆
广州	0.981	0.947	0.876	0.897	0.946	0.905	0.927
深圳		0.990	0.952	0.962	0.991	0.969	0.913
珠海			0.985	0.990	0.999	0.994	0.906
佛山				0.996	0.985	0.998	0.850
惠州					0.988	0.998	0.892
东莞						0.993	0.892
中山							0.876

表4-3 珠江三角洲各市主导高新技术产业发展情况①

地区	高新技术主导产业
珠三角	电子信息、生物技术、新材料、光机电一体化、轻纺化高技术、新能源与环保技术、海洋资源的开发利用
广州	电子信息、生物技术、新材料、光机电一体化、新能源与环保
深圳	电子信息、生物技术、新材料、光机电一体化、新能源
珠海	电子信息、生物技术、新材料、光机电一体化、新能源与环保技术、海洋工程、精细化工
佛山	电子信息、生物技术、新材料、光机电一体化、新能源与环保
东莞	电子信息、新材料、光机电一体化、精细化工
中山	电子信息、生物技术、新材料、光机电一体化、新能源与环保、轻纺化高技术、精细化工
惠州	电子信息、生物技术、新材料、光机电一体化、精细化工
江门	电子信息、生物技术、新材料、光机电一体化、新能源与环保
肇庆	电子信息、生物技术、新材料、光机电一体化、轻纺化高技术

3. 生态分割与跨界污染形势严峻

经济区域的形成发育一般以一定的江河湖海为依托，基于相似的地形、气温、降水、植被、土壤、水系形成完整的自然生态整体。但是在实践中，一个生态区域整体往往被行政区划切割为不同的板块。由于经济发展水平的差异，不同行政单元对环境治理的认识水准有差异，采取不尽相同的行为方式，在水资源管理、流域综合开发、环境保护、防洪治理等区域性事务上产生行政分割的现象。尤其是在各城市的交界地带，往往因为管理制度、政策法律、标准时序等差异，更容易造成生态分割和跨界污染，激化社会矛盾，成为可持续发展的重要障碍。在珠三角，跨界污染的不仅是垃圾，跨区域的水污染和空气污染也普遍存在。由于广州上游的佛山工业污染珠江，广州第一水源水质已经大大下降，现在不得不考虑从西江更远的地方开辟第二水源。流经深圳和惠州的淡水河

---

① 翁记传：《珠江三角洲工业结构趋同研究》，载《世界地理研究》，2006年第1期。

治污用了16年的时间,成为跨界河流污染治理的"老大难"。近年来,跨境污染造成的困扰珠三角的酸雨和灰霾天气问题,一再成为每年广东两会上的"焦点话题"。

4. 城市功能定位上的恶性竞争

一方面,在珠三角各个城市崛起和发展的同时,广州这个原有的城市群中心地位相对下降;另一方面,香港的地区经济中心角色并未得到认可和确定,从而造成珠三角的重新洗牌和相互角逐龙头的竞争。在国际化方面,广州无法和香港相比;在优惠政策方面,广州无法和深圳相比;在民间经济方面,广州无法和东莞、佛山相比。一旦广州的地位衰落,其他城市势必要分担它原来承担的一些功能,为了承担这些功能,它们就会积极兴建基础设施。这一点与长江三角洲有着根本的不同。在长三角,上海的经济中心地位是无疑的。长三角迄今为止没有出现大量浪费资源和时间于内耗的竞逐中心之争。尽管1998年后,随着广州在市政建设方面的大胆突破、南沙开发计划的实施等,其地位重新回升,但多中心竞逐格局并未改变。

(三) 环渤海湾城市群

1. 环渤海湾城市群的发展阶段

自1986年"环渤海地区经济联合市长联席会"创立以来,环渤海地区开展区域合作已有20多年历史,召开了十三次环渤海地区经济联合市长联席会,参加会议的成员已经由成立时的15个城市发展到目前的37个(见图4-5)。其发展大体经历了三个阶段(见图4-4):

第一阶段从1986年到1992年。为扩大区域经济联合的需要,时任天津市市长的李瑞环同志倡议,于1986年5月26日在天津召开了第一次"环渤海地区经济联合市长联席会议",共有15个城市的市政府领导人参加。这一阶段共开四次会议,环渤海各城市之间的合作主要是进行物资串换和经济协作,各种类型的合作均处于起步阶段。这个时期创办了《环渤海经济瞭望》杂志、《中国环渤海地区经济开发合作指南》等,取得了一批研究成果。

第二阶段从1992年到2002年。1992年10月召开的党的"十四大",提出社会主义市场经济的概念,这为加强区域联合拓展了更为广阔的空间。这段时期共召开过六次会议，主要探讨和加强社会主义市场经济条件下的区域合作。环渤海各城市从过去的物资串换、经济协作拓展为科技、金融、人才、医疗、环保、旅游等领域全方位合作，逐步形成了政府、行业、企业间多种形式合作发展新格局。

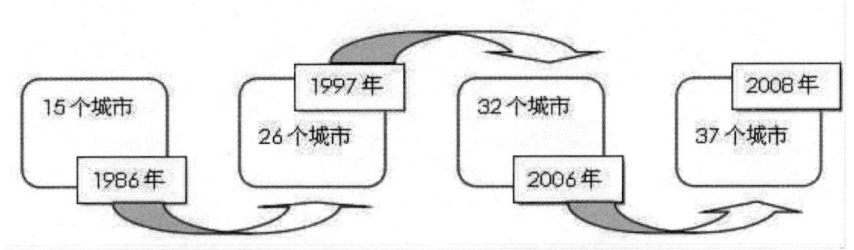

图4-4 环渤海市长联席会的扩展历程

第三阶段自2002年至今。2002年11月召开的党的"十六大"标志着我国进入了一个新的发展阶段，中央提出了可持续的科学发展观和五个统筹的要求，其中很重要的一条"就是统筹区域发展"。这一时期的环渤海湾"市长联席会"按照科学发展观的要求主动寻求合作，推进区域经济发展，形成了各种共识倡议。2004年6月，北京、天津、河北、山东、山西、辽宁、内蒙古代表共同聚首河北廊坊，召开环渤海合作机制会议，达成了《环渤海区域合作框架协议》。本次会议商定成立三层组织架构，负责推进合作发展问题。第一层架构是确立由各省省长、直辖市市长、自治区主席担任环渤海合作机制轮值主席，每年举行一次联席会议制度，研究决定区域合作重大事宜。第二、三层架构主要是建立政府副秘书长协调制度和部门协调制度。

2. 环渤海湾城市群的发展现状

（1）基础设施一体化成效显著

进入21世纪，环渤海区域内的公路、铁路、港口、机场建设的步伐不断加快，现代化的交通网络正在形成，促进了在环渤海区域内构筑紧密型都市圈。2009年5月18日，北京市、天津市与河北省的交通部门在河北省廊坊市，签署了《京津冀交通一体化合作备忘录》，这标志着京津冀交通一体化进程开始提速。《备忘录》认为，每年至少召开一次交通联席会议，就京津冀区域交通体系发展战略、重大项目合作、立体交通的配置、不同运输方式的高效衔接、区域交通信息共享等重要议题进行研究和协调。表现在：

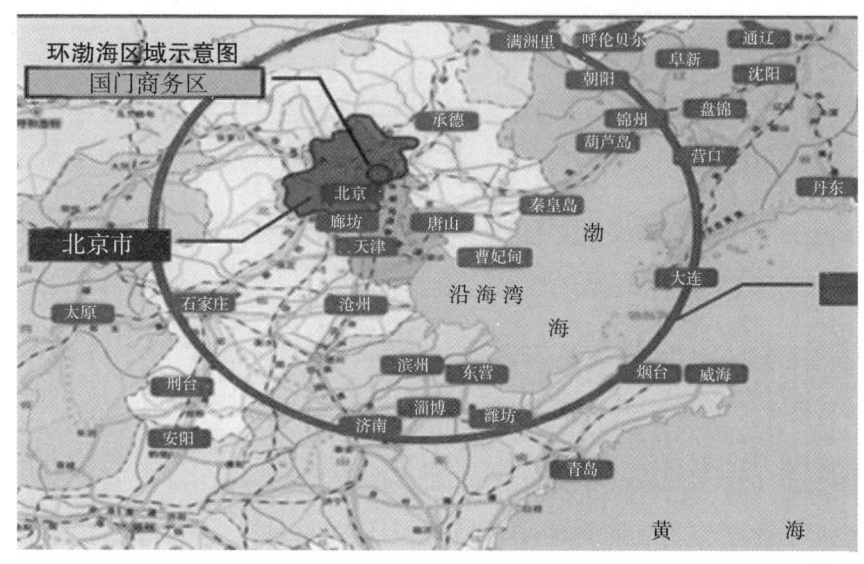

图4-5 环渤海湾城市群示意图

一是机场、港口方面的合作。2000年1月，首都国际机场和天津滨海国际机场实现联合，这也是中国民航跨区域的机场首次联合。2002年10月，北京与天津港口岸开始直通，两市实现了港口功能一体化。

二是公路网的建设合作。目前，环渤海区域京冀高速公路、京沪高速公路、京津塘高速公路、京蓟高速延长线、京津高速公路等，这几条重要高速公路组成的交通大动脉，为环渤海提供了方便快捷的交通网络，打造了京津冀三小时经济圈，拉近了京津冀三地的距离，为环渤海区域经济一体化打下坚实的基础。在高速公路建设方面，到2009年底，将基本建立北京市和京津冀地区各主要城市之间三小时通达的城市交通圈。

三是环渤海铁路网络建设情况。根据我国《中长期铁路网规划》，到2020年，环渤海地区间的省会城市及大中城市间将建立快速客运通道，从而在环渤海地区形成城际快速客运网。在铁路建设方面，通过建设以首都为中心、京津为主轴、京石京秦为两翼的快速铁路运输系统，来实现京津冀地区主要城市之间的两小时通达。在铁路枢纽规划方面，到2010年，北京铁路枢纽将规划建设北京—沈阳客专、北京—张家口铁路、北京—唐山城际铁路。京津高速铁路开通后，实现了北京、天津两市的半小时通达。"同城效应"进一步促进两地物流、人流的发展，将扩大两地的消费市场，为企业提供更大的发展空间，促进两城市共同发展。目前，已经实现了京津之间的30分钟直通。三年后，三小时直通京津冀将成为现实。五年后，环渤海主要城市及产业区之间可实现六小时通达。

（2）区域产业合作有所突破

一是环渤海区域信息产业方面的合作。2005年，环渤海的北京、天津、河北、山东、辽宁、内蒙古等省市区，签订了《环渤海信息产业合作框架协议》，加强环渤海信息产业方面的沟通、协调与合作。

二是环渤海旅游产业方面的合作。在旅游产业，随着北京、天津半小时通勤圈的建成，及京津冀都市快速交通体系的逐步完善，方便、快捷的交通体系为京津冀旅游产业的合作打下了坚实的基础。此外，环渤海北京—沈阳、北京—济南快速客运专线的建立，也为环渤海区域内更大范围旅游产业合作提供了很好的发展潜力和前景。

（3）府际协议成为城市群合作的新形式

除环渤海市长联席会（环渤海区域合作市长联席会）外，从2004年开始，环渤海经济区的省（区）市先后召开了几次重要会议，并就区域内经济合作以及建立省（区）市政府间的合作协调机制达成共识，签订了大量府际协议。2004年2月的"廊坊共识"、同年5月的"北京倡议"和6月的"廊坊框架"，推动了环渤海区域合作健康发展。特别是在加快天津滨海新区开发开放纳入国家整体发展战略后，给环渤海区域合作发展注入了新的生机，高层对话更加频繁，区域经济合作进入了加速阶段。2006年4月17日，环渤海区域32个城市市长共同签署了《推进环渤海区域合作的天津倡议》，提出要将环渤海区域建设成为世界级的知识经济带、东北亚最大的制造研发基地、国际性贸易物流中心、具有全球影响力的城市经济区域，并就合作发展中的若干重大问题达成共识，提出要构建一体化市场体系，建立便捷的区域交通网络，扩大能源和产业合作，加强科技合作与创新，共同治理和保护环境，活跃旅游和文化。

3. 环渤海湾城市群发展存在的问题

经过近30年的发展,环渤海区域城市群在经济合作领域尽管取得了不少成绩,但在合作的广度、深度、开放度不够,分离与融合两种态势犹存,主要问题表现如下[①]:

(1) 行政力量对跨行政区域的经济圈形成干预,削弱了市场配置资源的能力

环渤海经济区域圈包含五省、两个直辖市和两个计划单列市。由于在发展速度及经济规模和改革意识方面存在差异,各地方政府经济主管和决策部门制定地方政策时多以本地区出发,缺乏大局观念。在局部利益和环渤海经济区域整体利益布局发生矛盾或者冲突时,往往优先关注本省市利益,缺乏通盘考虑和整体观念。虽然区域内各省市已经从理论上开始对环渤海经济圈合作的研讨,但由于涉及利益主体的多元化,由行政力量的推动尚未有太大的内在冲动,实质意义上的合作尚未全方位开展。

从行政区划看,环渤海区域存在着严重的市场分割。各级地方政府为了追求和保护自身利益,常以行政区为依托,构筑贸易壁垒,实行市场封锁,往往是你的产品卖不到我的地盘,我的产品也难以打入你的市场,楚河汉界,泾渭分明,严重阻碍了生产要素的自由流动。从经济区划看,环渤海区域形成了京津唐、辽中南、山东半岛三个明显的经济体,呈现"三足鼎立"的局面。三大主体由于利益、目标、战略不同,产业基础、自然资源不同,都又有各自的出海口,导致环渤海区域主要市场分割明显,区域经贸往来受到极大抑制,尤其是北京、天津两大市场的竞争大于合作。

(2) 产业同构问题严重,城市间功能互补性差

除北京市外,当前环渤海区域产业结构以第二产业为主导(见表4-4)。工业领域,主要集中于机械、化工、装备制造、生物医药、电子信息、冶金、汽车、造船等产业;服务业领域,集中发展金融、商贸、物

---

① 张广威:《论环渤海区域经济合作的制度安排》,载《山东工商学院学报》,2011年第1期;王长智:《环渤海经济圈发展中存在的问题与策略》,载《河北金融》,2009年第11期。

流、旅游等产业，其中沿海城市重点发展港口物流业。由此可明显看出，环渤海各省市主导产业领域相近，不少产业同构度较高。特别是"十一五"以来，天津滨海新区开发、北京奥运会的巨大投入、河北曹妃甸建设和"沿海经济隆起带"崛起、辽宁"五点一线"建设、山东半岛蓝色经济区和黄河三角洲高效生态经济开发等重大战略的实施，使环渤海北、西、南三带布局了石化、冶金、造船、汽车、装备制造、港口等一系列重化工项目，这不仅预示着"十二五"期间环渤海区域重化工业将呈现出明显的盲目竞争态势，也暗示着以重化工业为主导的环渤海区域将增加对能源资源的消耗，可能引发新一轮能源资源竞争，加速地方保护主义再度盛行。

表4-4　2009年环渤海省市三次产业结构和重点发展产业

环渤海区域	三次产业比	重点发展产业
北京市	1.0：23.2：75.8	金融、文化创意、旅游、会展、现代物流、电子信息、汽车、石化、装备、制造、医药
天津市	1.7：54.8：43.5	电子信息、汽车、石油、化工、冶金、生物技术与现代医药、新能源及环保
山东省	9.6：56.3：34.1	电子信息及家电、机械、设备、化工、食品、纺织、服装、钢铁
辽宁省	9.4：51.9：38.7	装备制造、汽车及零部件、船舶、石化、钢铁
河北省	13.0：52.1：34.9	纺织服装、电子信息、生物与医药、钢铁、装备制造、石油化工、食品、医药、建材
山西省	6.5：54.6：38.9	建筑、纺织服装、电子信息、煤炭、冶金、焦炭、电力、装备制造
内蒙古自治区	9.6：52.4：38.0	能源、冶金、化工、装备制造、农畜加工业

资料来源：张广威：《论环渤海区域经济合作的制度安排》，载《山东工商学院学报》，2011年第1期。

（3）地区经济实力及发展观念存在较大差距，合作基础不牢固

环渤海五省、二市及两个计划单列市，经济实力存在较大差距，形

成三个阶梯：

第一阶梯是北京、天津滨海新区、山东青岛和大连及部分沿海发达地区。这些地区在几十年的发展中，由于国家扶持或者改革开放中优先获得发展机会，取得了比较优势。其中北京拥有行政资源、文化资源优势，其首都地位使之在社会、经济发展中居于无可争辩的优势地位；天津滨海新区在国家的支持下积聚了巨大的政策优势和庞大的资金及大量拥有先进经营理念和技术优势的国际和国内占有决定地位的企业集团；青岛、大连、烟台、秦皇岛等港口，已经确立了在外向型经济中的优势地位；山东依托沿海优势在改革开放中积极拼搏，异军突起，GDP已经跃居全国第二。

第二阶梯是天津老城区、辽宁省。天津老城区在计划经济体制下已经形成门类齐全的产业布局和集群，加上港口优势和直辖市的政治优势，一度是北方经济中心。但随着市场经济的发展，天津的地位一度跌落，裹足不前；辽宁也一样，在计划经济体制下是中国的资源和重工业制造大省，一度在国家战略布局，尤其是资源和重工业布局中拥有无可争辩的地位，但随着资源的枯竭，重工业制造也失去了依托和优势，其他产业实力又极其薄弱，亟需二次创业。

第三阶梯是河北、内蒙、山西。河北除沿海的港口和几个地级市外，整个经济以农业为主，基本上处于竞争体系的末端部位。内蒙和山西经济发展除能源资源如煤炭外，其他与河北无异。在三个阶梯的区域内出现了与地理地形完全相反的经济地形，区域合作的基础不牢，在合作中的地位不对等，难以寻求战略合作的平衡点。

4. 缺乏强有力的行政力量推动，城市群公共治理动力不足

经济圈的形成需要行政力量的推动，这是打破行政干预的主要因素。环渤海经济圈的特殊位置和行政归属不一，使各地方行政力量形成了各自经济决策的思维定势。由于在经济圈中所处政治和经济地位的不同而采取了不同的经济发展战略，缺乏实质意义上的行政协调和联动机制，虽然从1986—2008年召开了十余次"环渤海地区经济联合市长联席会"对区域合作等问题进行过交流、研讨和前景展望，但参加方仅限于区域内部分地区领导，不具有全面性。真正通过经济区域圈内所有行政力量

对区域经济进行统一有效、协调联动的实质性合作尚需时日和相关省市高层作出决断。合作时遇到需要各方照顾整体利益、放弃某些局部利益的决策时,必须依靠各省市的高层领导作出决策。

三、美国经验对中国城市群发展的启示

近年来,伴随国家整体经济实力的提升,城市化进程向纵深发展,中国政府提出了重点发展城市群的战略方针。我国"十一五"规划纲要明确指出:"要把城市群作为推进城镇化的主体形态;已形成城市群发展格局的京津冀、长江三角洲、珠江三角洲等区域,要继续发挥带动和辐射作用,加强城市群内各城市的分工协作和优势互补,增强城市群的整体竞争力;具备城市群发展条件的区域,要加强统筹规划,以特大城市和大城市为龙头,发挥中心城市作用,形成若干用地少、就业多、要素集聚能力强、人口分布合理的新城市群。"那么,到底如何客观认识和把握城市群发展的自身规律,如何审视和评估我国三大城市群发展中存在的问题?综合上述,美国的百年城市化历程为我们提供了诸多启示。

(一) 城市群发展必须遵循客观规律而不能拔苗助长

1. 从大都市化到城市群发展是美国城市化过程的重要规律

美国城市化经验对我们的第一条启示是,城市群发展是一个从孕育、发展到成熟的自然演进过程,需要具备经济、人口、交通、科技等诸多条件。因此,不能仅凭政府的主观意志和行政力量来推动城市群发展。美国目前有十大城市群,这是其百多年城市化过程中城市由少到多、由小到大、由点到面渐进发展的结果,期间经历过很长一段时期的大都市化过程。甚至可以说,没有长期的大都市化,就不会有今天的城市群发展局面。事实上,城市群在平面空间内的产生过程可以用图4-6来表示。① 它由六个阶段构成,图中每个阶段分别用一个图形来描述。由此可看出,城市群首先由单个的城市产生,然后在此基础上发展为大都市区,

---

① 孟祥林:《城市化进程研究:以京津唐及美国城市群为例的分析》,载《湖南财经高等专科学校学报》,第23卷第107期。

最后形成城市群。

第一阶段（图1-1）：整个地域内经济要素均质分布，经济要素在地域内的流向是杂乱无章的，图中的箭头方向是无序的，这时区域内没有一个起主导作用的经济核心，所以这时对于区域内所有点的成长机会是均等的，这时的区域内各个经济点的要素聚集机会是均等的，在宏观上并没有发生有方向性的聚集。

第二阶段（图1-2）：区域经济发展的基础条件开始发生变化，某些区位点在聚集经济要素等方面开始显示优势，所以本来均质分布的经济资源开始有方向的向这些区位点聚集，于是在区域内开始出现一些经济核，图中的箭头表示经济要素有方向选择的开始向经济核聚集。

第三阶段（图1-3）：区域内经济核的发展速度还是不同的，这些经济核中的某些在未来发展中可能会被另外的经济核所覆盖，区域经济的发展状况表现为对周围资源的强烈富集，这些经济核成为初级的城市，图中的箭头表示区域内的资源开始方向性的集中向个别经济核富集，这时区域内已经发生明显的聚集过程。

第四阶段（图1-4）：初级城市的出现使得区域内经济发展的速度开始产生分化，并产生更高一级城市的要求，于是紧邻的多个初级城市在频繁的经济往来中在对各方都相对合理的区位点上布局中等城市或者大城市，而原来的初级城市基本呈环状围绕在大城市的周围。

第五阶段（图1-5）：大城市发展为特大城市，相邻的特大城市相互之间产生影响，这些特大城市级别相当，分别为不同区域的经济增长担负着职能，但其职能是不能为次一级的城市所取代的，相互之间的联系（关键在于级别相同）很紧密，逐渐发展为城市群。

第六阶段（图1-6）：城市群（特大城市）的功能已经很复杂，要素的过度聚集造成城市发展的规模不经济，客观上需要将某些专项职能分散到次一级的大城市甚至是中等城市，所以逆城市化开始出现，逆城市化造成一些伴生职能的城市出现，于是城市群的范围进一步扩大，图中三个黑点表示多个特大城市已经集中连片，箭头表示城市群内特大城市的职能开始分散到周围低一级的城市。

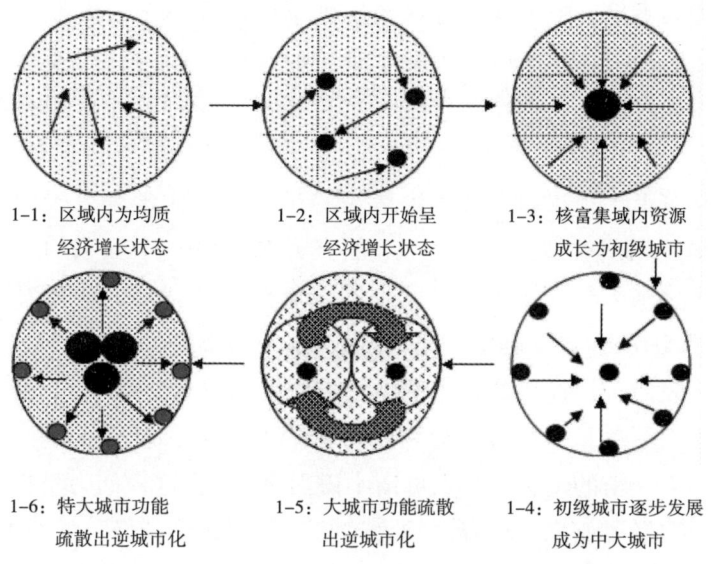

图 4-6 城市群在区域平面上的产生过程示意图

2. 我国的城市群发展不能走拔苗助长的弯路

如上所述，国家在"十一五"规划中提出两个方向性思路：一是要继续扶持发展东部沿海三大城市群；二是要培育发展新兴城市群。对于前者，尽管在发展过程中还存在这样那样的问题，但它们是最有条件迈向城市群或正在发展为城市群的地区。这一点应该能够得到社会各界的广泛认可。但对于后者，实践中就出现了很多急躁冒进、拔苗助长的问题。比如，一种观点认为，我国将形成包括京津冀、长三角、珠三角、山东半岛、辽中南、中原、长江中游、海峡西岸、川渝和关中城市群在内的十大城市群。另一种观点认为，目前，在我国除一致公认的长江三角洲城市群、珠江三角洲城市群和京津唐环渤海城市群三大城市群外，还有湖北的武汉城市群、山东的半岛城市群、河南的中原城市群、辽宁的辽中城市群、湖南的长株潭城市群、浙江的浙中城市群、四川的成渝城市群以及东北城市群、西北城市群等在崛起。但人们不禁要问，中国目前真有这么多地方可以发展为城市群？发展城市群是否不需什么先决条件？美国从大都市化到城市群发展的上百年经验告诉我们，答案显然是否定的。实际上，除三大城市群外，由于经济、人口、交通、科技等条件的先天不足，中国其他地区至多处于城市化早期向大都市化过渡的阶段，还远未到达城市群发展的水平。而为什么国内这么多地方纷纷提出要建设和发展自己的城市群呢？这与其背后的行政冲动和利益瓜葛紧密关联。

经常游走于日本和中国各大区域的东京经济大学副教授周牧之，在长三角地区调研时认为："大城市群的形成，与一个国家的整体经济实力、城市化水平有直接关系，而中国城市群热的背后，存在着强烈的行政冲动。"国内学者宁越敏曾表示：国外大都市带的形成具有"自下而上"的自发特征，国内的都市圈则更多地带有"自上而下"、由行政力量来完成推动的色彩。这两位分别来自国内和国外、研究领域分属地理和经济、素无交情的学者，观点可谓不谋而合。[①] 在这样的力量推动下，国内的城市群发展似乎正朝着"越大越好"和"越多越好"两个方向发展。但由于它违背了经济规律和城市化发展的自身特点，行政区利益就成为经济区理想的强大阻力。因此，现实中的一些城市群、都市圈，明显是一些地方政府在为"圈"而"圈"、为"群"而"群"，仿佛划一个圈就成了区域经济，就进入了先进行列。[②]

（二）发挥城市群和大都市区的经济拉动和辐射作用[③]

1. 美国大城市群在带动全国经济发展方面的经验

美国的十大城市群都处在沿海或五大湖地区，如果按四象限来划分，在第一象限的有波士华城市群、芝匹兹城市群、多布切斯特城市群，在第二象限的有北加州城市群、卡斯卡迪亚城市群，在第三象限的有南加州城市群、达奥斯汀城市群，在第四象限的有休奥尔良城市群、南佛罗里达城市群、夏兰大城市群。这十大城市群沿海沿边比较均匀分布，再由这些大城市群向内陆辐射，这样就形成了十大均衡发展的动力源。这一点对我国有着非常重要的借鉴意义。我国目前的三大城市群——长江

---

① 《中国城市群之痛》，见人民网，http://www.people.com.cn/GB/paper2836/14195/1264724.html。

② 《中国究竟"需要"多少城市群?》，见金羊网，http://www.ycwb.com/gb/content/2004-10/22/content_780897.htm。

③ 秦尊文：《美国城市群考察及对中国的启示》，载《湖北社会科学》，2008年第12期。

三角洲城市群、珠江三角洲城市群、环渤海城市群，全部集中在东部沿海，很难带动广大中西部地区尤其是西部地区的发展。尽管我国没有美国那样两面临大洋的地理优势，但有长江、黄河深入内陆，可以依托这两大江河在内陆地区布置少数大城市群以带动中西部地区经济社会发展。如在长江中游地区依托武汉城市圈和长株潭城市群的"全国资源节约型和环境友好型社会建设综合配套改革试验区"打造"长江中游城市群"，在长江上游地区依托重庆市和成都市的"全国统筹城乡发展综合配套改革试验区"提升成渝城市群的质量，这两个城市群都应该定位是"Megalopolis"（大城市群）级的，作为全国经济增长的第四极、第五极来规划和建设。这两个"极"真正立起来了，分别可以带动整个中部和西部的发展，可以解决沿海大城市群"鞭长莫及"的问题，从而在最高层次上实现区域统筹发展。

2. 要重视大都市区在辐射我国地区经济发展方面的重要作用

在美国内陆地区，虽然没有"大城市群"，但有上百个大都市区（MA）。如果说"Megalopolis"的功能是统筹全国区域发展，那么 MA 主要功能是统筹中心城市与周边区域（包括小城市和农村）的发展。这种功能更具有普遍性，美国联邦政府因而也给予帮助和支持。如美国中部的堪萨斯大都市区，其连续建成区地跨密苏里和堪萨斯两州，共 8 个县和城镇 112 个，总人口 150 多万。1972 年，成立"美国中部区域委员会"（Mid-America Regional Council），设立董事会，几十年来，联邦政府还一直为"美国中部区域委员会"董事会提供经费预算，以扶持中部城市群的发展。中国中西部地区除了培植少数"大城市群"外，目前更迫切的需要是扶持大都市区（或称"城市圈"）的发展。因为即使建立了几个"大城市群"，仍然要上百个大都市区来配套、来补充，特别是在新疆、内蒙地区必须要有独立的大都市区或联合大都市区，新疆乌昌地区、内蒙呼包鄂地区已经具备了较好的发展基础，国家应给予大力扶持。而关中大都市区发展水平更高，将来时机成熟可推动其向"大城市群"过渡，以增强带动能量，扩大辐射范围。

（三）构建大都市区和城市群的公共治理体系

在我国，都市圈和城市群建设的积极性主要来自政府，包括市场、民间和公民的积极性没有充分调动起来，也没有得到应有的重视。美国在构建大都市区和城市群公共治理体系方面的经验值得借鉴。①

1. 政府必须加强引导和合作

在美国的大都市区和城市群内部，地方政府间成立了诸如"理事会"、"委员会"、"政府协会"等机构，注重发挥这些半官方机构在引导区域规划、合作治理跨域事务方面的重要作用。比如前述的南加州政府协会是美国最大的地方政府协会之一。其管辖范围涉及洛杉矶县、橙县和河边县等6个县、188个城市、1600万人口、3.8万平方英里的区域；主要职能是从事交通、住房、空气质量、水资源等方面的区域性规划。又以堪萨斯"美国中部区域委员会"（Mid-America Regional Council）为例，它虽然没有立法权，但各地方政府对治安、交通、环保、水利、幼儿保健、老人服务等都进行了合作。目前，我国政府尤其是地方政府对城市群发展干预太多，甚至有包办一切的倾向，但实际效果不好。我们应该借鉴美国这方面经验，在市长联席会议等半官方合作组织形式的基础上，发展出更多的政府间合作组织，以推动城市政府间合作。

2. 充分发挥市场机制在城市群发展和治理中的作用

因为城市群的发展，不仅仅只是单个城市的自由发展，而是群体内各城市的整体协调发展，它在客观上要求中心城市发挥跨行政区域的管理协调作用。美国的城市群内各城市功能明确，城市定位务实准确，产业结构和空间布局经得起市场的考验。城市的类型、等级、规模分层明显，整个城市群成为一个有机的整体。鉴于此，我国城市群的发展要突破行政区划限制，更多让市场进行调节，实现城市群内部资源的优化配置。

3. 重视非政府组织的作用。

美国大都市区管治的一条重要经验是民间组织发挥了关键作用。在纽约、芝加哥、凤凰城，民间团体组织几乎成了大都市区管治的主要力量。大都市区的民间集团领导主要来自商会团体，而在美国商会的组织往往具有很高的可信度（与当地政治家比，商会不会为争夺选票而"忽

---

① 郭九林：《美国大都市连绵带的综合考察及启示》，载《经济地理》，2008年第2期。

悠"老百姓），这便使其能够施加巨大的影响。如早在1877年，芝加哥就成立了以大都市区商界和专业领袖为主要会员的组织——贸易俱乐部。1909年，贸易俱乐部委托一个叫丹尼尔·伯恩汉姆（Daniel Burham）的会员为其起草一份芝加哥的规划图。丹尼尔的这份规划图以巴黎为灵感，直到今天仍旧是芝加哥大都市结构的发展蓝图。同样是这个俱乐部，在1996年千禧年来临之际，组建了六个委员会，重新思考芝加哥大都市区的未来。2000年，成立了"芝加哥大都市2020"的新组织。2006年，这个组织在伊利诺伊州的帮助下，建立了一个共和党、民主党都支持的地区规划理事会，负责伊州北部地区的土地利用和交通规划。我国应抓住社会建设的契机，大力扶持和发展城市群治理的非政府组织，吸纳这些组织参与大都市区和城市群的公共治理。

4. 城市治理既要注重整体利益也要倾听市民声音

在大都市区的一体化发展与"多中心"秩序之间发生矛盾的情况下，美国城市治理不是简单地让市民意愿屈从于都市化发展需要，而是通过创新城市治理结构，兼顾大都市地区的发展要求与市民的自治意愿和利益诉求。这种鱼和熊掌兼得的做法，值得我们学习借鉴。当前，我国城市治理过于注重产业发展和经济增长，而对民生问题尤其是弱势群体的利益诉求重视不够。在城市规划、旧城改造、城市拆迁和城管执法中，开发商和相关市政部门常常处于强势地位，个体利益容易受到损害。如何让老百姓活得更有尊严，这个问题已经引起中央政府的关注。尊重民众利益，保障个体尊严，城市治理者应该更多地吸纳市民参政，倾听民众声音，让民意成为决策的基础。尤其重要的是，城市群发展要更加关注区域社会政策，着力推进区域基本公共服务均等化工作。

（四）建立健全府际合作的激励与约束机制

当前，我国三大城市群内部产业同构、行政壁垒、跨界治理困境是普遍存在的突出问题，究其原因，这与城市政府间合作的激励与约束机制缺失有直接关系。这是因为，城市群发展作为一个区域一体化过程，其实质乃是一个利益调整和利益重组的过程。如果没有一个利益的基础，一体化只是行政安排上级要求，这种动机不可持续。因此，借鉴美国城市群发展中出现的州际协议和地方政府间协议的做法，必须建立健全我国政府间合作的激励与约束机制。

1. 府际合作的激励机制

（1）构建利益协调机制

目前，在地方政府主导发展格局中各地区都在"打小算盘"，缺乏一个有效的区域利益协调机制。城市群发展作为区域整合的过程，必然涉及不同城市之间的利益分配，必须有大局意识和合理的利益协调机制。因此，我国三大城市群的发展要取得突破性进展，当务之急是要进一步推动政府行政管理体制的改革和创新，构建合理的地区间利益分配和协调机制。如在涉及跨区域的基础设施建设和行业管理收费等利益问题上，如何进行利益分配、协调、补偿一系列的问题，必须由各兄弟城市共同协商解决。同时，要统筹完善地方财税体系，解决城市群内部城市间的发展均衡问题。

（2）完善利益补偿机制

所谓"利益补偿"就是通过建设规范的制度，来实现中央与地方、地方与地方之间的利益转移，从而实现区域利益在地区间的合理分配。通过建立利益补偿机制，对部分地区在地区利益和地区机会上的损失予以补偿，从而减少地方政府合作和区域经济一体化发展遇到的阻力。比如，长三角在城市群合作治理中，江苏省政府常务会议审议通过了《江苏省环境资源区域补偿办法》，该补偿办法在太湖流域选择跨行政区域的主要河流开展试点，如果交界断面水质超标，上游地区政府将按三种主要污染物超标浓度，每吨支付给下游地区1.5万元至10万元不等的环境资源补偿资金。这是国内区域一体化实践中建立区域利益补偿机制的成功范例。

（3）创新利益共享机制

比如，构建我国城市群内部各市间的利益共享、共沾机制，使各市共享区域合作带来的"发展红利"。对投资主体跨行政区的横向经济联合、投资或产业转移等经济活动，政府可按投资比例共同分享税收。对大型跨区域的盈利性项目，可采取联合共建、股份化运作、利益分享的方式。对大型跨区域的纯公益性项目，可按不同行政区域受益程度的大小确定出资比例。对于跨区域环境治理，可按照排污权交易的基本做法，在排污地区和被排污地区达成利益的平衡。

2. 府际合作的约束机制

府际合作的约束机制应由传统上单一的行政约束向法律约束、行政约束和社会约束等多元约束机制转变。

(1) 建立健全法律约束机制，确保珠三角一体化不受地方领导人变更的影响

应尽快出台《广东省实施＜纲要＞保障条例》，推进"五个一体化"地方立法，规定相关部门和珠三角九市各级政府承担的职责和任务；同时，珠三角各市通过相互交流，可探索开展协同立法，保证立法规则的协调一致、执法机构和执法程序的衔接。

(2) 完善政绩考核与问责奖惩的行政约束机制

应改变过去单纯以 GDP 论英雄的思维惯性，提高干部政绩考核中有关一体化表现的主观评价指标的权重，促进珠三角九市政府的地方利益、短期利益与珠三角的整体利益和长远利益协调一致，减少地方政府在珠三角一体化过程中的机会主义行为。同时，根据区域合作的既定规则，建立奖勤惩懒的问责机制，对违反区域合作条款应承担的责任和经济赔偿给予详细规定。

(3) 引入多元主体参与一体化评价的社会约束机制

应变过去政府自我测评的绩效评价机制，树立区域公共治理的理念，吸纳非政府组织、新闻媒体、公众及第三方评估机构参与一体化绩效评价，对一体化的全过程进行监测评估。

(4) 行政区划调整的风险决策机制

美国大都市区的一体化发展产生了进行统一规划和管理的需求，而各个分立的市、镇不愿意被大城市兼并。为了降低公共服务成本，发挥规模效益，同时又不损害地方自治，大都市地区主要通过府际合作实施跨域治理。由于具体情况不同，各地探索形成了多样化的政府间合作形式。当前，在我国大都市治理实践中，当区域发展遇到跨越行政区的障碍时，很多主政者的第一反应是调整行政区划。美国大都市区治理的经验在于，实施跨域治理的方法很多，行政区划调整并非是唯一的手段。城市发展是一个持续的过程，而行政区划应保持相对稳定，除非面临重

大机遇，行政区划调整应该慎之又慎。激烈的行政区划调整，不仅要付出巨大的政治、经济和社会成本，还可能会损害县域经济的活力，引发本地居民的不安定感。

本章主要参考文献

1. 张紧跟：《区域治理制度创新分析：以珠江三角洲为例》，载《政治学研究》，2010年第3期。

2. 张紧跟：《新区域主义：美国大都市区治理的新思路》，载《中山大学学报》，2010年第1期。

3. 张紧跟：《从区域行政到区域治理：当代中国区域经济一体化的发展路向》，载《学术研究》，2009年第9期。

4. 张紧跟：《从多中心竞逐到联动整合——珠江三角洲城市群发展模式转型思考》，载《城市问题》，2008年第1期。

5. 叶林：《新区域主义的兴起与发展：一个综述》，载《公共行政评论》，2010年第3期。

6. 黄勇：《美国大都市区的发展与管理》，载《浙江社会科学》，2001年第3期。

7. 秦尊文：《美国城市群考察及对中国的启示》，载《湖北社会科学》，2008年第12期。

8. 郭九林：《美国大都市连绵带的综合考察及启示》，载《经济地理》，2008年第2期。

9. 王玉珍：《长三角城市群协调发展机制问题新探》，载《南京社会科学》，2009年第11期。

10. 郁鸿胜：《长江三角洲城市群一体化发展的新视野与践行路径》，载《中国延安干部学院学报》，2010年5月。

11. 翁记传：《珠江三角洲工业结构趋同研究》，载《世界地理研究》，2006年第1期。

12. 张广威：《论环渤海区域经济合作的制度安排》，载《山东工商学院学报》，2011年第1期。

13. 王长智：《环渤海经济圈发展中存在的问题与策略》，载《河北金融》，2009年第11期。

14. 孟祥林：《城市化进程研究：以京津唐及美国城市群为例的分析》，载《湖南财经高等专科学校学报》,第 23 卷第 107 期。

15. 刘敏:《20 世纪后半期美国大都市连绵带发展研究》,厦门大学博士学位论文,2006 年。

16. 中山大学珠三角一体化战略研究课题组:《珠三角一体化战略研究》,2010 年 12 月。

17. 王旭:《美国城市发展模式》,清华大学出版社 2006 年版。

18. 洪世键:《大都市区治理》,东南大学出版社 2009 年版。

19. Jean Gottman. 1961. *Megalopolis: The Urbanized Northeastern Seaboard of the United States*. New York: The Twentieth Century Fund.

20. David K. Hamilton. 1999. *Governing Metropolitan Areas*. New York: Garland Publishing.

21. L. J. Sharpe. 1995. "The Future of Metropolitan Government." In L. J. Sharpe(ed.), *The Government of World Cities: The Future of the Metro Model*. Chichester, England: John Wiely and Sons.

22. Brett Hawkins, Keith J. Ward, Mary P. Becker. 1991. "Governmental Consolidation as a Strategy for Metropolitan Development." *Public Administration Quarterly*, 15.

23. H. V. Savitch, Ronald K. Vogel, Louisville. 1996. "Compacts and Antagonistic Cooperation." In H. V. Savitch and Ronald K. Vogel (Eds.), *Regional Politics: America in a Post - City Age*. California: Sage Publications.

24. Blomquist W. , Parks R. B. 1995. "Fiscal Service and Political Impacts of Indianapolis - Marion County's Unigov." *Publius: The Journal of Federalism*, 25(4).

25. David K. Hamilton. 1999. *Governing Metropolitan Areas: Response to Growth and Change*. New York: Garland Publishing.

26. Frey, B. S. and R. Eichenberger. 2001. "Metropolitan Governance for the Future: Functional Overlapping Competing Jurisdiction (FOCJ)." *Swiss Political Science Review*, 7.

27. Harold Wolman, Milchael Goldsmith. 1992. *Urban Politics and Policy: A Comparative Approach*. Massachusetts: Blackwell Publishers.

28. Michael Keating. 1995. "Size, Efficiency and Democracy: Consolidation, Fragmentation, and Public Choice." In David Judge, Gerry Stocker & Harold Wolman (Eds.), *Theories of Urban Politics*. London: Sage Publications.

29. Allan D. Wallis. 1994. "The Third Wave: Current Trends in Regional Governance." *National Civic Review*, 83(3).

第五章　流域治理比较

联合国与世界银行的统计指出，全世界每年排放的污水达 4000 亿吨，从而造成 50000 亿吨水体被污染。预计到 2025 年，形势将会进一步恶化，世界上无法获得安全饮用水的人数将增加到 23 亿。[①]

而流域是自然形成的水资源动态系统，世界上有超过 70% 的地域面积直接或间接地受流域发展状态的影响。流域是整体性极强、关联度很高的区域，流域内不仅各自然要素间联系极为密切，而且上中下游、干支流、各地区间的相互制约、相互影响极其显著。

因此，对国外流域治理，尤其是西方发达国家的流域治理进行研究对推进我国流域治理的科学化、合理化有着重要的借鉴意义。本章旨在通过国外对治理大江大河流域的具体分析，从而归纳其共性与特点，总结治理流域过程中的经验，以便为我国的流域治理和开发提供有益参考。

一、欧洲的流域治理

（一）《欧盟水框架指令》

可持续发展战略已成为人类社会发展的共识，而实现经济、社会可持续发展的最重要的基本条件之一是水资源的可持续利用。由于对优质水的需求日益增大，欧盟境内的水资源正在承受着与日俱增的压力。

---

① 杨树清：《21 世纪中国和世界水危机及对策》，天津大学出版社 2004 年版。

1988年在法兰克福举行的欧共体水资源政策部长级研讨会的决议中，欧共体理事会要求委员会提出有关改善欧共体境内地表水体生态质量的议案。1995年12月18日，欧盟理事会通过决议要求，制定一个新框架，确定欧盟水资源可持续利用政策的一些基本原则。1996年2月21日，欧盟委员会采纳了欧洲议会及欧盟理事会关于欧盟水资源政策的议案，确定了欧盟水资源政策的原则。1996年9月9日，委员会对欧洲议会及欧盟理事会关于保护与管理地下水资源行动计划的决议提出一项建议。在这项建议中，委员会提出，有必要制定有关管理淡水抽取及监测淡水数量和质量的相关程序。2000年12月22日，《欧盟水框架指令》[1]（2000/60/EC）正式颁布。

《欧盟水框架指令》目标是提供充足优质的地表水与地下水，满足用水的可持续性、均衡及公平性，建立一个保护内陆地表水体、过渡区水体、沿海水域和地下水的水资源指导框架；通过具体措施逐步减少重点污染物质的下泄、排放和扩散；避免水生生态系统、陆地生态系统和直接依赖于水生生态系统的湿地进一步退化，保护和改善他们的状况。依照预警和采取预防性措施的原则，对环境破坏处理要优先从源头上予以纠正，对污染者加以处罚，以保证在2015年以前实现欧洲"良好的水状态"。

《欧盟水框架指令》包括：目的、定义、流域内行政机构设置及协商；环境目标、流域特征、人类活动对环境的影响评估和水资源利用的经济分析；保护区的登记注册，用于提供饮用水的水资源，地表水、地下水与保护区状况的监测；水务机构费用回收，点源和面源污染的综合治理，采取的措施计划；关于成员国内部不能处理的问题，流域管理规划，公共参与咨询，报告制度，地表水污染防治对策，地下水污染防治对策。

《欧洲水框架指令》既是对以往水立法经验的总结，也是对水环境保护需要的反映，其主要特点体现在以下五个方面：

---

[1] *Water Framework Directive*, 2000/60/EC., pp.13–14.

1. 流域管理体制

《欧盟水框架指令》规定在欧盟范围内的国际流域区内均安排有相应的行政机构，这些机构能在其领土内有效执行水框架指令相关条例；当一个流域区跨过欧盟的领土范围时，流域区内的各会员国将本着使全流域区全部实现既定环境目标的原则，争取与相关的非会员国协调达成一致。

2. 流域管理规划

《欧盟水框架指令》非常重视流域管理规划，要求为每个流域制定管理规划，并要求管理规划最迟应在指令生效之日起 9a 内[①]予以公布，此后，每隔 6a 进行一次复查和更新。对于国际流域，流域内相关国家需共同确定流域边界分配的管理任务，必须由国际流域管理规划共同努力完成。如果共同管理难以实现，各国可以分别采取措施，但彼此间的规划与实施必须相互协调而不应冲突。

3. 价格激励机制

会员国应将经济手段作为措施计划的一部分。考虑资金回笼对社会、环境和经济的影响，在以污染者付费为原则所作的经济分析的基础上，确定工业、生活和农业等不同用水方式在水务机构资金回笼上应承担的份额，并通过水价政策促进用水户高效利用水资源。

4. 报告制度

《欧盟水框架指令》规定委员会最迟应在指令生效之日起的 12a 内公布关于指令执行情况的报告，且此后每 6a 公布一次。该报告应提交给欧洲议会和欧盟理事会。委员会应在每份报告公布后的 3a 内，公布一份实施进展的中期报告，并将其提交给欧洲议会和欧盟理事会。同时，委员会应根据提交报告的周期，在适当的时候召集每个成员国受益团体参加有关欧共体水资源政策的会议，对委员会的实施报告进行评议，并交流经验。与会者应包括来自主管机构、欧盟议会、非政府组织、社会与经济组织、消费者团体和科研机构等组织的代表及其他专家。

5. 信息咨询制度

欧盟水框架会员国鼓励所有感兴趣的团体组织积极参与指令的实施，

---

① 这里的"a"代表时间单位：年。

特别是在流域管理规划的制定、审查和更新方面。会员国应确保公布有关流域的以下信息：(1) 在流域管理规划指定期限开始之前至少 3a，公布制定该规划时间表和工作程序，包括一份拟采取咨询的陈述；(2) 在流域管理规划指定期限开始之前至少 2a，公布被认可的该流域内重大水资源管理问题的阶段性概要。(3) 在流域管理规划指定开始至少 1a，公布流域管理规划的草案副本。对来函索要者，提供制订流域管理规划草案所采用的背景文件和信息。为促进积极地参与和咨询工作，会员国须在 6 个月内对上述文件作出书面答复。①

(二) 英国泰晤士河流域的治理

泰晤士河是伦敦市及其西部郊区和牛津市的主要水源。19 世纪之前，泰晤士河还是河水清澈，碧波荡漾。但随着工业的兴起及两岸人口的激增，水质严重恶化，成为世界上污染最早，危害最严重的城市河流之一（20 世纪 50 年代末，泰晤士河的污染进一步加重，除少量鳝鱼外，其他鱼类几乎绝迹）。20 世纪 60 年代初，英国政府痛下决心全面治理泰晤士河。②

1. 针对性立法

针对泰晤士河的严重污染，1968 年英国议会通过污染防治法案。该法案规定各工厂的废水需自行处理，符合一定的水质指标或排入下水道转入城市污水处理厂处理后，才能排入泰晤士河；对不采取治理措施的工厂企业罚以重金；各排污企业必须向水务局申请排污许可证。为了更有效地治理城市生活污水，将 1936 年以后在泰晤士河流域兴建的 190 多个小型污水处理厂合并成 15 个较大的处理厂，并进行了大规模的改建、扩建和重建，大大提高了治污的效果和力度。

2. 成立专门机构

政府成立专门委员会和水务局，对其流域进行统一的规划与管理，提出水污染控制政策法令和标准，对排入泰晤士河的工业废水和生活污

---

① 何建兵、左一鸣：《欧盟水框架指令初议》，载《水利水文自动化》，2009 年第 4 期。
② 尚宏琦、鲁小新、高航：《国内外典型江河治理经验及水利发展理论研究》，黄河水利出版社 2003 年版。

水作了严格的规定限制。根据有关法律，工业废水必须由企业自行处理，并在符合一定的标准后才能排进河里。没有能力处理废水的企业可将废水排入河水管理局的污水处，但要交纳排污费。检查人员还会经常不定期地到工厂检查。那些废水排放不达标又不服从监督的工厂将被起诉，受到罚款甚至停业的处罚。

3. 制定严格排放标准

为了解决大气中烟尘对泰晤士河的污染，有关部门制定了严格的工业废气排放标准并限期达标，一些污染严重又不认真治理的工厂被关闭。伦敦地方当局还逐步禁止居民烧煤或烧木柴。经过20多年的艰苦整治，如今流经伦敦的泰晤士河已由一条臭河变成了世界上最洁净的城市水道之一，已有118种鱼类和350种无脊椎动物重新回到河里繁衍生息，每年还有众多的垂钓者和游船船主在此休闲娱乐。

4. 对河段进行统一管理

为了对河段进行统一管理，将全河流域划分成10个区域，合并了200多个管水单位，建立了新的水业管理局（实行私有化后成为泰晤士河水业管理公司）。泰晤士河水业管理公司负责对全流域的水资源进行管理与保护。水管公司的决策机构是董事会，董事会成员由两部分组成：一部分由环境、农业、渔业、粮食大臣各任命2—4名熟悉业务，并具有一定组织协调能力的人员担任；另一部分是流域内的地方代表。其中，国家任命的代表数额不得超过地方代表的数额。这样，成立一个由国家和地方联合建立的组织对河流进行管理，摆脱了单纯来自地方行政的束缚，尽可能公平地对水资源进行全流域的分配。

（三）多瑙河流域的治理

多瑙河在欧洲仅次于伏尔加河，是欧洲第二长河。它发源于德国西南部，流经9个国家，流域覆盖19个国家，其中14个国家的领土大部位于流域内，流域内人口8000余万，流域总面积约为80万平方公里，全长2 863公里。流域内洪涝灾害主要发生在中下游地区，上游维也纳盆地也有洪水威胁。从19世纪中期开始，德国、奥地利、匈牙利等多瑙河沿岸国家相继对该河进行了整治，并修建了堤防，以后又逐步对原有堤防进行了加固。多瑙河对其沿岸9国都有重要的经济意义，对多瑙河利用主要为航运、水电、供水、灌溉和渔业。

多瑙河流域的综合规划从整个流域出发、经过科学论证。同时注意流域的立法工作。为充分满足各流域社会经济及维护流域生态环境的需要,流域国家通过缔结国际公约、成立国际机构对各自的政治、经济、社会和环境目标进行协商以达到协调和统一,在相互信任、相互理解的基础上处理国际河流水资源的开发问题。

1. 《多瑙河保护公约》

20 世纪 80 年代中期的《布加勒斯特宣言》开启了多瑙河沿岸的合作。在多瑙河流域内新建立的合作关系实行双轨制秩序:一方面是《多瑙河环境保护计划》(DEP);另一方面,根据联合国欧洲经济委员会《赫尔辛基公约》的有关内容起草的协议,签署的《多瑙河保护公约》,这一公约标志着过渡时期的合作进程启动,并成立了"临时委员会"。DEP 建立了多瑙河环境事故紧急报警系统(AEWS,1996 年启动)和跨国监测网络(TNMN,1994 年启动)以及分析质量控制系统。[①]

《多瑙河保护公约》自 1998 年 10 月开始生效,为多瑙河流域水体(包括地表流动水体、湖泊和地下水)及生态资源的保护及可持续利用的跨界合作建立了法律框架。

《多瑙河保护公约》目的是:

(1) 实现可持续的、公平合理的水管理;

(2) 保持或改善多瑙河流域地表水、地下水以及水生生态系统的状况;

(3) 控制多瑙河流域水体的水质和有害物质排放,特别是点源和非点源排放的营养物及危险物质,重点是控制跨界影响和减少排入黑海的污染物负荷;

(4) 对可能造成意外污染的危险源进行预防性控制,并建立报警系统,在发生特大水污染事件时开展互助;

(5) 通过协调行动提高防洪能力。

---

① 〔奥地利〕R. 施塔得勒:《多瑙河流域跨界管理》,陈桂蓉、张兰编译,载《水利水电快报》,2009 年第 9 期。

《多瑙河保护公约》为开展实际工作提供了非常大的空间，但没有提出在其时间框架内要达到的明确目标。尽管如此，DEP 与新成立的保护多瑙河国际委员会（ICPDR）之间良好的协调，确保了所有必要的管理及法律文件的实施。

虽然多瑙河沿岸国家的成功合作存在很多不利因素，包括各国宗教、文化和历史不同，经济及政治条件各异，水法立法及内部权限分配存在差别，可利用水量及其使用价值各不相同，语言障碍及对多瑙河公约使用语言（英语）的理解差异等等，但多瑙河的水保护合作仍然得到了加强。

目前，已有 14 个国家，以及由于国内法律原因尚未加入欧盟的国家（由欧盟委员会代表），以缔约方的名义在公约授权成立的各种决策及工作机构内开展合作，以实施 WFD。以缔约方的形式进行协调不仅是在 ICPDR 一级。国家事务的协调首先要依次与相关的下游国家协商，在大多数情况下是签订双边合作协议。

2. 保护多瑙河国际委员会（ICPDR）

在《多瑙河保护公约》成立的机构中，保护多瑙河国际委员作用巨大，该委员会是决策机构，负责确保多瑙河流域各国在公约的框架下信守承诺。虽然该委员会只有建议权，但如果其建议在 1 a 的质疑期内没有被缔约方否决，其决定将具有约束力，涉及财务的决策尤为如此。委员会每年 12 月份召开一次例会，通常在秘书处所在地维也纳举行，各缔约方派代表团参加会议，最多 5 名代表，其中包括代表团团长。其次要提到的是，常设工作组首先由代表团团长组成，其下几名成员自定。工作组每年召开一次会议，通常在每年的 6 月份，在 ICPDR 轮值主席（每年轮流担任）所在国召开。解散工作组需经 ICPDR 批准。最后需要说明的是，委员会现下设 6 个常设专家组及具有期限的特别专业领域的任务组。

专家组的职责是：

(1) 流域管理专家组（RBM—EG），负责汇总有关实施 WFD 的报告；

(2) 监测及评估专家组（M&A—EG），负责监测和评估总体水质；

(3) 压力及措施专家组（P&M—EG），负责评估压力及其对水环境的影响，并提出可采取哪些应对措施进行补救；

（4）防洪专家组（FP—EG），负责制作洪水淹没图，提出改善预警系统的措施；

（5）信息及GIS专家组（I&GIS—EG），基于GIS，负责建立多瑙河信息系统；

（6）公众参与专家组（PP—EG），负责考虑如何让利益相关方及公众参与到规划过程中来。

3. 多瑙河治理的特点

多瑙河是世界著名的国际性河流，其治理开发牵涉的利益相关国众多，且各国的经济、科技实力差异较大。上游的德国、奥地利经济实力雄厚、科学技术发达。中下游的保加利亚、克罗地亚等国的开发治理能力相对较弱。所以，对于河流开发利用的侧重点也不尽相同。

因而，各国在开发治理当中的沟通和协调、妥协和谈判成为是否能系统、有效地对多瑙河进行开发利用、治理与保护的关键。

（1）以法律为总体框架

由于多瑙河众多利益相关国在国家实力、利益需求上的差异。要在该流域开发治理的总体方向、治理手段、成本分摊等问题上达成共识是有困难的，而在治理过程中对于各国开发行为的约束则尤为关键。以《多瑙河保护公约》为典型的一系列具有法律效力的国际性文件在多瑙河成功的多国合作治理中起到了框架性的作用。

（2）以国际组织为重要主体

国际性河流治理的一个难点在于，一条河流涉及多国的主权和国家利益问题。在对河流进行整体规划、系统开发的过程中，各利益相关国的主权、国家利益的维护、协调是非常重要的。处理不好会引发政治问题，引起国际纠纷。通过国际组织进行协调、组织是克服这一困难的有效手段之一。保护多瑙河国际委员会在多瑙河的治理中很好地发挥了这一作用。

（四）莱茵河流域的治理

1. 莱茵河流域概况

莱茵河发源于瑞士境内阿尔卑斯山区圣哥达山脉，向西北流经法国、德国、荷兰等9国，全长1320多公里，其中通航里程833公里，是欧洲最繁忙、最重要的河流之一。莱茵河全流域人口约5000万人，流域人口每平方公里270人，其中约有2000万人以莱茵河作为饮水水源。流域内农业用地占53%，森林33%，城市10%，其他4%。

莱茵河是欧洲最重要的航运河道，也是世界上内河航运最发达的河流之一。莱茵河的德国杜伊斯堡和荷兰鹿特丹分别是世界上最大的河港和海港。莱茵河流域也是欧洲最重要的经济地区，沿河分布有六个重要工业区。

莱茵河的流域治理具有悠久的历史。100多年来，由于航运管理的需要，就已实行了流域治理。20世纪90年代以来，由于多次发生洪水，再次引发有关流域治理的讨论。2001年1月，在法国斯特拉斯堡举行了莱茵河流域国家部长会议，会议总结了莱茵河流域近50年的水环境综合整治的经验，尤其是近十年来开展的流域治理行动计划的成果，批准实施"莱茵河2020—莱茵河流域可持续发展计划"。该计划由进一步改善莱茵河的流域生态系统，改善防洪系统，改善地表与地下水水质等四个互相关联的计划组成。①

2. 莱茵河流域的环境问题

（1）水污染

在20世纪50年代初，莱茵河的水质良好，适于游泳。自50年代末起，因受污染影响，水质变坏致使大马哈鱼等出现死亡。1970年，莱茵河因污染严重，曾被称做欧洲最浪漫的臭水沟。1971年夏天，在德国的迈茵茨到科隆的大约200公里长的河段中，鱼类完全消失，科布伦茨江段水中溶解氧几乎为零。另一方面，德国的水污染又影响了下游的荷兰，使荷兰人深受其害，随着流域内农药、化肥等的广泛使用，流域内不少地区的地下水也受到了污染。

（2）洪水

长期以来，由于莱茵河沿河的洪泛区及蓄洪区被农田侵占，河道被束直而变得狭窄，有效调、蓄洪功能锐减，加剧了洪灾威胁。1982年、

---

① 王同生：《莱茵河的水资源保护和流域治理》，载《水资源保护》，2002年第4期。

1988年莱茵河曾爆发全流域性的大洪水。1993年和1995年又相继发生了严重洪水,沿岸许多城市受到威胁。1995年荷兰因大堤面临决堤的危险,数千人被近转移,100余人丧生,经济损失惨重。

同时,由于流域内土地大规模开发利用,以及水利和航运设施的建设,特别是河道的裁弯取直,导致天然洪泛蓄区域不断减少。洪水最高水位和最大洪峰流量上涨,沿河堤防和其他防洪工程已难以提供可靠安全保障,居民区和工业区受洪水威胁加大。而变暖引起河流水位上升,更加剧了对莱茵河中下游的威胁。

(3) 生物多样性下降

随着水质污染,水利工程的建造、洪泛区的消失和地下水位下降,莱茵河生态系统遭到了破坏,生物多样性急剧下降,由于航运和堤坝等水利水电工程的修建,鱼类生存环境被隔断。由于防鱼网、水中建筑物等阻隔,一些洄游性鱼类如大马哈鱼因水质污染和洄游路线被隔断,在50年代至60年代间曾在莱茵河绝迹。与此同时,一些以其他鱼类为食的种类,如鲟鱼,也从莱茵河消失。

同时,莱茵河流域还面临河床冲刷和沿河地下水位下降、入海口三角洲地区地面下沉严重、水电站大坝水库河道淤积等亟需解决的问题。

3. 莱茵河流域国际协调管理

莱茵河是一条跨越九国的国际性河流,其众多的问题最终解决必须依靠国际间协调解决,莱茵河国际保护委员会(ICPR)的协调管理发挥了重要的作用。

(1) 莱茵河国际保护委员会

19世纪中叶,为协调莱茵河的航运成立了航运管理机构,20世纪50年代,由于位于下游的荷兰受到莱茵河污染的严重影响,荷兰政府认识到要解决这一问题必须进行国际协调,单靠荷兰无法完全解决。在荷兰的倡议下,1950年7月11日,瑞士、德国、法国、卢森堡和荷兰共同成立了莱茵河国际保护委员会。最初该委员会仅是一个国际论坛,但很快就发展成为由ICPR各国部长组成的国际协调组织。ICPR成立后,采取了以下行动:

1950年,在荷兰的提议下,瑞士、德国、法国、卢森堡、荷兰五国成立了一个论坛，主要针对莱茵河污染进行讨论，提出解决措施；

1963年，在瑞士首都伯尔尼签署有关莱茵河国际委员会的框架性协议（《伯尔尼公约》），并作为以上五国未来合作的准则；

1976年，共同体（EEC）加入，成为签约方。当年签署了《莱茵河防治化学污染公约和防治氧化物公约》（1991年补充了附加条款）；

1987年，批准到2000年前的"莱茵河行动计划"；

1995年，部长会议决定起草关于防洪措施的"防洪行动计划"（《阿尔宣言》）；

1998年，12届部长会议批准"防洪行动计划"和"新莱茵河公约"；

2001年，召开了13届部长会议。批准了"莱茵河2020"政策计划。其目标是改善生态系统、防洪保安、改善莱茵河水质和地下水。

（2）ICPR的目标、职责和工作方式

ICPR的目标就是保证莱茵河生态系统的可持续发展；保障莱茵河作为饮用水水源的安全性，提高漏水沉积物质量，保证疏浚物中无对环境有害的物质，进行全面的且对环境有益的防洪。ICPR兼有监测和预警的职责，监督系统下设九个国际水质监测站，监测国界水质变化，以确定污染物的来源，并监测所采取的措施是否有效。预警系统共有八个报警站，其作用是在河水注入莱茵河时，向下游的报警站和委员会同时"报警"。

ICPR的主要职责有四项：A. 根据预定的目标提出国际间协调对策计划，组织莱茵河生态系统研究，对每项对策提出计划，协调各签约方的预警计划，评估各签约方的行动效果等；B. 根据规定作出决策；C. 向各签约方提出年度报告；D. 向公众通报莱茵河的状况和治理成果。

ICPR现有包括欧共体在内的六个成员国，最高决策机构为成员国部长参加的全体会议，每年召开一次，决定重大问题。决定由各国分别实施，费用各自承担。主席由成员国轮流担任，任期三年，委员会下设立一个常设机构——秘书处，负责日常工作。部长会议制定委员会和成员国的具体任务。委员会的决议并不具法律性质，委员会决议的准备和制定通过三个永久性的工作组和两个项目组完成，特殊任务则由专家组完成。

ICPR 还成立由政府间组织（如河流委员会、航运委员会等）和非政府组织（如自然保护和环境保护组织、饮用水公司等）组成的观察员机构。为监督各国工作计划的实施，在委员会下设立许多技术和专业协调组，如水质组、生态组、排放标准组、防汛组、可持续发展规划组等。①

在实施莱茵河流域治理相关活动计划与措施后，莱茵河水质已得到很大改善，2003 年莱茵河水已基本变清，排入莱茵河的水也达到有关标准。莱茵河作为跨国界河流，在水资源的开发和管理上经历了"先污染，后治理"的过程，对我国有重要借鉴意义。

（五）俄罗斯伏尔加河流域的治理

伏尔加河流域是俄罗斯民族兴起的核心地区，几百年来俄国和苏联首都的政治作用与优越的地理位置和交通条件，有力地促进了这一地区经济与社会的发展。俄罗斯首都莫斯科位于伏尔加河上游支流奥卡河的支流莫斯科河畔。现在伏尔加河流域是俄罗斯政治、经济和科学文化的中心地带，是全俄经济技术力量最集中、生产工艺水平最高和对俄罗斯贡献最大的地区。伏尔加河流域按行政区划，共有 37 个直辖市、州及自治共和国，按经济区划，又划分为中央经济区（包括莫斯科亚区与伏尔加上游亚区）、伏尔加—维亚特卡经济区及伏尔加河下游经济区。②

伏尔加河的大规模开发是在苏联时期进行的，1918 年列宁提出全国电气化计划时，就开始着手伏尔加河的开发。同年列宁签署了在伏尔加河的斯维尔河兴建水电站，筹建伏尔加河—顿河和其他水利工程的法令。1931 年苏联国家计划委员会委托苏联科学院能源与电气化研究所对各方面提出的伏尔加河开发利用方案进行研究，并制定了以能源和水运为主要目标的伏尔加河综合利用规划。该所组织了 280 多个科研单位对伏尔加河的开发方案进行研究。在研究过程中提出了伏尔加河综合利用原则应最大限度地满足许多国民经济部门所提出的要求，河流的开发要满足水能利用、航运、灌溉、工业和居民供水、渔业、木材水运、卫生福利等

---

① 翁立达：《莱茵河—国际河流管理的典范》，载《水系污染与保护》，2004 年第 1 期。
② 尚宏琦、鲁小新、高航：《国内外典型江河治理经验及水利发展理论研究》，黄河水利出版社 2003 年版。

各方面的要求。经过两年紧张的准备工作，综合了各地区、各部门的意见，1933年提出了伏尔加河综合开发利用规划（大伏尔加规划），这一规划宏伟且全面。

1. 规划宗旨和原则

这一规划的宗旨是：从综合的视角出发，在经济和技术上最合理地进行建筑物布局、制定流域的发展方针、全流域工农业和交通运输业及其他有关部门相互配合，规划目前和长远的发展方向，并对各工程的投资效益进行分析论证。规划制定所依据的主要原则是：（1）综合利用水资源，尽可能兼顾发电、供水、灌溉、渔业和旅游业的多方面需求；（2）以建设大中型水电站为主进行梯级开发，最大限度地利用干、支流丰富的水能资源；（3）在尽可能减少淹没损失的情况下，兴建大型水库，有利于调节水量，做到综合利用。

2. 规划策略

坚持综合开发和重点利用的原则对河流进行综合开发、最大限度地利用水资源，以取得最佳的经济效益。在伏尔加河的上游，开发重点主要是解决运输和动力问题，而中下游还要兼顾灌溉，关键是要建立综合性的水利枢纽，而水电站又是水利枢纽的最重要方面。正确处理发电、航运和灌溉三者之间的关系及三者之间对河流的开发和水量的控制及使用所具有不同的要求和矛盾，在自然条件和社会经济条件较为有利的情况下，尽可能修建大型水利枢纽，以促进最大限度地解决这些矛盾，并重视发挥俄国"母亲河"的作用。通过伏尔加河向邻近及其他水系补充水源，以其为纽带，充分发挥母亲河的作用，使本流域和其他地区工农业生产共同发展，生态环境得以保护。

正是基于对伏尔加河的宏观规划与综合开发，伏尔加河及其支流梯级开发提供的廉价电能和深水资源，伏尔加地区丰富的自然资源及大量劳力的聚集，促进了伏尔加河沿岸地区经济的发展，建成了几百个大型工业企业，对苏联及俄罗斯的发展起了极为重要的作用。

二、北美的流域治理

(一) 田纳西河流域的治理①

田纳西河是美国东南部俄亥俄河的最大支流，流域面积 10.5 万平方公里，涉及美国七个州，但是流域淤沙沉积，大多数有价值的矿产资源被盲目掠夺，土地严重荒漠化和风化，经常发生洪涝灾害，造成了相当大的生态问题。早在 18 世纪上半叶，美国人就利用田纳西河运送移民和货物。这一时期，田纳西河的治理、开发主要是以航运为目的。由于缺乏资金和系统、有效的建设，开发成效很低。到 20 世纪 30 年代罗斯福新政时期，成立了田纳西河流域管理局（TVA）。该机构能够从整个流域的高度，系统地对田纳西河进行治理和开发，由此田纳西河的治理开发进入新的阶段。对田纳西河的开发目的除了通航之外，还扩展到了防洪、发电、供水、资源保护和休闲旅游等等。

1. 田纳西河流域管理的发展

TVA 成立初期，首先致力于田纳西流域水资源综合开发的总体规划，于 1936 年完成的规划报告并经国会通过批准实施，当时总体规划的主要任务是：控制洪水、改善航运条件，最大限度地开发水电资源。TVA 经过十年的艰苦奋斗，使田纳西流域的航道整治及水电开发项目得以完成。1945 年以后，由于水资源开发建设项目的完成，TVA 工作的重点转入火电、核电及流域两岸的土地开发等领域，流域水资源管理也成为 TVA 的主要工作。1972 年美国国会颁布《清洁水法》后，TVA 又致力于全流域水污染治理。进入 90 年代，由于美国经济的调整发展，旅游休闲业发展较快，同时民众对生态环境的重视度提高，TVA 又增加了新的管理项目，即流域内的生态保护和娱乐。

目前，TVA 在其干支流上共建成 54 座大坝，其中干流的 10 座大坝是拥有船闸的水利枢纽，可通航里程数为 1945 公里，极大地改善了田纳西河的通航条件；在防洪方面，经对水利枢纽的综合调度，使田纳西流

---

① 唐政生、孙荣博、潘安：《美国田纳西河流域管理》，载《东北水利水电》，2000 年第 4 期。

域的防洪能力得以提高。

2. TVA 的机构

TVA 机构按公司形式设置成立董事会，董事由总统提名，经参议、众议两会通过后任命。董事会掌管并行使 TVA 的一切权力，人员由三人组成，每位董事任期九年，每三年更换一位董事，董事长由三名董事轮流担任，董事会直接向总统和国会负责。董事会下设综合管理部、电力部、自然资源部及销售经营部四个部门，在这些部门之下，根据管理需要又下设一些相应的职能部门，其组织结构层次清晰，责任明确。

3. TVA 的职能

根据 TVA 法案（Tenessee Valley Authority Act），TVA 拥有以下职能：

（1）独立行使人事权。董事会有权自主选择官员和雇员；有权不按照美国公务法中有关美国政府官员、雇员的相关条款来聘解雇官员、雇员和代理人，以便开展业务；有权调整报酬，明确职责，以确保 TVA 组织系统高效、负责。

（2）对土地具有征用权。有权以美国政府名义进行土地征用权，以征用或购买方式占用不动产，在法律许可的情况下，有权将其所有或管辖的不动产予以转让或出租。

（3）建设项目的开发权。TVA 有权在田纳西干、支流上修造水库、大坝，以满足航运、防洪等需要。有权在田纳西流域范围内修建水电站、火电站、核电站、输变电设施、通航工程，并建立区域电网。

（4）作为联邦政府机构行使流域内经济发展及综合治理职能等管理职权。

（5）为促进地方经济发展，TVA 可向多领域投资开发，也可以购买破产企业。在企业资金的筹措方面，操作方式也是很灵活的。

4. TVA 的管理

根据 TVA 法案规定的流域治理任务及后期随着经济社会发展而增加的管理权限，TVA 的管理是广义的、综合的、多目标的，它涉及防洪、透支、发电、供水、水环境保护、娱乐等多个方面，并取得了良好的经济效益、社会效益和生态效益。

5. 田纳西河流域管理的特点

（1）立法作用突出，美国于1933年提出、通过TVA法案。在这一法案下成立了TVA，它将TVA的首要目标确立为防洪和通航，其次才是发电。该法案赋予TVA代表联邦政府行使管理流域内所有自然资源的权力，对各项事务的规定十分全面，使得TVA的行动不是为了本机构的盈利，而是支持区域经济的发展。

（2）管理机构的责、权、利划分合理，TVA法案在规定TVA主要职责的同时也明确了TVA的各种管理权力，除了开发权、所有权等，甚至还包括融资权。

（3）流域管理与区域管理有机结合，TVA与州政府在对流域的管理上合理分工、密切配合。政府负责水资源保护、社区防洪、发放用水许可证等工作。TVA则对州政府编制水资源评估报告进行评估，提供建议和技术支持。

（4）流域管理中充分利用新技术，由于以计算机为代表的新技术的应用，整个流域的综合利用水平大为提高。工作人员数量大为减少，从巅峰时期的4万人降至1998年的1万多人。

TVA的成功经验在于：首先，综合治理、全面开发的管理理念。TVA的管理目标是多重的复合型目标，其管理过程并非逐个地解决孤立的问题，而是将整个流域统一进行规划、统一开发。最终要促进区域经济的发展。其次，立法和机构成为综合开发的保证。TVA机构多年来的稳定得益于国会立法的保证，TVA法案是该机构管理责权的来源。

（二）特拉华流域的治理①

1. DRBC的成立

在特拉华流域委员会（DRBC）成立以前，涉足特拉华流域水资源管理的有43个州级、14个跨州界的及19个联邦级的机构，各机构间缺乏协调与合作，在水资源分配、水污染治理和防洪等问题上容易产生意见分歧，出现管理上的冲突与空白。1961年，特拉华流域内的4个州的立

---

① 赵洪伟、梅凤乔：《特拉华流域管理体制研究的启示》，载《人民黄河》，2009年第5期。

法机关和议会倡导成立特拉华流域委员会。它是一个经 4 个州的州长与肯尼迪总统批准成立的跨州界紧密合作组织,是一个政治团体和法人团体,作为一个平等伙伴加入联邦政府。特拉华、新泽西、纽约、宾夕法尼亚 4 个州通过唯一的管理机构(DRBC),以流域为基础共同分享它们在水资源管理上的自主权。

2. DRBC 的机构

特拉华流域委员会设立 5 个委员,分为州委员和联邦委员。州委员由 4 个州的州长担任,联邦委员是由总统任命的,通常由内务部部长担任。每个委员还可以指派代理人作为委员会委员,称为代理委员。联邦代理委员由总统任命,各州代理委员通常是由州环保局的负责人或州水资源管理的高级官员担任。代理委员和正式委员同时出席会议。委员会所作的决议,要在多个地点举行听证会,公众可以参与、反映问题和提出对决议的看法,委员会有责任向公众作出解释。①

3. DRBC 的职能

DRBC 在流域水资源开发、利用、保护及水污染控制、自然生态保护、土地利用管理方面具有广泛权利。可以制定方针、政策、法规,决定流域内的有关事务,在特拉华流域水资源管理方面具有广泛而具体的职能。DRBC 的权力体现在:水资源分配方面,平时各州可以按规定用水,但超过规定取水则由 DRBC 批准,干旱期间水资源的分配由 DRBC 统一负责;水污染防治方面,由 DRBC 统一制定控制标准,如河口区的污染物去除率要达到 85%,支流污染物去除率要达到 92.5%,各州按照 DRBC 统一制定的标准颁发排污许可证,在有关水上工程项目的建设方面,新项目一律由 DRBC 批准,各州没有新项目的批准权。

(三)波托马克河流域的治理

美国的波托马克河从北由马里兰州向南,从哥伦比亚特区西端流向大海。从大华盛顿地区中心穿过的波托马克河,东岸有举世闻名的肯尼迪艺术中心、水门饭店、乔治敦大学,西岸有美国国防部、阿灵顿公墓

---

① 郭峰:《流域管理体制中的协调管理研究——以三峡库区及其上游水质保护管理体制为例》,中南大学博士学位论文,2009 年。

等,河中心有罗斯福岛。波托马克河上有六座桥把弗吉尼亚北部和哥伦比亚特区连接在一起。波托马克河河水清澈,两岸草坪绿意盎然。

多年来,为了保护好波托马克河,波托马克河生态维护协会制定了一个"河流监管计划",组织热心维护河流健康的志愿者,监管两岸可能发生的违法行为。这些志愿者不但要有热情,还需对监管工作认真负责。生态维护协会有专门的志愿者报名网站,有意者可通过多种形式向协会报名当志愿者。

这些志愿者经过培训后,被安排轮班监督、控管河流两岸的违法行为。志愿者们每周都要分批定期步行或驾舟到河流的各个区域,仔细进行巡查,监管主要是为了防止污染,发现并举报非法向波托马克河倾泻有害物质,大面积扑杀鱼蟹,砍伐树木,以及对河流健康有潜在影响的开发项目和行为等。

由于这些志愿者都有很强的责任心,且都要经过一段时间的专门训练或自学,掌握一定的相关知识,因而他们的报告大都有很强的针对性,非常有利于波托马克河生态维护协会及政府其他相关部门及时策划、采取河流清理、植树以及防止水土流失等措施。

(四)渥太华里多运河流域的治理

在北美,里多运河应该算得上是一条古老的运河了。运河两岸风景如画。每年吸引着全世界几十万游客和冬季运动爱好者。今天,围绕着里多运河形成的旅游业,对推动加拿大东部的经济发展,发挥了非常重要的作用。

里多运河能够保持活力,当然要归功于加拿大深入人心的环保意识,归功于政府相关部门对运河管理的措施,归功于各方人士对运河精心呵护的自觉行动和不遗余力的努力。加拿大是世界上对自然环境保护最好的国家,所以里多运河能够受到加拿大民众长期的精心呵护。凡是到过加拿大的人,都对加拿大人民的环保意识有着深刻的印象。这种意识绝不仅局限于一个地区,一个城市,一个省,而是深入全国上上下下;也不仅仅停留在某时某刻,而是时时保持,处处体现。

除了环保意识,加拿大政府的各项政策是落实环保战略的保障。这些政策以对运河的环保治理战略为指导。其内涵:一是要保持运河及沿岸的生态健康；二是要保持和弘扬运河周边文化；三是要给运河不断注入新的活力。在加拿大相关政府机构看来，保持生态健康是里多运河未来命运的基础，没有生态健康，运河就会成为一条臭水沟，成为一条死河。为此，加拿大政府始终坚持综合考虑运河的生态保护、人文环境、经济效益等。

根据加拿大联邦政府对运河维护治理的战略指导原则，渥太华市政府与运河维护治理相关的七个机构，制定出了非常详细的实施规则，细到作出了在运河里泛舟的最高时速不得超过10英里的严格限制。

三、亚洲及其他地区的流域治理

（一）日本琵琶湖流域的治理①

琵琶湖（Biwa Lake）是日本最大的淡水湖，是京阪神（Keihanshin：Kyoto，Osaka 和 Kobe）地区重要的生活和工业水源。琵琶湖位于日本滋贺县中部，面积673.9平方公里，流域面积3174平方公里，该湖具有丰富的自然资源和宝贵的水资源及旅游资源，是重要的水产场所，它是滋贺县的象征。随着战后高度经济增长期的到来，琵琶湖地区的用水需求急剧增加，为了解决地区的用水压力，日本于1972年制定《琵琶湖综合开发特别措施》，开始了琵琶湖综合开发计划。在滋贺县、下游各府县和中央三个方面共同配合下，开始了琵琶湖水资源的开发和琵琶湖周边地区用水设施的建设，琵琶湖综合开发事业得以推进。琵琶湖综合开发事业主要分为三部分内容，即保水、治水、利水。这项事业共持续了25年，直到1997年才结束。在综合计划实施的25年间，随着工业的发展和人口增长，城市工业和生活污染物排放量增加，以及农业污染物排放和水土流失等，使湖体水质逐渐恶化。到20世纪70年代初，琵琶湖水质污染达到了高峰。为改变琵琶湖水质状况，保障周边地区工业和居民生活用水。日本政府积极采取各种措施，加强琵琶湖流域水污染治理工作。虽然取得了一定成效，但尚未实现水质的根本改变。

---

① 吴志强：《国外大河大湖流域综合治理开发的启示》，载《江西科学》，2003年第9期。

为了保护琵琶湖，日本政府从 1972—1997 年实施了琵琶湖综合开发计划和水质保护规划。1970 年，日本颁布实施了《水质污染防治法》。在水资源保护与环境行政方面有两部法律，即《公害对策基本法》和《自然环境保护法》。1993 年 11 月，《环境保护法》制定出台，1994 年 12 月，内阁会议制定了环境基本计划，指出了长期的、综合性的环境行政路线，以使得环境负荷不超过正常流量，保证自然循环过程中的净化能力，保护水域生态系统，保证水环境的安全。[①] 日本政府对琵琶源的治理主要体现在以下方面：

1. 政府充分重视的必要性

琵琶湖的治理得到了溢贺县的高度重视，这可以从多个方面体现出来。在政策制定上，溢贺县都选择了非常严格的标准，进行了大量的投入；在治理、保护机构设置上，一般都是主要领导带头，同时利用多个相关部门的力量等，一个环境研究项目的治理工作能否取得成功的关键在于相关政府的重视程度有多高。

2. 提高公众的环境意识，争取公众的支持

在有关琵琶湖保护的各项条例和规定的制定和实施过程中，在禁止使用和买卖含磷洗涤剂的运动中，在有关琵琶湖保护的很多集会、讨论过程中，民众都表现出了对琵琶湖极大的热爱之情，也表现了高度自觉的环境意识，公众的环境意识提高了，就会自觉地在环境问题上与政府保持一致，甚至贡献自己的力量。提高环境意识，其中一个最基本最长远的办法是加强学校的环境教育。[②]

3. 财政上为环境保护提供有力保障

琵琶湖治理过程中，实施了低利融资制度，这是财政为环境保护提供有力保障的一个典型。

4. 制订环境标准

有关生活环境的有 BOD、COD、DO 等环境标准。为了防治富营养化，对湖泊又制订了总氮和总磷的环境标准。对含汞底质和含 PCB 底质，

---

① 陈静：《日本琵琶湖环境保护与治理经验》，载《环境科学导刊》，2008 年第 1 期。
② 汪莹：《公众参与环境保护动力机制研究》，载《苏州大学学报》，2006 年第 5 期。

规定了暂行消除标准。"一律标准"（国家规定的排水标准），对磷、氰等24项影响健康项目和16项生活环境项目规定了标准值。在污染源较集中的水域，有些地方还制定了较"一律标准"更严格的标准（追加标准）。① 对因人口和产业集中，以及大范围向封闭性水域（湖泊、内湾、内海）排放大量生活污水或产生污水的地区，引入了排水总量控制制度。

5. 建立完善的水质监测体制

加强公用水域水质监测。依据《水质污染防治法》，都道府县首长及政令市长负责公用水域水质的日常监视所需费用，而环境厅则负责编写监测计划费用和公用水域水质检验的费用。为了加强公用水域水质的日常监测，在公用水域的重要地点设置自动水质监测器。重视排水水质的监视。依据《水质污染防治法》，都道府县首长及政令市长为了监视工厂和事业单位遵守排水标准的情况，必要时要求工厂和事业单位上报污染情况报告或者进行检查。

6. 重视地下水资源的保护

1989年6月，日本再次修改水污染防治法，增加了禁止含有害物质的水渗入地下，以及都道府县首长等日常监测地下水等措施。同时对都道府县首长的日常监测地下水质的费用，建立了补助制度。1996年2月，环境审议会又提出了"有关防治地下水水质污染的水质净化对策的办法"，并据此修改水污染防治法，该法于1997年4月1日正式施行。

（二）韩国清溪川流域的治理

1. 清溪川概况

清溪川是韩国首尔市中心的一条河流，全长5.8公里，在汇入中浪川后流往汉江。韩国在20世纪50—60年代，由于经济增长及都市发展，清溪川曾被覆盖成为暗渠，清溪川的水质亦因废水的排放而变得恶劣。在70年代，更在清溪川上面兴建高架道路。2003年7月起，在首尔市长李明博推动下进行重新修复工程，不仅将清溪高架道路拆除，并重新挖掘河道，并为河流重新美化、灌水，及种植各种植物，又征集兴建多条各种特色桥梁横跨河道。复原广通桥，将旧广通桥的桥墩混合到现代桥梁

---

① 赵爱军：《小流域综合治理模式研究》，华中农业大学博士学位论文，2005年。

中重建。修筑河床以使清溪川水不易流失，在旱季时引汉江水灌清溪川，以使清溪川长年不断流，分清水及污水两条管道分流，以使水质保持清洁。工程总耗资9000亿韩圆，在2005年9月完成。清溪川现已成为首尔市中心的一个休憩地点。

2. 改造清溪川措施

（1）成立专门的管理机构——清溪川管理中心

由经营管理组负责经营策划、事业运行、广告宣传和场所使用管理及各种演出、文化活动的招揽、组织等；设施管理组负责设施巡察、维护管理、防灾除雪及各种安全检查和安全评估；生态管理组则负责清溪川水质、环境检测、环境影响评估、生态保护及绿地维护管理等。三个部门明确分工，有机合作，共同护好、管好、用好清溪川，齐心合力让这条生态河保持最佳状态。

（2）维护清溪川自然生态环境

清溪川管理中心确定的目标是保证优质水供应，高标准地维护河川的自然生态环境。河川水质要求达到首尔市民饮用水源汉江上水源的一级水质标准，但实际上经过药品沉淀处理，水的透明度明显优于上水源。他们的口号是：让孩子们能够放心在河中戏耍，让更多的鱼种在水中栖息。为此，管理中心设立了"清溪川综合情况室"，严密监控取水送水泵站运行状态及供水情况，对净水场及河道的水质变化严格进行监测；要求记录观察、监测结果，及时向综合情况室和有关部门报告，发现异常或突发情况立即启动应急机制及时处理。

（3）配备专职警卫人员

清溪川流域特别是主要设施所在地均配备了专职警卫人员，昼夜维护秩序，保护设施和游人安全，并负责卫生监督。清扫人员按河道区间定时和随时进行卫生巡察和集中清扫，每天凌晨游人到来之前清扫第一遍，处理完前一天到凌晨之间的垃圾，午后一点至傍晚，对绿地、岸边舞台、长椅等设施进行重点清扫。清溪川管理者们在发挥专业部门职能作用的同时，还积极组织"志愿服务者"参与对河川的保护。他们在大批报名者中优先挑选那些积极热情、责任心强又有条件能定期参加活动的人员，经培训后，按地段和场所排执勤日程。除引导游客、维持秩序外，重点是宣传环境保护，对有损生态环境的不文明行为进行监督劝阻。①

3. 清溪川流域治理的启示

(1) 中心区生态环境的改善②

清溪川的复兴改造极大地降低了原来首尔市中心由于高架桥所带来的噪声和空气污染，而且还减少了热岛效应。清溪川进行通水试验时，其平均气温要比首尔低3.6℃。而在复原前，清溪川高架桥一带的气温比首尔的平均气温高5℃以上。而且，随着清溪川高架桥的开通，过去曾是高架道路或地面公路的地方，现已形成了冷空气移动的水边风路，平均风速有不同程度的增加，空气质量得到了明显的改善。此外，清溪川的河床是由南瓜石、河卵石、大粒沙构成，能很快恢复为河川，自净能力增强。由雨水、地下水和抽取的汉江水形成的清溪川水系统则有利于鱼类的生存。复兴改造工程注重营造生物栖息空间，建设沼泽地、鸟类和鱼类栖息地、浅水滩和池塘等，增加了生物的多样性，重新营造的清溪川自然生态系统中已经有了包括鱼类在内的多种水生物及鸟类栖息。

(2) 传统文化和现代文明相结合

清溪川的复兴改造将建设有特色的现代滨水城市空间与保护和传承历史文化结合起来，重视恢复悠久的历史文化遗迹，建设滨水城市人文景观，为市民和观光客提供回顾和欣赏历史文化以及品味现代文明的场所。清溪川的复兴改造使得河川文化的复兴与周边的历史古迹和博物馆、美术馆等文化场所相结合，形成首尔的文化中心，强化其作为传统和现代相和谐的文化城市的地位，进一步提升了城市的人文品位。

(3) 均衡发展

在首尔，以汉江为界，分为江南和江北两部分城区。依托举办1988年奥运会的契机，江南地区进行了大规模的建设，建成了基础设施和建筑环境较为现代化的新城区，而江北地区尤其是清溪川周边地区城市建设一直较为落后，存在着交通阻塞、空气和噪声污染、建筑环境质量恶

---

① 何永：《清溪川复原——城市生态恢复工程的典范》，载《当代韩国》，2005年第3期。
② 冷红、袁青：《韩国首尔清溪川复兴改造》，载《国际城市规划》，2007年第4期。

化等等各种不同的问题，南北相比差异较为明显。清溪川复兴改造工程实施以前，沿清溪川地区由于周边环境较差，许多业主都把房子出租，搬迁到更适于居住的地方生活。据统计，2000年有12.9万人住在清溪川沿岸，这一数字比20年前减少了14.9%。清溪川的复兴改造推动了江北城区的改造，工程还在建设期间，周边的房地产就开始升值，改造工程结束后，良好的生态环境和滨水空间环境对江北城区建设和改造产生了极大的拉动效应，为周边地区整合成为国际金融商务中心、尖端情报和高附加值产业地区提供了条件。随着江北城区开发力度增强，成长潜力不断提高，首尔市进一步实现了内部的均衡发展，城市中心区经济活力和国际竞争力也得到了提升。

4. 清溪川复兴改造工程的影响

清溪川复兴改造工程最显著的成效是让清溪川恢复了其自然的本来面貌，使清洁、流动的河水又重新回到首尔市民的生活中。然而，清溪川复兴改造工程的意义绝不仅仅是简单地对一条原有承载排水功能的旧河道进行复原，以及作为一项城市美化工程为市民和观光客提供休闲娱乐的亲水空间环境，清溪川的复兴还有利于城市中心区生态环境的改善，彰显了城市传统文化和现代文明的结合，促进了城市内部的均衡发展，推动了环境友好的交通体系建设。同时也引起了世界人民对韩国的关注。①

（三）新加坡河流域的治理②

1. 新加坡河概况

新加坡河是早期新加坡的经济动脉，是繁荣的起点，主要指的是它和转口贸易的关系。独立以前，新加坡的工业基础薄弱，经济主要依赖转口贸易，新加坡河就成了新加坡最主要的经济动脉，当时的货物是由远洋来的大货轮，从海上卸到驳船，再由驳船沿着新加坡河，存在两岸的仓库里。当时，新加坡人收入中的75%，可以说就是来自于这条河。新加坡河其实颇为短小，可是它的出口就是新加坡海港，并且面向印尼

---

① 冷红、袁青：《韩国首尔清溪川复兴改造》，载《国际城市规划》，2007年第4期。
② http://www.ciw.com.cn/index/jkcj/detail/20061008/72081.asp。

群岛、东南亚各地,以至于东西方航运的船只,都要经过新加坡河口,这样一来,新加坡河口自然成了一个货物集散地。

随着时代的进步,特别是建国以后新加坡经济已经转型为以工业为主的经济,新加坡河岸的繁荣也时过境迁,新加坡政府于是拟定一项翻新发展计划,把新加坡河变成一条旅游的河。今天,新加坡河已经改头换面,昔日污染的河水经过了净化,保留下来的旧建筑物都经过翻新,河岸边的百年老店屋和货仓则被改造成娱乐、饮食、休闲和商业服务场所,不断美化的两岸,使本地人和游客流连忘返。

2. 全方位深入挖掘了河道的城市供水能力

新加坡河治理的第一步从清洁水源开始,20世纪70年代工程正式启动,到80年代末宣布首战告捷。具体措施和步骤是:禁止流域内养猪,将露天排档转入室内经营,禁止餐饮行业或其他生产行业直接向外排放污水;铺设下水管道,使工业与生活废水全部通过下水道排出;清洁沿河环境,疏浚河道,修复河床,兴建护岸;同时修建水渠和水库,汇聚雨水,增加水资源的储备。

经过十几年的努力,新加坡已经建成了完整的下水道系统,铺设的下水道总长度超过3 000千米,所有的居民生活区域均铺设了下水道。通过为期十年的清河工程,加上后续的设备投入和法律监督,一条清洁的"生活之河"再度回到了市民的生活中。

3. 完善了河岸向周边地区辐射的交通体系

1992年政府又展开了河道更新的第二步,即有计划地发展以河流为轴线,辐射四周的城市区划、景观、商业和道路、交通建设。具体是:首先提升沿河地区的商业和旅游魅力,将原有的旧店铺和旧仓库因地制宜地改造成了精致并极具特色的高级餐馆、酒吧、咖啡厅或商店,同时积极开发上游北岸克拉码头的夜间景观,挖掘沿岸中国城和小印度历史街区的传统特色旅游。然后在此基础上保障沿河地区交通的顺畅和视觉的舒适,工程从水、陆、空三层空间同时入手。

4. 提高沿岸历史文化和景观文化地区的观光魅力

为使沿河地区的旅游和商业活动获得持久的魅力,2008年4月开始新加坡重建局和旅游局共同启动了河道更新的第三步,即新加坡河美化工程的第一阶段,试图在该地区原有商业活动的基础上添加各种娱乐和庆典活动,使其成为一个 24 小时始终充满活力和生机的滨水空间。

(四) 亚马逊河流域的治理①

亚马逊河流域拥有世界上最大的热带雨林和河流流域。亚马逊河流域流经玻利维亚、巴西、哥伦比亚、厄瓜多尔、圭亚那、法属圭亚那、秘鲁、委内瑞拉和苏里南等九个国家,面积大约 750 万平方公里。20 世纪 50 年代以来,由于对亚马逊地区的过度开发与破坏,亚马逊流域的生态环境持续恶化,物种灭绝速度增加,水污染更为严重,严重威胁了当地居民的生产、生活。

为了更好地保护亚马逊地区(地球之肺)的生物多样性和自然环境,更好地促进亚马逊地区经济、社会、环境的协调持续发展,亚马逊流域各国政府成立了亚马逊合作条约组织。这个组织的目标主要是:一是以保护自然环境和合理使用自然资源实施联合行动,以促进亚马逊各个地区的和谐发展;二是促进亚马逊地区经济的协调发展,保证经济增长和环境保护的平衡,同时提高该区域居住人民的生活水平;三是合理利用水资源,改善水道通航条件,在成员国间建立合适的物质基础设施;四是提高亚马逊流域居民的健康水平,防止并控制传染病,在科学和技术领域进行合作,在不影响自然文化的条件下发展旅游业,可持续利用自然资源,保护地域资源、种族性资源和考古资源。

这个条约组织包括如下内容:

1. 外交部长会议

外交部长会议是最高主体,它负责建立基本的共同政策指导方针,监督并评估这个合作过程的总体活动。按照条约第 20 条,各签约国外交部长会在任何方便或者合适的时候召开会议,以建立基本的共同政策指导方针,考虑并评估亚马逊合作过程的整体进展,同时为实现既定目标而制定决策。这些会议可由任何成员国发起,但是至少要有四个其他成员国支持。

---

① 〔加〕彼斯瓦斯(Asit K. Biswas)等:《拉丁美洲流域管理》,刘正兵等译,黄河水利出版社 2006 年版。

2. 亚马逊合作委员会

亚马逊合作委员会由各国的高级外交代表组成。按照条约第21条，作为亚马逊合作委员会成员的各成员国高级别外交代表将每年举行一次会议。该委员会的职责主要有：（1）监督条约对象和目标的遵循情况；（2）监督外交部长会议决议的遵循情况；（3）在合适或者适时的时候向各成员国建议，举行外交部长会议，并准备各项议程；（4）考虑各成员国提交的方案和项目，对将由常设国家委员会执行的双边、多边研究和项目的动作过程作出相关决定；（5）对涉及双边、多边利益的项目，评估其动作过程。通常，委员会成员可以举行一般会议和特别会议，但是这两种会议都必须由临时秘书长召集。代表团必须是每个成员国的高级外交官带队，并由与会代表、顾问和其他政府授权的成员组成。

3. 亚马逊地区的特别委员会

按照条约第24条规定，成立七个亚马逊地区特别委员会，它们分别是科学和技术特别委员会（CECTA）、环境特别委员会（CEMAA）、本地事务特别委员会（CEAIA）、健康特别委员会（CESAM）、运输、基础设施和通信特别委员会（CETICAM）、旅游特别委员会（CETURA）和教育特别委员会（CEEDA）。这些特别委员会由各领域内有能力的国家机构组成，连接并形成一个活跃的子区域交通网络，对涉及亚马逊地区的环境、科学和技术、运输、通信、基础设施、健康、本地事务、旅游、教育等具体问题进行研究。

4. 亚马逊合作条约组织临时专职秘书处

亚马逊合作条约组织临时专职秘书处负责履行条约、外交部长会议和亚马逊合作委员会所规定的职责。它负责促进整个地区工作的开展、经验交流、科学或者技术信息的传播，鼓励地区项目的编制规划和实施。为此，秘书处规划和收集各种建议，组织和召集专门议题的研讨会，编辑论文公告和出版物；制定、提高本地区文化的工程项目，促进亚马逊地区的可持续发展，保护生物多样性，同时支持对原住居民的培训。

（五）墨累—达令河流域的治理

澳大利亚建立的是以州为核心的水资源统一管理体制，它的墨累—达令流域管理模式是一个较为成功的流域管理模式，在世界上享有盛誉。

墨累—达令流域管理模式自成立以来，墨累—达令流域的盐渍化问题有了明显的改善，动植物多样化现象得到了较好的保持，土地和水的使用效率也达到了进一步的加强，人们的环境保护意识更是有了显著提高。墨累—达令流域管理模式促进了墨累—达令流域的有效规划与管理，实现了墨累—达令流域水土与环境资源平衡、高效和持续利用。①

1. 墨累—达令流域管理模式的建立

墨累—达令河水系是澳大利亚流程最长、流域面积最大、支流最多的水系，流经新南威尔士州、维多利亚州、南澳大利亚州、昆士兰州四个州。墨累—达令流域各州之间曾经由于水资源利用上利益不均衡，产生过许多的争议。为解决争议，早在1915年，墨累流域三州的州政府和联邦政府（新南威尔士州、维多利亚州、南澳大利亚州）通过立法达成了《墨累河河水管理协议》，主要管理流域航运，后经过多次修订，内容扩展到流域管理体系、灌溉、水质管理等生态问题上。1917年成立了墨累河委员会，管理三州航运和灌溉。墨累—达令流域管理模式是针对墨累—达令流域所面临的有关土地退化；水量减少、水质下降及自然植被被砍伐与退化；湿地与河岸带退化；栖息地减少，物种灭绝等环境问题；土著文化遗产区条件恶化、旅游与休闲区退化等文化问题以及管理上的政策不协调；已有法规政策实施不力等管理问题而采取的一种措施。1988年在墨累河委员会基础上成立墨累—达令流域委员会，用于管理和协调流域的环境和资源使用等问题。②

2. 墨累—达令流域委员会的组织机构及其运行机制

墨累—达令流域委员会由三个层次组成：第一层次是部级董事会。由联邦和各州政府的代表组成。来自各个州政府的部长通过会议来管理分配土地、水资源及其他环境份额。其任务是为流域内的自然资源管理制定政策和确定方向，是最高决策机构；第二层次是部级理事会部长会议的执行机构。包括：墨累—达令流域委员会和委员会办公室。墨累—达令流域委员会将墨累河和达令河统一管理，同时将生态平衡和环

---

① 夏军：《海河流域与墨累—达令流域管理比较研究》，载《资源科学》，2009年第9期。
② 郭峰：《流域管理体制中的协调管理研究——以三峡库区及其上游水质保护管理体制为例》，中南大学博士学位论文，2009年。

境管理的内容作为重点纳入流域管理中。委员会办公室从技术上支持决议,采取行动。如调节水库库容,分配各州水资源,制定流域长期的自然资源管理计划;第三层次是社区咨询委员会。由地区的代表以及特殊利益集团的代表组成,直接向第一层次的部级理事会汇报执行中的政策和工程的影响及其效果。负责向部级理事会和委员会就应关注自然资源管理问题提供咨询,向委员会反映社区对所关注问题的观点和意见。①

墨累—达令流域委员会管理模式的成功还归因于州际之间的协调一致、联邦政府财政上的大力支持和统一、协调、全面的流域管理。

(六)埃普洛克流域的治理②

埃普洛克流域位于维多利亚州中部,流域面积共2000平方公里,其北至大分岭(Great dividing range),南部延伸至河畔平原,形成了一个北高南低,南北走向的狭长地形。埃普洛克流域的开发始于1838年,欧洲人首先移民至此,并将大批家畜运至此地,进行畜牧业生产。至19世纪中期流域内发现了金矿后,大批移民蜂拥而至。由于移民的增加,土地又进一步细分,并且生产结构也从单一的畜牧业发展为农牧结合型。随着人类生产活动范围的扩大,加上野兔泛滥等原因,埃普洛克流域的植被遇到严重破坏。原埃普洛克流域的林木覆盖良好。至20世纪60年代,已有近90%的森林被砍伐,取而代之的畜牧业和农业生产用地,由于过度放牧和不合理的耕作方式,水土流失已十分严重。基于以上情况,埃普洛克流域果断采用发下措施:

1. 实施了以控制水土流失、提高土地生产率、保护环境为目的的综合治理工程——埃普洛克水土保持项目

全国河流与供水委员会及议会公共工程委员会于20世纪50年代先后进行了几次勘察,并得出结论:在全流域范围内开展水土保持工作,遏制和减缓水土流失,改善生态环境,恢复植被,改善畜牧业的农业生产条件;在流域内兴建蓄水工程,用于发展浇灌和供水;在流域内进行科学试验研究,为治理工程服务。地方政府接受了此建议,决定在埃普洛

---

① 赵爱军:《小流域综合治理模式研究》,华中农业大学博士学位论文,2005年。
② 同上。

克流域开展综合治理工程——埃普洛克水土保持项目,并明确此项工程由州水土保持局负责完成。

2. 土地所有者的支持与合作是流域治理工程得以成功开展的关键

埃普洛克流域内的大部分土地为个人所有,即私有土地,当州水土保持局的工作人员来到埃普洛克流域并开始着手开展水土保持工作时,便遇到了当地民众的一些反对意见。虽然他们的土地受到侵蚀的困扰,但部分农场主仍然对此治理工程反应冷淡,甚至有持反对意见。州水土保持局的工作人员也认识到,在这种情况下,治理工作是无法开展的。为了得到土地所有者的支持与合作,州水土保持局的工作人员采取了非常谨慎的工作态度,确定了较为稳妥的工作方式。水土保持局的工作人员首先向土地所有者说明了他们的工作目标、工作程序、将要采取的措施以及对土地所有者的影响等问题,并分析了工程实施后给土地所有者带来的巨大效益。同时州水土保持局通过与政府的合作,向土地所有者表明了他们的权利和义务;土地所有者协助开展治理工作的义务,并声明治理工程包括两部分内容,一是生产性措施,由土地所有人负责投资完成;二是非生产性措施,由政府投资完成。

3. 流域机构是流域治理的组织保障

通过多方努力,州水土保持局取得了当地民众尤其是土地所有者的充分信任,土地所有者对治理工作表现出了积极的态度。于是,由土地所有者代表、法律顾问和水土保持局主席参加的埃普洛克流域委员会正式成立。它不仅为实现水土保持机构与土地所有者之间的合作起到了桥梁作用,也标志着个体农场主、农场主组织、地方政府与相关政府部门为实现流域治理的多方面合作关系的建立,这种合作不仅仅是简单意义上的参与,而是多方面、多层次的密切合作,这也是埃普洛克流域治理成功的关键所在。

(七) 尼罗河流域的治理

全长6700公里的尼罗河是世界上最长的河流,流经肯尼亚、布隆迪、刚果(金)、埃塞俄比亚、厄立特里亚、卢旺达、乌干达、坦桑尼亚、苏丹和埃及等非洲十个国家,其中1350公里河段位于埃及境内。尼罗河曾经饱受污染之苦,河水中的细菌、病毒和其他微生物的含量超过正常标准数十倍，铅、汞、砷等有毒物质的含量也大大超过世界卫生组织规定的标准，甚至发生过因食用尼罗河鱼而中毒以及饮用尼罗河水而引发肝炎和肾衰竭的事件。尼罗河在埃及境内的污染源主要有三个，未经处理的生活污水、含有大量化肥和农药残留物的农业废水及成分非常复杂的工业废水。每年排入尼罗河的工业废水多达1400万吨。尼罗河污染的根本原因，是在人口快速增长和经济持续发展的过程中，忽视了对生态、环境的保护。1983年政府颁布了"48号法"即《尼罗河保护法》、1994年颁布了《环境保护法》"第4号"，逐步建立起较为完善的环境保护法律体系，尤其"第4号法"，是埃及第一部内容全面的环保法。①

现在，埃及政府越来越认识到发展经济和保护环境应和谐并行，并采取措施强化环保、拯救河水。一是加强立法，提高认识。1994年，埃及政府颁布了埃及第一部内容全面的《环境保护法》。法律规定，从颁布之日起的三年内，所有工商企业都必须升级设备、设施和生产工艺等，使产品达到规定的环保标准。超过三年而未达标的单位，要么被处罚款，要么被勒令停工。如对海洋造成污染的，最高处以15万美元的罚款。二是政策严格，措施到位。按照规定，有害物质含量必须控制在国家规定的标准以内，否则将被勒令停产甚至关闭。在农业领域，政府禁止在尼罗河沿岸使用化学杀虫剂，提倡和鼓励农民使用有机肥并推广生物杀虫技术。禁止居民将生活污水直接排入尼罗河，而代之以统一的排污处理。同时，政府大力推行"放心水"工程。计划在2008年以前投入22亿美元，对尼罗河水质监管系统进行优化和升级改造，优先实施保护尼罗河主干道的环保工程，处理生活和工业废水等，以彻底改变尼罗河水的质量，让居民饮水无后顾之忧。三是加强外联，携手合作。尼罗河流经九个国家，因此在对它的治理上，加强国际合作十分重要。应本地区国家的要求，世界银行在联合国环境规划署的参与下，已拨款4000万美元，用于治理尼罗河生态环境和污染问题。经过近几年的努力，尼罗河污染情况已有所缓解。然而，由于人力、财力和技术等方面的限制，彻底解决尼罗河污染问题不可能一蹴而就。据专家们估计，至少需要25年左右

---

① 邹杰：《尼罗河不应为发展付出代价》，载《中国三峡建设》，2004年第1期。

才能使尼罗河的污染得到根治。

埃及取得如此良好的水体保护成绩，除了政府的有效管理，与阿斯旺大坝的长期效益密不可分，不再泛滥的清水长流的尼罗河，为农业生产提供了长期稳定的保障，源源不断输出的强大电力，为埃及的经济发展和社会安定打下坚实基础。关于水库入水口的淤积问题，以及尼罗河三角洲失去肥沃泥沙的养分补充而肥力逐年下降问题，可以考虑在上游连续清淤，用管道输送到下游的三角洲肥田而变害为利。此外，尼罗河稳定的流量也保持了撒哈拉沙漠地下水位的稳定，大坝不应单独对土地盐碱化承担主要责任，而应考虑用水量逐年增大以及全球气候变暖的综合效应。

四、国外流域治理的经验及启示

（一）国外流域治理的主要经验

流域综合治理提供了一个能将经济发展、社会福利和环境的可持续性整合到决策过程中的制度与政策框架。20世纪50年代以来，世界上不少国家对大河进行了综合治理与开发，通常以流域为单元，以水资源的综合开发利用为核心，合理地组织、布置生产，建立工业区、城市群和产业带，并促进了流域内经济持续健康的发展，这已成为一种趋势。从世界范围看，世界各国对流域的治理呈现出以下特点：一是这些流域多是跨地区或跨国的，流域面积大，人口多；二是水资源及其他经济资源都非常丰富；三是这些流域地区都是重要的农业或工业基地，是这些国家或地区的经济命脉；四是这些河流都经历过水污染、水资源受到不同程度的破坏，后经过长期的治理和综合开发且取得成效的过程。从治理的情况看，大多数河湖都经历了少则几十年，多则几百年的治理；从治理趋势看，都呈现出单项的治理开发向综合治理开发发展，由被动的治理开发向主动的水资源利用和管理发展，由短期治理开发向长期战略性开发发展的大趋势；从治理成果看，各流域地区在综合治理与战略规则方针的指导下，取得了显著的成效，使流域地区的经济发展与社会发展处于一种平衡、稳定、协调的发展状态，更好地满足发电、供水、灌溉、渔业和旅游业等行业的发展需求。在治理与开发中不仅注重自然条件的改善，而且更加注重生态环境的保护和资源、环境、人口、社会的协调发展，同时更加注重通过制定长期性的战略规划，实现对资源的综合开发和利用。这已成为当今世界各国和各流域地区采取的主要方式之一。这些国家和地区在实施流域综合过程中积累的经验值得我国借鉴。[①]

1. 加强流域治理立法

西方发达国家的法制化水平很高，合乎法律是一切公共事务的基础，尤其像流域管理这样影响巨大、牵涉面广的公共事务。如田纳西流域管理局就是缘起于 TVA 法案。美国是联邦制国家，州的权力很大。田纳西流域地跨七个州，TVA 要实现对田纳西流域的统一开发管理，没有立法保证是难以想象的。流域管理局有权在田纳西河干支流上建设水库、大坝、水电站、航运设施等水利工程，以改善航运、供水、发电和控制洪水；有权将各类发电设施联网运行；有权销售电力；有权生产农用肥料，促进农业发展等等。TVA 法案的这些重要规定，为对田纳西流域包括水资源在内的自然资源的有效开发和统一管理提供了保证。日本对水质污染防治立法始于 50 年代。1958 年，制定了《关于保全公共水域水质的法律》和《关于控制工厂排水等的法律》；1970 年又将这两部法律改制定为《水质污染防治法》。这些法律成为实施琵琶湖综合开发计划和水质保护规划的法律依据。同时，在各种环境和水资源保护行动过程中，不断修改、增加相关法律规定。为治理尼罗河，埃及政府于 1983 年颁布了"48 号法"即《尼罗河保护法》、1994 年颁布了《环境保护法》"第 4 号"，逐步建立起较为完善的环境保护法律体系。英国针对泰晤士河的严重污染，通过了污染防治法案，对排入河中的排放物制定了明确清晰的标准，责成相关企业严格执行。

2. 设立有效的流域管理机构

各国流域管理机构均根据相关立法、协议或政府授权而建。例如莱茵河流域的管理机构就通过国际协议建立了莱茵河航运中央委员会、莱茵河国际保护委员会（1950）和莱茵河国际水文委员会（1951）。TVA 作

---

① 吴志强：《国外大河大湖流域综合治理开发的启示》，载《江西科学》，2003 年第 9 期。

为具有政府权力和企业经营能力的管理主体被授权依法对田纳西流域自然资源进行统一开发和管理，这一管理职能为流域水资源统一管理提供了有利条件。但同时这种管理也经历了一个不断发展和完善的过程。墨累—达令河流域通过联邦政府与州政府的《墨累—达令河流域动议》建立了部级理事会、流域管理委员会和社区咨询委员会。美国根据流域法律成立了田纳西河流域管理局，通过联邦政府与州政府的协议建立了特拉华河流域委员会。加拿大弗雷泽河流域根据广泛接受的《可持续发展宪章》建立流域理事会。美国和加拿大通过国际协定建立了国际联合委员会，处理两国跨界河流问题。

流域机构和管理模式的多样化反映了流域独特的自然人文特点、历史变化和国家政治体制。流域管理机构是流域综合管理的执行、监督与技术支撑的主体，但不同的流域管理机构在授权与管理方式上有较大的差别。流域管理机构作为利益相关方参与的公共决策平台，其权威性往往是各种利益平衡的结果和反映。有效的流域管理机构通常有法定的组织结构、议事程序与决策机制，其决策对地方政府有制约作用。虽然流域管理机构的权限范围会随着流域问题的演变而有所调整，其权威性也会受到来自地方和部门的挑战，但符合国情和流域特点的流域机构依然是流域综合管理的体制保障。[1]

3. 形成合理的流域治理权力结构

在流域综合管理的框架下，对支流与地方的适当分权是流域管理落到实处的重要保障。例如莱茵河流域管理机构建立了统一的标准和强化机制。此外还有责任分配模式：如墨累—达令河流域有18个属于非营利机构的支流委员会，负责所在流域生态恢复计划的制定与项目设计等工作，每个支流委员会的主席是流域社区咨询委员会的委员；南非成立了19个流域管理区，每个流域管理区由9—18位利益相关方与专家组成一个流域管理机构，他们根据各自的需要提出流域管理策略，并负责具体执行与实施。美国的TVA法案不但明确了田纳西河流域管理局的主要职

---

[1] 国外流域治理八条经验值得借鉴，见 http://LW.china-b.com/gxlx/20090217/154886-1.html。

责，而且还明确了 TVA 在流域内可行使水资源的开发权、所有权及管理权。同时给予其独立的人事权，流域内河流的开发、治理、土地征用、购买、出租等权力以及电力生产和销售权。1957 年 TVA 又被授予了融资权。例如，TVA 成立之初，经费有限，需要投入资金的项目很多，因而联邦政府将售电的绝大部分收入归 TVA 所有，剩余的资金均用于本流域的开发治理，做到了以水治水、以水求生。埃普洛克的流域管理者积极发动利益相关者参与流域管理，通过鼓励该地区的土地所有者承担生产性措施的投资，使该河的流域管理得以成功。这种治理思路体现了科斯明晰产权的思想，利用现有的产权所有制度构建一套有利于流域开发治理的权责利体系。日本为治理琵琶湖流域，建立了无过失赔偿责任制度。在环境损害的事件中，污染者大多是经营性的获利的主体，其从事危险和破坏活动，制造了危险和危害，并因此获得了利益，既然由此而获利，就应当为其获利过程中所造成的损害承担责任。因此，由其承担责任合情合理，是权责利统一的体现。尼罗河的治理中也明显体现出治理过程的权责统一。为改善尼罗河的生态环境状况，当局建立了沿河排放的标准体系，要求企业严格按照指标执行，禁止沿岸居民使用化学杀虫剂，以及将生活污水排入河中。同时，又鼓励农户使用有机化肥，并建设"放心水"工程，满足生活、生产需求。

4. 实施多目标的水资源统一管理和综合水资源规划

编制流域综合规划是流域管理机构进行流域综合管理的重要手段，几乎所有的流域管理机构都将编制流域综合规划作为最核心的工作，通过流域综合规划对支流和地方的流域管理进行指导，而且规划的目标和指标常常是有法律效力的。墨累—达令河流域编制了《墨累—达令河流域综合管理策略》，并编制了《盐碱化防治规划》等专项规划。在 1996 年洪水之后，莱茵河流域编制完成了《莱茵河洪水防御计划》等规划。《欧盟水框架指令》的核心也是编制流域综合管理规划。根据该《指令》，所有国家的流域（管理）区必须每六年制订一次流域管理规划与行动计划。

流域综合规划的内容包括被广泛接受的远景目标、近期目标、规划期限、组织方式、规划咨询与实施等。从国际流域管理规划的内容来看，传统的规划比较注重工程与项目规划，而近期的流域综合规划则更加注重目标的设定、重要领域的选择、优先区与优先行动的设定，而很少会涉及单个具体的工程项目计划。共同的、被广泛接受的远景目标对于实现流域综合管理是至关重要的。欧洲人能够清晰地表述莱茵河流域治理的目标，例如"让大马哈鱼重返莱茵河""到莱茵河洗澡"等。

5. 注重流域治理的科学论证与公民参与

由于流域的综合开发涉及各个方面，不仅是流域本身，而且包含环境、动植物、气象、水利工程以及经济、社会、人口等诸多方面，因而对流域综合开发与资源利用的科学论证的要求也日趋提高。许多国家在制定流域总体规划和确定工程项目时，日益重视智囊团的作用，以保证战略决策不失误或少失误，使流域工程建立在科学论证的基础上。澳大利亚墨累—达令河流域委员会建立了 20 多个特别工作组，聘请来自政府部门、大学、私营企业及社区组织中关于自然资源管理和研究的专家，以便将最先进的技术和经验运用到流域管理中去。墨西哥则充分利用墨西哥水利技术学院在开发和转让有关水的有效利用和水质保护方面的技术，为国家水资源委员会及其他机构提供技术方面的服务。[①]

此外，许多国家还相当重视民主协调和公众参与，并将其作为流域管理的关键因素。流域管理参加者往往由专属流域机构、流域区内政府、流域区内拥有土地的集体和居民及其他代表组成。在德国，用水户组织已成为德国用水改革的主要力量。在澳大利亚，TCM 作为流域管理的目标，已深入人心。TCM 就是 "Total Catchment Management"，意思是 "全流域管理"，它强调了公众与政府一起努力，以协调合作的方法，形成自然资源持续利用的最佳管理。居民可以组成团体（如关注水利组织）一起解决共同的地方性流域问题，或派代表参加具有更广泛流域利益的流域管理委员会。其中 1987 年开始实施的以社区民众的广泛直接参与为根本的 "土地关爱计划"（Land Care Program），则是公众参与流域管理的一个典范。

《欧盟水框架指令》提出了关于在《指令》实施中积极鼓励公众参与

---

① 〔美〕奥利弗·E. 威廉姆森：《治理机制》，王健等译，中国社会科学出版社 2001 年版。

的总体要求，要求在规划过程中进行三轮书面咨询，并要求给公众提供获取基本信息的渠道。根据流域管理的内容和要求不同，利益相关方参与的机制也有所不同，例如参加流域决策机构、流域管理机构或流域咨询机构，参与规划的制定，参与规划的咨询，参加规划的听证会，以及及时告知受影响群体等。

韩国的清溪川复原工程中，首尔市政府深刻体会到工程要想成功，公众参与、支持比什么都重要。从2002年8月13日开始，到2003年6月24日期间，共组织了90次清溪川地下现场参观，6662名市民代表参加了活动。市民真切感受到了清溪川的实际情况，深刻体验到复原工程的紧迫性和必要性。工程方案的设计过程中，也充分听取社会各界的意见和建议。以清溪川复原市民委员会为中心，充分搜集社会各界的意见和建议，反应到复原方案中，使得工作有效开展。工程实施过程中，充分发挥民众的力量，任何人士都可以直接参与清溪川的复原，工程接受社会各界的各类捐助，共有3200人参与了清溪川文化桥的捐助，20000人参与了希望墙的设置。这些活动一方面减少政府的财政投入，另一方面提高了民众对此工程的主人翁意识，以办自己家事的态度促进了工程顺利、高效建设。

6. 夯实信息和科技基础

流域治理需要坚实的信息与科学基础，其中完善的流域监测网络和现代信息技术应用对进行流域自然、社会、经济的综合决策和管理至关重要。只有科学地认识流域问题才可能作出科学的规划和决策。因此，许多流域管理机构均通过各种方式提高其科技支撑能力。另外，有关流域科学知识的传播也同等重要，只有社会各界对流域的生态和环境问题具有科学共识，才能采取一致的行动来保护和重建流域生态系统。美国、日本、英国等发达国家都特别重视加强科学试验和理论研究，应用遥感技术、计算机技术、辅助设计技术、卫星定位系统等进行水土流失监测、预报、评价和工程的规划设计，广泛推广实用技术，对流域区域状况实施全方位监控，及时了解流域各河段的水文状况，及时采取相应措施，保证流域的良性发展，提高流域治理的防治效益。

7. 健全水污染治理体制和协调机制

为了加强流域水环境治理的力度，保障流域综合治理规划目标的实现，发达国家经过长期的实践和探索，逐步建立了以流域为主体、符合流域水资源水污染实际的治理体制和协调机制。一方面是建立以流域水资源综合管理为主要职责的流域机构。如美国田纳西河流域管理局直接隶属于国会，它既具有统一规划、开发、利用和保护流域内各种自然资源的广泛权限，又是高度自治、财务独立的法人机构；在泰晤士河流域管理中，政府成立专门委员会和水务局，对其流域进行统一的规划和管理，提出水污染控制政策法令和标准，对排入泰晤士河的工业废水和生活污水作了严格的规定限制，为了对河段进行统一管理，将全河流域划分成十个区域，合并了200多个管水单位，建立了新的水业管理局（实行私有化后成为泰晤士河水业管理公司）。泰晤士河水业管理公司负责对全流域的水资源进行管理和保护。尽管各国流域机构存在明显的职能差异和不同的隶属关系，但它们都是基于流域统一治理原则基础上建立的。另一方面是在流域统一治理的基础上，加强政府各部门和流域区内各地方政府间的协作，建立有效的协调机构。例如加拿大在圣劳伦斯河流域治理中，由环境部牵头负责，建立了由农业部、经济发展部、海洋渔业部、交通部等多部门参加以及企业、社区共同参与的工作机制，形成了统一规划、分部门实施、执法部门负责监督检查的管理体系；欧洲各国为治理跨国界流域莱茵河，成立了莱茵河国际保护委员会，商议对策，互通信息，协调流域治理的各国行动。在韩国清溪川，河道治理完成后，工作重点转向维护和管理，以保证治理效果长久。清溪川复原工程指挥部负责日常事务管理：开展连续水质监测，保证治理效果，防止突发事件；定期进行大气监测、动植物种群调查，进行生态修复评价，监测治理效果，系统评价工程有效性；每日还有"爱清"守护管理清溪川，清理河道漂浮物，巡查河道，义务讲解等。

8. 开展宣传教育，提高公众意识

在许多政府机构、流域机构、水企业或其他相关机构中，都有主管宣传的部门，负责宣传和提高公众意识，其中包括对来访者的接待、组织各种各样的宣传教育活动（包括中小学生参加的活动）。宣传资料也多

种多样，大到规划、技术报告、流域机构的年度报告，到小的折页、书签等，而且都是免费提供的。只有提高流域内公众的意识，并让其自觉和主动地参与保护和恢复行动，才能真正实现流域管理的目标。如英国的《水污染防治法》规定，"任何向国家河流局提出的排放申请，国家河流局必须将该申请在污物排放地区和污物可能进入的水域的地方报纸上刊登两次，同时还要在《伦敦公报》上予以刊登"。国家河流局将阅读并考虑申请刊登出之后六个星期内收到的公众书面陈述。陈述可以对所申请的污物排放提出反对或限制。国家河流局在考虑公众书面陈述后，决定许可排放或驳回申请。日本政府则根据年度计划对水质进行检测，检测结果由都道府县知事公布于众，接受公众监督。

9. 推进政府、企业和社会的联合治理

在流域治理中通过采取各种激励性的经济手段，可以平衡各方利益和环境保护之间的关系。而这些激励性的经济手段需要政府、社会与企业的联合。只有这三方联系在一起才能确保流域的治理更有效率且运行更加通畅。

发达国家在流域水污染治理的实践中，形成了行政命令与发挥市场机制和自愿性环境协议相结合的政策体系。自愿性环境协议已成为政府和企业伙伴治理的重要形式。1964年，日本的一家公司与当地政府达成一项环境保护协议以保持低水平排放污染物，由此产生了第一个自愿性环境协议（VFA）。此后，自愿性环境协议逐步成为政府与排污企业伙伴治理的有效形式。在日本VFA都是在地方政府、企业和非营利组织间达成的，且发展迅速，仅1992—1993年期间日本地方政府和商业部门就达成了超过2000项的自愿性环境协议，现已有37个行业和138个贸易协会参加了自愿协议。在美国、欧洲、加拿大和澳大利亚等国家和地区也纷纷在国家层次上推行了VFA，如美国佛罗里达州的"保护我们的湿地工程"。这些自愿性环境协议能够推动政府与排污企业的伙伴治理。经济合作与发展组织中已有12个国家提出了300多种环境自愿协议，德国工业界自20世纪70年代以来已经缔结并成功地实施了大约80项自愿协议，加拿大工业界已经确认了90多个自愿协议，并正在演变成为一种以污染预防为重点的更精细的思路。这些协议绝大多数是在高污染性产业中缔结的。协议内容涉及水污染、废物管理等方面。OECD 专家曾对发达国家自愿性环境协议的契约有效性、经济有效性方面的问题进行了长时间的跟踪研究。结果表明，尽管各国实施自愿性协议取得的效果不尽相同，但它确实能够增强企业和消费者关于达到环境目标的能动性和责任，促进企业更多地参与排放量减少活动，促使环境政策手段更好地适应可持续发展的要求。而且，由于环境自愿性协议是政府与企业共同协商的结果，这种建立在双方信任、合作的基础之上的协议，不仅可以极大地发挥企业的主体作用，强化企业的主动参与意识与从事环境保护的能动性和责任感，而且这种双赢的利益诉求，能够大大激发双方参与自愿协调的积极性，提高协议的履行率及环境保护的成功率。

10. 引入多种经济手段与完善投融资机制

流域管理的经济手段是多种多样的。政府通过开拓资金来源渠道，充分发挥政府财政的招商引资作用，以财政投融资为主导，建立起多元化、多层次、多渠道的投融资体系。在融资机制中，推进融资渠道的多元化是治理的持续动力。如日本的琵琶湖在流域治理中，设立了政府的特别基金，通过这种方式使融资取得较好效果。除此，在流域治理中还要注重完善投融资政策，这可以从根本上保障流域得到较好治理。如莱茵河流域管理机构就与欧盟采取补贴原则，如果某国达不到所设定的标准，欧盟委员会将对该国进行处罚。通过政策来为流域治理提供制度保障。除以上完善投融资机制的方法外，在流域治理中，还可顺应低碳经济的发展潮流，适时推出碳交易试点，促进流域的产业结构优化升级。流域拥有的大量水资源，可以用于水电领域。充分利用这一优势，以现有清洁发展机制为基础，科学借鉴国际碳排放权交易的先进经验，适时推出碳交易试点，不断探索碳金融服务的新模式，鼓励有资源优势的流域企业积极参与碳交易，为流域综合治理开辟新领域的资金来源。与此同时，要通过"绿色信贷"、碳基金、碳金融债券等多种方式，大力发展低碳产业，完善低碳项目的风险投资机制等，促进流域产业的结构优化升级。

对流域的治理，需要中央及地方财政把流域治理放在重要的位置，重视流域的治理。除此之外，还要在流域治理中引入竞争的机制，努力把社会的资金投入到流域的污染治理中以减轻政府在流域治理方面的财政压力。例如澳大利亚通过联邦政府的经济补贴,来推进各省的流域综合管理工作。其中莱茵河流域管理机构与欧盟则采用补贴原则,如果某国达不到所设定的标准,欧盟委员会将对该国进行处罚。在融资手段方面,流域管理的融资手段也是多种多样的,其中政府投入、项目投入与流域机构服务收费是流域管理的主要融资渠道。在融资手段上,墨累—达令河流域管理机构规定不能接受私人或私营部门的捐款。政府充分发挥财政的投融资补充功能,通过适时开征流域生态税,发行环保专项债券这些措施,可实现融资方式的多元化,构建投融资机制,为流域治理提供强大的资金保障。

多种经济手段与完善的投融资机制能保障流域的综合管理更有效率。

11. 加大政府资金投入,保证治理进度与效益

流域治理的重要一环就是需要强大的资金支持,从而能够保证政府各项措施的顺利推广,保证流域治理能够及时高效地完成,实现流域的经济效益、社会效益与生态效益的协调发展。美国联邦政府每年投入水土保持的经费达3亿美元。德国政府从20世纪70年代到90年代,共投入约5亿马克用于治理650多条小流域,平均每平方公里的治理经费达到81万马克。韩国政府在清溪川复原工程中,自2005年9月开始,历时26个月,投资39亿韩元,一改清溪川面貌,恢复其生态状况。同时,各国政府在流域管理过程中也通过多种渠道筹集资金。由于,巨大的工程及其管理投资完全由联邦政府承担,负担显然过重,因此,必须加强地方政府在管理及费用分担方面的作用。如防满盈堤的建造在早期完全由联邦政府出资,但后来就改由联邦政府和州政府共同出资,同时还向社会进行筹集,建立防洪保险等项目,以此用于对流域的治理。早在1986年美国国会通过的水资源开发法案规定,州政府分担25%—50%的费用。用于建设堤防的取土或退建占地的费用,由地方政府解决,联邦政府不出资。防洪堤的管理和维护费用通过地方政府的税收和征收防洪费

解决。①

资金是保障流域得到治理的基础,通过加大政府的资金投入,可以保证流域治理的进度与效益。

12. 建立跨国流域治理事故预警预报系统

在流域治理中,加强国际间的交流与合作,能够学习到流域治理中先进的技术和理念。现今,许多国家都建立了跨国事故的预警预报系统,这就更需要加强国际间的交流与合作。

欧洲、美洲、非洲国际河流在整个流域都建立了跨国事故预警预报系统,针对洪水、灌水和冰川采用遥感系统进行实时监控。对各类事项进行预报并发出警报。如ICPDR在整个流域上实施的事故预警预报系统不但覆盖了18个国家,而且在流域各国的支流和主干流上都有三级监测站,时时传送数据到委员会的事故预警预报系统中。系统数据库不仅包括各水力特性值,还包括各支流的污水(工业污水和城市污水)排放量、污水水质和水质监测的动态数据、可能影响的范围、传播的速度、采取的预防措施等。已达标和未达标的监测站及预期整改的进度都清晰地反映在整个系统中。在莱茵河的干流和重要支流上建有九个国际监测站(包括跨国界面上的监测断面)。ICPDR的监测部门每年都向管理部门提交监测公报,并进行公开的信息披露,以接受公众的监督,满足公众对环保的要求。②

建立跨国事务的预报警系统,不仅加强了各个不同国家之间的交流与合作,而且还能使得流域的治理更加有效。

(二)国外流域治理经验对中国的启示

1. 中国流域状况和问题

(1)流域开发利用的历史久远

我国河流开发的历史久远。很多河流已经远非原始状态。黄河和长江流域的开发历史都在两千年以上,即使珠江、松花江、辽河以及西北

---

① 后立胜、许学工:《密西西比河流域治理的措施及启示》,载《人民黄河》,2001年第1期。
② 李雪松、秦天宝:《欧盟水资源管理政策分析及对我国跨边界河流水资源管理的启示》,载《前沿论坛》,2008年第1期。

地区的内陆河等流域,也有数百年以上的开发历史。

以黄河和长江为例,一般认为,黄河在大约 15 万年前冲出三门峡,东流注入太平洋。通过游荡不定的流路和挟带的大量泥沙,不但塑造了华北平原,而且不断改变渤海湾和黄海的形态,从而支持、发展了陆地和近海海域相应的生态系统。史前时期,在这片冲积平原上就开始有人类活动,到两千多年前的春秋战国时期,河流两侧出现堤防,秦汉以后形成两岸统一的堤防系统,将狂野不羁的黄河约束于两堤之间,从而根本改变了黄河下游的形态,使黄河河道具有"善淤、善决、善徙"的特点,形成黄河与人类的尖锐矛盾。黄河的东流和频繁改道,不可避免地侵犯海河水系和淮河水系,在隋唐以后由于南粮北调的需要,开辟了贯通黄、淮海和长江水系的人工大运河,更使黄、淮海河的矛盾变得错综复杂,成为世界少有的治水难题。

随着喜马拉雅山的崛起,古金沙江、古雅砻江和古大渡河从南流相继转为东流,形成古川江水系,最终由于三峡在大约几十万年前的贯通,才形成我国的最大河流——长江。长江挟带的泥沙造成了两岸的冲积平原,而两岸平原和湖泊沼地的陆续开发,又不断侵占长江洪水的蓄泄空间,形成并日益加重两岸的洪涝威胁。

(2)河流开发利用的规模巨大

新中国成立以来,为适应社会经济的急速发展,以前所未有的速度和规模开发利用和改造河流。到 2004 年底,全国的江河湖海堤防总长达 27.7 万公里,保护人口 5.31 亿人;河流上的大、中、小水库 8.5 万座,总库容 5542 亿立方米,为河川年均径流量的 20.5%,供水总量 5548 亿立方米,为年均水资源总量的 19.5%,灌溉面积 5625 万公顷,为耕地面积的 45%。我国水资源的利用很不平衡,在华北平原、辽河平原、河西走廊和其他省自治区的一些地方,水资源的开发已呈现过度;在西南、东北的一些边境地区和经济不发达地区,水资源的开发利用率很低,还有不同程度的开发利用空间。

(3)当前存在的问题

对流域的大规模开发利用,也带来不少问题,直接影响河流的自然功能和永续利用,主要表现为:

A. 水质严重污染

经济发达地区的流域都受到不同程度的污染，并且日趋严重，成为当前我国水资源可持续利用的最大威胁。据中国环境监测总站公布的2009年1月《全国地表水水质月报》统计显示，在长江、黄河、珠江、松花江、淮河、海河和辽河等七大跨行政区水系（含国际）的183条河流的376个断面中，Ⅰ－Ⅲ类水质断面占54%，Ⅳ、Ⅴ类占25%，劣Ⅴ类占21%，总体上呈中度污染的状况，其中松花江、海河、辽河的Ⅳ类、Ⅴ类、劣Ⅴ类水质占流域总面积的50%以上[①]，虽然中央一再强调生态环境的重要性，并不断进行立法保护，但我国流域水污染的状况仍很严重[②]。

B. 下游河湖干涸

一些河流由于上中游过度用水，造成下游河湖干涸，不仅影响下游地区社会经济的发展，而且还使这些地区的地下水严重超采，造成地面沉降、海水入侵等地质灾害。在干旱地区的内陆河，下游河湖干涸不但使当地人民失去生存条件，而且由于下游生态系统的衰亡，造成沙漠扩大，危及全区的生态安全。

C. 洪灾威胁依然严重

多年来虽然不断加固、加高和增建堤防，并兴建巨大的调节水库，但是许多河流的洪灾威胁依然严重，有的甚至比过去更为严重。这是由于对河流灌水的调节力度过大，使河流减少了汛期的造床流量，造成河床萎缩，土地无序开发，大量侵占泄洪滩地和蓄洪湖泊，压缩了灌水的蓄泄空间，导致河流的洪水位不断抬高，有的地方，防洪工程建设和洪水位抬高甚至形成恶性循环。

D. 近海海域生态系统退化

由于河流入海的淡水减少，近海海域的坡度相应增加，加上大量污染物的排入，使我国近海海域的生态系统都有不同程度的退化，以渤海湾最为严重。珠江口及东南沿海的红树林衰亡，不仅影响生物的多样性，

---

① 中国环境监测总站：《全国地表水水质月报》，2009年1月。
② 李胜、陈晓春：《跨行政区域水污染治理的博弈及启示》，载《湖南大学学报（社会科学版）》，2010年第1期。

还将加重今后风暴潮的危害。①

E. 国际河流问题突出

我国是国际河流众多的国家，大小国际河流（湖泊）有 40 余条（个），其中主要的国际河流有 15 条，流域国涉及 19 个境外国家。我国的国际河流主要分布在三个区域：一是东北国际河流，以边界河为主要类型；二是新疆国际河流，以跨界河流为主，兼有出、入境；三是西南国际河流，以出境河流为主。国际河流的公平合理利用和协调管理，影响着我国近 1/3 国土资源的可持续发展，影响着我国与东南亚、南亚、西亚和东北亚地区的国际区域合作和地区稳定，尤其影响着我国与 14 个接壤国的睦邻友好、对外改革开放、跨境经济合作和稳定。② 而当前我国国际河流面临的主要问题是开发目标冲突、开发内容单一、法律法规不完善、管理机构不健全等。

2. 中国流域治理中存在的问题

（1）落后的流域管理体制是制约流域良性发展的最大障碍

A. 流域机构权威缺失

难以承担流域管理统筹协调的职责。我国虽然在七大流域建立了流域管理机构，但它们都只是水利部的派出机构，具有行政职能的事业单位而不具有行政执法权力；而具有行政执法权力的各省水利、环保部门往往从行政区自身利益而非全流域的角度去考虑流域管理。这样，流域机构与各省、市有关部门之间在处理水问题时无法统一指挥，无法做到全流域的统筹规划和管理，以流域机构为主体的流域统一管理体制并没有发挥其应有的功能，监督管理机制和手段匮乏，各流域管理机构难以进行有效的协调和仲裁。根据《水法》、《水污染防治法》及其他有关法律和规范性文件的规定，我国现行的流域管理体制，是一种"统一管理与分级、分部门管理相结合"的管理体制。按照这种管理体制，理应是以流域统一管理为主，部门管理和行政区域管理为辅。然而，在我国流

---

① 钱正英、陈爱琦：《人类活动河流演变，我国河流状况和问题》，见网易水利，http://www.epi88.com/master/News_ View.asp? NewsID = 8865。

② 汪群、陆园园：《中国国际河流管理问题分析及建议》，载《水利水电科技进展》，2009年第 4 期。

域管理的实践中却形成了国家与地方条块分割，以河流流经的各行政区域管理为主，各有关管理部门各自为政，"多龙管水、多龙治水"的分割管理状态。如在处理省、区之间的问题上，流域管理机构只能调查研究和协调而不能仲裁，甚至对省级行政边界上的一条小河或一个小型引水口的处理，都不能作最后决策。

B. 条块分割

分散管理体制使流域统一管理流于形式。20世纪80年代中期，我国逐渐推行了区域分权的行政管理体制，使行政区权力（包括立法权）得到很大增强。这一权力基础与区域承担的取水许可等具体配置行为相结合，行政区便具备了对自然资源进行分割化控制的能力。与此同时，一些行业管理部门也掌握了部分水资源的配置权，这就形成了区域和行业在水资源管理、开发、利用等方面的决策分散化状况，客观上造成与流域统一管理原则相违背的水功能分割管理和不同形态的水资源分割管理的局面。

C. 块块分割

水资源产权制度不完善，难以克服水资源的外部效应。流域区和行政区是两种不同性质的区域划分。前者是以河流为中心，由分水线包围的区域，是一个从源头到河口的完整、独立、自成系统的水文单元；后者是指为实现国家的行政管理、治理和建设，对领土进行合理的分级划分而形成的区域。同一流域往往流经几个不同的行政区，而一个行政区也可能包含几个不完整的流域区。行政区作为国民经济系统中相对独立的经济利益主体，各区域的经济活动以本区利益为导向，从而形成所谓的"行政区经济"。在水资源产权制度不完善、水资源有偿使用和转让机制尚未形成的情况下，谁先占用，谁就拥有使用权，各地方政府为追求当地经济增长，未经协调和批准就擅自动手先干、多干损害邻区利益的"擦边球"工程，引发了各种争水利让水害的行政区际矛盾。有的地方政府对排污企业未采取有效管制措施，放任排污，导致下游地区居民生活用水受到严重污染，经济损失重大。而下游不给予上游生态建设以补偿，也不会产生上游为下游需求进行考虑的足够动机和激励作用。在市场经济条件下，由于经济利益的驱动，流域的各地方政府为了本地方的利益，势必会在对流域自然资源、自然环境的开发、利用和保护方面的统一管理产生不同程度的抵触,势必会充分地利用其在流域行政区域管理方面的权力,大力开发和利用其行政区域内的流域自然资源和自然环境,为本地方社会经济的发展谋取利益。它们不会自觉地、主动地从全流域的利益、从流域可持续发展的角度来考虑,而只会从本地的利益出发去考虑其开发利用流域自然资源和自然环境的行为。同时,"多龙管水、多龙治水"现象产生,又势必导致各部门各自为政、各自为占、分割管理状态的出现。由于我国现存的流域管理体制,使地方部门分割了许多流域管理机关的职权,长期以来,这些流域管理机关不能有效地发挥其流域管理过程中的积极作用,而使许多工作陷入互相推诿之中。我国流域管理体制是一种传统、相对落后的管理体制,不仅不能适应实施流域可持续发展战略的需要,反而有碍于流域可持续发展战备的实施。

D. 部门分割

分类管理的制度刚性仍未消除,体制协调性差。我国长期实行多部门参与、多层次的管理体制。主要由水利部负责水资源管理,但管理的各项具体内容分由各个部门负责;管理层次和范围基本是按行政级别和区域划分的,因而形成了部门分割、地区分割的局面。将城市与农村、地表水与地下水、水量与水质等进行分割管理,严重违背了水资源的自然循环规律和整体性,特别是引发了"多龙管水"、"政出多门"等问题,导致一个城市和地区出现"管水源的不管供水,管供水的不管治污、管治污的不管循环使用"的局面,没有一个统一的机构对水问题负责。这种城乡分割、部门分割的水资源管理体制,使水资源的完整性被人为地破坏,地表水、地下水、空中水难以优化配置,生活用水、生产用水、生态用水无法统筹规划,合理的水价机制无法形成,水质管理与水量管理相分离,河道管理和水资源的保护无法衔接,不同水管机构职能交叉,加剧了制度体系内部冲突。加之缺乏强有力的监督机制,最终导致水资源管理和配置的长期低效,给以各种保护主义、机会主义可乘之机,加剧了水资源危机。①

正如学者任敏所分析："由于流域规则和区域规则的不兼容，我国流域管理存在着'碎片化'的内在本质，而涉水机构的内在复杂性以及相互之间的'领域'争斗加剧了流域公共治理的碎裂程度。水危机表面上是资源环境危机，实质上反映了一种公共治理的危机，反映了我国流域管理在制度安排上存在的非常突出的问题，即水资源和水环境管理的条块分割，流域管理和区域行政管理之间以及地区和地区之间缺少协调，无法解决跨部门、跨地区和影响多个利益主体的复杂涉水问题和冲突，流域管理内在地存在着碎裂的本质。"②

（2）缺乏统一的流域管理法律

我国的流域管理法律多分散于众多的法律法规之中，没有一部完整的流域治理法律。虽然随着《水法》、《水污染防治法》的相继出台，我国流域立法在一定程度上取得了进步，但是流域管理立法还是相对薄弱。这主要体现在以下几个方面（学者徐定、吕忠梅等）③：一是流域管理立法进程严重滞后，2002年《水法》对流域机构的法律地位和职责作出了许多规定，但是由于与流域有关的配套规范性法律文件的立法工作迟缓，使得在流域管理实践中形成的行之有效的手段得不到法律的明确保障。我国至今还没有一部流域法。二是立法无序、级次之间存在问题。《环境保护法》、《水法》、《水污染防治法》、《水土保持法》、《防洪法》均为全国人大常委会制定，具有同等法律效力，但从理论上讲，环境保护、水资源保护、水污染防治、水土保持、防洪显然不是同一层次的问题，在立法上也应有不同的法律效力等级，才有利于流域管理，目前这种立法模式显然不能满足水资源管理与保护的需要。三是规范性法律文件之间相互冲突。在现有的部门立法体制下，各部门都将水作为自己的立法对象，而这些部门之间又缺乏相应的协调机制，往往导致各文件的目标和

---

① 陈瑞莲：《区域公共管理理论与实践研究》，中国社会科学出版社2008年版，第220—221页。

② 任敏：《我国流域公共治理的碎片化现象及成因分析》，载《武汉大学学报（哲学社会科学版）》，2008年第7期。

③ 吕忠梅：《环境资源法视野下的新水法》，载《法商研究》，2003年第4期。

内容的冲突,削减流域管理的效能。四是流域管理立法内容存在严重漏洞。在河口管理、控制性水工程管理、流域内跨边界水事纠纷的处理权限等重大问题上没有完善的立法体系。五是流域管理立法过于原则性,缺乏可操作性。

学者徐荟华[①]同时指出 2002 年新《水法》虽然对流域管理作了最基本的规定,但在流域管理的机构体制上仍有待理顺:其一,我国流域管理机构的法律地位不明确,常常处于非常尴尬的境地。新《水法》虽然规定水行政管理主体和执法主体是县以上地方人民政府水行政主管部门和流域管理机构,而流域机构是事业单位,其执法主体地位处境尴尬,往往在行政上受地方政府的领导,从而在实际意义上削弱了流域治理。其二,流域管理机构与各级水行政主管部门关系不明确。虽然新水法对流域管理机构和地方政府水行政主管部门在制定流域或区域综合规划、拟定水功能区划中的分工作了一些安排,但在具体的执法监督要求分工及相应的法律责任方面却不明确。其三,流域管理机构只是水利部的派出机构,而参与流域水环境资源保护监督管理的部门还有环保、农业、渔业、交通、林业、建设、地矿等多个部门,难免会使流域机构的工作处于被动地位。

3. 中国流域治理的改革方向

本章通过对世界各国流域治理的分析及对我国流域管理过程中存在主要问题的阐述,总结流域治理的国际经验为我国的流域治理提供参考,以促进我国的流域治理朝着科学化方向发展并不断完善。基于此,我国流域治理的改革应着力于以下几个方面:

（1）建立统一管理、垂直领导的流域管理体制

流域是一个由水量、水质、地表水和地下水等各组成部分构成的统一整体,是一个完整的生态系统。在这个生态系统中,每一个组成部分的变化都会对其他组成部分的状况产生影响,乃至对整个流域生态系统的状况产生影响。由流域的这种整体性特点所决定,在流域的开发、利用和保护管理方面,只有将每一个流域都作为一个空间单元进行管理才

---

① 徐荟华:《我国流域管理立法中的若干问题研究》,河海大学硕士学位论文,2004 年。

是最科学、最有效的。鉴于此,必须改革我国目前在流域管理方面所实际实行的分割管理的管理体制,建立一个统一管理、垂直领导的管理体制。具体建议:在以水利部为核心,在环保总局、林业总局、农业部、交通部等部门所涉及流域开发、利用和保护管理方面的司、局、处的基础上设立"中央直属机构中华人民共和国国家流域管理总局"。在国家流域管理总局下面,按流域设立若干专门的流域管理局,如"国家流域管理总局长江流域管理局"。各专门的流域管理局可在现有的各流域水利委员会的基础上组建。同时将原属于沿流域各地方水利、环境保护、农业、林业、交通等部门行使的有关职责和管理权限移交给相应的各专门流域管理局,并由其统一行使。为了更好地履行流域管理职责,行使自己的管理权限,各专门的流域管理局可以根据工作的实际需要,按支流设立流域管理分局,如"国家流域管理总局长江流域管理局嘉陵江分局"。国家流域管理总局局长由中央直接任命,各流域管理局领导人由国家流域管理总局任免,各流域管理分局领导人的任免由各专门的流域管理局决定。国家流域管理总局可以直接或者通过其下属的流域管理机关发行流域管理的职责,行使管理权,其财政开支列入国家预算。这样就形成了一个由国务院领导下的,以国家流域管理总局为核心,各专门流域管理局和流域管理分局为具体管理机关的流域统一管理、垂直领导的管理体系。①

这一体系在流域管理方面应是较合理和科学的管理体制。目前,美国、俄罗斯、加拿大等国家在流域管理方面实行的就是这种体制,并且收到了良好的效果。我国应当在认真总结和借鉴西方国家成功经验的基础上对我国的流域管理体制进行改革。

(2)构建流域治理的法律体系

有了统一的领导机构与完善的领导体制,还必须由一整套与之相匹配的法律体系来维系。流域治理的法律建设也应全面推进,具体包括以下几点:一是修改《水法》,"水行政管理法"的定位,对流域综合治理有益的《水法》应该削减过多行政职能,制定以规范水权为主的《水

---

① 王树义:《流域管理体制研究》,载《长江流域资源与环境》,2000年第9期。

法》。现在《物权法》规定了用益物权的具体人,所以应尽快将取水权转变成用益物权,形成一整套关于水权设立、变更、转让的法律体系。虽然水利部在"十一五"规划中对水权制度有改革的计划,但是,水权制度建立仅仅限于部门的规划还远远不够。国务院应在综合各部门方案计划基础上制定立法计划,适时修改《水法》。在现有的水量分配制度和许可制度上要完善问题控制和定额管理制度,要在保障公共用水的基础上建立长期有效的上下游分水方案和污染控制议案,要在充分考虑各部门各地区的长期利益上,平衡公共利益和个人利益。二要创建合理的立法模式。出台《中华人民共和国流域综合管理法》,对重要的流域制定相关条例,如《中华人民共和国长江管理条例》、《中华人民共和国珠江管理条例》,实行"一条河流一部法律"。同时,还应确立相配套的法律体系。

A. 行政综合决策制度

由于河流流域本身是一个生态—经济—社会复合系统,再加上流域的跨境性,决定了基于生态系统管理的河流流域管理法律制度应该是一种以生态系统为取向的一体化法律制度,这种法律制度是一种用整体的观点看待生态系统,生态系统内相互联系以及环境问题的关联性,并能够适应社会、经济和生活条件的变化。要想实现基于生态系统管理的流域管理,各流域应在流域管理机构的主持下就重大事项进行协商、决策,并在此过程中坚持综合决策制度,即将人口、资源、环境与经济协调持续发展这一基本原则进行决策层次上的具体化和制度化。唯有此,流域才能实现经济决策效益与环境决策效益的高效统一,确保流域区内经济与环境持续协调发展,最终实现全流域的可持续发展。①

B. 流域环境影响评价制度

随着流域水争端跨界污染和跨界生态影响频繁地发生,对流域进行流域环境影响评价是保证流域管理法落到实处的重要环节。流域环境影响评价制度应要求各流域在对其即将实施的有关流域项目进行跨界影响评价,同时还应要求其将项目提交给流域管理及相关部门,对项目进行

---

① 罗宏斌、陈一真:《我国流域污染治理的体制机制创新研究》,载《学术界》,2009年第5期。

评价。

C. 流域水资源保护与分配制度

水是流域核心构成因子，防治流域水污染，合理分配有限水资源是流域可持续发展的根本保证。水域生态可持续发展理念要求流域管理在流域水资源和水环境的承载力范围内来规范对水资源的利用和保护。对流域水资源的维护关系到一个流域的生存、经济及社会可持续发展，因此各流域应建立畅通的交流机制，在流域范围内实施流域整体规划与管理，从全流域整体出发来统筹考虑，平衡协调区域间水资源的保护和分配。

D. 流域生态工业及循环经济产业制度

在流域区内应建立生态工业及经济产业制度，因为它直接关系着流域的可持续发展。以环境友好理念为指导，各流域在取得共识的基础上，通过各种渠道或方式进行协商，然后通过流域已有的工业进行产业结构、产业布局的一体化调整，并逐步建立清洁生产、循环经济模式的流域生态经济结构。

E. 流域生态补偿制度

在流域区内，以破坏者付费、使用者付费、受益者付费、保护者得到补偿为原则，建立流域生态补偿制度，并根据各流域区内的生态环境保护状况作出贡献的多少，来纠正流域上中下游地区在流域生态保护和利用过程中的付出与收益的失衡状况。确立政府补偿为主，市场补偿为辅的流域生态补偿机制。[①]

F. 流域生态恢复与重建制度

由于流域生态系统的脆弱性及流域水资源的跨界性、共享性，使得流域的生态系统更容易遭受破坏。所以在各流域区应当通过流域管理立法，建立具有法律约束力的制度并综合运用政府行为、市场手段等多种方式，对流域生态系统整体进行及时恢复与重建，保障其持续、协调、健康运行。

---

① 中国生态补偿机制与政策研究课题组：《中国生态补偿机制与政策研究》，科学出版社2007年版。

因而，科学合理地构建我国河流流域生态系统整体管理的法律体系和制度框架可以更好地规范和调控各流域内人们的社会经济活动，寻求流域生态环境与社会经济发展的平衡点，最终保障全流域可持续发展的实现。由于我国河流流域众多，加之国际河流没有相应的机制保障，各流域生态系统的结构和功能都有其自身的特点，再加上各流域的社会经济发展水平、人口素质、各流域区的文化层次及对流域水资源的利用状况等因素的不同，使得河流流域生态系统的治理是一个全新的、复杂的工程，有待于更深入、更系统、更细致的研究，更有待于各流域及相关国家的具体实践。

（3）构建流域治理公众参与机制

所谓"公众参与"就是指政府为之服务的主体群众参与政府公共政策的权利，公众是环境保护的重要力量[1]，公众参与是流域治理的重要途径之一。公众参与流域治理可以体现流域决策的科学性与民主性，可以有效地动员多方力量，形成全社会参与流域治理的合力，促进公众环保意识的普遍提高和环保工作的有效进行。[2] 公众参与可以调和多重利益团体之间的矛盾，可以形成一种多重利益团体民主协商机制，来自不同利益团体的代表对话、参与协调，就流域治理问题达成协议，从而可以有效地调和矛盾，促进社会和谐发展。同时，公众参与有利于发挥公众的监督作用，提升公众的环保意识，改善自身行为。如 2003 年《怒江中下游流域水电规划报告》通过国家发改委评审，随即引起了广泛社会关注，公众为保卫怒江开展了一系列活动，并成功阻止了该大型水电工程的建设。在水资源利用方面，许多流域区成立了由当地民众组成的用水委员会，以水文单元控制或行政村为单位，自治管理水渠用水。[3] 引导公众进行绿色生产和绿色消费，用实际行动参与水污染防治的过程。[4] 公众参与机制有多种实现途径：

---

[1] 潘岳：《环境保护与公众参与》，载《理论前沿》，2004 年第 6 期。
[2] 徐荟华：《流域管理中的公众参与问题》，载《理论前沿》，2004 年第 3 期。
[3] 李环：《流域管理中的公众参与机制探讨》，载《环境科学与管理》，2006 年第 5 期。
[4] 胡熠、陈瑞莲：《发达国家的流域水污染公共治理机制及其启示》，载《天津行政学院学报》，2005 年第 2 期。

A. 参与流域决策管理

流域管理从一定程度上是对水这种公共资源的优化配置，在水资源供给分配中，不仅要有效而且要公平、公正、合理，有助于实现流域管理总目标。民主决策管理是公平的必要条件，需要各利益主体的合作，因此在功能性权力集中的同时，还要建立决策性权力的协调合作机制，做到决策管理的科学、公正、合理。因而，在我国应当成立专门的由政府、企业、民众等各利益相关者参与的流域管理委员会（如法国流域委员会制、美国田纳西董事会制、瑞士"通报员制"等），让来自不同领域、不同阶层、不同团体的声音得以表达，充分调动社会各界参与流域治理的积极性、主动性与创造性，让他们成为流域真正的主人，为流域的发展出谋划策，作出应有的贡献。同时还应完善公众参与的相应法律法规，确立灵活的公众参与协调机制、监督机制与激励机制，完善流域治理信息公开制度，加强公众参与的能力建设，向公众普及流域开发、治理和保护的相关专业知识，从而增强公众参与流域治理的能力。①

B. 公益诉讼

公益诉讼包括民事诉讼和行政诉讼两种，在流域治理中表现为公民或相关单位可以依法对流域管理部门提起诉讼。国家机关应鼓励民众通过公益诉讼等形式积极参与流域管理的社会监督，建立健全有关公益诉讼的制度。凡有关流域的一切与公益有关的事项，任何公民均有权提起公益诉讼。公众在公益诉讼中胜诉后，一切合理付出都应确保得到补偿，避免民众在公益诉讼中陷入得不偿失的窘境。同时，还应考虑设立公益诉讼基金（政府拨款、社会捐助、追缴侵害公众权益的行业、部门、组织的非法收入或对其所进行的罚款，均可作为基金来源），用以奖励和支持公众进行公益诉讼。另外，还应鼓励环保组织、法律援助机构等公益组织对公众进行公益诉讼提供支持和援助。

C. 社区自治建设

流域公众参与机制的贯彻，归根到底还需要全社会（主要是流域内

---

① 陈梅、钱新：《公众参与流域水污染控制的机制研究》，载《环境科学与管理》，2010年第2期。

公众）参与意识的提高，社区自治是公众参与机制具体运行的雏形，是公众自我教育的新模式。在自治社区里，公众参加社区公益活动，居民代表参加联席会议，参与社区决策。流域内每一社区都是流域的一部分，社区自治模式的推广，必然增进公众对流域管理工作的支持和监督，形成流域管理坚实的群众基础，促进整个流域公众参与流域管理，为流域管理的成功提供可靠保证。同时，流域管理部门应公开决策管理过程，定期公布流域管理的相关资料，对与公众利益相关的决策管理举行公开听证，并将公众在听证会上的意见作为流域决策的重要参考。公众有权自愿成立公民流域管理社会团体或非政府群众组织，并通过这类组织参与流域管理。同时还应发挥宣传与监督作用，正确引导公众参与流域管理，利用舆论监督流域管理部门依法行政，保证流域管理的资源优化配置。①

（4）制定流域治理中长期宏观规划体系

我国流域治理的实践始于20世纪50年代，当时的措施主要是通过水利工程，层层拦截水流，减少流入江河的泥沙量，重在"治水"。而缺少统一的流域规划与发展策略，即使一些重大流域有初步的宏观规划，但是由于历史因素特别是生产力水平低下的影响而未能付诸实施。随着我国经济水平的不断发展和生产力水平的不断提高，我国政府在对流域治理过程中掌握了各方面的信息资源、调动足够的人力、物力、财力，且在可持续发展战略与创建和谐社会思想的指导下，各流域在治理过程中推出新的宏观规划体系也是必然之势。

流域宏观规划是政府在流域资源开发利用、节约与保护、防洪减灾等方面履行宏观协调、社会管理和公共服务的重要手段，是组织和安排流域建设计划，指导流域工程建设，制定管理制度和政策，规范各种流域活动的基本依据。我国重要流域应在充分考虑各方面影响因素、科学分析流域历史状况、发展现状与发展趋势的基础上，制定出一整套完备的流域规划体系，成为流域发展的大纲。完善流域流域管理机制，加强流域统一调度和信息化建设，提高社会管理和公共服务能力，真正实现

---

① 李丹、黄德忠：《流域管理中的公众参与机制》，载《水资源保护》，2005年第4期。

对流域的统一调度、统一管理、统一协调。

(5) 完善流域治理相关机制，实现流域共同治理

我国现行区域规划体系下，中央政府与地方政府、地方政府与地方政府之间在目标取向和行动上有较大差异，从而为政府科学地进行流域治理造成了一定障碍。"制度是一个社会的规则，是决定人们相互关系的系列约束，制度构造了人们政治、社会或经济方面发生交换的激励结构，制度变迁则决定了社会演进的方式"[①]。因而，必须找寻区域政府流域治理过程中的利益交汇点，以此为基础，构建区域治理相关机制将推动我国流域治理的良性发展。

A. 区域协调机制

首先，明确中央与地方流域治理的职责。政府的存在需要其行使一定的职能，要使中央与地方政府减少上下级间讨价还价带来的交易成本，需要以法律形式明确规范中央与地方流域治理的责任和权益，提高双方的积极性，满足治理的激励相容和参与约束。中央政府的主要职责是制定全国的流域治理战略，并通过中长期规划和重点专项规划的方式，明确各个具体规划期流域治理的目标和流域治理方案，通过在国务院各部委之间进行环境和发展综合决策，制定统筹协调的流域治理政策，协调跨流域、跨行政区域的大江、大河、大湖的污染治理，形成科学发展的经济、社会、人口、资源与环境政策体系，建立和完善全国性的资源和环境保护制度，并严格监督各项制度和法律的执行。地方政府的职责主要是把当地特定的环境资源、人口和其他社会条件因素与经济发展政策的选择结合起来，制定有本区域特色的流域治理战略，通过地区规划等方式具体明确区域流域治理的不同阶段的目标和重点，按照分组管理的原则，合理开发由地方政府掌握的自然资源、配合落实中央的各项流域治理政策。

其次，加强对地方政府的监管，减少信息不对称。地方政府对流域治理持不同的态度，治理的动力也各不一样。因此，在某些环境领域，

---

① 〔美〕道格拉斯·C.琼斯：《经济史中的结构与变迁》，陈郁、罗华平等译，上海人民出版社1994年版。

地方政府并没有积极性来监督本地的企业减少污染物的排放。比如对于上游对下游的污染，经济理性的上游地区地方政府则没有强的动力治理污染。加强对地方政府的监督，减少信息不对称和中央政府的监管成本，可以增强流域治理的效果。

最后，提高环境法治执行力，推进政府环境问责。环境法治的执行力指人们按照法律规定的行为模式去行动，法律被人们实际遵守、执行或适用的状况。流域内各自为政的水污染控制和治理政策不可能有效解决水资源有效管理和污染治理问题。中国环境问题的主因是政府失灵而非市场失灵，政府环境责任的不完善加剧了环境的恶化。一些地方政府在环境执法中对于不符合法律、损害公共利益的行为，采取了默认甚至保护的态度，可见环境法治在执行中的困难。因此，要发挥法律的效用，就必须完善相应的执法监督和奖惩机制。① 一方面，要从法律层次上合理调整地方利益和公共利益、个人利益和社会利益，以及个人成本和社会成本间的关系；另一方面，要不断改进和完善执法体系，健全执法监督机制，尤其是在经济发展和环境决策、生态补偿和政府环境信息公开等方面加强监督和管理。只有从各方面加强对环境执法的监督，而不仅仅是停留在环境立法的阶段，才能有效解决环境法治的困境，从而形成相对完善的区域协调机制，实现流域内的共同治理。②

B. 政府企业社会伙伴治理机制

在我国分层治理框架下，不同层级行政区政府作为公共环境资源的管理者，是流域公共治理的重要主体，但不是唯一主体。基于流域水资源的区域性、公共性、开放性等自然、经济和社会属性，流域公共治理应由传统的单一政府治理主体向政府、企业和公众等多元治理主体转变，实现多元主体间的伙伴治理。其主要表现在：① 政府与排污企业的合作治理。政府在排污收费等强制性治理手段的基础上，积极引进企业环境质量标准等激励性措施，推进企业自我约束和污染控制。同时，在与排

---

① 陆益龙：《流动产权的界定——水资源保护的社会理论》，中国人民大学出版社2004年版。

② 李胜、陈晓春：《跨行政区域水污染治理的政策博弈及启示》，载《湖南大学学报（社会科学版）》，2010年第1期。

污企业的合作过程中，注重引进国外先进的技术和经验，又要维护国家在水资源领域的主权和地位。②政府激励下产业集群中的企业间合作治理。运用循环经济理念，构建生态工业园和生态农业示范区，推进清洁生产和循环经济。③公共治理中的公私伙伴治理。污水处理市场化，是运用市场机制实现公共治理的重要手段，公共民营伙伴关系可以取长补短，发挥公共机构和民营机构各自的优势，弥补对方的不足，极大推动城市污水处理市场化、产业化的进程。④第三部门参与机制。第三部门将作为民间参与网络和互惠信任关系的"社会资本"引入流域公共治理之中，着眼于政府与公民的合作，这对克服政府单边治理机制的缺陷具有重要意义。①

C. 创新行动激励机制

在流域治理过程中，流域治理主体应采取多种激励措施对推动流域治理作出积极贡献的单位、个人、组织给予等量的物质或精神的激励。财政部 2006 年实施的政府支出功能分类增加了 211 环境保护科目，该支出分类科目是环境财政体系的一项基本制度。为保证地方政府流域环保投入的稳定，应根据绿色 GDP 原则合理确定流域环保投入与 GDP 之间的恰当比例关系，将这一指标作为地方官员下线考核的指标之一，并配合"以奖代补"的激励性财政转移支付，以充分调动地方政府流域环保投入的积极性。②

同时，为加强企业环保激励，奖惩并用。利用奖惩差充分发挥财政补贴的杠杆作用。在对企业拟建项目实行"流域限批"的前提下，确定企业污染类或非污染类身份，对不同身份企业的奖惩分前期与后期两阶段进行。前期加大对污染类企业处罚力度，并给予非污染类企业较大力度奖励；后期随着接受处罚企业少而接受奖励企业多的状况的出现，可减少甚至取消对非污染企业的高额奖励，同时加大对污染类企业的处罚力度，甚至采用严厉的行政手段逼其整改或停产，在最大限度节省财力

---

① 陈瑞莲：《区域公共管理理论与实践研究》，中国社会科学出版社 2008 年版，第 220—221 页。
② 罗宏斌、陈一真：《我国流域污染治理的体制机制创新研究》，载《学术界》，2009 年第 5 期，第 188—192 页。

的基础上，利用奖惩差充分发挥财政补贴的杠杆作用，提高流域治理质量。在对公众激励方面，应加强对公众宣传政府所采取的激励措施和政策，从正激励和负激励两个方面入手，对那些为保护流域而作出积极贡献的个人，应当给予物质尤其是精神上的奖励，树立榜样。同时对于破坏流域生态环境、恶意损害流域生态行为的应当给予坚决的打击，对那些执迷不悟、迎风而上的不法分子，触犯法律的，应采取行政或法律的手段给予相应的法律惩罚。

D. 投融资机制

首先，政府应积极开拓资金来源渠道。充分发挥政府财政的"铺路拱桥，筑巢引凤"作用，以财政投融资为主导，建立起多元化、多层次、多渠道的投融资体系。一方面，中央及地方财政应进一步提高环保预算投入比例，把流域治理放在更加突出的位置；另一方面，引入竞争机制，鼓励社会资金参与流域污染治理，减轻政府的财政压力。同时，充分发挥财政投融资的补充功能，通过适时开征流域生态税、发行环保专项债券、完善BOT和PPP等模式的运作与管理等渠道，实现融资方式多元化，构建投融资机制，为流域治理提供强大的资金保障。

其次，引入市场机制，实行取水许可制度和水权制度的有机结合。由于水资源的社会公有属性，使得水资源如同土地一样，所有权的私有化受到限制，基于所有权和使用权分离的水权管理便逐步成为水管理发展的一种趋势。水权制度的建立，水权的清晰，特别是环境、生态等基于公众利益的用水权产权的明晰，更有利于缺水流域内水资源节约和保护等合理提高用水效率的措施的推行。同时，水权制度的建立和用水权的明晰，也是水价真正走向市场化管理的基础。组建流域水资源开发集团。流域机构可以组建流域水资源开发集团（或公司），作为经济实体和独立法人，负责流域内重大水资源综合利用工程的建设、管理和运行。如，可以以三峡建设管理局为基础，组建流域水资源开发集团[①]，统一负责开发经营和管理运行流域内中央项目的水利枢纽，按现代企业制度进行经营管理。结合"西电东送"和水电体制改革，研究建立流域内已建、

---

① 霍家名：《流域管理体制改革新构想》，载《海河水利》，2002年第2期。

在建和拟建综合利用水利枢纽与水电厂一体化管理体制和运行机制，实行流域水力资源的梯级开发。①

最后，建立流域管理的财政制度。建立流域管理财政制度，可以增强流域机构的财政调控能力。实行对流域机构的中央水利投资项目计划单列制度，由流域机构按照流域综合规划制订五年和年度中央水利投资项目计划，经国务院水行政主管部门审订后，报国家计划主管部门批准。经批准列入中央水利投资的大型项目由流域机构组织流域水资源开发集团实施，负责国有固定资产的管理和投资效益的回收，逐步积累，实施流域滚动开发。

(6) 建立流域信息管理系统

目前我国流域治理的基础数据还不够完善。从当前对于"数字流域"的要求来看，我们所拥有的基础数据相对较少。中国科学院院士陈俊勇指出：没有中国的信息基础设施和中国的空间数据设施，也就不可能有中国的"数字地球"。虽然我国测绘局已建成 1:100 万和 1:25 万数字化地图数据库，但仍然亟需建立国家级 1:5 万和省级 1:1 万数字空间数据库以满足"数字流域"工作的开展。从全国七大流域监测点来看，到 2001 年，我国有重点监测断面 752 个，但是自动监测断面仅有 42 个。此外，需要建立基于 GIS 软件（如 ArcView）的流域信息管理系统，以将流域的气象、土地利用和土地覆盖、土壤类型等数据整合到其中。美国环保局已完成的 BASINS 3.0 软件将上述数据整合在一起，以开展流域评价工作，如研究流域内的水文特征、生态环境以及非点源污染定量化等问题。在当前我国流域生态环境恶化趋势尚未遏制的情况下，加强流域信息和空间数据刻不容缓。②

(7) 建立流域生态功能保护区

在我国不开发流域自然资源的经济功能，显然是行不通的，特别是在流域人口稠密、自然资源丰富的地区。因此，如何在不影响流域生态环境的前提下，加快工业化、城市化的步伐，调整产业结构，加快区域

---

① 杨士绅：《面向21世纪的水资源管理》，载《海河水利》，2000年第12期。
② 李婉辉、潘立斌、邓红兵：《水资源利用与保护的途径——流域管理》，载《生态学杂志》，2004年第6期。

经济发展，提高人民生活质量，增强防御灾害以及灾后的自救能力，是各流域面临的重要任务。而划分流域生态功能保护区是重要途径之一。流域生态功能保护区的管理应该是开放式的，不但有保护而且更有恢复和利用的内涵，即从资源型的开发和利用，通过结构调整向功能型更改的保护和利用转变，以维系更大空间尺度的总体生态平衡，保护区域乃至国家的生态安全和经济的可持续发展。因此，各流域应在有条件的地区积极推进生态功能保护区的规划建设工作，恢复流域的生态系统结构，以缓解洪涝、旱灾的威胁。依照生态系统完整性的原则[1]，在山丘区划分和建设水源涵养生态功能区；在行蓄洪区划分和建设湿地生态功能区。特别是把行蓄洪区看做一个完整的生态系统，这个生态系统中有水域、湿地、荒滩、耕地、村落，有水生植物、湿生植物、农作物、灌木丛、杂木林，有各种野生和家养的动物，因地制宜地利用生态保护区的每一寸土地，建立综合性的管理机构。[2]

（8）加强国际交流与合作

在对我国流域治理的过程中，我们不但要立足于自身的实际，更应学习国外在流域治理中先进的理念和技术。同时，还应积极地引进在流域治理方面的专业技术人才，参加国际流域组织及会议，与国外机构和环保组织建立合作伙伴关系，进行交流互动，这对促进我国流域治理的发展将起到积极作用。

我国流域治理研究起步较晚。但随着社会经济的不断发展，流域生态环境和社会经济协调发展的需要，流域资源管理水平的提高，流域规划和治理的科学化趋势，这些将会共同推动流域朝向更为健康的方向发展。我们应认真总结长期以来在流域治理实践中的经验和教训，有的放矢地吸收国外先进的管理理论、方法和成功经验，做到学、创结合。相信在一个高效的流域管理机构的领导下，确立坚实的流域治理的法律基础和制度保障，充分带动公民自主参与流域治理的积极性，制定长期行

---

[1] 燕乃玲、赵秀华、虞孝感：《长江源区生态功能区划与生态系统管理》，载《长江流域资源与环境》，2006年第5期。

[2] 燕乃玲、虞孝感：《淮河流域生态系统退化问题与综合治理》，载《研究与探讨》，2007年第8期。

之有效的流域治理规划体系，并注重对先进技术的引进和开发，同时在防洪和治污这两个方面加大预防和治理力度，我国的流域治理将会走上生态、文明、和谐的发展之路。

本章主要参考文献

1. 陈瑞莲：《区域治理理论与实践研究》，中国社会科学出版社 2008 年版。

2. 中国生态补偿机制与政策研究课题组：《中国生态补偿机制与政策研究》，北京科学出版社 2007 年版。

3. 世界自然基金会：《河流管理创新理念与案例》，周扬明等译，科学出版社 2007 年版。

4. 〔加〕彼斯瓦斯（Asit K. Biswas）等：《拉丁美洲流域管理》，刘正兵等译，黄河水利出版社 2006 年版。

5. 陆益龙：《流动产权的界定——水资源保护的社会理论》，中国人民大学出版社 2004 年版。

6. 杨树清：《21 世纪中国和世界水危机及对策》，天津大学出版社 2004 年版。

7. 尚宏琦、鲁小新、高航：《国内外典型江河治理经验及水利发展理论研究》，黄河水利出版社 2003 年版。

8. 杨桂山、于秀波、李恒鹏等：《流域综合管理导论》，科学出版社 2004 年版。

9. 徐荟华：《我国流域管理立法中的若干问题研究》，河海大学出版社 2004 年版。

10. 黄建初：《中华人民共和国水法释义》，法律出版社 2003 年版。

11. 胡熠、陈瑞莲：《发达国家的流域水污染公共治理机制及其启示》，载《天津行政学院学报》，2006 年第 1 期。

12. 任敏：《我国流域公共治理的碎片化现象及成因分析》，载《武汉大学学报（哲学社会科学版）》，2008 年第 4 期。

13. 陈梅、钱新：《公众参与流域水污染控制的机制研究》，载《环境科学与管理》，2010 年第 2 期。

14. 李胜、陈晓春：《跨行政区流域水污染治理的政策博弈及启示》，载《湖南大学学报（社会科学版）》，2010 年第 1 期。

15. 汪群、陆园园：《中国国际河流管理问题分析及建议》，载《水利水电科技进展》，2009 年第 4 期。

16. 邢鸿飞、王志坚：《我国国际河流相关政策分析》，载《河海大学学报（哲学社会科学版)》，2010 年第 3 期。

17. 〔丹麦〕L. S. 安德森，M. 格林菲斯：《欧盟＜水框架指令＞对中国的借鉴意义》，载《人民长江》，2009 年第 4 期。

18. 董哲仁：《欧盟水框架指令的借鉴意义》，载《水利水电快报》，2009 年第 9 期。

19. 〔丹麦〕J. F. 栋泽尔：《欧盟水框架指令下法国水资源管理的创新》，载《水利水电快报》，李慧、孙远编译，2009 年第 9 期。

20. 〔丹麦〕S. 克伦：《欧盟水框架指令下斯洛文尼亚水资源管理的创新》，载《水利水电快报》，朱晓红、孙远编译，2009 年第 9 期。

21. 〔丹麦〕I. 巴克：《欧盟水框架指令下英格兰和威尔士水资源管理的创新》，载《水利水电快报》，张沙、张兰编译，2009 年第 9 期。

22. 罗宏斌、陈一真：《我国流域污染治理的体制机制创新研究》，载《学术界》，2009 年第 5 期。

23. 李雪松、秦天宝：《欧盟水资源管理政策分析及对我国跨边界河流水资源管理的启示》，载《前沿论坛》，2008 年第 1 期。

24. 谢庆奎：《中国政府的府际关系研究》，载《北京大学学报（哲学社会科学版)》，2007 年第 5 期。

25. 燕乃玲、虞孝感：《淮河流域生态系统退化问题与综合治理》，载《研究与探讨》，2007 年第 8 期。

26. 焦跃辉、高桂林：《我国流域水事管理立法研究》，载《当代经济管理》，2006 年第 6 期。

27. 柯坚、赵晨：《我国水污染防治立法理念、机制和制度的创新》，载《长江流域资源与环境》，2006 年第 11 期。

28. Andersen. J. M. 1999. *25 Years of Pollution Abatement and Environmental Improvement in the Gudenaa, a Danish Lake – River – Estuary System.* Report by the Gudenaa Committee.

29. Bach. H. K. , Jensen. J. K. 1994. "Modelling of Water Quality of a Proposed Impounded Lake of a Inflenced River. " *Ecological Modelling*, 74(1 – 2).

30. Conley. D. J. 2000. "Biogeochemical Nutrient Cycles and Nutrient Management Strategies. " *Hydrobiologia*, 410(1).

31. Donna J. Lee, Ariel Dinar. 1995. *Review of Integrated Approaches to River Basin Planning, Development and Management.* World Bank working paper No. 1446.

32. P. J. Dillon, R. D. Evans, Lewis A. Molot. 1990. "Rentention and Resuspension Phosphorus, Nitrogen and Iron in a Central Ontario Lake. " *Canadian Journal of Fisheries and A-*

quatic Sciences, 47(7).

33. DHI. 1997. *MIKE 11 + 12, A Mircocomputer Based Modelling System for Rivers and Channels Reference Manual.*

34. Diaz, R. J. and Rosenberg, R. 1995. "Marine Benthic Hypoxia: A Review of its Ecological Effects and the Behavioral Responses of Benthic Macrofauna." *Oceanography and Marine Biology: An Annual Review*, 33.

35. European Union. 2000. *A Framework for Community Action in the Field of Water Policy, Legislation and Other Instrument.*

36. Ecological Modelling Centre. 1992. *MIKE 12, A Short Description Ecological Modelling Centre.*

37. E Gacia, T. C Granata & C. M Duarte. 1999. "An Approach to Measurement of Particle Flux and Sediment Retention within Seagrass (Posidonia Oceanica) Meadows." *Aquatic Botany*, 65(1 −4).

38. G. E Gruen. 2000. "Turkish Waters: Source of Regional Conflict or Catalyst for Peace?" *Water, Air and Soil Pollution*, 123(1 −4).

39. Jepsen, B. S. , E. M. Have & L. Mathiesen. 1984. "Distribution and Biomass of Some Phytoplanktonic Algae in Relation to Salinity and Retention Time." *Studies on the estuary Randers Fjord, Kattegat, Limnologica*, 15.

40. Judith L. Jacobsen, Henrik Madsen. 1996. "Grey Box Modelling of Oxygen Levels in a Small Stream." *Envirvonmentrics*, 7(1).

41. A. B. Josefson, B. Rasmussen. 2000. "Nutrient Retention by Benthic Macrofaunal Biomass of Danish Esturies: Importance of Nutrient Load and Residence Time." *Extuarine, Coastal and Shelf Science*, 50(2).

42. Jeremy Allouche. 2005. *Water Nationalism: An Explanation of the Past and Present Conflicts in Central Asia, the Middle East and the Indian Subcontinent.* Ceneve: Universite de Ceneve.

43. Itay Fischhendler. 2003. "Can Basin Management be Successfully Ignored: The Case of the US – CANADA Transboundary Water." *SOAS Water Issues Study Group*, Occasional Paper No. 52.

44. Kramer L. 1997. *Foucs on European Environmental Law.* London: Sweet & Maxwell.

45. Lister C. 1996. *European Union Environmental Law: A Guide for Industry.* Chichester: Jhno Wiley & Sons.

46. Le, T. T. D Madsen H. , Rasmussen B. & Somod B. 2001. "Modelling and Analysis of Nitrogen in Randers Fjord." *IMM Technical University of Copenhagen, Technical Report*, 2001 −1.

第六章 水环境政策工具比较

环境问题对全世界的人类福利造成了巨大的威胁。在过去的30年中，环境政策对所有国家（如美国、欧洲、中国）而言都是重要的政策领域。同时，那些对政治、经济和生态可持续性所带来的挑战作出反应的环境政策，它们的制定和执行带来了对"什么构成好的政策"和"什么是实现政策目标的最好工具"的争论。在环境政策工具中，管制工具在环境治理上取得了巨大的成功，但现在，管制工具却逐渐让位于更加有效的、非强制性的、效率更高的环境政策工具[1]，这些灵活性的、非强制性的、经济激励性的政策工具统称为新环境政策工具（New Environmental Policy Instruments，NEPIs）。中国和美国的水环境政策呈现出新旧工具混合使用的状况，虽然灵活性新工具的引入是中美水环境政策创新的主要趋势，但直接管制性工具仍是政策工具箱中的主要类型，新工具的引入受到现有管制制度的束缚和影响，其引入过程是渐变的，本章以美国和中国水环境政策工具为案例进行比较研究，解释制度性因素对政策工具选择的影响。

中国和美国具有不同的意识形态、社会政治、经济水平，但在环境政策中，两个国家却存在极大的相似性，水环境治理以直接管制工具、

---

[1] Braadbaart, Okke. 1998. "American Bias in Environmental Economic: Industrial Pollution and Incentive Versus Regulation." *Environmental Politics*, 2 (7): 134 – 152.

标准和许可证为主,并逐渐采用灵活性的新环境政策工具,但是,中国和美国在采用新环境政策工具的时机、范围以及运用成效上存在差异,而要如何解释具有相似管制原则的两个国家对新环境政策工具引进的不同进度,是什么因素造成中美在采用新环境政策工具方面的差异呢?制度性差异是造成此种差异的主要原因,即政策权威的位置和聚敛性、政策议题的来源、新工具与管制框架的融合程度都影响新环境政策工具的运用,简单而言,环境管制框架影响了新环境政策工具的选择和使用。

一、美国水环境政策工具

(一) 美国水环境政策发展历程

美国在1948年的《水污染控制法案》(Water Pollution Control Act)就提出了有关水体质量的信心十足的政策目标,但主要通过直接管制实现。法令管制是一种严格控制或阻止排污行为的政策工具,这种传统的治污政策工具持续了30年,《清洁水法》(Clear Water Act)被认为美国最为成功的环境法律。当这个政策在提高国家的水体质量发挥重大作用时,公共机构和私人企业为执行政策承担了大量的管制成本和服从成本。

1956年《水污染控制法案》建立了联邦对市政设施的补助,共同承担水污染控制成本。[①] 该法案建立了执行联盟来共同处理个体排污者,一个严重的违规者是否应该被识别,公共卫生局应该召集包括地方官员、主要污染源和其他利益团体来判断并选择清洁手段。但是这种良好的愿望和自愿行动并不能带来有效污染控制,因此,在1965年,联邦任务和联邦辖区逐渐扩展到包括适航水体,如州与州之间的水域,并且保护水质的责任从卫生总署转移到卫生、教育福利部(Department of Health, Education and Welfare),并建立了联邦水污染控制处[②],与此同时,水政策的重点从卫生方面转向资源方面,水治理转移到内务部(Department of

---

① Lada Kochtcheeva Dunbar. 2005. *Institutional Requisites for Flexible Policy Instruments: Environmental Policy in the United States and Russia*, p. 122. Dissertation for the degree of Doctor of Philosophy. The Department of Political Science and the Graduate School of the University of Oregon.

② Ibid.

Interior)。

1965 年美国国会通过《水质量法案》(Water Quality Act),命令州政府基于该法案颁布水污染控制政策和设立州际标准来确定污染水平,并确定州排污总量,从此之后,环境标准和排污总量制度逐渐在各个州建立。首个国家排污许可项目在 1969—1971 年期间实施,当时美国陆军工程兵团(Army Corps of Engineers)获权根据 1899 年《垃圾法案》(Refuse Act)公布排污许可证,但是,综合性的许可审批仍然需要国会的授权。① 执行排污许可制度仍然是州政府的责任,整体的模式是联邦—州的合作行为,合作设立共享标准和资助水质政策。

1972 年《联邦水污染控制法修正案》(Federal Water Pollution Control Act Amendments)的颁布,标志着水污染控制在关注焦点、途径和理念上的巨大变化。② 这个法案公开宣布:"法案的目标是恢复和维持国家水体的生物、物理和化学的整体性",包括直接保护鱼和野生物、禁止排放"达到毒性数量的"有毒物,以及直到 1985 年排污量削减的目标。③《联邦水污染控制法修正案》是最为野心勃勃和昂贵的法令,这个法案建立了新的联邦目标和指令,给环境保护机构提供了广泛的权威,环保局建立了全国污染排放消除系统项目(National Pollutant Discharge Elimination System)和国家预处理项目(National Pretreatment Program),确定污染控制技术和建立理论上的排污限制,通过报告和检测来获得信息,采取执行行动。法案也制定了全国水防治目标,要求到 1983 年水体适合钓鱼和游泳,到 1985 年削减对适航水体的污染排放量。④

---

① Water Environment, Federation. 1997. *The Clean Water Act* (25ᵗʰ anniversary edition). Virginia: Water Environment Federation, http://www.epa.gov/agriculture/lcwa.html.
② Lada Kochtcheeva Dunbar. 2005. *Institutional Requisites for Flexible Policy Instruments: Environmental Policy in the United States and Russia*, p. 123. Dissertation for the degree of Doctor of Philosophy. The Department of Political Science and the Graduate School of the University of Oregon.
③ *U. S. Federal Water Pollution Control Act Amendments*, 1972.
④ Ibid.

表6-1 美国水污染控制法律的发展历程

特点\法案	《水污染控制法案》(1948)和《水污染控制法案》(1956)	《水质量法》(1965)	《联邦水污染控制法修正案》(1972)	《清洁水法》(1977)	《水质量法》(1987)
联邦权威	弱	强	强	混合	混合
联邦角色	科研、财政支持,建立执行联盟	科研、财政支持,联邦监督	制定联邦标准,科研、财政支持	制定联邦/州标准,科研、财政支持	制定联邦/州标准,科研、财政支持
联邦参与范围	狭窄	扩展	宽泛	宽泛	宽泛
政策条款内容	水污染、州水体质量标准、联邦补助	水污染、州际交界水体质量标准、联邦补助	水污染、适合钓鱼和游泳水体的联邦排放标准、许可证、增加联邦补贴	水污染、许可证、有毒排放物、联邦补贴水污染、许可证、有毒排放物、行政处罚、非点源污染、州周转资金	
管制工具	州环境标准	州执行规划	直接管制技术	直接管制技术	直接管制技术

资料来源:Lada Kochtcheeva Dunbar. 2005. *Institutional Requisites for Flexible Policy Instruments*:*Environmental Policy in the United States and Russia*. Dissertation for the Degree of Doctor of Philosophy.

1972年的《联邦水污染控制法修正案》将污染控制责任上移,水质量控制的责任从州政府转移到联邦政府。在这个法律下,EPA有职责制定限制污染源排放的全国标准、制定排污许可,审批、指导和执行水质量项目。管制权威逐渐集中到 EPA，之后，美国开始建立了水污染治理的管制框架。

表 6-2 EPA 管制工具的演变（水防治领域）

时间	管制行动
1973	EPA 建立国家污染排放减排系统
1974	EPA 公布执行自由裁量权的有关规定、建立了 BPT 差异程序（variance procedure），如果企业有巨大的差异因素，可执行该程序
1975	EPA 公布第一个水质量管制
1976	美国自然资源保护委员会挑战了差异程序
1977	最高法院授权 EPA 公布对现有排污者的一致、统一数目的、工业排污的管制标准
1978	EPA 考虑在国家污染排放减排系统实施"泡泡"政策
1979	EPA 公布"最佳控制技术"
1982	EPA 公布对钢铁行业实施水"泡泡"政策
1983	EPA 和钢铁行业、美国自然环境保护委员会达成一致，通过"泡泡工具"；EPA 公布水质量标准的管制
1992	EPA 管理点源\非点源交易计划
1995	EPA 启动 XL 项目来试验环境保护和公共卫生更好、更有成本效益的方法；EPA 公布对企业自我监督的激励方案
1996	EPA 公布排污交易的政策状况；EPA 公布流域排污交易的框架草案
2000	EPA 建立了全国环境绩效的跟踪项目
2002	EPA 提出在流域进行交易政策
2003	EPA 公布流域排污许可的政策规定；EPA 公布水质交易政策

资料来源：Lada Kochtcheeva Dunbar. 2005. *Institutional Requisites for Flexible Policy Instruments: Environmental Policy in the United States and Russia.* Dissertation for the degree of Doctor of Philosophy.

(二) 美国水环境政策工具

1. 命令—控制工具

在美国的水环境政策工具中，实现《联邦水污染控制法修正案》目标的工具以基于技术的排放标准为主。基于技术的排放标准要求生产技术和治污技巧必须被运用于污染控制，法令要求同样的技术标准应用于所有同种类别污染物中，而不是根据每家工厂的情况设计排放量。然而，这种标准不要求管制者考虑水体的纳污能力，也不评估个体排放和水质之间的关系。如果所要求的生产技术不能实现水质目标，那么将"实施越来越严格的控制标准"[①]。

基于技术的排放标准经历了两个阶段，最佳实用技术标准和最适用技术标准。直到1977年，所有的工业点源污染必须符合最佳实用技术（Best Practicable Technology，BPT）。在有些标准中，环保局要考虑这些技术的总成本和收益，但不考虑个别排污者的情况或者特殊水体的纳污能力。到了1983年，采用最适用技术标准（Best Available Technology，BAT）来控制工业污染。国会并没有停止对环境标准的热爱，授权环保局建立有毒物质排放标准。这些基于技术的排放限制是排污许可证制度的基础。

按照命令—控制工具的分析思路，所有的排污行为都是非法的，除非有特殊的许可授权，如排污许可和排污标准。对企业而言，他们更喜欢遵守规则，而不是创新或者进行试验改革，因为企业比较熟悉基于特殊生产工艺技术的标准。即使企业能够选择降低排放量的标准，他们仍然倾向于采用环保局的推荐标准，从而避免未来可能会出现的诉讼风险。对管制机构而言，技术标准的管制具有可预见性和可管理性，并能增加环保局的规划能力。灵活性控制工具将给环保机构增加更大的负担，不仅要制定新的管制条款，也要从合法性方面确定这些工具的法律地位，这也说明管制工具类型将直接影响到新工具被采用的可能性。

---

① U. S. Congress, Senate. 1973. *A Legislative History of the Water Pollution Control Act Amendments*, p. 353. 转引自 Lada Kochtcheeva Dunbar. 2005. *Institutional Requisites for Flexible Policy Instruments: Environmental Policy in the United States and Russia*. A Dissertation for the degree of Doctor of Philosophy。

2. 基于市场的工具

(1) 水"泡泡"(Water "Bubbles")

1977年《清洁水法》是1972年《联邦水污染控制法修正案》的调整,其中有几个主要的变化:第一,《清洁水法》提出了排污者执行排放限制的时间期限;第二,法案对传统污染源(如有机物和悬浮物)、非传统污染源和有毒水体污染物作了明确的区分。该法案对传统污染物的控制采用基于传统技术而不是更加严格的最适用技术[1],同时赋予EPA根据具体个案拨款、延长采用最佳实用技术标准期限的权力。

环境管制政策的增加带来了管制成本,政府和公众也认为管制工具带来过多的遵从成本,同时EPA逐渐面临越来越大的解决工业污染的压力,这些变化也为创新灵活性新工具提供了政策空间。为适应这些变化,EPA尝试引入灵活性的新工具,特别是"泡泡"政策。在该新工具的引入过程中,EPA积极倡导该工具,可见管制机构是政策的来源,而不是政策制定者。当公布"泡泡"政策时,环保机构认为该工具能够实现所要求的水质目标,并能避免对管制机构造成额外的负担,因此将灵活性政策工具的引入作为一个战略来改善政策执行。虽然严格的技术要求阻碍了灵活性工具的全面实施,但环境标准逐渐从技术标准转向绩效、水质标准,这为以后的灵活性工具奠定了基础。

在引入灵活性的新政策工具的努力中,环保局在国会听证会上说明《清洁水法》提供了采用新工具的"合理"性,EPA具有使用自由裁量权,甚至建议"适当的立法调整"来采用新工具。[2] 1979年,EPA开始考虑是否为排污者设计"泡泡"工具来建立国家污染排放削减系统,这标志着基于市场的工具在环境保护中迈进重要一步,代表着《清洁水法》的首次运用。但即便有《清洁水法》作为政策支持,水"泡泡"的合法性仍受到质疑,并对该工具的应用条件有不同的看法。水"泡泡"工具

---

[1] Lada Kochtcheeva Dunbar. 2005. *Institutional Requisites for Flexible Policy Instruments: Environmental Policy in the United States and Russia*, p. 137. Dissertation for the degree of Doctor of Philosophy.

[2] U.S. Congress, Senate. *A Legislative History of the Clean Water Act of 1977. A Continuation of the Legislative History of the Federal Water Pollution Control Act*, p. 428. 转引自 Lada Kochtcheeva Dunbar. 2005. *Institutional Requisites for Flexible Policy Instruments: Environmental Policy in the United States and Russia*, p. 138. Dissertation for the degree of Doctor of Philosophy。

的产生过程证实灵活性政策工具的引入更多来自管制机构的倡议，而不是来自政策制定机构。

在水质管制政策中引入"泡泡"工具的过程中，EPA考虑这种工具是否与现有的法令条款相一致。《联邦水污染控制法》要求每个排污点源都要安装基于技术的标准，EPA认为水"泡泡"并没有与已有的法律目标完全相违背，却同时提供了更加灵活的政策工具。[1] 但难题是，EPA很难在法庭上为自己的这个观点辩护。虽然EPA内部存在分歧意见，但都认同安装最佳实用技术（BPT）、保护水质、遵从其他管制的做法并不会由于采用水"泡泡"而降低要求，水"泡泡"并不是代替管制工具。这也意味着灵活性新工具要在管制性框架中被采用，其关键条件是新政策工具能够实现环境目标，取得环境治理绩效，并能避免增加管制机构的额外负担。

（2）可交易的排污许可证

自从制定全国污染排放控制系统，EPA致力于更好地连接控制系统要求和水质标准，以至于更有效地控制污染，特别是有毒污染，这些努力的结果是水质标准（Water Quality Standards）的颁布，从那时起，EPA每年公布报告引导州政府更加关注有毒排污物，以及水体质量标准的定量和定性条款。通过制定水质标准，EPA完成了两项任务：第一，EPA成为立法议程的发起者，1987年国会认为有必要加强水质条款，并采用EPA颁布的有毒物质标准；第二，EPA放松对基于绩效标准的强调，这成为水质交易的基础。EPA的目的是建立一个以水质为基础，而不是以技术为基础的标准。[2] 基于水质的标准是绩效标准，它允许管制机构和排污企业在政策工具方面进行创新性试验。

在90年代，人们对基于技术管制的批评开始增多，管制工具缺乏创新性、效率低下，并管制过多。根据EPA的预计，大约40%的国家河流仍没有达到州政府制定的水质目标。[3] 当最大水体日负荷量被分配时，可

---

[1] Lada Kochtcheeva Dunbar. 2005. *Institutional Requisites for Flexible Policy Instruments: Environmental Policy in the United States and Russia*, p. 141. Dissertation for the degree of Doctor of Philosophy.

[2] Ibid., 143.

[3] Ibid., p. 150.

交易的排污许可证鼓励企业创新污染控制技术、降低排污成本，然而，《联邦水污染控制法》阻碍了排污交易的实施，因为该法规定所有的污染源，包括公共污水处理厂，必须运用基于技术的标准，直到水质标准的公布，排污交易才在一些州试点。EPA 通过强调 1983 年的水质标准，间接推进了该工具的运用进程。当时国会并没有强制要求 EPA 建立全国水质量标准，EPA 指导州政府制定水质标准，并开始关注排污交易用于改善水质的可能性，同时将其运用于控制点源污染和面源污染。

但该工具产生两个难题：排污交易如何适应现有的管制工具；执行一个新工具是否会对 EPA 造成额外负担。如果排污交易所带来的收益大于现有工具，并在提高水质和执行工作方面优于传统工具，那么该工具将会受欢迎。参与者强调如果排污交易能带来收益，那么将更容易接受该工具，同时，参与者同意管制基线是排污交易的重要元素，这些考虑证明新工具排污交易必须适应现有的管制框架，并提高现有的实践水平，才能被顺利运用。

EPA 对排污交易的信任来自该工具能解决现在的水质问题，并具有灵活性，能避免对现有传统管制框架带来任何的挑战，"依赖于 EPA 在执行和遵从责任的根本变革来实施排污交易是不被允许的"①。排污交易系统的主要优点是它对管制系统的挑战很小，因为所有可交易的污染源都要求持有排污许可证，许可证保证了最大允许的排污量，用排污交易工具来对传统管制的排污许可证制度作出微调是一个较为直接的创新方法。②

截至 1996 年，超过 20 个州和地方进行试点、发展和尝试排污交易。在这些案例中，EPA 提供指导、支持、制定交易计划和总体意见，这些做法影响该工具的推广，州和地方政府是实施具体交易方案的责任实体。2002 年，EPA 提出水质交易政策，并指导、资助许多州的交易项目试点，

---

① U. S. Environment Protection Agency. 1996. *Draft Framework for Watershed – based Trading*, U. S. Environmental Protection Agency, http: // www. epa. gov.

② Freeman, Myrick A. 2000. "Water Pollution Policy." In Paul R. Portney, and Robert N Stavins (ed.), *Public Policies for Environmental Protection*. Washington, D. C.: Resources for the Future.

EPA 强调所提出来的政策目的要和现有的管制框架一致，EPA 制定具体的政策条款来保证新工具与管制要求的一致性。排污许可证交易制在国会的水资源和环境听证会上得到很大的支持，但条件是该工具的执行应该有清楚的法律权威、管制基线和持续的评估。① 2003 年 1 月，EPA 宣布排污交易作为新的政策工具，以解决水质问题。排污交易系统允许自愿执行水质政策的企业将信用卖给需要信用来实现水质目标的企业。排污交易成为提高水质的政策工具，不仅为被管制企业，也为管制机构减缓了执行和遵从压力。

排污许可收费是另一种基于市场的经济类工具。EPA 负责全国污染排放控制系统，并将削减的任务分派给各个州，州政府有权征收排污许可费。许多州基于排放物的容量和毒性来征收排污费，如纽约将排放物分为三种类型，每种类型按照排污量征收排污费，加利福尼亚州根据排放物的类型和排污量来收取排污费，但仍然有许多州并没有按照排污量和毒性来制定收费标准，而采用统一收费标准。② 但排污收费并没有在多大程度上激励企业削减排污量，这些费用大多用于维持许可项目。即使是排污许可收费制度，排污企业仍必须获得排污许可，并同时安装污染控制技术。

总体上，美国环境管制框架并没有改变，只是采用若干灵活性的新环境政策工具。EPA 研究证明"泡泡"工具并没有为大多数企业带来成本的节约，因为大多数企业是单一的排污源，并已经采用许可的技术标准，但是钢铁行业使用水"泡泡"政策后，遵从度提高、管理成本降低。EPA 是水"泡泡"工具的主要提议者，促使许多州建立水质标准，水质标准的建立为水"泡泡"、排污许可交易制度的产生提供了政策创新的空间，这证明灵活性政策工具的引入受制于或依赖于现有管制框架。

---

① Lada Kochtcheeva Dunbar. 2005. *Institutional Requisites for Flexible Policy Instruments*: *Environmental Policy in the United States and Russia*, p. 153. Dissertation for the degree of Doctor of Philosophy.

② U. S. Environmental Protection Agency. 2001. *The United States Experience with Economic Incentives for Protecting the Environment*. Nation Center for Environment Economics, http：//yosemite. epa. gov/ee/epa/eerm. nsf/vwAN/EE－0216B－02. pdf/ $ file/EE－0216B－02. pdf.

3. 自愿性工具

基于市场的工具有助于提高环境管制的成本效益，但许多污染控制问题无法完全通过市场机制来解决。随着水环境政策演化，自愿性工具和信息工具作为一种新的机制使管制更加具有可管理性，并能实现更好的环境结果，这些自愿项目能给企业带来非物质性的回报，如公共认同。在自愿性工具中，EPA 提供技术支持使管制更加灵活，使企业获取以较低成本降低污染的政策信息，并避免高昂的诉讼和执行成本。在自愿性水环境政策中，EPA 是政策供给的主要来源，设计和执行多个自愿性环境项目和信息项目，通过进行项目试点来验证该工具的环境绩效，但目前还缺少该工具的立法要求。

自愿性工具在 EPA 的合作伙伴中运用，如私人部门、公共部门企业、政府机构、交易联盟和社区，这些利益相关者将自愿性工具当做解决管制困难和技术困难的方案，该工具不仅降低管制成本，也降低自愿项目参与者的管制负担。① 这些自愿项目包括环境管理系统（Environment Management Systems）、XL 项目（Project XL）和绩效跟踪（Performance Track）项目。XL 项目是一个国家的试点项目，它允许企业、州政府和地方政府、联邦政府共同发展更具有成本效益的创新性方法，例如寻找测量排污量的流水线程序。该项目根据具体个案，EPA 和参与者协商制定基于绩效的环境标准来激励企业环保创新，作为参与的回报，参与者获得管制、项目、政策或程序方面的灵活性来实施创新项目②，比如，XL 的参与者能申请快速许可或联合许可，减少持续报告次数和频率，降低遵从成本，进行技术创新。

然而，在水环境政策领域中存在许多困难，阻碍自愿性项目的发展与执行。国会没有授权 EPA 足够的权威将企业从强制性技术要求中解救出来，导致自愿协商协议的执行缓慢。同时，被管制企业对自愿性项目也非常谨慎，因为这些项目缺少明确的立法权威。自愿性协议必须列出

---

① U. S. Environmental Protection Agency. *Compliance Incentives*, http://www.epa.gov/compliance/resources/publications/incentives/pollution/federal/meetingthechallenge.pdf.

② U. S. Environmental Protection Agency. Project XL, http://www.epa.gov/projectxl/learn-abt.htm.

应用所需的条件、要求，或运用的明确范围，参与企业必须遵守排污许可制度以及其他环境标准，但由于自愿项目没有明确的立法权威，即使项目提供了企业污染防治的灵活性，参与的企业对项目仍非常谨慎。自愿性工具是环境治理的新工具，具有很好的灵活性，但自愿性项目最为重要的前提条件是建立绩效基线。通过设计和执行自愿性工具，管制机构提升了机构范围内的决策能力。①

在过去的30年，水环境政策是美国联邦和州政府、私人企业和环境团体以及公众关注的中心。传统的环境管制政策几乎完全依赖于详细的中央管制、资格限制和法院执行来限制污染排放，通过联邦对污水处理市政设施和企业污水设施的财政补助来加强污水控制，这些传统管制模型，被认为相当成功地提高企业和市政的环境绩效，但到了1972年水环境政策成效并不明显，公众渐增的失望促使政府颁布更全面严格的法律体系，并重新评估传统管制模式的政策效果，以及考虑管制成本和服从成本，引入灵活性的新工具。

美国水环境政策工具的演变，证实传统管制框架对灵活性工具的影响，环境政策工具的选择受到制度性因素的影响，其中政策权威的位置是首要的制度性因素。在美国，环境政策权威集中于环保机构，环保机构具有引入新环境政策工具的创制权，因而，为灵活性新工具的引进提供了很好的政策支持。在水环境政策中，虽然政策制定者坚持严格的命令—控制工具，没有提供灵活的政策工具的创制权，但是当国会将EPA提出的灵活性法案法律化时，当国会强调水质控制和控制面源污染时，国会已经间接促进创新性新环境政策工具的应用。在新工具的运用中，如水"泡泡"、排污交易制，EPA或州管制机构是重要的创制者。

在环境政策工具的选择中，已有的管制工具和管制框架对新政策工具的引入产生影响，传统的管制框架、政策工具类型、环境标准类型决定新政策工具的命运。在命令—控制型的管制工具中，基于技术的标准和基于绩效的标准是不一样的，前者明确描述了需要采用的污染控制方

---

① Lunder, Lisa. 2000. Project XL, "Good for the Environment, Good for Business, Good for Communities." *Environmental Law Reporter*, 30, No. 10140.

法、技术要求,没有给环保局和企业留有充分的创新空间和灵活性。当环境标准从技术标准转移到水质量标准,管制者将他们的努力转移向发展各种技术,特别是灵活的排污权交易和自愿性工具,但是新的排污交易工具或自愿性工具都要求企业通过最低的技术要求,并符合已经建立的全国污染削减控制系统的要求。新环境政策工具没有取代已有的管制系统,环保机构不能使用太多的自由裁量权去违背国会的意愿,EPA 将灵活性新工具放在现有的工具体系中,避免政治抵触。如果新政策工具的运用不能和现有的管制相契合,那么这种工具的推广将非常缓慢。

美国的水环境政策工具演化,具有许多改革经验所证明的政策创新的渐进特征,新工具的采用受到传统框架的影响。最初的制度结构、政策设计和选择功能作为引入和执行新政策工具的过滤器,已经运用的实践和制度是不容易改变的,一旦政策策略被采用,它将变得难以改变,因为改变意味着不确定性和对政策行动者带来额外的负担。当改变无法避免,任何的政策创新都是建立在先前的实践和经验之上,受制于更加广阔的制度背景。

二、中国水环境政策工具

(一) 中国水环境政策网络

自 20 世纪 70 年代第一次全国环境保护会议以来,中国开始制定水污染治理方面的政策。在中国的环境政策中,政策权威在纵向和横向上都是分散的,环保部门并不具有环境管理的独立性权威。环境政策权威被多个部门分享,环保责任也在这些部门之间划分,但地方政府在其中发挥着关键性的作用。根据《中华人民共和国环境保护法》、《中华人民共和国水防治法》等环保法律的规定,县级以上地方人民政府是环境保护的责任人,对管辖范围内的环保局拥有直接领导权,因此,地方环保部门尽管名义上隶属于国家环保部,但首先附属于地方政府,而地方环保的承诺和地方政府的利益是冲突的。[①] 地方政府官员往往将经济发展凌驾

---

① 李万新:《中国的环境监管与治理》,载《公共行政评论》,2008 年第 5 期。

于环境监管之上,当出现经济发展和环境保护的利益冲突时,他们将忽视或弱化环境保护,使地方发展经济的意志得到实现,因而在地方政府和环保局的博弈过程中,环保局大多处于弱势。

虽然地方环保局受地方政府和国家环保部的双重领导,但环保局是环境政策最主要的执行者,负责制定水体、大气、土壤、噪声、光、恶臭、固体废物、化学品、机动车等的污染防治管理制度并组织实施。中国在70年代成立国务院环境保护领导小组,到90年代成立国务院直属、正部级的国家环保总局,环保机构地位日渐重要,特别是在90年代,中国政府机构经历了两次重大的机构改革,1998年的机构改革国务院撤销多个部委,但国家环保局却升格为国家环保总局,升级为正部级;2008年的大部制改革中,国家环保总局改革为环保部。

地方政府和环保机构的双重领导,限制环保机构独立发挥作用,基本的格局是:地方政府对环境治理负责,并制定政策;环保机构接受同级地方政府的领导,负责环境政策的执行和监督。在中国的公共决策体制中,全国人民代表大会、国务院、各级地方政府拥有不同的立法权限,其中全国人民代表大会和全国人民代表大会常务委员会有制定法律的权限,地方和部门制定的相关法规通常是执行国务院和上级政府的行政法规。严格来讲,中国环境政策决策体系是一种中央集权系统,地方制定政策的权力很少,地方拥有的更多是执行权,因此,中国环境政策体系是一种自上而下的决策体系,中央在政策制定上可以不断创新,而地方政府囿于地方利益在政策执行上却是渐进推进。

在中国环境政策网络中,除了地方政府和环保局之外,经济发展部门对环境政策的影响也非常大,它们也负责执行与部门有关的环境政策工具,但很多政策工具执行不力是由于这些经济和工业部门的阻力。发改委负责节能减排工作,并根据《中华人民共和国节约能源法》的规定,推动循环经济的实施、促进清洁生产、承担国家应对气候变化及节能减排的工作。[①] 工业和信息化部主要负责清洁生产,负责拟订并组织实施工业、通信业的能源节约和资源综合利用、清洁生产促进政策,参与拟订

---

① 国家发展和改革委员会主要职能,http://www.sdpc.gov.cn/jj/。

能源节约和资源综合利用、清洁生产促进规划和污染控制政策，组织协调相关重大示范工程和新产品、新技术、新设备、新材料的推广应用。[1]水利部负责组织编制水资源保护规划，组织拟订重要江河湖泊的水功能区划并监督实施，核定水域纳污能力，提出限制排污总量建议，指导饮用水水源保护工作，指导地下水开发利用和城市规划区地下水资源管理保护工作。农业部负责组织农业资源区划、生态农业和农业可持续发展工作等。从发改委、工信部、水利部和农业部的职能描述中，可以看出这些部门是环境政策网络的重要参与者，它们分别在大气、水等环境领域中起着重要的作用，它们通过制定部门法规或采用某种政策工具来影响环境治理。因此，中国的环境政策制度在纵向上是中央集权，地方权力有限；在横向上是权力分散，政策权威分散，聚敛性差，这种政策权威特点将影响政策工具的选择。

环境政策权威越分散，环保局地位对其他机构依赖性越强，独立性越差，采用或引进灵活性的、新环境政策工具的可能性越低，越倾向采用传统的管制工具。同时，在中国环境政策网络中，制定者和目标群体之间的互赖性和连贯性都较弱，环保部的许多官员将工业看做他们的"天敌"，考虑的是所应用政策工具的强制性，即管制。[2] 在弱互赖性和目标冲突的政策网络中，强制性的管制有助于维持现有的政策网络，命令—控制性的政策工具最有可能在工具选择中入选。总体而言，中国的环境政策以命令—控制型工具为主，虽最近十年新环境政策工具的运用范围逐渐扩大，但新工具并没有完全取代传统工具。

(二) 中国水环境政策工具

1. 命令—控制型工具

80年代之前，中国政府开始进行环境治理，主要采取命令—控制型工具，其特点是强制禁止或许可证制度，典型的工具如标准、许可证、

---

[1] 国务院办公厅：《工业和信息化部主要职责内设机构和人员编制规定》，http://www.miit.gov.cn/n11293472/n11459606/11606790.html。

[2] 〔美〕B. 盖伊·彼得斯等编：《公共政策工具》，顾建光译，中国人民大学出版社2007年版，第102页。

区划、配额、适用限制①，这些管制性工具基于环保的法律体系和详细的污染排放标准，采用行政执法的方式。从 70 年代中后期开始，中国国家标准化管理委员会陆续制定有关环境质量标准，并逐步建立水、大气、噪声、固废、核废料保护标准目录。"三同时"制度在 1972 年提出，是中国最早的环境管理制度。在 70 年代末，中国建立了环境影响评价制度，规定环境影响评价报告书必须经环境保护主管部门和其他有关部门的审查批准后建设工程才能设计。80 年代之前的中国环境政策工具基本奠定了中国环境治理的基调，此后 20 年里，命令—控制性的管制性工具逐渐得到完善。

中国在 80 年代出台了一系列的行政法令和规章，进一步完善了环境法律体系和环境标准。80 年代中后期，我国为推动总量控制的实施，开始在水治理中试行排污许可证制度。1989 年，国务院发布《中华人民共和国水污染防治实施细则》规定对水体排放污染的企事业单位核发许可证，排放许可证包括四项内容：排放申报登记、确定污染物总量控制目标和分配总量削减指标、审批发放排污许可证、监督监察执行情况，排污许可证成为中国命令—控制工具中重要的工具之一。污染源限期治理也是 80 年代的重要管制性环境工具，限期治理是计划管理和环境保护法制相结合的产物，这项工具在 70 年代中后期开始在我国实施。1989 年第三次全国环境会议，国务院环境保护委员会提出继续推行限期治理，1989 年《中华人民共和国环境保护法》确立了这项制度作为环境管理制度之一。

从 70 年代到 21 世纪初，命令—控制性工具逐步完善，形成了较为系统的环境管理体系。到 2005 年，国家颁布的环境法 6 部，资源法 10 部，国务院行政法规（条例）30 多件，国务院部门、国家环保总局的规章（条例）90 多件，国家环境标准 430 多项，地方性法律 1000 多件。国家和地方的法律、法规、管理程序、标准组成了庞大的法律法规体系。1979 年以来，我国已初步形成了具有独特性的环境法律体系，形成较为

---

① 经济合作与发展组织编：《环境管理中的经济手段》，张世秋、李彬译，中国环境科学出版社 1996 年版，第 8 页。

完善的环境法律体系,并建立了包括"环境影响评价"、"三同时"、"排污收费"、"环境保护目标责任"、"城市环境综合整治定量考核"、"排污申请登记与许可证"、"限期治理"、"集中控制"八项环境管理制度。

命令—控制型的环境政策工具自 90 年代起,执行率逐步上升,虽然市场经济性工具、自愿性工具也同时不断发展,但环境管制工具并没有减弱作用,而是得到强化,环境管制压力得到加强,这点我们可以从下列几项环境管理制度的执行率情况中证明。

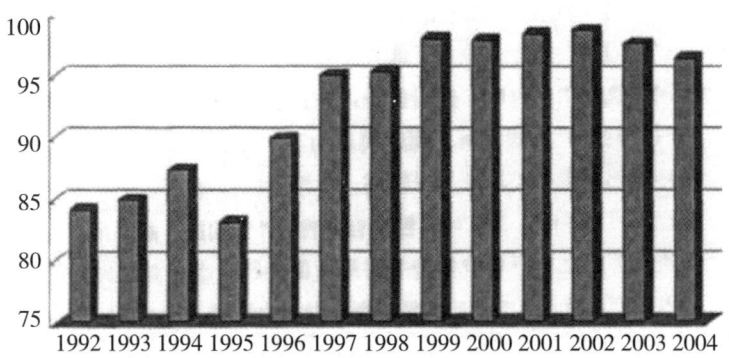

图 6-1 "三同时"的执行合格率情况

数据来源:环境统计年鉴

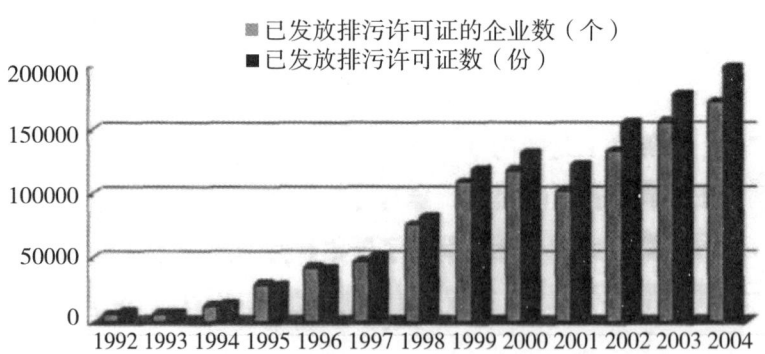

图 6-2 排污登记和排污许可证执行情况

数据来源:环境统计年鉴

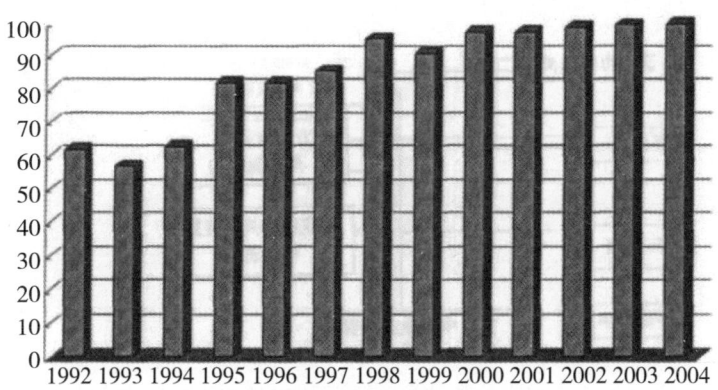

图 6-3 限期整治的执行情况

数据来源：环境统计年鉴

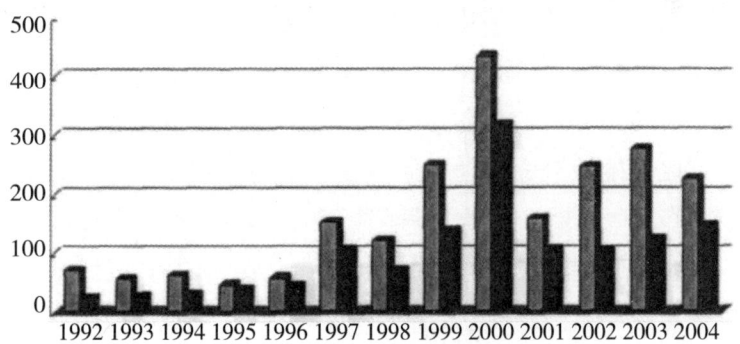

图 6-4 环境影响评价制度执行

数据来源：环境统计年鉴

在 80 年代的环境政策工具箱中，命令—控制性工具仍占主导地位，但经济性工具初现端倪，同时自愿性环境政策工具、信息工具也逐步试点推广，这些工具区别于传统的管制性工具，被称为新环境政策工具。但是，新环境政策工具的设计和运用是在现有管制框架中进行，新工具并没有代替管制性工具，以自愿性环境协议为例，参与企业必须在符合各种环境管理制度的前提下才能获得环境标识或与政府签订环境协议，新环境政策工具是在中国现有管制框架下所进行的政策创新和推广。

2. 新环境政策工具

"新环境政策工具"是指以基于市场的工具（MBIs）、自愿工具（VAs）和信息工具（如生态标签）为主要内容的新工具。新环境政策工具的运用是中国环境管理理念引入新内容的体现，自90年代之后，环境经济思想、自我管制思想逐渐成为环境政策工具设计的新理念，新工具在此背景下逐渐推广运用。1990年，国务院颁布了《关于进一步加强环境保护工作的决议》，采用了"谁开发谁保护，谁破坏谁恢复，谁利用谁补偿"的原则。中办〔1992〕7号文件中提出"运用经济手段保护环境，按照资源有偿使用的原则，要逐步开征资源的利用补偿费，并开展对环境税的研究，研究并试行把自然资源和环境纳入国民经济活动核算体系，使市场价格准确反映经济活动造成的环境代价"。在1998年《国务院关于环境若干问题的决定》中提到，要完善环境经济政策，切实增加环境保护投入，并秉承"污染者付费、利用者补偿、开发者保护、破坏者恢复"的原则，按照"排污费高于污染治理成本"的原则，提高现行排污收费标准，促使排污单位治理污染，运用排污收费工具，并开展排污权交易试点。在90年代中后期，清洁生产、循环经济理念被中国广泛接受，这段时期，我国的环境保护实践开始了从以末端治理向生产源头、过程和末端全过程控制的转变，从以工业污染防治为主向工业和农村污染防治并重的转变，从以污染防治为主向污染防治和生态保护并重的转变，从单纯注重环境保护到关注环境和经济协调发展的转变。

在国家环境管理理念发生变化的基础上，国家环保总局提出"加快出台和实施有利于节能减排的价格、财税、金融等激励政策"，从过分依赖行政手段到运用经济手段推进污染减排的转变。在2007、2008年的绿色中国论坛中，环保部提出新环境政策工具体系，包括：以绿色税收、环境收费、生态补偿、排污权交易等为主的环境经济工具，以ISO 14001、清洁生产为主的自愿性工具，以环境标志为主的信息工具。

（1）基于市场的工具

基于市场的环境政策工具是PPP思想和环境经济思想在实际运用中的体现，以排污收费、环境税、排污权交易、生态补偿为主要内容。水环境治理早在80年代后期就实施排污收费制度，到了90年代，排污收费制度采取"收支两条线",以专项资金的形式存在,并在局部地区采用差别排污费制度,使其发挥经济刺激功能。2003年国家发展计划委员会、财政部、国家环境保护总局、国家经济贸易委员会根据国务院的《排污费征收使用管理条例》联合发布《排污费征收标准管理办法》,规定"对向水体排放污染物的,按照排放污染物的种类、数量计征污水排污费;超过国家或者地方规定的水污染物排放标准的,按照排放污染物的种类、数量和本办法规定的收费标准计征的收费额加一倍征收超标准排污费"[①]。

排污权交易是水环境治理中的另外一项重要经济工具。中国在90年代开始在局部地区的水污染治理中试点,该工具在控制污染物排放总量的前提下,允许各污染源之间通过货币交换的方式相互调剂排污量。太湖的排污权交易是典型的试点,21世纪初太湖流域开展以水污染物排污指标为主要内容的排污权有偿使用和交易试点,在太湖的排污权交易中,财政部和国家环保总局是主要的倡导者,两个部门联合发布行政批复,允许江苏省在太湖流域开展以水污染物排放指标为主要内容的排污权有偿使用和交易试点,通过改革主要水污染物排放指标分配办法和排污权使用方式,建立排污权一级、二级市场和交易平台,逐步实现排污权行政无偿取得转变为市场方式有偿使用。在排污权交易的实施过程中,财政部和环保局分享该工具的政策权威,该工具的应用证明了中国环境政策网络权威横向分化的特点。

在排污收费和排污权交易的运用过程中,国家环保总局缺乏独立的权威,环保总局与财政部等职能部门以共同发文的形式分享政策权威,政策权威分散,新环境政策工具的运用受到管制工具的影响。排污权交易是在符合排污总量的前提下进行的排污量交易,排污总量由环保局设定,同时进行排污量交易的企业必须符合各种排污规章制度、达到水质标准。简而言之,基于市场的工具并没有取代环境标准、总量控制等管制性工具,新工具是在现有管制框架内制定并运行。

流域生态补偿的研究和试点始于90年代,所谓的"生态补偿"是指

---

① 国家发展计划委员会、财政部、国家环保总局、国家经济贸易委员会:《排污费征收标准管理办法》,2003年。

国家、各级人民政府以及其他生态受益者给予生态保护建设者因其保护生态的投入或失去可能的发展机会而进行的补偿。沿海的多个省份开展生态补偿试点，包括江苏试点水污染物排污权有偿使用和交易；福建实施江河下游地区对上游地区的森林效益补偿机制；山东省政府建立生态补偿资金制度；辽宁实施对东部重点区域财政补偿政策；河北对全省七大水系201个河流跨界断面实行生态补偿政策，等等。在这些试点中，浙江和安徽建立的新安江流域跨省生态补偿机制最为瞩目。这个机制包括共同设立的新安江流域水环境补偿基金，根据奖优罚劣的渐进式补偿机制，由环境保护部每年负责组织皖浙两省对跨界水质开展监测，明确以两省省界断面全年稳定达到考核的标准水质为基本标准，安徽提供水质优于基本标准的，由浙江对安徽给予补偿；达到标准的，双方都不补偿。浙江安徽的流域生态补偿是双向补偿思路，但是两省对水质标准有不同的看法，该方案的实施遇到阻力。

流域生态补偿是跨界河流的治理工具，地方政府是该工具的执行主体，补偿方案是地方政府间博弈的结果。财政政策通常是生态补偿的实现途径，纵向财政转移支付、横向财政转移支付、补贴、基金是最为常用的补偿方式。流域生态补偿的利益相关者包括上下游、左右岸、流域内外的居民、企业、各类NGO、公共事业部门、各级政府部门，但能参与其中的主要是政府部门。中国的流域生态补偿的驱动力源于政府，环保局作为政府的职能部门之一，在以发展经济为政绩考核主要指标的中国政治体系中，环保局往往是地方政府中的弱势职能部门，难以拥有独立的权威，因此，中国的流域生态补偿制度是以地方政府为行动主体进行协调和设计。

（2）自愿性工具

自愿性工具是企业为了执行提高环境水平的行动而遵守的协议①，是一种没有强制性约束的协议。中国自20世纪90年代，开始运用清洁生产、ISO 14001环境管理体系、环境标志等自愿性环境政策工具。2003年

---

① Andrew Jordan, Rudiger K. W. Wurzel & Anthony R. Zito. 2003. *"New" Instruments of Environmental Governance? National Experiences and Prospects*. London: Frank Cass Publishers, p. 11.

4月,山东省政府和济南钢铁集团总公司、莱芜钢铁集团有限公司签署节能自愿协议,标志着我国已正式实施自愿协议试点。同年11月份,青岛市的15家企业与当地政府签订了节能自愿协议,截至2007年,山东省已有51家企业签署节能自愿协议。① 在环境管理体系和生态标志产品上,中国在1997年全面建立了环境管理体系国家认证制度,目前获得ISO 14001认证的企业已超过3 000家。② 起始于1994年的中国环境标志计划,在1994—2005年期间,中国产品环境标志认证委员会对800家企业进行了评估,1.2万种产品被授予各种环境标志。③ 在清洁生产方面,我国在2003年开始执行《清洁生产促进法》,由40家全国的清洁生产中心提供支持,已经使得污染排放减少了20%,同时每年产生5亿元的经济回报。④

自愿性工具并不具有法律权威,它多以协议的方式出现,但所有的自愿性环境协议都包含着共同的要素:协议并不具有约束参与者削减污染排放的法律效力。⑤ 参与自愿性协议或ISO 14001的企业仍须遵守环境管理制度,参与者常常是各项环境管理制度的优秀遵守者,采用自愿性工具能为企业带来环保声誉,并减低与管制机构之间的交易成本。

在中国的水环境治理中,新环境政策工具在中国水治理中发展迅速,但新工具并没有取代旧的命令—控制工具,新旧政策同时存在,中国水治理是命令—控制型工具、基于市场的工具、自愿性工具、信息工具同时存在的混合状况。与此同时,管制工具不断加强,其作用并没有减弱,环境管制压力持续增大。新环境政策工具的运用是在环境管制框架内进行,管制压力的持续存在是市场工具、自愿工具发挥效应的条件。虽然,

---

① 《节能减排简报》,http://www.cecaweb.org.cn/CN/zyxy.html。
② 马小明、赵月炜:《环境管制政策的局限性与变革——自愿性环境政策的兴起》,载《中国人口·资源与环境》,2005年第6期,第19—32页。
③ 经济合作与发展组织编:《环境绩效评估》,曹东等译,中国环境科学出版社2007年版,第214页。
④ Wang H. 2000. *Pollution Charges, Community Pressure, and Abatement Cost of Industrial Pollution in China*. World Bank Policy Research Working Paper No. 2337.
⑤ Borkey P., Glachant M. & Leveque F. 1998, *Voluntary Approaches for Environmental Policy in OECD Countries: An Assessment*. The Report of 14th Session of WPEEPI, p. 11.

中国自80年代初就开始引入环境经济思想，采用污染者付费原则，而由于环境治理责任在多个部门之间分享，环保局缺乏独立权威，地方政府是环境治理的责任主体，但囿于发展地方经济的驱动，环境治理并不是地方政府的首要任务。正是因为环境保护与经济发展之间存在冲突性，新环境政策在中国虽有不少创新，但囿于市场的成熟度、公众环保意识程度以及自我管制的成效，新工具在中国水防治中并没有起到主导性作用，相反，命令—控制性工具仍是中国环境治理的主要工具。

三、比较与启示

（一）水环境政策工具选择的制度因素

在美国和中国水环境政策工具的变迁中，可以看出：工具的选择并不"自由"，并不是所有的政策工具都能被政府所采用，每种政策工具都有相应的政策背景，并受制于制度因素。政策工具的选择和运用不能仅从工具的特征来考虑，还需要考虑执行者和目标团体的目标，工具必须有助于实现这些目标。另外一个重要的决定性因素是执行者和目标团体之间的权力分布，"谁拥有运用工具的权力，这些权力控制多大的范围？"[①] 越是集权的国家越能接受干预性政策工具，政策工具的选择与一个国家的总体政治和行政策略相关，历史性的背景因素也将影响到政策的作用和决策者政策工具的选择。[②]

在环境政策工具的选择中，政策权威的性质和位置、管制传统和执行能力都强烈地影响到政策策略。如果环保机构的权威是碎片化的，机构缺乏独立性，那么影响目标团体行为的方法将受到限制。一个没有竞争性的、缺乏独立的环保机构，其政策倡议能力是有限的，即使出台新的环境政策工具，其弱势的职能权力、受限的行动能力也会降低新工具的执行力。

---

① Bressers. 2001. *Implementation of Instruments for Sustainable Development*. Conference Paper. In Second Meeting of SUCGOV team. Ronda, Spain.

② Linder S. H., Peters B. G. 1989. "Instruments of Government: Perception and Contexts." *Journal of Public Policy*, 1 (9): 35 – 38.

政策工具的选择同样受到决策层次的影响。① 在许多国家，中央政府被认为是最好的决策层级，因为地方政府不愿意承担选择政策工具所带来的成本。地方政府认为，中央政府有能力设计和执行范围广泛、目标持久、一致性的政策工具，因此，权威越是集中于中央政府，越是有能力采用新工具。由此可见，环境保护权威在纵向上和横向上都具有聚敛性，纵向上的聚敛表现为权威在中央和地方之间的集权和分权，横向上的则表现为环保机构是否具有独立的权威性，权威是否分散。

政策工具的选择还依赖于该工具是否与现有的法律、管制框架、政府能力相一致，机构能力是保证政府干预有效性的重要条件。② 那些能够带来更高水平的遵从和更好地实现环境目标的政策工具更有可能被接受。但是这些新工具不是代替现有的管制工具，传统管制系统仍作为一个"安全网"存在，任何一种政策工具都依赖于政策监管和执行的能力。因此，重要的不是政策工具本身的特征，而是确保新工具能够运行的制度能力，如果一种工具在政治上、行政上、经济上具有可行性，那该工具更有可能被采用，虽然其他因素，如人力、预算、官员责任都能影响工具的发展，但是制度结构更具有本质性的影响。③

基于上述分析，水环境政策工具的选择主要受以下三种因素的影响：

第一，政策权威的位置和聚敛性。政策权威的聚敛性是影响工具选择的首要的制度因素。环境政策的权威越是集中，环保机构越能提供合作、指导和确保一致性，新环境政策工具越有可能被引进并执行。

集中的政策权威常被认为是确保效率、绩效和目标实现的条件。在公共政策中，权威的集中和中心化是传统直接管制途径的属性。某些环

---

① Corinne Larrue. 1995. "The Political Feasibility of Environmental Economic Instruments." In Bruno Dente (ed.), *Environmental Policy in Search of New Instruments*, 3: 37 – 54.

② D Lemaire. 1998. "The Stick: Regulation as a Tool of Government." In Marie L. Bemelmans – Videc, Ray C. Rist & Evert Vedung, *Carrots, Sticks and Sermons: Policy Instruments and Their Evaluation*. London: Transcation Publishers.

③ Lundqvist, L. J. 1974. "Do Political Structures Matter in Environmental Politics? The Case of Air Pollution in Canada, Sweden and the United States." *Canadian Public Administration*, 17: 119 – 141.

境政策的需求和复杂性确实需要高度集中的管制结构来控制污染。① 然而，一种新的治理模式将职能分散和碎片化到广泛的行动者和不同层级中，世界范围的分权和地方化运动将权力从中央转移到区域或地方机构，从而导致政策权威在纵向和横向上的聚敛程度差异。如果政府合作成本能忽略不计，那么分权带来许多收益，比如更加直接地获取地方信息、公民个人和各个层级政府能更有创造性、促进地方政府机构之间的良性竞争，从而根据具体的环境问题作出政策调整。② 但是权威的分散化并不是试验新环境政策工具的最好办法，因为在分权化制度中，区域、地方创新和维持新工具的热情常常会受到"如何将新工具平等地运用整个工具系统"③ 的困扰。在某种程度上，一个国家或区域通常划分为不同的辖区，为确保不同辖区间政策的一致性和互换性，新环境政策工具需要共同的设计元素，包括同样的关键性标准、排放测量和报告、报告跟踪、执行和对不遵守的惩罚。

第二，环境政策的来源。在公共政策的研究中，政治与行政二分法是经典的理论基础，特别是美国的政治系统，国会作为主要的立法机构，是政策制定的主要机构，而管制机构——环保局，是政策执行者。但是管制机构并不是简单的政策执行者，早在1931年，高斯（Gaus）就发现行政机构不仅执行立法机构颁布的明确指令，而且独立地塑造这些指令，并运用执行的自由裁量权将立法机构的意愿转化为具体的政府干预行动。④ 行政机构成为影响政治决策的高度独立的力量，通过一系列的步骤将污染控制的法律目的操作化，管制机构接受污染控制目标，提出制定环境标准的准则，然后制定每种污染源的环境质量标准，并制定排放标准和允许的排污量，最后进行监测、报告和执行。管制机构在这一系列

---

① McIntyre, Robert J. &and James R. Thompson. 1978. "On the Environmental Efficiency of Economic Systems." *Soviet Studies*, 30 (2): 173 – 192.

② Breton, Albert, Giorgio Brosio & Silvana Dalmazzone. 2003. *Environmental Policies in Decentralized Governmental Systems: A Blueprint for Optimal Governance*, http://www.environmentalgovernance.unito.it/.

③ Rabe, Barry G. 1999. "Federalism and Enterpreneurship: Explaining American and Canadian Innovation in Pollution Prevention and Regulatory Integration." *Policy Studies Journal*, 27.

④ Gaus, John. 1931. "Note on Administration." *American Political Science Review*, 25: 123 – 134.

程序中，通过规则制定、调整和执行来影响政策，甚至通过议程建立来影响政策。多数情况下，管制机构通过政策执行机制来影响政策，但有时管制者通过提出新的政策议程来影响政策。当管制机构主动倡议新工具时，该工具更有可能被采用。

第三，新环境政策工具与现有管制框架的融合度。在世界各国的环境治理中，命令—控制方法是运用最为广泛的政策工具。水环境污染常常具有以下特征，如降低污染的技术是有限的，专业技术集中于管制机构；监测排污总量是非常困难或不方便的；污染对当地公共卫生造成很大危害，而灵活性的新工具可能使环境质量恶化；污染物是有毒的，最理想的排放量是零排放，在这些情况中，直接管制是最好的政策工具，因为直接管制具有清晰的制度化规则和规范化操作。如果新工具要执行成功并具有持续性，它们必须制度化为可操作性规则，并要基于已有的共识、规则和程序。在这种情况下，现有的环境管制对新工具产生影响，决策者决定测量和报告排放量的相关要求、许可证颁布的方法、使用配额的方法。"所有的环境管制系统依赖于排污许可证体系来使用环境收费制和可市场化的许可证。多数的工具并不是白头起家、从头做起地执行，相反，它们都被移植进管制系统，其中排污许可制度和环境标准发挥重要作用。"[1]

新环境政策工具能否与现有管制系统融合，在很大程度上决定新工具能否被采用。新环境政策工具不仅要与待解决的环境问题相符，更要与现有的环境标准和管制模型相一致。新环境政策工具的运用被当做是制度重塑，它不仅要和现有的制度相适应，同时也对现有的制度实践提出挑战。这种挑战甚至对立法逻辑都带来影响，实践中的变化常常和立法方面的变化共同进行，新工具要被运用，它们必须获得合法性权威。这些变化将使一些相关行动者充权（enpowerment）[2]，但也会给一些行动者造成不利的状况。如果从传统管制工具转向新工具，会给管制机构有

---

[1] Hann, R. W. 1989. "Economic Prescriptions for Environmental Problem: How the Patient Followed the Doctor's Orders." *Journal of Economic Perspective*: 107.

[2] 充权是一种缘起于西方社会的社会工作理念、模式和方法，具体指当事人改变自身处境的动力和获得社会福利的权利。

限的资源带来额外的负担,那么政策行动者将不会欢迎新工具。① 例如,环境团体起初反对新环境政策工具,特别是基于排污支付原则的市场机制,因为灵活性或成本—效益不能确保环境保护,同时受管制的企业也反对市场工具,因为它们带来了额外的管制负担。②

许多新途径和新工具,如果该工具并不完全新颖而是创新性地将早期的制度构件和实践政策吸收进新工具中,那么新工具更容易在政治过程中被接受。现有的制度实践并不只是带来约束或阻碍,同时能给行动者提供现有工具的执行信息,以便于行动者将这些信息运用于新途径中,这种过程是渐进的政策演化,而不是激烈的变化。这些渐变并不意味着抵制更好的实践,而是意味着"通过调整例行实践来解决新的不确定性,在这些调整中,将会产生新工具"③。因此,新工具作为一种崭新的环境保护途径,如果新工具没有要求对管制系统重组,没有对现有的管制机构带来额外的负担,那么该工具更有可能性被采用。

(二)中美水环境政策工具选择的制度比较

环境政策工具选择是在已有制度框架内的政治抉择过程,制度提供了个体根据各自的角色和状态进行恰当互动的框架④,塑造了政治行动者追求的目标,以及他们之间构造权力关系的方式、权衡优先利弊的方法。制度是多方面、持续性的社会实体,包括管制性和象征性的元素,表现出抗拒变化的明显特征。在本研究中,制度主要是管制性框架,该框架为行动者解决集体行动问题提供了行动框架。在环境政策工具的创新中,已存在的制度性框架在很大程度上影响一项新政策工具能否被采用,如果新工具与现有的制度实践和意识形态相适应,那么新工具能很好地融入管制框架。

---

① U. S. Environmental Protection Agency. 2001. *The United States Experience with Economic Incentives for Protecting the Environment*. EPA-240-R-01-001.
② Robert Stavins. 2003. *Market-based Environmental Policies: What Can We Learn from U. S. Experience?* Discussion Paper 43, Harvard U. and Resources for the Future.
③ David Stark. 1996. "Recombinant Property in East European Capitalism." *American Journal of Sociology*, 4 (101): 993-1027.
④ 〔美〕道格拉斯·诺斯:《经济史中的结构与变迁》,陈郁、罗华平等译,上海人民出版社1994年版。

制度分析有不同的分析模式，较为经典的是理性制度主义和历史制度主义。理性制度主义认为他们有"普适的工具箱"，或者有准确的个人行动理论来运用于任何一种政治体制。理性制度主义将政策工具选择看做是对物质条件作出调试的过程——仅仅是对成本和收益的计算——没有考虑历史和背景的因素。理性制度主义强调制度是产生或维持均衡的合作机制，历史制度主义则不同，它关注制度是如何产生的，是如何嵌套于当代的政治过程中，侧重理解和解释"特殊现实世界的政策结果"。历史制度途径探究"为什么某种结构或模式在某个时间和地点产生，而不是在其他呢？"① 基于以上差异，历史制度主义更能恰当地解释政策工具选择的过程，因为工具的选择不是经济模型分析的直接产出，而是嵌套在已有的政策工具体系中。显然，新旧环境政策工具创新的过程是一种历史制度主义，新工具嵌套在已存在的管制体系中，产生于其中，运行于其中。

中国和美国的水环境政策有其各自的历史制度变迁轨迹，新环境政策工具的制定、选择并不是经济模型的直接产出，而是对已有政策工具体系的微调和创新。政策工具的选择是历史制度框架中的工具创新与抉择，中国和美国具有不同的环境政策历史背景，显现出两种不同工具选择过程，两国在政策权威的位置与聚敛性、政策来源、新工具与管制框架的融合度三个方面上存在差异。

1. 环境政策权威的位置与聚敛性

中国和美国环境治理的权威分布具有不同的特点，中国的环保系统是碎片化的、分散的、缺乏自主权，美国则不同，其环保机构体系是综合性的、独立的、集权的系统，美国的 EPA 更有能力进行政策创新和追求政策目标。

在水污染防治上，美国将治理污染的责任上升到联邦层级，采用命令—控制作为污染防治的主要工具。在美国，环保局 EPA 承担了污染控制的主要责任，在组织架构上，环保局拥有一系列研究、监督、执行和

---

① Paul Pierson, Skocpol Theda. 2004. "Historical Institutionalism in Contemporary Political Science." In Irakatznelson, Helen Milner (ed.), *Political Science: The State of the Discipline*. New York: Norton, p. 4.

制定标准的职权，具有独立的权威。中国则不同，环境政策权威分散在多个机构，职能重叠，拥有资源使用权的机构在政策议程中占据主导地位。当环境监督职能分散地嵌套在具有不同使命的机构时，就容易产生利益冲突，而难以为环境治理带来可持续性利益。在美国，EPA作为一个中央环保机构，逐步从管制规则网中逐渐形成灵活性工具理念，并制定排污交易和引入自愿性协议，一些州进行灵活性工具的试点，如排污交易或许可费，EPA给这些试点的州提供技术支持，当州政府无法克服地方利益的阻扰时，EPA作为独立于地方利益的联邦机构，能起到更好的协调和支持作用。

美国的环境保护机构系统具有横向和纵向的机构分化，在联邦一级，联邦环保局内设有水污染防治职责的水部门，负责全国的水污染控制和水环境全面管理。虽然其他联邦机构，如内政部、农业部、运输部、海岸警备队等也有部分的水污染控制和水环境管理权，但联邦环保局居于最高位置，拥有优先权和终决权。其他部门在履行职责、行使权力时，应遵守联邦法律和联邦环保局的有关法规，在必要时，要征求环保局的意见。环保局有权监督其他机构实施环境法律法规，并在一定条件下有权对其他机构的违法行为进行制裁。在纵向权威分布上，水环境管理权主要集中在联邦政府，它可以直接行使管理权，也可将权力委托或授权州和地方政府行使并保留监督权。联邦政府可以在规定的条件下收回授权或取代地方政府而直接行使权力，特别是行政处罚权。

中国水环境治理的权威分布与美国有明显的差异。在纵向上，地方政府是水污染防治的责任主体，在中央和地方水污染防治管理的关系上，实行分级管理制，即以行政区划为单位，各区域的环保部门承担主要的水污染防治职责，中央一般无权取代地方的执法权力；在横向上，地方政府以及多个实权的职能部门具有水环境管理权，环保局缺乏集中的权威。简单而言，中国水环境治理权威并不集中于环境管制机构——环保局，环保局是弱势的职能部门。中国水污染防治工作在中央一级中实行环保部门统一主管，交通部门、水利管理部门、卫生行政部门等分工负责和协同相结合的管理体制，管制权威分散，不同部门具有执行不同环境管理权，有权推行不同的政策工具。环保局虽然作为环境管制主要机构,但相比较于经济发展部门或拥有资源使用权的部门,比如发改委、水利部,环保局属于弱势部门。而且,中国对环境保护部门的"统一监督管理"权和其他有关主管部门的水环境管理权之间的关系未作明确、详细、可操作的规定,在实践中经常出现各部门之间"争夺权力、推诿责任"的现象。当环保部门与经济发展部门出现职能冲突时,环境治理常常让位于地方的经济发展,出现"地方保护主义"。

中国水环境治理是碎片化和部门化的,具有多个水环境管理机构,环保局作为其中之一,并不具有领导权威。当环保部或其他环境管理机构推行灵活性的新政策工具时,部门利益冲突、相互拖延、缺乏合作常常影响新工具的执行效果。

2. 环境政策来源

中国和美国在环境权威位置、聚敛程度上存在差异,进而导致两国的环境政策工具创新来源不同。在美国的水环境政策创新中,管制机构环保局(EPA)是工具创新的主要倡议者和来源。中国则不同,政策创新更多来自政策制定者——地方政府,同时多个水环境职能部门也具有政策倡议的职权,环保局并不是环境政策的唯一倡议者,相反,环保局常常与其他部门以联合发文的方式制定或倡议新环境政策工具,国家环保部、财政部、水利部等多个水管理职能部门联合推进新工具的试点,例如,太湖排污交易试点由多个部门共同推进。

在美国,水污染防治新工具的建立很大程度上依赖于环保局 EPA 的倡议,许多新政策工具的引入,如水"泡泡"、自愿性工具,都产生于 EPA 的政策、经济、创新办公室。虽然美国的环境管制系统以严格的命令—控制工具为主,特别是水质量政策,但管制者也重视灵活性工具和技术。美国州环保局是地方政策创新的主要来源,州环保局并不隶属于联邦环保局,具有很大的独立性,依据州法律独立履行职责。联邦和州之间的工作内容是法律协议确定,大多数有关污染控制的联邦法规都授权州环保机构执行权,联邦与州之间是一种协商合作关系,进行创新性活动的州政府多数能得到联邦政府的财政、技术和科研支持。①

3. 新环境政策工具与管制框架的融合程度

新政策工具的采用依赖于现有的制度模式和政策制定轨迹，新工具不仅要关注环境问题的本质，更是要评估新工具与现有管制框架的融合性。政策创新如果冒着改变现有框架的风险，那么创新很容易失败，激烈式变革比渐变改革要困难很多。

美国是"命令—控制型"的环境管制模式的发源地，强制性的管制工具一直是水污染防治和水环境管理的主要机制。美国联邦制定基本政策和排放标准，形成以基于污染控制技术的排放标准管理为主，以水质标准管理为补充，以总量控制和排污许可证为主要内容的水污染防治机制。但是早期基于技术的环保标准并没有给经济类工具的引入留有足够的空间，直到环保标准转变为以水质为标准，制定水质标准，环保局才能够发展各种技术，其中包括灵活性新工具，进行水"泡泡"政策的试点。美国水环境政策工具的创新过程证明，现有的环境标准决定了新工具发展的命运。

中国的水环境治理也以管制性工具为主，在水污染防治中，形成以三同时、达标排放、总量控制、排污许可等八项制度为内容的"命令—控制"工具箱。中国在一些流域进行排污权交易试点，如太湖，但是排污权交易是在排污总量控制、水质标准的基础上进行，排污交易是在现有管制框架内试点。自愿性环境协议更是体现了管制性工具对灵活性新工具的影响，与政府签订自愿性环境政策的企业必须遵守现有环境管理制度的前提下，才能与政府签订环保协议。自愿性环保协议给企业带来的是削减污染的灵活性，但他们仍然要遵守管制工具。

美国和中国的水环境政策创新过程都说明新工具能否成功被采用，关键在于新工具与现有管制框架相融合程度，灵活性新工具要适应已确立并长时间存在的制度框架，才有更大的机会被采用。美国和中国的案例都证明灵活性新工具的引入，强烈地受到已有管制制度和标准类型的

---

① Rabe, Barry G. 1999. "Federalism and Entrepreneurship: Explaining American and Canadian Innovation in Pollution Prevention and Regulatory Integration." *Policy Studies Journal*, Spring (27).

影响。但是，排污交易在美国的运用远远比中国成熟，美国采用排污交易的时间早于中国，具有发展良好的框架、制度和市场文化，而且美国的污染交易系统并不要求对现有管制机构进行重组。

本章主要参考文献

1. 〔美〕B. 盖伊·彼得斯等编：《公共政策工具》，顾建光译，中国人民大学出版社 2007 年版，第 102 页。

2. 〔美〕道格拉斯·诺斯：《经济史中的结构与变迁》，陈郁、罗华平等译，上海人民出版社。

3. 李万新：《中国的环境监管与治理》，载《公共行政评论》，2008 年第 5 期。

4. 马小明、赵月炜：《环境管制政策的局限性与变革——自愿性环境政策的兴起》，载《中国人口·资源与环境》，2005 年第 6 期，第 19—32 页。

5. 经济合作与发展组织编：《环境绩效评估》，曹东等译，中国环境科学出版社 2007 年版。

6. 经济合作与发展组织编：《环境管理中的经济手段》，张世秋、李彬译，中国环境科学出版社 1996 年版。

7. Braadbaart, Okke. 1998. "American Bias in Environmental Economic: Industrial Pollution and Incentive Versus Regulation." *Environmental Politics*, 2(7).

8. Lada Kochtcheeva Dunbar. 2005. *Institutional Requisites for Flexible Policy Instruments: Environmental Policy in the United States and Russia*. Dissertation for the degree of Doctor of Philosophy, the Department of Political Science and the Graduate School of the University of Oregon.

9. Water Environment Federation. 1997. *The Clean Water Act(25th Anniversary Edition)*. Virginia: Water Environment Federation, http://www.epa.gov/agriculture/lcwa.html.

10. U. S. Environment Protection Agency. *Draft Framework for Watershed – based Trading, U. S. Environmental Protection Agency*, http://www.epa.gov.

11. Freeman, Myrick A. 2000. "Water Pollution Policy." In Paul R. Portney, and Robert N Stavins(ed.), *Public Policies for Environmental Protection*. Washington, D. C.: Resources for the Future.

12. U. S. Environmental Protection Agency. 2001. *The United States Experience with Economic Incentives for Protecting the Environment*. Nation Center for Environment Economics, ht-

tp://yosemite.epa.gov/ee/epa/eerm.nsf/vwAN/EE - 0216B - 02.pdf/ $ file/EE - 0216B - 02.pdf.

13. U. S. Environmental Protection Agency. 2004. *Compliance Incentives.* Accessed April 8, http://www.epa.gov/compliance/resources/publications/incentives/pollution/dederal/meetingthechallenge.pdf.

14. U. S. Environmental Protection Agency. 2004. *Project XL.* Accessed April 6. http://www.epa.gov/projectxl/learnabt.htm.

15. Lunder, Lisa. Project XL. 2000. "Good for the Environment, Good for Business, Good for Communities." *Environmental Law Reporter*, 30, No. 10140.

16. Jordan A., Wurzel R., Zito A. R. 2003. *"New" Instruments of Environmental Governance? National Experiences and Prospects.* London: Frank Cass Publishers.

17. Wang H. *Pollution Charges, Community Pressure, and Abatement Cost of Industrial Pollution in China.* Work Bank Policy Research Working Paper No. 2337.

18. Borkey P., Glachant M., Leveque F. 1998. *Voluntary Approaches for Environmental Policy in OECD Countries: An Assessment.* The Report of 14th Session of WPEEPI.

19. Linder, S. H., Peters B. G. 1989. "Instruments of Government: Perception and Contexts." *Journal of Public Policy*, 1(9).

20. Corinne Larrue. 1995. "The Political Feasibility of Environmental Economic Instruments." In Bruno Dente(ed.), *Environmental Policy in Search of New Instruments.* Doedrecht: Kluwer Academic Publishers.

21. Donald Lemaire. 1998. "The Stick: Regulation as a Tool of Government." In Marie - Louise Bemelmans - Videc, Ray C. Rist, and Evert Vedung(ed.), *Carrots, Sticks and Sermons: Policy Instruments and Their Evaluation.* New Brunswick, USA; London, UK: Transcation Publishers.

22. Lundqvist, L. J. 1974. "Do Political Structures Matter in Environmental Politics? The Case of Air Pollution in Canada, Sweden and the United States." *Canadian Public Administration*, 17.

23. McIntyre, Robert J. and James R. Thompson. 1978. "On the Environmental Efficiency of Economic Systems." *Soviet Studies*, 30(2).

24. Breton, Albert, Giorgio Brosio & Silvana Dalmazzone. 2003. *Environmental Policies in Decentralized Governmental Systems: A Blueprint for Optimal Governance*, http://www.environmentalgovernance.unito.it/.

25. Gaus, John. 1931. Note on Administration. *American Political Science Review*, 25.

26. Hann, R. W. 1989. "Economic Prescriptions for Environmental Problem: How the Patient Followed the Doctor's Orders. " *Journal of Economic Perspective*, Spring.

27. U. S. Environmental Protection Agency. 2001. *The United States Experience with Economic Incentives for Protecting the Environment*, January, EPA – 240 – R – 01 – 001.

28. Stark, David. 1996. "Recombinant Property in East European Capitalism. " *American Journal of Sociology*, 4(101).

29. Paul Pierson, Skocpol Theda. 2002. "Historical Institutionalism in Contemporary Political Science. " In Irakatznelson, Helen Milner(ed.), *Political Science: The State of the Discipline*. New York: Norton.

30. Rabe, Barry G. 1999. "Federalism and Entrepreneurship: Explaining American and Canadian Innovation in Pollution Prevention and Regulatory Integration. " *Policy Studies Journal*, Spring (27).

第七章 食品安全监管比较

提起食品安全监管，人们马上想到的是政府和市场的关系。然而在全球化的今天，食品安全监管也是一个区域公共问题，在跨地域的食品市场上，食品安全监管涉及生产地政府的监管、流通地政府的监管和消费地政府的监管。可以说，食品安全充分反映出区域治理的核心难题。本章围绕食品安全监管问题，分析欧盟、美国和中国政府的应对并在此基础上探讨对中国的启示。

一、从分散走向集中：欧盟食品安全监管的发展

在欧盟，饮食是一个跨边界的活动。人们食用的食品往往来自系列成员国。出口国对食品安全的监管影响到进口国消费者的健康。这样，食品安全监管就具有了整个欧盟的维度，进口国的消费者希望政府加强监管，而出口国则怀疑这种以公众健康为名的安全控制实际上是一种贸易壁垒，保护公众健康是名，保护国内产品不受外来产品竞争才是实。欧盟是如何在这样的冲突之下建立起当代最具防御性的食品安全监管体系的呢？

（一）欧盟食品安全监管体系的发展

1. 促进食品流通，以委员会模式进行监管

20 世纪 60 年代，随着移民浪潮的兴起，食品需要经历更长、更为复

杂的环节才能达到餐桌。由于卫生管理体系不完善,以及微生物检测体系的落后,食品中毒在当时显得比较突出。1964年,欧盟颁布第一部对于鲜肉作出规定的食品卫生法规,紧接着,针对其他食品种类的卫生管理制度也相继出台,如野味、鸡蛋、禽类和乳制品等。这些食品卫生管理制度限制了有害细菌、化学物质等对食品的污染,这使欧盟食品安全水平得以提高。

随着经济社会的不断发展,食品市场也发生深刻变化,大量食品是经过工厂的生产和加工而上市的,因此,化学物质安全和食品污染又成为新的食品安全问题。当食品日益依赖机器进行加工和大规模生产的情况下,迫切需要与之相抗衡的监管力量来保护弱小的消费者。意识到需要有统一的法律法规对欧盟市场食品安全进行监管,欧盟于70年代开始发布食品卫生指令,规定了某些食品的生产标准。1971年,欧盟要求对肉类强制进行旋毛线虫检验,对禽肉在屠宰、存储和运输方面制定了统一的卫生要求。作为对有效解决各种问题的一个支持性措施,1979年,欧盟建立了食品和饲料的快速预警系统,旨在通过该系统的有效信息交流,在成员国建立责任主管部门,各主管部门之间相互交流行之有效的食品安全监管措施。在化学物质和食品污染方面,欧盟也有了专门的立法。但是,正如相当多学者指出的,相对于消费者健康而言,当时的食品卫生指令更多的是为了保证食品在欧洲共同市场上的自由流通。①

随着统一大市场的发展,仅依赖成员国的监管体系显然不足以保障欧洲大市场内流通的食品的安全,发展统一的监管体系开始提上日程。20世纪70年代和80年代,欧洲委员会开始认识到,各成员国的食品安全监管构成了欧盟内部食品自由流通的非法壁垒,因此,需要进行拆除。为此,欧洲委员会通过欧洲法院挑战成员国的食品安全监管举措,并采取了一些办法来对各成员国的食品安全要求进行统一和协调。欧共体在70年代发布了一些指令,为某些食品的成分提供标准,以协调各国的法律。标准设立的目的仍然是保障欧洲共同市场内的食品自由流动,而不

---

① Emilie H. Leibovitch. 2008. "Food Safety Regulation in the European Union: Toward an Unavoidable Centralization of Regulatory Powers." *Texas International Law Journal*, 43 (3): 429 – 452.

是促进消费者的健康。然而，各国不同的饮食文化使得它们很难对食品成分的采纳达成一致意见，《罗马条约》要求的全体一致通过原则使得任何决定都难以达成，因此，这一计划终告破产。1985 年，欧共体开始尝试新的方法，决定使用标识来指明食品成分和生产手段的差异，允许消费者作出知情的选择。① 它采纳了互相认可的原则，要求成员国允许在其他成员国以同样标准生产出来的产品在欧共体市场内自由流通。

食品行业的不断发展、频发的各类食品安全问题及公众对食品安全的新要求，使欧盟意识到食品安全监管必须涉及健康与消费者保护、公平竞争和新技术等。1987 年，《单一欧洲法令》通过，以有效多数表决取代了全体同意原则，这为后来欧盟层面监管的发展扫清了障碍。欧洲委员会也被赋予更大的协调权力，欧盟的食品安全法令法规开始增长，到 90 年代中期，产生了一批针对各种食品安全的综合性卫生规定。但是，这些监管制度大部分都侧重对食品供应数量安全的监管，也并没有覆盖食品安全的整个食物链，而且由于监管体制不完善，欧盟内部缺乏统一协调的独立监管机构，各成员国强调自己的法律法规。为了自身的经济利益，在国内政治集团的压力下，有的成员国政府还抵制欧共体的法令②，而且一些法律法规及指令相应滞后，不适应欧盟市场的发展，尤其是当时尚缺乏一部权威的完善的《食品安全法》，很难将分散在各成员国有关部门之间的监管权力有机地统一、整合起来，出现了一些监管法律上的盲区和误区，难以避免食品安全监管不力的现象，这就为后来的食品安全危机埋下了隐患。

为了缓解食品安全、市场一体化与政府监管之间的紧张关系，欧盟机构设计了一个巧妙、复杂的食品安全监管模式，即委员会、公共监管机构与自我监管的共同监管模式。在"疯牛病"危机全面爆发前，欧盟对于食品安全的监管，则一直采取这种委员会模式。该委员会模式主要

---

① Alberto Alemanno. 2006. "Food Safety and the Single European Market." In Christopher Ansell & David Vogel (eds.), *What's the Beef? The Contested Governance of European Food Safety*, pp. 237 – 240.

② John Van Oudenaren. 2000. *Uniting Europe: European Integration and the Post – cold War World*. Oxford, Lanham Md: Rowman & Littlefield Publishers, p. 123.

由三个功能性委员会组成①：由成员国代表组成的食品常任委员会（StCF）、由科学专家组成的食品科学委员会（SCF）及由各利益相关者组成的咨询委员会（ACF）。每个委员会都有其明确的职责和功能，食品科学委员会为政策决策过程提供建议，食品咨询委员会为欧委会提供各相关利益主体的意见，而食品常任委员会则旨在确保各成员国在政策实施阶段的政治认同。通过这种模式，欧盟将食品安全的风险管理和风险评估由不同的委员会负责：SCF 执行食品安全的风险评估，而风险管理则由 StCF、ACF 和欧委会共同负责。虽然 ACF 的初衷是协调和加强社会对于欧盟食品安全监管的接受，但是它不为欧委会提供咨询意见，甚至被束之高阁。

分析研究委员会模式下对欧盟食品安全的监管及其功能的发挥，有重要的影响。原则上，欧委会向 SCF 咨询科学上的建议，然后与 StCF 的各成员国代表及 ACF 的利益主体代表进行讨论。虽然在政策讨论的过程中，SCF 被忽略在体制外，但是由于它为每一个有关食品安全的决策提供科学基础，而且由于食品安全问题在政治上的敏感性，欧委会更偏向密切关注 SCF 的意见，因此，SCF 实际上是最重要的委员会。由于食品安全问题在政治上的敏感性，能让各成员国在食品安全风险管理上发挥特别作用的 StCF 是有必要存在的。各成员国参与到欧盟食品安全监管中来，不仅是为了维护自身的利益，更多的是因为食品安全风险评估和管理结果的复杂性及不确定性。作为一个监管委员会之一，StCF 可以影响欧委会的政策决定，因此，它为各成员国在食品安全监管政策实施过程中提供了体制上的合法性，同时允许成员国在政策决策的任何阶段去监督欧盟机构权力的行使。②

2. 英国"疯牛病"事件与欧盟食品安全监管

在欧盟的食品安全监管改革中，不得不提的一个事件是"疯牛病"。BSE 危机为一个内部更为统一的食品安全政策的发展创造了机会之窗

---

① 孙娟娟：《欧盟食品安全监管的理论和实践》，载《太平洋学报》，2008 年第 7 期，第 16—22 页。

② Ellen Vos. 2000. "EU Food Safety Regulation in the Aftermath of the BSE Crisis." *Journal of Consumer Policy*, 23: 227–255.

(Ugland & Veggeland, 2006：618)。最早的疯牛病例发现于 1986 年 10 月 25 日的一个小镇叫做阿福什德,在英国东南部地区。这头奶牛有着黑白相间外部毛发,在发病初始阶段,显得有气无力,之后出现摇晃不能站立的情形,后期口吐白沫,最终倒地不起。这种情形被兽医确诊为"疯牛病"。1988 年,英国政府采取了一系列预防性措施来限制疾病的蔓延。1989 年,欧盟禁止英国出口 1988 年之前出生的牛肉,表明它对英国 1988 年开始采取的安全措施充满信心。然而,1989—1990 年,英国新一轮的"疯牛病"再次爆发,欧盟成员国迅速作出回应,德国禁止了英国牛肉的进口,法国和意大利也随后发布禁令。1990 年 4 月,欧盟委员会禁止患疯牛病的肉用于人类食用。英国认为其他成员国以"疯牛病"为借口来树立不正当的壁垒,贸易紧张加剧。1990 年,欧盟农业理事会达成协议,英国同意进行新的控制,其他成员国同意取消禁令,而欧共体对英国牛肉出口进行整体的限制。然而,英国的疯牛病例持续攀升,欧洲议会开始表示对危机的关注。

与此同时,欧盟开始孕量食品安全监管体制的改革。1991 年 12 月,欧盟在农业专员之下建立动植物检查控制办公室(OVPIC),约 30 名检察官被授权对食品生产和加工设施进行检查。然而,OVPIC 需要和其他的机构争夺农业专业的有限资源,1995 年,欧盟委员会相信维持和扩张的最好办法是将 OVPIC 转成一个独立的机构——欧洲动植物检验检疫局。然而,欧盟委员会必须非常小心,因为担心来自欧洲成员国对欧盟权力扩张的抵制。

自 1990 年开始,相继发现了猫和猪感染"疯牛病"的病例,1996 年 3 月,英国政府宣布 10 名新型"克雅氏病"患者与"疯牛病"有关。该消息成为欧洲各大报纸的头条,各成员国迅速采取单方紧急措施来平息公众的焦虑。仅仅几个月就使得多个欧盟国家遭受了牛肉量下降 70% 的损失,严重影响了欧盟成员国之间的信任。一周之后,欧共体宣布对英国牛肉和牛肉产品的禁令。同时,这种新型"克雅氏病"还导致人员的伤亡,1996—2002 年英国已有 89 人死于此病。英、法、德等国民众表达了对政府管理不力的愤怒。英国政府认为,这是其他成员国拒绝和封杀自己牛肉产业的行为,因此,表示对此异常愤慨。欧洲法院驳回了英国在1996年5月21日的要求,收回出口禁令的上诉,但批准其可通过与盟国政府谈判取消禁令。英国政府宣称,它将在所有欧盟事务上采取不合作的政策,并将在所有要求部长理事会全体一致同意的事项上拒绝投票。这一僵局延续了一个月时间,6月21日,《佛罗伦萨框架协定》得以在欧盟成员国政府首脑会议签署,对英国取消牛肉进口的限制开出了以下条件:对有被感染危机的动物严格清楚屠宰范围;加强巩固健全动物身份证和追踪体系;立法禁止将哺乳动物的肉和骨头用于动物饲料;低于30个月大的牛不得予以屠宰;严格清防屠宰后动物尸体残留的危险材料。

在这样的背景下,欧洲议会开始借用"疯牛病"危机来施行它在"马约"中获得的新权力和政治地位。1996年,它启动一项调查来了解欧盟委员会对问题的处理。1997年2月7日,调查委员会的报告指出欧盟委员会对疯牛病的处理是不当的。18日,欧洲议会发布对欧盟委员会的有条件谴责令,呼吁它遵照调查组的建议执行。在议会的质疑下,欧盟委员会讨论了各种改革方案,并在调查委员会的报告发布的同一天宣布了应对重大食品健康问题的改革方案。方案极大地提升和扩充了消费者政策专员(DGXXIV)的地位和责任,并将之改称为消费者政策和健康保护专员。OVPIC被转至消费者政策专员,改名为食品和兽医办公室(FVO),而政策制定权则留给农业专员(DGVI),由此,对食品安全立法负责的机构与负责监督执行的机构分离开来,消费者政策专员的改组从农产品和食品市场管理工作中分离出了关于食品安全、保护动物健康、动物福利和植物卫生的工作,从而使得市场监管和食品安全之间的利益冲突得以消除,在整个欧盟之中就会有更多的资源用于监管食品安全领域。[①] 此外,为保证FVO相对于欧盟的独立性,将其总部设在爱尔兰而非布鲁塞尔。因为成员国积极反对委员会权力的扩张,委员会担心无法保障加强食品安全检测所需要的资源,FVO如此设计的目的正是为了获得成员国的支持,表明该机构是受成员国而非欧盟的控制。

欧洲议会对于欧盟委员会采取的应对"疯牛病"的果断措施表示高

---

① 〔塞浦路斯〕凯普里阿诺:《欧盟食品安全50年》,载《太平洋学报》,孙娟娟译,2008年第3期。

兴,但对于委员会提出将 FVO 的控制权转给一个不受欧盟委员会控制的独立机构仍表示怀疑。委员会 1996 年曾呼吁将负责食品安全检测的新机构交给一个由成员国政府代表组成的董事会。欧洲议会的议员担心将控制权从委员会转给一个由成员国控制的董事会,将引起"共同体政策的重新国家化"。随着"疯牛病"日益得到公众的关注,委员会发现它可以利用此机会极大地扩张自己的权力,欧洲议会的反对正好给它一个借口。1998 年 1 月,委员会宣称将改变它对 FVO 的立场,并计划将 FVO 置于自己的控制之下,认为在委员会能够比独立的监管机构更好地保障食品安全检测。换句话说,委员会认为,委员会下的一个机构将会比一个由成员国主导的董事会下的独立机构更"独立"。

欧盟层面对于食品安全的监管,一直采用委员会监管模式。在这个模式下,各委员会有各自明确的监管职能,并在各自的职能范围内对欧盟统一市场的食品安全进行监管。但是,这种模式也有很明显的缺点。1997 年,欧盟"疯牛病"调查委员会出台了《梅蒂纳·奥特加报告》,认为此次危机的主要责任在于委员会监管体系,这一体系结构太过复杂及不明确、不民主。① 报告认为,委员会监管体系的这些结构复杂及民主问题,使得明确各机构与委员会之间各自所承担的责任难以分清,这也就造成了各监管机构之间就所要担负的政治和行政管理责任互相推诿。对此,同时还指出,正是由于其工作机制的这种复杂性、不透明性和不够民主的弊端,导致目前的委员会监管体系似乎难以得到足够的监督。这样导致各成员国或企业组织会将各自的利益渗透到欧盟的相关决策中。名义上由理事会赋予食品常任委员会(StCF)的权力,但实际上它多会受到欧委会所施加的影响;一般来讲,食品常任委员会要根据食品科学委员会(SCF)的建议来执行监管工作,但是实际上由英国控制了食品科学委员会,其形式通常是召开会议、提议安排、参与会议等方式。

显然,这种委员会监管模式存在很大缺陷:首先,有的委员会并没有发挥其实质性作用,例如咨询委员会(ACF),该委员会甚至被束之高

---

① Manuel Medina Ortega. 1997. *EP BSE Inquiry Report*, 7 Feb., http://www.mad-cow.org/final_EU.html.

阁了；其次，监管体系过于复杂、不明确、不民主，导致各监管机构有机会互相推诿政治和行政管理责任；最后，职能分散的监管原则下，缺乏一个独立统一的监管机构，大大降低了各监管机构之间的协调性和统一性，导致监管效率下降，因而经常造成监管上的不力。主要负责对食品安全进行监管的各成员国，由于其自身监管机构的建设和监管职能的执行，受到各成员国法律法规的不同而存在差异，使消费者在接受本国的食品安全标准和欧盟制定的统一标准上有所差别，而且由于食品安全监管还未形成欧盟的共同政策，一些成员国在食品安全上各行其是，一定程度上降低了欧盟对食品安全的监管能力。

1999 年，三位教授联名发布一项报告，呼吁建立一个基于卓越、透明和独立原则的新风险评估体系；创建一个公共健康机构；增加成员国之间的合作。① 2000 年，欧洲委员会决定，建立一个独立的欧洲食品机构是确保食品安全的最佳办法。② 改革已经势在必行。

3. 危机后的重组：风险评估与风险管理分离

建立一个欧洲的食品安全监管机构的建议在 20 世纪 90 年代早期就被提出，这一建议面临着两个主要的争议：一是该监管机构与欧盟其他机构之间的权力如何划分？二是各成员国与欧盟之间的权力应当如何划分？就前一个问题而言，欧盟在 90 年代初认为成立独立的监管机构是不必要的。就第二个问题而言，尽管分权状态下成员国以公共健康竞争工具彼此竞争，集权将能改进消费者的信任并减少企业面临的不确定性，然而，欧盟的集权必然面临来自成员国的政治抵制，成员国担心权力的移交会带来国家自主权的丧失，还担心欧盟的权力滥用，再加上实质性的监管权力的扩张将伴以庞大的预算，因此，经济上也是不现实的，同时各国饮食文化各异，这也为监管的集权带来困难。"疯牛病"最重要的教训之一在于，将科学和政治责任混同起来会侵犯专业知识的独立性和可信度。英国的农业、渔业和食品部（MAFF）既负责消费者保护，又负责农业和

---

① Winn S. Collins. 2004. "The Commission's Delegation Dilemma: Is the European Food Safety Authority an Independent or an Accountable Agency?" *UC Davis Journal of International Law & Policy*, 10: 277, 281.

② *Commission White Paper on Food Safety*, at 3, COM (1999) 719 Final (Jan. 12, 2000).

工业利益的促进。因此，MAFF尽可能保护英国的牛肉业，而过于低估BSE的风险。产业利益被看做是远远高于对公众健康的风险。"疯牛病"事件也促使欧委会把保障食品安全放在第一重要的位置，这就使得欧盟不仅要追求单一市场、工农业发展及保障公众健康的目标，而且需要考虑到日益增加的社会风险。况且，对于食品安全的管制，除了经济利益、公众利益和安全需要考虑之外，文化差异和道德因素也是不可忽略的重要方面。"疯牛病"事件使得欧盟原有监管机构的缺点和不足得以显露出来，即没有明确的责任主体，导致无人承担责任。① 因此，将食品安全监管机构独立出来，加强欧盟层面的监管集权，改进消费者的信任就成为不二之选。

1999年，新欧盟委员会上任后不久，主席罗马诺·普罗迪（Romano Prodi）就宣布食品中安全将是他的主要政策关注。2000年11月，欧盟委员会提议建立欧洲食品署，并要求采取改进的共同决策程序，以确保欧洲议会对EFSA的设计有强大的影响。2002年1月，在经过数月的协商之后，欧洲议会和理事会终于达成建立欧洲食品安全署（简称EFSA）的法案。EFSA则是一个独立的机构，资金来源于欧盟预算，在行政上不隶属于欧盟的任何其他机构，通过收集信息来帮助预测风险，并就与人类的营养、动植物健康和转基因食品相关的问题提供意见。EFSA的主要职责在于，为成员国和欧盟机构提供科学建议和在欧盟及其成员国的监管机构之间建立起一个网络，以推动合作和信息交流。

EFSA是一个典型的非民主机构，对于这一机构存在的必要，马约内（Majone）认为，政治市场存在一系列的问题：如就问题的情境以及其他人偏好的不完全信息，这种信息缺陷是固有的；准备、谈判和执行政治契约中的高成本；以及因为政治联盟的变动导致承诺的不可靠，这就使得一个非民主的监管机构的组建变得非常有吸引力。这种监管机构，要么通过促进信息的收集或传递专业知识来降低交易费用，要么通过促进可靠承诺来解决合作的困境。由于这一机构本质上不是选举产生的，不

---

① 〔德〕乌尔里希·贝克、〔英〕安东尼·吉登斯、〔英〕斯科特·拉什：《自反性现代化——现代社会秩序中的政治、传统与美学》，赵文书译，商务印书馆2001年版。

需要随着竞选的指示灯转,因此能够限制统治者的自利(Majone,2001:61)。

EFSA 充分代表了欧盟而非成员国的利益,表现在:EFSA 的管理董事会成员必须由理事会和欧洲议会咨询后任命,成员国并不一定能够在管理董事会中保有代表席位,理事会和议会任命的 14 个成员中 4 个有消费者组织或其他与食品相关的利益群体背景。管理董事会经欧洲议会同意,选出 EFSA 的执行长。然而,为了避免成员国对欧盟机构权力扩张的抵制,EFSA 将自己的主要职能限定于"风险评估",如信息收集、分析以及提供科学建议,而检查和其他风险评估活动则仍由委员会的 FVO 和各成员国来实施。由此,"风险评估"和"风险管理"相分离的监管格局基本形成。EFSA 进行科学的评估,但并不介入任何风险管理事项,而风险管理(包括制定规则、监督和执行)则交由民主问责的机构(理事会、委员会和欧洲议会)和成员国。将风险评估与风险管理分离开来的好处在于,前者由独立的专家进行,判断标准是科学,后者由选举产生的官员进行,他们必须要考虑专家的意见,但是并不受之所限,这样就能够避免科学的政治化对科学可信度的威胁(Weingart,1990:160)。机构设置上的这种分离,事实上迎合了欧盟的政治环境:与美国 FDA 的强大监管能力形成对照,EFSA 缺乏实质性的监管能力。基于专业意见进行的科学指导更易于为成员国所接受,也是一个新成立的监管机构在欧盟各机构中争取预算和赢得生存机会的绝好理由。EFSA 将自己定位于发展成员国可以自行执行的相似的、可接受的原则、一般标准和思想。当一般的标准出台后,即使监管和执行权力并未集中,但围绕这些原则自然出现了集权化。集权化的另一个表现在于欧盟内部所有与食品相关的事务都由 EFSA 统一管理,这使得分散的监管机构和体系有了一个统一的、明确的协调者,尽管这个协调者的权力还很弱。

(二)欧盟食品安全监管:多层的监管治理体系

欧盟的食品安全监管是通过三个层面得以实现的:企业、成员国和欧盟,形成一个多层的监管治理格局。

1. 企业

监管最终要转化成为对商家的压力,即将保障安全食品的责任由商家承担起来。而什么是安全的食品呢？欧盟认为，遵从关于食品安全的具体规定而生产的食品被定义为安全的。食品企业免责的方式是遵从欧盟的食品安全监管，这为企业提供了强大的服从激励。食品企业的运营人，即掌管食品企业的人需要保证食品法律要求得到遵守。这样，确保食品安全的义务因而由食品企业而非公共机构来承担。

因此，在欧盟的食品安全控制体系中最重要和最基本的层次是食品企业，它必须证明自己服从食品安全规则。当食品企业发现自己未能达到要求时，往往被要求进行更正。在欧盟，由于食品大量依赖在不同成员国的生产，因此，监管的最终压力体现在销售商身上。这与强调生产商责任的美国监管体制形成鲜明对照。食品安全最主要的责任主要是由食品和饲料的商业经营者承担，如可追溯性、产品标识、预警制度等，都是在强调销售商的责任，以实现责任的倒逼。欧盟的食品安全体制禁止不安全的——包括对健康有损害的或者是不适合人类食用的食品出现在市场上。经营者有义务保障自己销售的食品是安全的，必须保证在自己监管范围之内的产品，在食品生产的各个环节，如生产、加工和分配阶段符合法律规定的要求。

2. 成员国

在欧盟，食品安全监管传统上是各成员国自己的义务。欧盟层面的改革强化了各成员国在食品安全监管方面的责任，如各成员国必须监督欧盟的 780 万个农场、30 万个食品加工厂和 60 万个食品零售点①，确保它们按要求执行了自我控制，并在必要时候依据相关食品法律进行了更正。成员国必须制定违反食品法的制裁措施，如在 EFSA 的督导下，一些欧盟成员国开始将食品安全监管职能集中为一个部门。例如，奥地利于 2002 年成立了食品卫生质检总局；丹麦合并了原来负责食品安全管理职能的农业部、渔业部和食品部，成立食品和农业渔业部；法国成立了食品安全评价中心；荷兰设置了国家食品局。下图显示了欧盟及其成员国

---

① Morten Broberg. 2009. European Food Safety Regulation and the Developing Countries. DIIS Working Paper.

在食品安全监管方面的权力配置状况①:

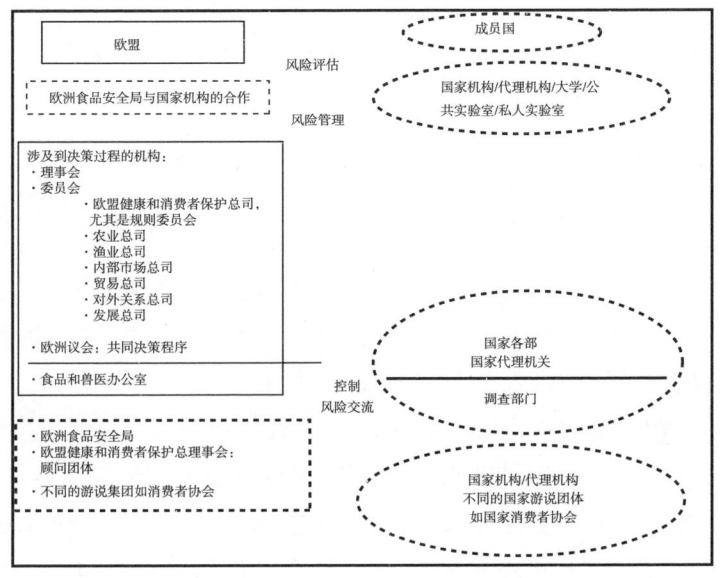

图 7-1 欧盟及其成员国在食品安全监管方面的权力分配状况图

3. 欧盟

在欧盟食品安全成为一项横向议题,所有欧盟的政策都必须要考虑,这足以体现出食品安全议题的重要性。目前,欧盟负责食品安全的管理机构主要由决策机构、执行机构和咨询机构组成,它们在食品安全监管和服务中发挥不同的作用。

(1) 决策机构,包括欧盟理事会(Council of the European Union)和欧洲议会

在与食品安全有关的政策领域,欧洲议会也享有立法权。食品安全及食品标签事务,与消费者健康风险相关的兽医法规的制定,对食品及其生产体系实施公共健康检查,以及对管理欧盟食品安全局和食品与兽医办公室的管理工作都是欧洲议会下设的环境、公共健康和食品安全委

---

① Herwing C. H. Hofmann, Alexander H. Turk. 2006. *EU Administration Governance*. London: Edward Elgar Publishing, p. 163.

员会（Environment, Public Health and Food Safety, ENVI）负责的。

（2）执行机构，包括欧盟委员会和食品与兽医办公室（FVO）

欧盟理事会和欧洲议会负责制定决策框架指令，具体执行行为则由欧盟委员会负责，并制定实施框架指令的相关政策规章。欧盟委员会拥有简化并加速制定食品法规及其程序的权力。欧盟委员会中涉及食品安全的机构主要有四个：负责内部市场和服务的第三总司、负责就业和社会事务的第五总司、负责农业和农村发展的第六总司以及负责消费者政策与消费者保护的健康与消费者保护总司。其中，内部市场和服务总司负责监管食品流通；那些食源性疾病由就业和社会事务总司负责监管；兽医和植物卫生问题由农业和农村发展总司负责监管；以及负责欧盟整体水平的消费者政策制定工作、保护消费者健康与保证食品安全的健康与消费者保护总司。为了协调这些部门之间的关系，欧盟委员会专门制作了一个协调手册，使得各部门相关领域的职责和任务更加明确化。这样，四个部门之间就实现了食品安全监管信息的共享，包括工作计划、备忘录、报告等。

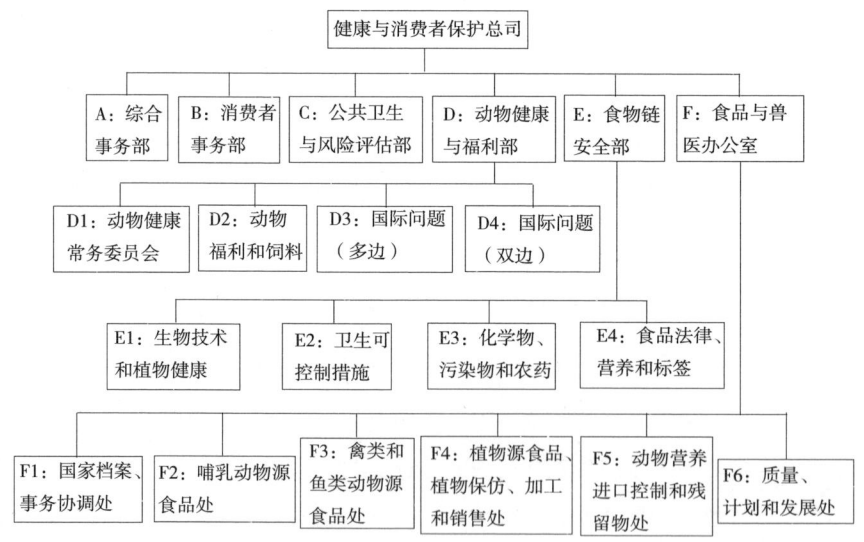

图7-2 健康与消费者保护总司（DG SANCO）组织机构框架图

资料来源：健康与消费者保护总司官方网站，http://ec.europa.eu/dgs/health_consumer/index_en.htm。

在食品安全监管中，重要性最为突出的是健康与消费者保护总司（DG SANCO），其中负责食品安全监管的是动物健康和福利部、食物链安全部和食品与兽医办公室（FVO），而 FVO 是主要的执行机构。

（3）咨询机构

风险评估及风险信息交流是欧洲食品安全局（EFSA）的主要工作，EFSA 可以与消费者直接对话，向欧盟委员会提供决策性意见，内部有独立的风险评估小组，可以实现与成员国食品卫生和科研机构建立合作网络，进行风险信息的交流。

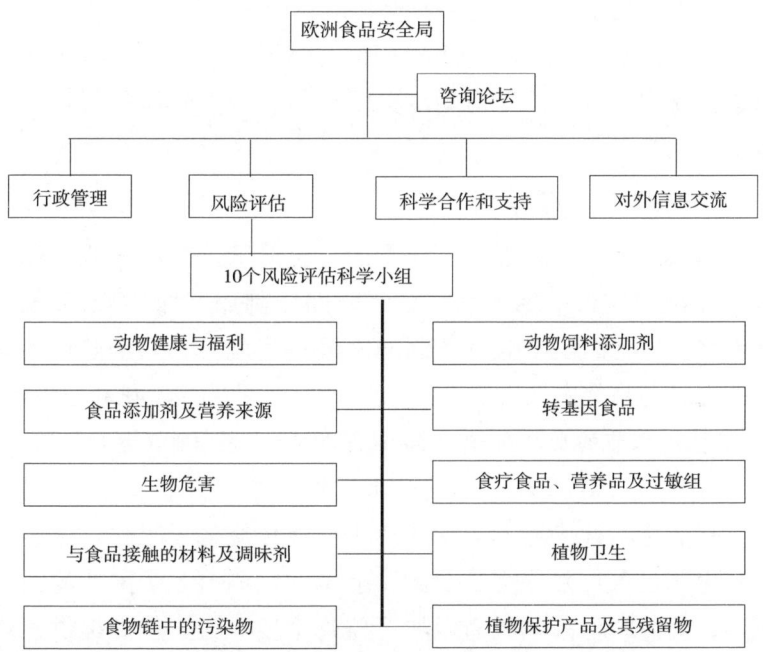

图7-3 欧洲食品安全局（EFSA）组织机构框架图

资料来源：欧洲食品安全局官方网站，http：//www.efsa.europa.eu/en/efsawho/efsastructure.htm。

二、美国食品安全监管的发展

美国的食品安全监管体制依托其强有力的法律基础，建立由联邦政府负责的食品监管机构,在地方政府相关部门的合作下,构成一套综合有效的运作体系。

长期以来,美国食品药品监管局（US-FDA）以"保障并促进公共卫生"为宗旨,致力于提高食品和药品安全、有效性以及维护市场的健康有序,FDA负责的食品安全更是占国内流通食品总量的80%。（胡颖廉,2006）此外,由于FDA同时对食品和药品领域进行监管,美国的食品安全是和药品监管体制同步发展的。因此,这里对美国食品安全监管的介绍集中于FDA的发展历程及其相关法律法规。另外,介绍食品安全领域的其他重要机构,包括食品安全与检验局（FSIS）、动植物卫生检验局（APHIS）和环境保护局（EPA）等,并对目前主要的食品安全质量监管体系进行梳理,从整体上勾勒出美国食品安全监管体制的发展过程和基本框架。

（一）食品监管沿革

按照国内多数学者的观点,FDA的历史沿革主要以相关法律变迁为主线,以各阶段出台的标志性法案为时间分割点（张国庆,2003）,因此,笔者将美国食品安全监管体制的发展过程划分为六个阶段,并结合各时期的食品药品突发性安全事件,归纳FDA的职能变化和政策特征。

1. 监管建立前的历史背景（19世纪80年代至1906年）

19世纪晚期,在工业化及其带来的城市化浪潮席卷之下,规模化、集约化、专业化的近代大工业模式逐步取代传统的手工作坊式生产,食品和药品生产也各自发展为重要的工业部门。同时,全国性的消费市场初具雏形,商品的跨区域流通增加了监管难度,为生产商提供了规避监管的空间,食品药品的掺假问题徒然大增。当时社会盛行的理念是"商业造假是成功的合法手段"（Young,1989）,在这种情况下,传统的地方自治、行业自律和社区管理的方式已无法有效控制食品和药品安全。

针对药品掺假现象,国会首次在1813年推出了《疫苗法案》（Vaccine Act）。其后在美国—墨西哥战争（1846—1848）的影响下,国会又在1848年颁布《药品进口法案》（Drug Importation Act）。相比之下,直到19世纪80年代,联邦政府才开始制订食品安全法规,尽管在1879—1906年的27年时间里,提交国会的有关食品和药品监管的法律草案约有190

份，引发参众两院的激烈争议，然而，在众多生产商的利益纷争下，各草案均未获得最后通过。(Bailey, 1930)

1901年发生的药害事件，为加快立法敲响了警钟。当年圣路易斯的13名儿童死于接种被污染的白喉抗毒素疫苗，另外，新泽西的9名儿童在接种天花疫苗后死亡，这些事故都受到全美报纸的报道并敦促尽快立法。(王伟秋，2010)1902年，国会很快通过了《生物制品监管法案》(Biologics Control Act)，规定在美国销售的所有生物制品都要获得联邦许可证并赋予联邦政府对该类违反行为处以罚款或刑罚。

在食品安全方面，1906年美国作家辛克莱(Upton Sinclair)写作出版的小说《屠场》(The Jungle)，被普遍认为对几个月后的《肉品检查法》的通过起到了一定的推波助澜之功用。由于当时肉类加工厂卫生条件极差，食品中含有有毒防腐剂和染料，食品卫生问题日益受到社会关注。1906年，作家辛克莱用了七周时间"卧底"于芝加哥的肉类加工工厂，在其后出版的小说《屠场》中，花大篇幅揭露了当时美国肉类加工工业的丑恶腐败，由此激起了民众的极大愤怒。

1862年，隶属美国农业部的化学产品处(Chemical Division)成立，这就是FDA的前身。1883年，韦利(Harvey Wiley)接任了主任一职后，针对大量利用化学方法制假掺假现象，开始大力推进食品药品的监管，并决心推动国会通过一部规范食品药品市场的统一法律，随着在社会公众中的地位不断提高，1901年化学产品处升格为化学产品局(Bureau of Chemistry)。

2. 监管的建立：1906年《纯食品和药品法案》

在以韦利为首的社会进步主义者与食品生产商、制药商以及国会的较量下，1906年6月30日，《纯食品和药品法案》(Pure Food and Drug Act)和《肉品检查法案》(Meat Inspection Act)得以在美国通过。

为了纪念韦利的重要贡献，《纯食品和药品法案》也被称做《韦利法案》(Wiley Act)，该法案就食品药品监管作出了若干规定：(1)处罚州际与进口贸易中的食品药品掺假和不当标识(misbrand)行为。(2)明确法定职权，为了便于执行这一法案，综合联邦财政部、农业部和商务劳工部制定协调一致的规章制度；食品药物由农业部化学产品局负责对样品进行抽检,由农业部部长将检验结果通告有关检察官;可能威胁美国人民健康的食品药物,财政部、农业部有权拒绝入境和没收;法案还规定,法院对违法行为拥有制裁和处罚权。(3)为保障产业利益提供救济途径等。

作为美国历史上第一部以保护消费者利益为目标的监管法案,《纯食品和药品法案》首次全面规定了联邦政府在美国药品规制中所应承担的责任,从而奠定了美国现代食品药品法的雏形和骨架,并催生了美国食品和药品管理局(FDA)的诞生。从该法案的实践上看,根据1850—1856年的食品抽验结果显示,食品掺假行为从当时的65%下降为1930年的5%。另外,伪劣专利药泛滥成灾的局面也得到缓解。(刘鹏,2008)

尽管《纯食品和药品法案》代表了巨大的时代进步,但作为倡导者与利益集团各方妥协的结果,该法案仍然存在很大的历史局限。从性质上划分,该法案赋予监管机构的职权只是属于事后被动的监管,而不是事前的市场准入控制。对食品的安全标准也没有作出具体规定,只是笼统地禁止食品中含有可能危害人体健康的物质,对专利药物的监管力度也仍然很弱。因此,这种立法上的模糊性还是给食品生产商提供了很大的法律规避空间。尽管在1906年法案出台后30年里,先后进行了五次修订,但还是没能从根本上改变以上局限性。

《纯食品和药品法案》规定化学产品局的职责在于监管全美食品药品市场。因此,人们往往把FDA的成立溯源到1906年。1927年,化学局被改组为食品、药品与杀虫剂监管局(Food, Drug and Insecticide Administration),直到1930年才正式更名为食品药品监管局,因此,FDA的称法此时才出现。另外,虽然该法案没有对化学产品局的职权作出详细规定,但坚信劣质食品的危害远大于假药的韦利局长坚持把整个机构的工作重心放在食品监管上。当时农业部也具有监管食品和药物市场的权力,并据此开始制定一些非正式的食品标准。(胡颖廉,2007)

3. 监管的加强:1938年《食品、药物和化妆品法案》

"一战"结束后,美国医药产业获得了快速发展,开始从生产型企业转向研发型企业,并进一步拓展生产和销售模式,药品安全风险随之扩大,药害事件的严重程度和影响范围也在增大。由于1906年法案赋予监管机构的职权有限,随着时间的推移,许多严重的食品药品安全问题开始暴露。

针对立法缺陷,FDA 希望国会尽快重新立法,该主张也得到媒体和消费者权益保护组织的支持,并联合联邦政府发起运动,要求对 1906 年法案中所允许的有害产品实施更有力的监管。然而,实力雄厚的食品商和制药商对国会进行大量的游说工作,一再阻挠了对法案的全面修订。

1937 年爆发的"万灵磺胺"药害事件,成为促成新法案出台的直接诱因和转机。当时田纳西州的一家制药公司生产的一种磺胺药没有经过试验就直接投放市场,并以"万灵丹"宣称其神奇疗效而吸引大批患者,时隔不久,该药所含的剧毒溶剂致使 105 人因肾衰竭死亡,其中大部分是儿童。其余的 248 名幸存者,其健康也遭受了不同程度的伤害。这起严重的药害事件直接暴露出当时监管体制的弊病,媒体和公众纷纷向国会施压,要求建立更严格的药品监管法律。对于"万灵磺胺"事件,美国国会的调查报告指出,悲剧的根本原因在于疏松的联邦食品药物管制。(Wax,1995)

因此,《食品、药物和化妆品法案》(Food, Drug and Cosmetic Act)于 1938 年在国会通过。该法案对药品监管体系有了以下修正:(1)如无制药商在新产品上市前向 FDA 提供的产品安全性的证据,不得进行该药品的州际贸易。(2)赋予 FDA 检查制药企业厂房设备的权力。(3)对于违背此法的行为,联邦法院可以发布禁止令。(4)监管机构可以直接对虚假宣传行为加以规制。(5)规定制药企业必须公布详细产品资料,比如在药品标签上对成分、含量、用法、警示、保质期、成瘾性等进行说明。1938 年,该法律被称为是"向前迈出的长长一步"(Baldwin & Kirlin,1939),被消费者认为"在对掺假和伪造商标的食品和药品定义方面,有着极大的推进"。

与 1906 年法案相比,1938 年法案不仅将化妆品和医疗器械纳入监管范围,更重要的是摆脱利益集团的管制俘获,授予监管机构更大的实质性的检查和惩处权力。在对风险的管理角度上,事前控制的主动模式代替了事后处罚的近代模式,从而打造了 FDA 现代监管模式的核心基础。在对药品的监管上,从经营销售环节延伸至研发制造环节。在食品监管方面，新法案对食品标准作出了严格规定，明确列举了食品中允许含有的必要有毒物质及其容量上限。根据当时的效果，1938年法案对美国食品药品市场安全起到了较好的规范，其中在1962年就阻止了来自欧洲"反应停"药害事件扩展到美国。尽管新法案有了很大改进，但是相比于现代科技主导下高速发展的医药和食品行业，1938年法案仍然需要与时代发展保持同步而进一步修订和完善。

在这个阶段，FDA又经历了两度变迁。1940年，它被并入新成立不久的联邦安全局（FSA）；1953年，FDA又改组成为卫生、教育与福利部（DHEW）的一个局。

4. 监管的深化：1962年《柯弗瓦—哈里斯药物修正案》

"二战"结束后，医药和化学等研究领域的技术进步再次为现代医药产业提供发展动力，其主要标志就是一批化合物的发现和上市。与此同时，不法制药商利用信息垄断向无知的消费者抛售大量无效劣质药品，对此，1938年法案也束手无策。

改革的直接动力是1962年欧洲"反应停"（Thalidomide）药害事件的影响。当时一家美国制药公司生产的一种名为"反应停"的安眠药在未经有效性测试下就在国外上市，导致近万名孕妇产下畸形婴儿。此药物未经FDA批准销售，而某些制药公司通过一些方式将其发放给624名孕妇，结果导致了10例胚胎病。这在美国国内引起轩然大波，社会舆论再次对国会施加立法压力。

此后，时任总统肯尼迪重新提出《柯弗瓦—哈里斯药物修正案》（*The Kefauve – Harris Drug Amendments*），作为1938年法案的最重要的一个修正案，1962年法案终于冲破产业集团的阻挠获得通过。修订后的法律明确规定：（1）任何新药品在生产前不仅需要向FDA证明其安全性，还要提交该药品的有效性报告，并提供其有效性的实质性证据才能获准上市。（2）从1938年到1962年期间，有大约4000多种药物只是通过药物安全基础审批，此时必须再进行有效性实验，否则不予销售。（3）规定FDA严密监视新药品开发的全过程。（4）取消对FDA处理新药品申请的时间限制。（5）规定在供应给人类食品中的残留物必须低于有害剂量。

1962年法案突出了对药品安全性和有效性并重的监管体制。过去，

FDA 只对单一事件作出反应,现在已经成为一个主动监测新药开发的部门,监管职能得到进一步拓展。(Wax,1995)这表明美国政府监管已经全面介入企业经营管理过程。

《柯弗瓦—哈里斯药物修正案》与《有色添加剂修正案》(1960)、《消费者权利法案》(1962)、《药物滥用控制修正案》(1965)、《儿童保护法案》(1966)、《清楚包装和标签法案》(1966)和《动物药物修正案》(1968)共同组成了美国食品药物的制度监管体系,该体系以"零风险管制"为目标取向和政策理念。"这一理念影响了此后数十年美国食药管制具体制度的制定与实施,还导致国会和 FDA 这些部门掀起了一种反对风险的政策传统和组织文化。"(Miller,2000)

在这个阶段,FDA 最终确立其作为联邦卫生部下属的身份,1980 年,国会决定单独成立教育部,于是当时 FDA 所属的卫生、教育与福利部正式更名为卫生与人类服务部(DHHS),从那时起至今,FDA 就一直是卫生部下属的一个局。

5. 监管的放松:1988 年《食品与药物管理法案》

1938 年法案和 1962 年法案联合确立的"零风险管制"政策理念一直维系了 20 多年,政府对食品药物市场的干预达到空前的程度。直到 80 年代末,里根总统的共和党政府提出了"放松管制"(Deregulation)的政策理念。这种理念源于 60 年代兴起的以弗里德曼、哈耶克、布坎南等人为代表的新自由主义经济理论,从此新自由主义逐步取代了主导西方经济学说 35 年之久的凯恩斯主义,并成为政府制定经济政策的理论依据。另外,鉴于 FDA 的监管职权一度过于集中强化,"管制俘虏理论"(Stigler,1971)提出管制者容易被某些利益集团所"俘虏",从而损害诸如消费者、劳工、小企业等弱势群体的利益。

里根总统进行的社会性管制改革的成果之一,《食品与药物管理法案》(Food and Drug Administration Act)于 1988 年得以在国会通过。该法规定:(1)将 FDA 改组成卫生和福利部(HHS)下面的一个局。(2)FDA 设置食药专员,由总统根据参议院的建议和同意任命,FDA 从此由专员直接负责食药监管。(3)把成本—效益分析引入对 FDA 提议的新食药监管规则的评价。(4)对卫生和公共事业部与 FDA 的食药专员在监管方面的研究、执行、教育和情报方面的职责进行了规定。

在缩减 FDA 职权的同时，联邦政府开始增设新的独立机构以辅助食品安全的监管。比如由尼克松总统提议并成立于 1970 年的美国环境保护局（EPA），其职责就在于维护自然环境、避免人类健康受其影响。70 年代，动植物卫生检验局（APHIS）以及食品安全和检验局（FSIS）得以在联邦政府农业部设立。其中，成立于 1972 年的动植物卫生检验局主要负责防止动植物疫病传入或在美国传播，保障动物福利，并对进口动植物进行抽查以确保其符合防疫要求。1977 年，成立的食品安全和检验局负责监管美国国产和进口的肉类和禽类产品的安全卫生以及正确标识和适当包装。

6. 监管的现代化和信息化：1997 年《食品和药物管理现代化法案》

进入 21 世纪以来，随着现代科技的突飞猛进，现代化和信息化下的社会风险因素变得更加难以控制，全球化的推进使得风险扩散突破了国与国之间的疆界，突发性食品卫生事件的危害程度也随之加深。（贝克，2004）1999 年，美国一家制药公司生产的一种名为"Vioxx"的新药在没有进行风险研究下就获得了 FDA 的快速审批和通过，直到 2004 年被发现该药在治疗实验中使患者出现心血管疾病的概率显著增加，该制药公司才从市场召回"Vioxx"。该事件马上引发媒体和公众的关注，FDA 的监管不力受到强烈指责，普遍认为需要机构设置的改革。

为了优化 FDA 原有的管制程序，在保证食品药物安全有效的基础上提高管制的效率，《食品和药物管理现代化法案》（Food and Drug Administration Modernization Act）在 1997 年得以通过。该法案重新批准了《处方药使用者费用法案》（PDUFA）。提出建立药物审批快速通道、降低审批医疗产品的标准和全国临床试验数据库，并加强国际间的管制合作。对于药物某些未经批准用途的信息，允许厂商披露。法案规定药物公司需要提供药物的经济信息。

此外，随着食品安全事件的频发，相关食品安全法规不断获得完善。为保证肉禽制品的安全，《美国肉禽屠宰加工厂（场）食品安全管理新法规》于 1996 年颁布，建立食品安全控制系统，以危害分析和关键控制点（HACCP）为基础。通过对整个食物链每一环节的物理性、化学性和生物性进行分析控制，以减少肉禽产品致病菌的污染。

美国的政府和各界代表于1997年在华盛顿召开了首次全国食品安全工作会议，并启动了一项食品安全计划。1998年成立的总统食品安全顾问委员会，其任务是协调全国食品安全检查措施，建立国家食品安全计划和战略、对政府部门优先投资重要食品安全领域和食品安全研究所的工作予以指导。

新世纪以来，现代化和信息化的突飞猛进再度提高了食品药品的监管难度。相比FDA多年来的职权扩张，在处理突发性安全事件中却日益显得力不从心，公众对FDA的改革呼声迭起，要求对FDA的监管职能进行修正和完善。2007年，《食品药品监督管理局修正法案》（FDAAA）得以签署，赋予了FDA对药品上市后进行风险再评估的法律权力和职能。

2011年，总统奥巴马签署了《食品药品管理局食品安全现代化法案》（*FDA Food Safety Modernization Act*），又一次推动了FDA的重大变革。该法案从加强对食品企业的监管、建立预防为主的监管体系、增强部门间和国际间合作、强化进口食品安全监管四个方面对现行的主要食品安全法律作了修订。

上述食品药品的法律变迁和FDA的历史沿革，充分显示了美国法律和监管体制的可调控性，其发展和完善一直是伴随社会变革而进行的。纵观FDA的发展过程，其重大变革和法律修订往往发生在公共食品药品危机事件之后，其立法进程因而获得提速。为此，有学者把这种特征归结为"危机—立法—调适"循环模式。（Borchers，2007）学者普遍认为，社会性管制领域的法律变革与危机和灾难性事件紧密联系在一起。（宋华琳，2008）

（二）食品安全监管机构与监管职能

1. 食品药品监管局（FDA）

作为主管美国食品流通量80%以上的独立机构，FDA由1906年的化学产品局成立以来，经过百年的历史变革，其当代的监管职能主要体现在三个方面（胡颖廉，2006）：第一，保证安全和有效的产品能够较快推广；第二，对已流通市场的产品实施安全监督；第三，帮助公众获取产品卫生方面的科学信息。

从 FDA 的监管对象来看，主要有食品、药物、医疗器械、生物制剂、兽药、化妆品、放射性电子产品和香烟等八大类。从监管手段方面来讲，总体上有三种：（1）要求保证产品在流通市场的安全和有效性，主要针对新药和精密医疗仪器等高风险产品；（2）要求产品功能在流通市场前达到一定标准，主要针对 X 光机和微波炉等设备；（3）对一些产品只作原则上的要求，事先不检查，主要针对低风险产品。

2. 食品安全和检验局（FSIS）

隶属美国农业部的食品安全和检验局（FSIS）正式成立于 1977 年，主要负责监管美国国产和进口的肉类和禽类产品的安全卫生以及正确标识和适当包装。

FSIS 的前身是动物产业局（BAI），自 1884 年成立以来主要负责 1906 年的《肉类检验法》及相关的肉禽蛋制品监管。1996 年，FSIS 推出一套里程碑式的食品安全系统：危害分析和关键控制点（HACCP），并在食品加工制造中强制实施该项监督体系，以此减少肉禽产品致病菌的污染，预防食品中毒事件。

在 FSIS，如今已有超过 9000 名雇员，下设 15 个地区办公室、3 个实验室并拥有自己的培训中心，在全美各地的肉禽蛋产品的生产厂家都派驻有监督人员，监督有关食品安全和卫生状况。其行使职能的主要法律依据包括《联邦肉品检验法案》（Federal Meat Inspection Act of 1906）、《联邦禽肉产品检验法案》（Poultry Products Inspection Act of 1957）、《联邦蛋制品检验法案》（Egg Products Inspection Act of 1970）和《食品质量保护法案》。

3. 动植物卫生检验局（APHIS）

同样隶属于美国农业部的动植物卫生检验局（APHIS）虽然在 1972 年才正式成立，它的源头可以追溯到 100 多年前农业部下属的三个办公室，即昆虫局、动物产业局和植物检疫局，（Bureaus of Entomology, of Animal Industry, and of Plant Quarantine），1953 年这三个机构开始合并为农业调查局（Agricultural Research Service），经过几番改组后，在 1972 年更名成为现在的 APHIS。

APHIS 成立的初衷，在于保护动植物资源和执行禽肉检验工作。发展至今，其基本职能是对可能发生在农业方面的生物恐怖活动，如外来物种入侵、外来动植物疫病传入、野生动物、家畜疾病监控以及基因工程生物进行监督，并对非人道虐待动物行为进行监管。因此，APHIS 对保护公共健康和美国农业及自然资源的安全有着重要作用。

APHIS 的执法依据主要有 1966 年的《动物福利法案》（*The Animal Welfare Act*）、2000 年的《植物保护法案》（*Plant Protection Act*）、2002 年的《动物健康保护法案》（*Animal Health Protection Act*）。

4. 环境保护局（EPA）

环境保护局（EPA）是在尼克松总统的提议下于 1970 年设立的联邦直属机构，自成立以来一直致力于保护人民健康和公共环境。环境保护局根据国会所出台的环境法律制定和执行环境法规，对环境研究和环保项目进行支持，并与各级政府部门和社会行业广泛合作进行公益活动，加强环境教育以培养公众的环保意识和责任感。

饮用水是 EPA 的重点监管范围（戴强，2007），环境保护局可以制定饮用水安全标准；防止毒性物质和废物进入环境和食品链；对各州监视饮用水质量和治理饮用水污染的方法予以帮助；公布杀虫剂安全使用指标。此外，EPA 还对农药危害进行监管，加强有害生物管理。对含有 FDA 不允许的食品添加剂、兽药残留，或不合规定的农药残留量的产品，禁止流通市场。

上述各种食品监管机构都有各领域的专家，如化学家、营养学家、流行病学家和生学家等。由他们来负责检查食品公司、收集并分析样品等一系列的重要监管内容。

除了上述机构，还有很多辅助食品安全的组织机构，如疾病控制中心（CDC）（在卫生部）和国立卫生研究院（NIH），农业科研局（ARS）（在农业部），国家科研、教育及其相关领域合作局（CSREES）、农作物市场管理局（AMS），经济研究局（ERS），粮食检验、批发商和农场管理局（GIPSA），国家海洋渔业局（NMFS）等，这些机构在科研、教学、预防、监测、制定标准和处理突发事件等方面组成了一道安全防线。

三、中国食品安全监管的发展

建国初期，中国政府的主要关注点是充足的粮食供应问题，政府行政部门对食品的关注主要源于由卫生问题引发的疾病。1964年，国务院颁布《食品卫生管理试行条例》，该条例由卫生部、商业部、第一轻工业部、中央工商行政管理局、全国供销合作总社联合制定，牵涉到食品管理的部门达五个。1979年，国务院颁发《食品卫生管理条例》，对食品卫生要求作了进一步明确的规定，并在第七条指出："农业、林业、畜牧、水产、粮食、商业、供销、轻工、外贸等部门要加强对粮、油、肉、蛋、水产、蔬菜、瓜果、茶叶等食品原料和食品的收购检验工作，严格防止工业三废、放射性物质、农药的污染和畜禽疫病的传播"，多部门管理的局面初现端倪。1982年，《中华人民共和国食品卫生法（试行）》颁布实施，规定：食品生产经营企业的主管部门负责本系统的食品卫生工作。城乡集市贸易的食品卫生管理工作和一般食品卫生检查工作，由工商行政管理部门负责，食品卫生监督检验工作由食品卫生监督机构负责，畜、禽兽医卫生检验工作由农牧渔业部门负责。进口相关食品产品，由国境食品卫生监督检验机构进行卫生监督、检验。出口食品由国家进出口商品检验部门进行卫生监督、检验。卫生行政部门所属县以上卫生防疫站或者食品卫生监督检验所为食品卫生监督机构，负责管辖范围内的食品卫生监督工作。自1985年建立起对食品实行以抽查为主要方式的监督检查制度。

1995年10月，我国实施了《中华人民共和国食品卫生法》，明确各级人民政府的食品生产经营管理部门应当加强食品卫生管理工作，国务院卫生行政部门主管全国食品卫生监督管理工作，县级以上地方人民政府卫生行政部门在管辖范围内行使食品卫生监督职责，有关部门在各自的职责范围内负责食品卫生管理工作。工商行政管理部门和出入境检验部门的职责不变。

（一）食品监管机构

由以上简要的梳理，可以看到中国食品监管部门非常之多，具体说来，有农业、发改委和商务部等行业管理部门，同时环保、公安等也会牵涉进具体的案件处理中，笔者将注意力集中在"执行"部门，即那些实际参与到对食品生产经营企业的日常监督控制、执行相关法律以保证食品安全的部门。这样我们的关注点就落到四个部门：卫生、工商、质检和农业。选择"执行"部门作为重心，是因为正是通过执行过程，法律才成为对被监管对象的实际约束。正如很多人都认识到的，中国目前缺乏的不是法律，而是有效的实施。只有通过分析具体的执行过程，我们才能更好地理解中国的复杂监管现实。

1. 执法与技术的分离：卫生部门

"医食同源"，所以卫生部门是我国最早负责食品卫生的部门。但是，卫生系统内部的重心一直主要放在医疗卫生上，食品方面关注的主要是食品卫生，是卫生执法部门的主要职能之一。然而，负有食品卫生执法职责的卫生执法部门也经历了相当复杂的迂回改革，这体现在卫生系统的卫生监督改革上。

套用苏联的工作模式和经验，1953 年政务院第 167 次政务会议决定成立与行政区划一致的省、地、县三级卫生防疫站，作为卫生监督的实施主体。当时防疫站的业务科室主要是分成防疫、卫生、化验和总务四个部门。食品卫生工作由卫生科负责开展，主要承担包括食品卫生技术指导和宣传职责在内的公共卫生技术服务工作。卫生监督主要限于行政业务管理、技术服务和技术指导。"文革"期间，各级卫生防疫站被取消。随着 1982 年试行法的颁布实施，卫生部设立卫生防疫司，仍由防疫部门进行卫生监督。这种"集执法、科研及技术服务于一体的模式，淡化了卫生监督的执法属性，削弱了执法力度"，从而成为改革对象。1989 年，卫生部设立卫生监督司，承担公共卫生监督执法工作。1995 年，《食品卫生法》将公共卫生执法主体由卫生防疫站调整为各级卫生行政机关，卫生监督和防疫逐渐区分开来。1996 年，卫生部《关于进一步完善公共卫生监督执法体制的通知》揭开卫生监督体制改革的序幕，"卫生防疫站仍是法人单位，继续行使卫生防病职责，但可以原有卫生监督队伍为基础，组建公共卫生监督所挂卫生行政牌子，在卫生监督中成为卫生行政部门'内部'的办事机构"，在监督监测分开的思想下，卫生监督体系逐步从卫生防疫系统中独立出来。2000年,卫生部《关于卫生监督体制改革的意见》进一步明确卫生监督所的性质,"是同级卫生行政部门在其辖区内,依照国家法律、法规行使卫生监督职责的执行机构"。2001年,卫生部《关于卫生监督体制改革实施的若干意见》指导下,各地陆续开始将原来由各卫生事业单位承担的卫生监督职能集中,组建中央、省、市、县(区)四级卫生监督所,具体承办卫生行政机关的卫生监督执法工作。农村乡镇的卫生监督执法工作,则由县级卫生监督执行机构负责。

2002年,卫生部成立中国疾病预防控制中心和卫生监督中心,成为卫生部具体实施食品安全相关管理的重要机构。据有关解释,前者是为监督执法提供技术保障和完成政府交付的疾病控制与公共卫生服务职能的机构,后者是行使政府卫生行政执法职能的具体执行机构。同年,卫生部将原卫生监督司改组为卫生执法监督司,与此配合,2005年1月5日,卫生部第39号令发布《关于监督体系建设的若干规定》,规定"中央、省、设区的市、县级人民政府卫生行政部门内设卫生监督机构并下设卫生监督执行机构,负责辖区卫生监督工作。县级卫生监督机构可在乡镇派驻卫生监督人员"。2006年初,又在原卫生执法监督司的基础上,组建了卫生部卫生监督局。据有关解释,机构名称由司变成局,有执法监督的意义。同时,卫生监督中心被确定为事业单位,使其避免占用行政机关编制的麻烦。卫生监督中心的执法职能被剥夺,转向受理纯技术性的工作,如负责承办法定范围内的行政许可和资质认定,承担制订卫生监督执法检验技术规范;开展卫生法律、法规、标准宣传教育;协助开展卫生监督检查,配合查处大案要案。地方一般将卫生防疫站更名为疾病预防控制中心,有些地方和卫生监督所分设,有些地方同时挂卫生局卫生监督所的牌子,成为主要卫生执法部门,负责食品卫生许可证的发放,以及查处违反《食品卫生法》的行为。卫生行政部门的卫生监督处室,则指导和管理各卫生监督所的工作。卫生行政部门和卫生监督所一直设到区级。

2008年9月1日,卫生部公布由国务院批准的新"三定"方案,再次强调了食品安全监管和食品卫生许可监管的职责分工,原卫生部卫生监督局调整为一个新司局——"食品安全综合协调与卫生监督局",负担起食品安全重大事故查处、卫生行政执法的职责。

2. 走向综合执法：农业部门

主管农业与农村经济发展的农业部，负责种植养殖环节农产品质量安全监管工作，它既是农业产业的行业管理部门，也是初级农产品质量安全监管部门。这种集"行业"管理和"执法"于一体的身份，使得农业部门在实际监管中往往难以把握好定位。所以，为加强农产品质量安全实施的改革主要从两个方面进行：一是推行执法体制改革；二是整合监管部门。

旧体制下农业行政主管部门的各个职能专业科室按职能分别行使某个方面的执法职能，形成分散的执法局面。1999年以来，农业部先后在福建、浙江、江苏等省开展农业综合行政执法试点工作，试图进一步理顺农业系统内部的关系。2002年，新修订颁布实施的《中华人民共和国农业法》规定："县级以上地方人民政府农业行政主管部门应当在其职责范围内健全行政执法队伍，实行综合执法，提高执法效率和水平。"据2002年《全国农业行政执法工作情况通报》的情况反映，全国已有970多个县市（地）组建了农业综合执法机构。

为建立健全动物防疫体系，2005年国务院出台《关于推进兽医管理体制改革的若干意见》（国发〔2005〕15号），正式拉开兽医体制改革的序幕。国家组建了以农业部兽医局、中国动物疫病预防控制中心、中国兽医药品监察所、中国动物卫生与流行病学中心及以四个分中心为主体的中央级动物疫病防控体系。整合动物防疫、检疫、监督等各类机构及其行政执法职能的动物卫生监督机构在省、市、县三级组建起来，行政、执法、技术支持三类兽医机构的职能得到理顺。

随着改革的逐渐展开和经验的积累，农业执法的定位日益清晰。从农业系统内执法单位之间的关系来看，农业综合执法机构主要侧重农业投入品和农产品质量安全执法；动物卫生监督机构主要负责动物防疫、检疫和监督；渔政监督管理机构主要负责渔政、渔港、渔船检验、水生野生动物保护等执法；植物检疫机构主要负责植物检疫执法。在兽药、饲料、种畜禽等检查、处罚职能方面，如地方设有畜牧兽医局的，往往由动物卫生监督机构一并承担，实行畜牧兽医部门的综合执法；未单独

设置的，则由当地农业行政主管部门决定具体承担单位。(陈晓华副部长在2008年全国农业政策法规工作会议上的讲话)

在执法队伍的定位方面，农业系统的执法改革将经营、检验检测等职能和执法职能区分开来。如以政企分开为重点的种子管理体制改革也在同步推开。种子管理机构主要承担品种审定和区试、田间试验、质量检验、信息服务等行业管理，执法职能则交由综合执法机构承担。(陈晓华副部长讲话)兽医体制改革将乡镇畜牧兽医站的经营性服务从公益性职能中剥离开来，明确乡镇畜牧兽医站的职能以动物防疫、检疫和公益性技术推广为主。农业部门也认识到检验检测和监督处罚是一个监管流程的不同环节，在综合执法改革中强调综合执法机构的监督处罚权，同时抓紧建设各种检测机构。截至2003年底，农业部门已在全国建设了280个国家级和部级农产品质量监督检验检疫中心，并指导全国1/3的地市县建立了以快速检测为主的农产品质量安全检测站。(国务院发展研究中心，2004)

由于农业部的农产品质量安全监管是分行业负责制，但是农产品质量安全监管工作分散于行业之间，如畜牧业司、兽医局、种植业司、渔业局等都是农产品质量安全的行业管理部门，这造成农业部内部几乎所有业务司局都和农产品质量安全工作相关。因此，内部的整合成为管制转型的重要问题。2005年6月，农业部成立农产品质量安全管理工作领导小组，负责组织、协调和指导全国农业系统开展农产品质量安全管理工作。各地方也逐级设立农产品质量安全监督管理工作领导小组，一般由农业部门行政首长任组长，副厅长兼任副组长，相关处室如市场处、畜牧局、水产局、法规局、农产品质检中心负责人组成领导小组成员。2006年，农业部《关于加强农产品质量安全监管能力建设的意见》要求：各级农业行政主管部门应明确一个归口管理机构，综合协调农产品质量安全工作。从目前的情况来看，农业部各司局单位中，负责综合性协调的市场与经济信息司是负责农产品安全的主要部门，负责农业部农产品质量安全管理重大事项的协调、决策和工作部署。农业部农产品质量安全领导小组办公室、全国菜篮子工程办公室也都设在市场与经济信息司。各地方也纷纷以市场与经济信息处（室）作为农产品质量的主要综合管理机构。

3. 从小摊贩管理走向市场管理：工商部门

由于食品主要通过市场流通，因此，作为主管市场监督管理和行政执法的工商行政管理局也牵涉到食品安全监管中来。工商行政管理局的前身是私营企业局，"文革"期间被撤销，1978年重建。工商局成立之初的工作重心是培育和管理城乡集贸市场等有形市场，打击和查处各种违反国家计划的商品交易行为，以个体工商户和私营企业为主要监管对象。为发展市场，工商行政管理机关大力培育集贸市场甚至自己贷款建造集贸市场，既管市场又办市场，实行"驻场式"监管方式。市场经济的发展要求工商机关明确自己作为裁判员的身份，实现指导思想和工作职能的转变，从侧重于监督管理集贸市场转到监督管理社会主义统一大市场。当好"裁判员"、不再做"运动员"的市场办管脱钩改革于1996年开始，自此工商行政管理机关成为严格意义上的行政执法机关。为了进一步加强市场监管和行政执法、克服原体制下受地方保护主义干扰，增强工商行政管理机关执法工作的统一性、权威性和有效性，1998年工商行政管理局实行省以下垂直管理。

为加强对消费者权益的保护，同年国务院在机构改革中批准国家工商局增设消费者权益保护司。在1998年之前，国家工商局只是在公平交易局下设消费者权益保护处，在1998年的机构改革中，专门将消费者权益保护处升格为消费者权益保护司。据首任司长母建华回忆："……针对市场上制售假冒伪劣商品问题比较突出的现实情况，当时的国家工商局领导认为，随着市场经济发展，工商机关的市场管理职能要加强，消费者权益保护的力量也需要加强。在公平交易局下面的消费者保护处力量薄弱，……保护消费者权益的行政力量较为分散。因此，当时的国家工商局领导就提出要增加力量，把该处提升为司级单位。"（任震宇，2008）2001年，工商局升格为正部级，消费者权益保护司改名为消费者权益保护局。

从2004年开始，"食品安全"逐步成为工商机关工作的重点。通过对食品生产、经营企业和个体工商户进行检查，审查其主体资格，执行卫生许可前置审批规定，查处假冒伪劣产品与无照加工经营农副产品和食品等违法行为，负责农产品和食品商标注册与商标管理工作，保护商标专用权，组织查处商标侵权行为，工商部门积极参与到食品安全监管中来。2006年，国家工商总局下发《工商系统流通环节食品安全监督管理责任及责任追究办法（试行）》，进一步厘清工商系统内部食品安全监管的职责。《办法》规定，由消费者权益保护机构负责组织协调相关内设机构开展流通环节食品安全监管执法工作，登记注册、公平交易、市场管理、商标广告、12315等机构按照职责分工负责组织开展职责范围内的食品安全监管执法，法制机构负责组织开展食品安全行政执法监督，人事机构负责对食品安全监管执法力量的配备和人事管理，监察机构负责对食品安全监管执法工作进行行政监察。工商系统将自己对食品安全的监管执法定位在保护消费者权益上。

随着食品安全问题进一步严峻，根据《国家工商行政管理总局主要职责、内设机构和人员编制规定》，2008年8月国家工商总局增设食品流通监督管理司，将原消费者权益保护局一部分监管职能划归该司，由该司专门负责流通环节食品安全监督管理。具体职责是：拟订流通环节食品安全监督管理的具体措施、办法；组织实施流通环节食品安全监督检查、质量监测及相关市场准入制度；承担流通环节食品安全重大突发事件应对处置和重大食品安全案件查处工作。这表明，工商总局对食品安全监管已经从消费者权益保护这一被动的"不告不理"方式转向主动的市场监管。

4. 从技术监督走向质量管理：质检部门

食品属于产品，因此，负责产品质量监管的质检部门是食品监管的主要部门之一。1993年，国家技术监督局成立，转入国家经委质量管理的部分职能。1998年，更名为国家质量技术监督局，依据《产品质量法》第八条"国务院产品质量监督部门主管全国产品质量监督工作"的规定开始承担食品质量安全监管工作。1999年，根据《国务院办公厅关于印发国家出入境检验检疫局职能配置、内设机构和人员编制规定的通知》（国办发〔1999〕59号），原由卫生部承担的食品卫生国家标准的审批、发布职能，农药质量工作的宏观指导和农药质量的监督职能交由质量技术监督局负责。同时，国务院决定将原国家商检局、原国家动植物检疫局和国家卫生检疫局合并组成国家出入境检验检疫局统一管理全国进出口食品工作。通过改革实现了立法权和执法权的分离，立法职能划归卫生、农业等部门，质检的职能得到整合，执法权力强化。

由于质量技术监督系统的属地化管理体制难以保证独立、统一、严格、公正执法，1999年，国家决定在全国省以下质量技术监督系统实行垂直管理，以排除各种干扰，保证执法的权威性和公正性，强化监督职能，加大执法力度。2001年4月，为强化市场监管以及应对WTO、与国际惯例接轨，国务院批准将原国家出入境检验检疫局和国家质量技术监督局合并，成立国家质量监督检验检疫总局，下辖质量技术监督和出入境检验检疫两个执法系统，进出口食品的监管职能因机构合并，划归质量监督检验检疫部门。

正如蒂姆·朗（Tim Lang）所言，发展中国家食品监管的一个常见现象是，对内食品和对外食品使用两套不同标准和体系，往往对外食品要求更严一些。2001年，总局成立是向整合对内食品和对外食品所迈出的重要一步，正如当时各大媒体的报道所称："……合并有利于适应国内统一的经济体系和全球经济一体化的趋势"，但在国家质检总局内部，进出口食品和对内食品监管仍实施不同管理体制。出入境检验检疫机构由国家质检总局垂直管理，而对省（自治区、直辖市）质量技术监督机构实行业务领导。根据2002年《关于地方质量技术监督部门和各地出入境检验检疫机构认证工作分工的意见》，大致以"企业是否有进出口业务"来划分两者的管辖范围。

从质检总局对国内食品的监管来看，之前国家质检总局几乎所有的业务司局都涉及食品安全管理，包括：质量管理司、卫生监督监管司、动植物检验监管局、检验监管司、进出口食品安全局、产品质量监督司、执法督查司（国家质检总局打假办公室）等。除进出口食品的安全管理集中于进出口食品安全局和动植物检验监管局之外，加工食品的安全监管分散于其他业务司局等多个部门。面对食品安全工作的严峻形势，国家质检总局于2005年5月成立食品安全监管领导小组，全国31个省质监部门先后成立领导小组。11月，成立食品生产监管司，全面负责食品生产加工环节的质量监督和日常安全卫生监管，以加强从源头抓好食品安全的组织领导工作。之后，各地方质监部门相应成立食品监管处（室）。全国有13个省专门成立了省政府领导任组长的食品生产加工业整顿领导小组，10个省成立省质监局一把手任组长的食品生产加工业整顿领导小组。

目前，质量监督检验检疫部门在全国共建有2500多个食品、农产品检测技术机构，建立了28个涉及农产品、食品的国家产品质量监督检验中心，两个国家级涉及食品检测分析的研究所；31个省、5个计划单列市、381个地市、2000多个县质量技术监督部门都建有农产品、食品监督检验检测机构；同时，分布全国各地的出入境检验检疫局在全国建有163个检验检疫技术中心，300多个食品检测实验室。近年来，根据国际形势的发展，还专门建立了多个疯牛病检测实验室和26个转基因产品检测实验室。（国务院发展研究中心，2004）

（二）协调的努力

面对众多部门监管的情况，中国政府一直在努力进行协调。2003年以来，国务院每年召开1—2次全国性会议，部署食品安全专项整治工作，并在国务院常务会议上专题研究食品安全问题。（惠鲁生，2007）协调的努力主要体现在三个方面：一是理顺监管机构之间的职能交叉情况；二是组建综合协调机构；三是确立地方政府负总责的责任体制。

1. 理顺监管机构职能

2001年，针对工商部门和质监部门在流通领域产品质量监管的部分职权重叠，国务院办公厅（国办发〔2001〕56号）《国家质量技术监督总局职能配置、内设机构和人员编制规定》及（国办发〔2001〕57号）《国家工商行政管理总局职能配置、内设机构和人员编制规定》的职能调整中规定，"将原国家质量技术监督局负责的流通领域商品质量监督管理的职能划入国家工商行政管理总局。国家工商行政管理总局和国家质量监督检验检疫总局在质量监督方面的职责分工为：国家工商行政管理总局负责流通领域的商品质量监督管理，国家质量监督检验检疫总局负责生产领域的产品质量监督管理。国家工商行政管理总局在实施流通领域商品质量监督管理中查出的属于生产环节引起的产品质量问题，移交国家质量监督检验检疫总局处理。按照上述分工，两部门要密切配合，对同一问题不能重复检查、重复处理"。

这种针对具体工作中的职能交叠而下文进行调整的努力，贯穿整个食品安全监管改革中，最大型的一次要数 2004 年。《国务院关于进一步加强食品安全工作的决定》（国发〔2004〕23 号）和中央机构编制委员会办公室《关于进一步明确食品安全监管部门职责分工有关问题的通知》（中央编办发〔2004〕35 号）规定，食品安全的监管权由国家质检总局、国家工商总局、卫生部、农业部、国家食品药品监督管理局和国家标准化委员会共同行使，分工的原则是一个监管环节由一个部门负责，采取分段监管为主、品种监管为辅的方式，进一步理顺食品安全监管职能，明确责任：农业部门负责初级农产品生产环节的监管；质检部门负责食品生产加工环节的监管，将现由卫生部门承担的食品生产加工环节的卫生监管职责划归质检部门；工商部门负责食品流通环节的监管；卫生部门负责餐饮业和食堂等消费环节的监管；食品药品监管部门负责对食品安全的综合监督，组织协调和依法组织查处重大事故。按照责权一致的原则，建立食品安全监管责任制和责任追究制。此外，还要求加强食品信息管理与综合利用，构建部门间信息沟通平台，实现互联互通和资源共享。2007 年 7 月 25 日，国务院又通过《关于加强食品等产品安全监督管理的特别规定》，再次强调了上述精神和原则。

2. 成立综合协调机构

成立综合协调机构的尝试，从组建国家食品药品监督管理局开始，到后来成立国务院产品质量和食品安全领导小组，再到 2008 年新一轮机构改革中确立卫生部为主要食品安全综合协调部门。

2003 年，在原药品监督管理局的基础上组建食品药品监督管理局（SFDA），"SFDA 把直接和人体接触的东西，吃的用的，直接接触皮肤的，放在一起统一管理，是比较科学的，因为它有很多检查指标和手段都是类似的。放在一起监督，可以节约很多资源。这是当时将食品纳入药监局时较多的声音"（李鸿谷，2008）。SFDA 在食品安全监管方面的主要职责被总结为三句话："食品安全管理的综合监督、组织协调和依法组织开展对重大事故查处的职责。"（国办发〔2003〕31 号）然而，SFDA 成立以来，工作重心一直放在药品。直至 2004 年，安徽阜阳"大头奶粉案"惊动了国务院,温家宝总理亲自批示,要求彻查,SFDA 正式开始介入食品安全监管中。SFDA 中涉及食物安全监管的主要有两个司局:一是食品安全协调司,二是食品安全监察司。这两个司局的职能包括食品、保健品安全管理的综合协调、监督实施、监测评价体系、综合信息发布,食品安全标准的综合协调,重大事故的组织查处,专项执法监督及相关研究、工作规划等。此外,政策法规司参与食品、保健品安全管理法律起草及发展战略研究工作。

尽管如此,SFDA 一直受到来自其他几个监管部门特别是卫生部的抵制。这部分地解释了 SFDA 在食品安全监管方面的有限权力,被戏称为"宣传局"、"调研局":作为副部级的 SFDA 很难有效协调其他几个正部级单位;同时 SFDA 在省以下的资源和能力都非常有限,它的食品监管机构往往只设置到省一级。尽管如此,SFDA 还是在综合协调方面作出了不少努力,比如组织制定实施"食品药品放心工程",要求各省、自治区、直辖市人民政府和国务院各有关部门应每半个月将本地区、本系统实施食品药品放心工程的情况向国家食品药品监督管理局通报一次。SFDA 还组织制定《食品安全监管信息发布暂行管理办法》,开展食品安全工作专项检查。SFDA 更是积极推动成立"食品安全委员会",借助地方行政长官的力量来实现相关食品监管部门之间的合作。以省为例,食品安全委员会一般由主管副省长牵头,由食品安全相关部门首长组成,省 FDA 局长是委员会副主席,委员会办公室一般设在省 FDA 大楼里面。截至 2005 年,除新疆以外各省级单位均成立了食品安全委员会。

然而,SFDA 首任局长郑筱萸因药品监管方面的贪污被执行死刑后,综合协调的力量弱化,食品监管机构之间的权力斗争进一步加剧。2007 年 7 月 25 日,国务院常务会议审议通过了《国务院关于加强食品等产品安全监督管理的特别规定(草案)》,决定成立国务院产品质量和食品安全领导小组,主要职责是统筹协调产品质量和食品安全重大问题,统一部署有关重大行动;督促检查产品质量和食品安全有关政策的贯彻落实和工作进展情况。办公室主任由时任质检总局局长李长江兼任,领导小组办公室设在质检总局,承担领导小组的日常工作,研究提出加强产品质量和食品安全工作的政策建议,督查落实领导小组议定事项,开展调查研究，分析舆情，对外发布信息。

2008年，中央政府再次机构重组，明确卫生部在食品安全监管中的综合协调职能。8月，质检总局食品安全司司长自杀；震惊全国的"三聚氰胺案"中，大批官员被追究责任，质检总局局长李长江引咎辞职。在这样的背景下，卫生部的机构改革方案出台。卫生部牵头建立食品安全综合协调机制，负责食品安全综合监督；增加卫生部组织制定食品安全标准、药品法典，建立国家基本药物制度的职责，将综合协调食品安全、组织查处食品安全重大事故的职责由SFDA划入卫生部；将食品卫生许可，餐饮业、食堂等消费环节食品安全监管和保健食品、化妆品卫生监督管理职责由卫生部划给SFDA。（《卫生部主要职责、内设机构和人员编制规定》）SFDA新设"食品许可司"，承接原卫生部具有的"食品卫生许可，餐饮业、食堂等消费环节食品安全监管和保健食品、化妆品卫生监督管理"职能。SFDA的"食品安全协调司"被取消。（国办发〔2008〕100号）原SFDA的另一个与食品相关的内设司——食品安全监察司没有在名称上作出改变，但实质上"等于做实了"，SFDA负责餐饮业、食堂等消费环节的监管。通过这项改革，食品卫生领域体现了决策和监管分离。

在重重食品安全危机之下，2013年中国政府终于打出重拳，从根本上结束了食品安全监管的"多龙治水"格局，将原食品安全办的职责、食品药品监管局的职责、质检总局的生产环节食品安全监督管理职责、工商总局的流通环节食品安全监督管理职责整合，组建国家食品药品监督管理总局，以实现对生产、流通、消费环节的食品安全和药品的安全性、有效性实施统一监督管理等。将工商行政管理、质量技术监督部门相应的食品安全监督管理队伍和检验检测机构划转食品药品监督管理部门。保留国务院食品安全委员会，具体工作由食品药品监管总局承担。食品药品监管总局加挂国务院食品安全委员会办公室牌子。不再保留食品药品监管局和单设的食品安全办。

3. 地方政府负总责

1982年《食品卫生法（试行）》中明确由食品生产经营企业的主管部门负责本系统的食品卫生工作，1995年法再次强调各级人民政府的食品生产经营管理部门应当加强食品卫生管理工作。此后，食品安全由行业主管部门管理的趋势慢慢发生变化。2002年，《国务院关于加强新阶段"菜篮子"工作的通知》（国发〔2002〕15号）明确提出，保障产品的质量卫生安全是市长和主产区（省、地、县）行政领导的责任目标。到2004年，《国务院关于进一步加强食品安全工作的决定》中食品安全由地方政府负责的基调确定下来：地方各级人民政府对当地食品安全负总责，统一领导、协调本地区的食品安全监管和整治工作。新《食品安全法（草案）》中也规定：县级以上地方人民政府对本行政区域的食品安全监督管理负总责，统一领导、协调本行政区域的食品安全监督管理工作。2008年10月6日，国务院常务会议再次强调地方各级人民政府要对当地食品安全负总责。

食品安全涉及多个部门，实际监管需要各部门的协调配合，各级政府本身就是这样一个起综合协调作用的部门，因此，将食品安全协调交由各级地方政府似乎理所当然。再加上全国各地情况不一，区域经济发展程度差距比较大，食品安全交由地方政府管理，可以让地方充分发挥自己自主权，因地制宜。由于我国食品业的一个重要特点是食品生产企业多、小、散、乱。100多万个食品生产单位中约70%是10人以下的家庭小作坊，大多不具备生产合格食品的必备条件。而食品经营企业达300多万家，大多为个体工商户，缺乏必要的设施，经营管理落后。（富子梅，2004）农产品生产多以农户为单位，分布广、散、偏，而且往往缺乏基本的食品安全常识，以至于常常在无知的情况下使用违禁药物。这给管理带来了极大的难度，正如有关监管方所言"防不胜防、管不胜管"。基于我国食品业的这一特点，由地方政府承担起监管食品安全的总责任似是合理的选择。从基层来看，几大监管机构中，农业部门在乡镇一级的站所往往以农业技术推广、科技宣传农业发展为主，卫生部门则以疾病预防控制为工作重心，再加上"上面千条线、下面一根针"的倒金字塔式结构使基层饱受人员和技术资源匮乏之苦，这样"国家在农村地区并未设立一个有效的管制框架来跟上迅猛的市场转型"。监管力量的相对薄弱使得农村成为我国食品安全监管的"真空"，造假者往往将农村作为假冒伪劣产品的倾销地。（王海燕等，2004）正如有关专家认识到的:"县级以下的城镇和农村的小企业、小作坊是食品安全事故的多发地,食品安全监管相对薄弱。"而由地方政府负总责进一步发展成为将监管重心下移,"过去,乡镇和街道没有食品药品监督管理机构,只设到县级,在监管上一直有空白,但乡镇和街道是食品生产和消费的领域,特别是造假的场所",为了把监管前移,许多地方都开始将改革的努力转向基层,以"消除这块监管空白"。①

(三) 中国食品安全监管全图

由此,我们可以大略地窥见中国食品安全监管的图景,新组建的国家卫生和计划生育委员会负责食品安全风险评估和食品安全标准制定;农业部负责农产品质量安全监督管理;将商务部的生猪定点屠宰监督管理职责划入农业部;国家食品药品监督管理总局则全面承担起从生产到流通再到消费环节的食品安全监管工作。图4反映了当前我国食品安全监管的基本格局。

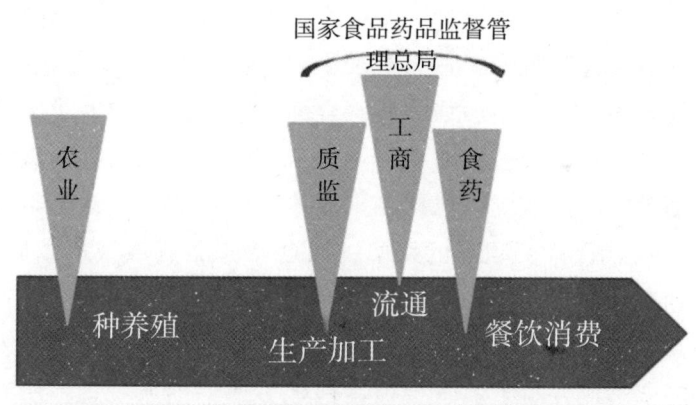

图7-4 当前我国食品安全监管的基本格局

食品安全交由哪个部门管其实不重要,关键是负责监管的部门真正以食品安全为主要甚至是唯一使命,而且该部门有足够的能力代表消费者去对抗产业利益。从这个意义上来看,新组建的国家食品药品安全监

---

① 转引自马晓华:《食药监局整合之甘肃样本:消除乡镇街道监管空白》,载《第一财经日报》,2013年7月19日。

督管理总局是我国食品安全监管改革中值得称道的一次努力。不像质监、工商、农业甚至卫生等部门都有其他的比食品安全更重要的机构使命，因此，食品安全工作需要与该机构的其他任务争夺资源，这将很难保证食品安全任务不被牺牲掉。而且作为一个部级单位，它也有能力与其他的政府部门抗衡，从而保证监管任务得以完成。然而，如果这个部门在监管方式和手段上不作出重大的改进，那么，原来由若干部门分担的工作任务——特别是在这几年食品安全工作成为政治重心时，各部门都将重心放在食品安全工作上——现在完全交由一个新生的部门来承担，确实让人非常担心它的承受能力，以及产生监管是否会因这样的整合而被弱化的疑虑。

即使确定了食品药品监督管理总局对食品安全工作负责，并不意味着食品安全单靠该局的力量就能实现。食品安全牵涉到环保、种养殖、农业、渔业等多个领域，因此，企图由一个部门进行统管是不现实的。风险监测与评估工作需要整合，而风险管理则可以发挥现行的多部门管理的优势。需要打破的是各部门各自为政，甚至是以邻为壑的利益格局，实现互相补充甚至是互相加强的监管合力，这样最有能力对抗某种食品风险的监管部门就不会被束缚手脚不能或不愿去管。而且，监管不能只以是否有证为重心，而应当以食品安全本身为重心。确认是否安全，是承担食品安全监管首要职责的部门，如食品药品监督管理总局的责任，而在发现和查处不安全食品方面，并不能只是该局的"特权"，而应当发挥各部门甚至是政府之外的各种力量共同参与的过程。同时竞争体制之下，本部门或本地方疏于监管会被其他地方或部门所发现，所以监管部门会有激励去更好地履行自己的职能。在对监管监督不足的情况之下，监管部门之间的竞争也是减少腐败的制度设计。它不排斥"狗咬耗子"式的多管闲事，如城管、公安、教育等部门在各自的管辖领域内涉及食品安全问题也都可以介入，从而构建起层层食品安全大网，使不法商贩面临多重审查，为消费者提供更为全面的保障。

四、国外食品安全监管发展对中国的启示

正如美国进步时代的改革所显示的，在国家发展的过程中，可能会到达这样一种僵局，其中确定国家运作的基本制度安排不再适合维持秩序的任务，现职官员的集体权力计算更多的是妨碍而不是促进统一的国家行动。在这种情况下，要使国家的控制成为正当的，就必须重构国家机器内的官员权力基础，重新界定政府运作的常规模式。在新兴知识分子的推动之下，美国进步时代的改革从"修补式"走向权力基础的重构，从而引导着改革走向良性的发展路径，使得每一次重大的危机都引发一次重要的国家建构努力，进而引导着行政国家的不断发展和完善。在中国，有限准入的市场理念使监管者将发证看做是监管的主要途径，发证代表着利润，抽检代表着罚款，监管机构之间的权力纷争非常激烈，也因此引起监管机构的频繁调整。同时，市场准入的控制构成监管者的工作重心，监管者将大量精力投放于围堵无证生产经营活动，获得许可进入市场的厂商缺乏有效监管，再加上低端市场的广泛存在，诱发厂商的机会主义行为，监管者陷入"管不胜管、防不胜防"的困局。

从目前的监管改革来看，政府试图通过不断的增减职能或撤并机构解决问题，尽管在某种程度上回应了群众的需求，但这种改革充其量只是一种修补，甚至沦为部门的权力和利益争夺的工具。破解中国食品安全监管的困局，绝不仅仅只是机构改革和职能调整的问题，更承载着重组国家和市场关系乃至现代国家建构的重要使命。笔者认为，要实现从修补走向重构，走出监管困局，我国政府需从以下方面着力：从政府和市场的关系上来看，需要打破有限准入的理念，走向开放准入的政府和市场关系。其次，良好运作的政府和市场关系有赖一个健康的公民社会，因此，引入公民的参与，充权于公民，是监管型国家建构的第二要义。在这之后才是监管能力的发展，需通过伸出监管之手、强化监管之手和约束监管之手这三个方面来促进政府的监管能力建构。

（一）走向开放准入

正如本章一再强调的，破解监管困局从根本上意味着重构政府和市

场的关系。我们借用诺斯等人最新发展出来的一种解释人类历史的框架来理解政府和市场关系的本质。

1. 有限准入社会及其转型

诺斯等人提出人类历史上有三种不同的社会秩序：原始秩序、有限准入秩序和开放准入秩序，维系社会秩序的核心在于让强有力的个人愿意保持和平而不诉诸武力去争夺权力。控制个人的暴力倾向而维持社会秩序的自然做法是对有价值的资源和经济功能的进入进行限制，以产生租金，并将租金在那些可能使用暴力来颠覆现秩序的人中进行分配，这种秩序被称为有限准入秩序。在有限准入秩序下，那些有可能使用暴力的群体组织成为执政联盟，控制经济以创造租金来拉拢可能挑战当权者的人。只有精英群体才能够拥有或控制有价值的资源或活动。租金的产生是通过对资源和功能的准入进行限制，以及对群体组织成社会组织的能力进行限制而形成。暴力会减少租金，因此，租金的存在能够使精英之间建立不诉诸武力的可信承诺。租金的创造和分配保证了精英对系统的忠诚，这反过来保护了租金，限制了暴力，并在大部分时间里能够维持和平。

有限准入社会和开放准入社会之间的主要差异，在于从人格化交易转向非人格化交易。为此，诺斯等人分析了从有限准入向开放准入的转型，认为成功的转型条件之一是成熟的有限准入社会能够发展出一些制度安排，从而促进精英之间的非人格交换。当主导联盟发现扩展非人格交换符合精英的利益，便在边际上增加准入。进入转型门槛的社会，其经济和政体的某些领域在边际上更加开放，而制高点的准入仍受到限制。转折点发生在一个维度的开放准入给其他维度的制高点施加足够大的压力，从而使之放开准入。当到达这一转折点时，主导联盟发现精英间的竞争比精英间的合作更能确保租金的永续性。在这样的情况下，精英们愿意将自己的身份视为公民而非国王、公爵、诸侯，一些迅速和根本的变迁使得"精英内的开放准入"得以制度化。而一旦精英创设出一些将精英视为是公民且所有公民被看做是平等的并同等享有权利的政治、经济和法律制度，再将这些权利向社会的其他部分开放就相对容易了。

本章的讨论表明，中国并未建立起美国式和大型企业相对抗的独立监管机构,尽管改革者的初衷可能是建立美国式的独立监管机构,但是新成立的监管机构并未能摆脱旧的管理理念,这种监管通过发证进行准入控制,以抽检来创造收入,体现出典型的"有限准入"的监管理念:进入市场需要得到监管者的首肯,租金引起诸多监管部门的争夺,从而导致市场的进入壁垒越设越多。在监管责任日益严苛的情况下,监管部门开始放弃"显性"壁垒,而转向"隐性"壁垒,通过抽检等惩罚性手段来对付那些没有得到自己首肯而在市场中盈利者。从这个意义上,我们可以进一步发展有限准入的理论。有限准入的租金来自于对资源和功能的准入的限制,只有精英才能够拥有这些资源和功能,并组建组织。可以依精英挑战当权者能力的大小而分为几个不同的层次,能力越强的拥有越多的资源和功能,弱一些的次之,要想在有限准入社会中获取生存的资源,必须通过各种庇护网和这些精英联系起来。因此,这些精英一方面拥有资源和功能的准入权,而精英还可以将这种准入权在自己的庇护网络中进行分发,从而换取租金。这种分发的过程,也是一种逐渐开放对市场的准入的过程。这样,我们可以借鉴施莱弗提出的几种腐败网络来理解有限准入向开放准入社会的转型。

2. 转型的三种模式

诺斯等人看到的是精英对于社会秩序维系的重要性。事实上,精英除了垄断租金以外,还通过自己的庇护网发放进入市场的许可,从而逐渐开放对市场的准入。这使得经济体的准入逐渐惠及精英之外的普通公民,经济体的开放程度逐渐加大。施莱弗将腐败界定为政府官员售卖政府资产以获得个人收益,人们需要的不是政府官员售卖的这些物品本身,而是其掌控从事经济活动的权利。对有限准入社会而言,这种腐败即是上文所说精英对准入权的发放。施莱弗提出三种不同的开放准入的网络,第一种是垄断型,即人们要获得从事某种经济活动的权利,只需向一个机构行贿,而一旦贿金得到支付,行贿者就对他所购买的政府服务享有充分的产权。这并不意味着贿金完全由这一个机构或精英所拥有,可能的情况是,该机构或精英获得贿金后在相关部门或精英间进行分配。

施莱弗提出,现实生活中还有更复杂的购买准入形式。行贿人所需要的服务由若干政府部门提供,这些政府部门之间彼此独立行动,分别设定自己的标准，以使自己的部门利益最大化。这种情况下，行贿人需要分别向不同的部门交纳贿金，向一个部门交纳贿金并不能保证另一个部门放行。行贿人支付贿金后并未能获得其项目的完全产权。最糟糕的情况是，设立门槛的权力是完全自由的，任何精英都能够通过创设法律规章来使自己成为额外的准入许可的把关者。在这种情况下，租金将上升到无限，而政府服务的销售能带来的利益则降为零。这种形式我们姑且称之为"互补式"结构，正因为各个关卡之间的关系是互补的，必须要所有的关卡全部通过才能获得完全的产权。

第三种情况则是，每一种政府服务至少由两种机构提供，比如，在美国护照或驾照的发放。每个公民之所以不需支付贿金就能够获得护照或驾照，施莱弗认为，原因在于提供这种政府服务的机构彼此之间是竞争的，如果官员向公民要求贿金，那么公民可以到其他城市或其他机构去申请。正因为机构之间的共谋是很困难的，所以供应者之间的竞争会将腐败的租金水平驱赶至零。比如，如果在一个小城里控制建筑许可的政府官员索要贿金，另一个人会以更低的价格向公众提供同样的服务，在这种情况下，索贿的官员就会被揭发。竞争的威胁将会令腐败趋于零。我们将这种形式称为"并列式"或"竞争式"结构。

施莱弗指出，第三种情况下的贿金是最少的，第一种情况下次之，最糟糕的是第二种情况。而收取的总贿金中，第一种情况下最高，各垄断供应者进行共谋，以将贿金收入最大化。"互补式"结构下每个精英都独立设立自己的贿赂水平，考虑自己利益的最大化，对于通过交纳租金寻求市场机会的人而言，租金可能过高而超过了他通过贿赂获取市场准入权后能够在市场中获得的利润，因此，放弃了这一市场机会，这样精英之间最终彼此伤害，来自腐败的总收入因而减少，同时整个社会也因为没有充分利用市场机会而整体福利受到损失。

从这个角度看，我国目前的监管改革将重心放在对监管机构的调整、撤并上，事实上是在对租金的设立方式进行调整。之前每个部门，包括行业主管、卫生、工商、经贸委、城管等都能够设立准入门槛，生产经营者不知道到底需要经过多少个关卡，任何一个部门都可以拿出理由和依据来对生产经营者的资格进行否定。例如，2001年河南郑州的"郑荣馒头"事件上，因发证的巨大利益，在几大监管部门之外，基层政府也成立所谓"馒头办"发放许可证。市政府馒头办将办证权收上来，引起区政府的强烈不满，区政府于是对在其区内销售的"郑荣馒头"进行检查，发现其小包装上未标明生产日期，于是对之进行罚款，引发两办在街上大打出手。

我国当前整合监管机构的努力事实上是想明确有权设立门槛的部门，通过严格限定有资格设立关卡的机构，减少生产经营者的成本。从这个意义上讲，通过将设置关卡的权限由开放转向有限，这是一大进步，投资者很清楚需要通过几大关卡，而不会有额外的关卡出现。然而，这样一种分段式关卡给投资者带来的成本仍然过高，因此，为获取租金的最大化，设立关卡的精英之间需要达成共谋。事实上，那种认为食品安全应当交由一个部门来管，多头管理导致争夺权利和推诿责任，因此，只有交由一个部门来管才能实现权责一致，才是解决食品安全问题的根本之道的观点，正是主张从互补式"有限准入"转向垄断式"有限准入"结构。在这样的思路下，国家一直尝试组建一个综合协调性机构来打破困局，但正如国家食品药品监督管理局的实例所表明的，新成立的监管机构没有能力与官僚组织中的利益集团形成抗衡，带来的局面是即使成立了新的监管机构，但权威非常有限，原监管部门仍然能够产生影响，这样，新监管机构的成立就只是为原本已经复杂的监管市场新增一道关卡而已，关卡的增多没有构成多一层的保障，反而造成更多的寻租空间，给企业增添更多的成本，而企业要盈利，必然进一步寻求一切可能减少食品成本的方法，从而会进一步恶化食品安全状况。即使新的综合协调部门能够真正起到综合协调的作用，这样的改革也只是一种次优选择，原因在于，对于作为消费者的公民而言，垄断式监管努力实现的是市场利润的最大化，却不一定是给予公民保护的最大化。垄断式监管之下精英之间构成共谋，相比互补式结构下缺乏共谋的情况，对精英的约束和监督更少。与依赖申请人揭发的竞争性结构不同的是，互补式结构下各监管机构因为缺乏共谋而使它们有动力去彼此揭发，这能够在一定程度上减少对监管机构的监督成本。因此，走向垄断式监管必须要解决的前提条件是对监管权力的监督问题。否则，分段式监管将比垄断式监管更有利于减少腐败。

3. 通过监管机构之间的竞争走向开放准入

前文对监管结构的分析中，关注的只是精英，以及希望获取准入权的非精英。在食品安全监管中，我们还需要考虑的身份是作为消费者的公民。公民不仅仅只是可能的投资者——希望获得仅属于精英阶层的市场"准入"权，他们更是食品的消费者——希望获得安全的食品。这一点，对于精英也同样适用，精英不仅仅只是掌握有市场准入权的人，他们也是食品的消费者。这正体现出风险的普遍性这一特点，没有一个人能置身于潜在的风险之外。我们最多只能区分出对风险更为脆弱的阶层，而不能够识别出一个不受风险影响的阶层。我们没有办法去找一个外部世界来避难，风险带来的是一个只能共同分享的世界，一个没有"外部"、没有"出口"、没有"他者"的世界。因此，监管涉及所有人的利益，无论是掌权者还是规制者，都无法置身事外，即使是那些暂时看来还没有受到风险太大影响的人群而言，危害最终也会通过"回力棒"回到自身。

当我们考虑到食品安全将社会中所有的人，无论精英还是希望进入市场的公民或是作为消费者的公民的命运绑到一起后，就可以借用奥尔森的逻辑来理解从有限准入向开放准入的转型。对于掌握经济市场准入权的精英而言，在食品安全问题上与社会拥有了共容利益。（奥尔森，2005）手握权柄的人是具有微不足道的利害关系，还是具有共容利益，其行为和结果是大相径庭的。精英们需要权衡的是，因为严格的食品安全控制而对经济活力带来的影响，从而对精英利益的损害相比因较松散的食品安全控制带来的健康影响，只要精英和普通民众面对同样的食品，这个问题的答案就显而易见。因此，向开放准入社会的转型，意味着精英们在食品消费上的特权逐渐普及或者消失。而这是必然的事情，正如贝克所言，尽管财富可以在一定程度上购买安全和免除风险的特权，但是享有这种特权的阶级最多是一个还没有被影响到的阶级，阶级界线在我们都呼吸的空气面前迟早会消失。个别人在食品消费上的特权迟早会消失，要么普及起来成为每个公民都能够享有的、无差别的权利，要么就是更为糟糕的状况，即所有人都只能被迫接受更差的食品，因为已经没有办法去生产和提供优质的食品了。

　　有人会质疑,如果放开食品市场的准入门槛,那公众受到的最后一层保护不也消失了?事实上,开放准入强调的是改变通过控制市场进入来分享租金的理念和做法。而且,对于食品这类人类生存需要大量使用的消费品,要控制每一种食品的市场准入也是不现实的。不可能对每一种投放到市场中的食品进行审批后才放行,监管者的工作重心也不应集中于对准入的控制。2002年,《经济学季刊》就发表过一些学者对世界上85个国家的企业准入控制的研究,结果显示:对准入进行更严格控制的国家往往有更高的腐败和更大的地下经济,但是商品的质量并不因此而更高。监管者的重心应该集中于对质量的关注,比如,在猪肉安全上,如果进行集中屠宰,那么监管者的精力就不应该投放到围堵"私屠滥宰",而是保证集中屠宰后上市的猪肉是安全的。如果出于保护公众健康的考虑,确实需要通过许可的方式来保证进入市场的食品的安全,比如婴儿奶粉,如果发放许可,那就应当将精力用于保证获得许可的厂商的食品质量,为得到政府许可的食品提供"合乎常理的"质量保障。

　　更进一步,如果基于足够正当的公共利益理由,使得市场准入的控制成为必要,如在婴幼儿奶粉或者药品行业,那么监管的结构设置上也应当考虑并列式竞争结构,而非垄断式或互补(分段)式监管结构。正如诺斯等人所发现的,精英之间的竞争比其合作(共谋)更能推动权利的普及。事实上,这种竞争在施莱弗所提出的第三种结构,即并列式竞争结构中得到充分体现:每一个监管机构都拥有完全的决定权,申请人可以选择向任何一个监管机构进行申请,只要任何一个机构许可,申请人就获得进行项目的完全产权。在竞争式结构下,申请人会选择申请成本最低的监管机构,从而使得收取额外租金的机会减为零。对于那些需要政府就准入资格进行审核的经济行为,可以考虑设置竞争性监管机构来减少腐败。监管机构之间的竞争,可以减少对监管机构的监督成本,降低精英所能享有的特权。而监管机构也会发现,放开准入对于确保租金的永续性更为有利,这将构成走向开放准入社会的启动之阀。

(二) 促进公众的参与

　　在监管中公众参与的重要性不容忽视,可以帮助减少政策的错误,赋予监管及其结果以民主的正当性；增加一般公众对于风险的知识，以及对监管正当性的信心。而且，从本质上看，政府监管是干预个人选择的过程，因此，在理顺政府与市场关系之外，还有必要促进公众的参与，注重发展和发挥公众的力量。

1. 通过与公众的沟通重建公众的信任

促进公众的参与，首先在于与公众进行沟通，通过沟通，可以提高政府行为的可信性和正当性，使政府的决策更容易被利益相关方接受。在食品安全监管中，与公众沟通的重要性还体现在纯粹科学的分析并不能为处理食品安全问题提供完全的基础，需要公众的参与：一方面，科学分析只能就目前已知的食品风险进行评估，而有些风险可能在当前的认知水平下无法被识别出来，但它仍然可能是一种巨大的风险；另一方面，当代社会的一个重要特点是科学的日益多元化和日益富有争议，科学已经不再是"中立"、"权威化"的化身，科学家就许多议题争议不止，支持不同政策的证据都能够搜集到。因此，即使是在风险评估这个最强调科学性的环节，科学也不是唯一重要的因素，在这一环节中与公众就风险进行沟通就显得非常必要，它能够对技术冒险加以控制。技术创新的过程同时也是技术冒险的过程，不加适当控制的冒险更是一种以人类整体利益为赌注的巨大赌博，它可能给社会和生活于其中的个人造成难以弥补的戕害，引发新的恐慌。因此，风险愈少为公众所知，愈多的风险就会被制造出来。只有公众了解科学发展所隐含的可能灾难，才能有必要的道德发展来防止科学技术的滥用，公众才会给予要求消除和防止危险的决定以支持。风险沟通的重要性，还体现在通过沟通能够明确风险是不可能完全避免的，因此，没有绝对的安全。不同的社会对风险的容忍程度是各不相同的。不同国家可以用来应对风险的资源、技术、制度能力都各不相同，这直接影响着风险如何被监管，对风险的重要性的认知，以及对风险的排序。通过风险沟通，了解公众所能够容忍和接受的风险程度，甚至是影响公众对风险的认知，从而为监管机构减少不必要的压力，为下一步的工作扫除障碍。

在监管环节，与公众的沟通更加重要。一方面，监管活动要耗费公共资源，监管直接影响到公众福利，甚至有些人会直接成为监管的对象，要为此付出成本,这些都是公众参与的理由;另一方面,现代社会的科学知识已经丧失了权威性而呈现多元化发展,因此,哪些知识会对最终决策产生影响,要经过社会选择。在对食品安全的监管过程中,上述的各种权衡过程,都不应该是封闭的,而是应该充分地与公众进行沟通和对话,通过不断的沟通和对话重建政府与公众之间、公众与专家之间的信任。

2. 通过公共辩论达成改革的共识

随着利益群体的迅速转变,我国政府的监管理念处于不断的变动之中,或支持建立类似于美国的强大公正的监管体系、或试图利用监管维持稳定但有限的竞争以培育强大的工业、或为保护在位者的利益而反对监管,各种声音都存在于现实的监管环境中。也正是因为对政府与市场关系缺乏一个清晰的认识,导致改革缺乏整体性和系统性。目前,关于食品的政策框架太过零散和有限,每个部门都局限于自身的利益而没有一个能够统领各部门以人类健康和食品安全的大局来考虑食品监管的思路,这使得公共政策框架仍以"生产"为导向,而鲜有从"健康"角度进行的系统思考。"单打独斗是应付不了(目前食品安全领域的)这种挑战的。必须有一种新的整合性全局性的公共健康视野,将这些离散的政策领域联接起来,从食品的生产到消费的管理到食物的健康性方面进行连续性思维。只有在一体化的政策选择下,才可能使未来的食品经济能够有效地向普罗大众提供食品。"这种新的、整合性的公共健康视野,必须依赖于有公民充分参与的公共讨论。

纵观我国目前围绕食品安全问题进行的各种讨论,在"政府责任还是企业责任"、"哪一级政府管"、"哪一个机构管"以及"如何监管"等问题上,始终没有达成共识。这些讨论仍过多地为部门利益甚至是利益群体所主导,公民的声音依然非常微弱。公民的声音即使有,也往往是一些专家和政治家以公民代言人的身份发出。这样一种讨论的重心,更多地集中在对世界上其他国家食品监管模式的学习和借鉴上,而鲜有对中国自己市场特点的关注。正如美国进步时代食品管制改革所启发我们的,其中所体现出来的从危机中不断改革和调整适应的精神,通过妥协而集聚足够改革力量的精神,打破理想主义,以开放的心态和理性的协商谋求共识的精神，是进步时代最为珍贵的遗产。如本书开篇所言，如何在鼓励经济主体自由发展的同时对干扰市场运作的力量施加必要的控制，而又不回归于计划经济时代对企业的指令性控制，这是转型中国面临的重大挑战。中国必须找到适合自己的市场与政府之间微妙的均衡点，而这一均衡点必须也只能立足于中国自己的国情来寻找。

这种整合的思路和共识的产生，有赖于各级政府以及各监管部门、食品企业、消费者和专业人士之间的开放性对话。社会不同利益、团体的声音都应当得到重视，进而形成各种不同甚至敌对的观点之间有真正开放的辩论。通过各利益相关者的充分互动，经过不断对话、价值分享而形成，它绝不是个人自我利益的加总。个人不仅仅是一群被带来一起谈话的理性自利的个体，而是随着自己的参与而与他人彼此接触，不带任何既有的观念，持续地、全面地倾听各方面的意见，它要求的是一定程度的"移情"能力，每一方可以理解其他参与者的愿望和需要，从自己之外的角度思考问题。在此基础上促进相互理解，从而形成共识。只有在这样的背景下形成的关于管制的标准才能得到被监管者的自愿服从，只有这样形成的管制议程安排才能将有限的管制资源用于最重要的事项上，也才能得到公众的认同和支持。事实上，复杂情景下的有效管制取决于培育起被管制者自愿服从的规范，取决于管理者和被管制者之间持续的对话。

3. 通过风险教育提升公众的能力

除了强调公众参与以外，在全球化时代的今天还需要强调对普通公民的风险教育，通过风险教育使政府相助和公民自助结合起来，让公民有能力主动承担起对自己身体健康和饮食安全的责任。这种风险教育首先包括合理饮食结构的建议、对安全食品的简易识别方法、健康饮食习惯的宣传等。英国学者威尔逊甚至认为，与食品欺诈作斗争，最好的办法就是用可靠的知识武装头脑，对真品了如指掌。尽管消费者拥有大量的选择，但他们往往并不拥有充分的信息，不知道他们在选择的是什么。因此，通过风险教育加强公众的选择能力，充权于公众，也是食品监管改革的要义之所在。这种风险教育也包括增强公民的食品风险意识，提升危机状态下的自我救助能力。面对现代社会的各种风险，如果当事人不知所措、紧张慌乱，可能使小事端变成大动荡，因此，风险自救能力甚至应该是现代公民的基本生存技能，甚至应当纳入到素质教育之中，就像日本从幼儿园就开始给儿童进行危机情况下的自救游戏一样。威尔逊更是建议进行教育系统的全面改革，使烹调和更多有关食品的实用技能成为各个年龄段人的必修课。

目前，在风险教育上政府的意识仍然不强，更关心的是对政府工作的宣传。2010 年 3 月 25 日，某市政府门户网站搞了一个"农产品质量安全监管"的在线访谈，整个访谈几乎都是政府职能部门在对自己的工作进行宣传，或者是对作为生产经营者的网友进行政府监管程序的介绍，而鲜有利用这一机会对公众进行相关的风险教育。有意思的是，其中有网友问，当食用新鲜蔬菜后，出现头晕、呕吐等症状而又怀疑为残留农药中毒时，该怎么办？给予的回答是建议立即到医院进行检查、治疗。① 当然，该在线访谈活动已经是在努力和公众进行沟通，这一点值得肯定。但我们更希望的是政府能够更多地利用这种机会对公众进行相关的风险教育，比如，在就诊前应当采取什么样的紧急措施，对其他公众而言，应当汲取一些什么样的教训，为避免危害的扩散，作为公民应当还要做些什么，甚至也许是更重要的，可以依赖政府做些什么，等等。无论如何，作为监管者，或者作为政府的代表，在"农产品质量安全监管"这样的访谈节目中都不应该给予提问者这样几个简单、绝对正确但毫无意义的字将其打发。

4. 通过公众参与分担食品安全责任

公众参与的重要性，不仅仅体现在使建立在专家分析基础上的食品风险评估和建立在政治考虑基础上的食品安全监管合法化，使人们在公共领域的讨论过程中更清楚地掌握问题的风险本质，将决策的基础扩散到社会共识，以社会理性能接受风险的程度为政策依据，更体现在将监管责任分散化，通过强制性的自由选择来推行某种自我负责的体制。集中的权力必然伴生的是集中的责任。面临现代社会的风险，政府显然没

---

① 参见三明政府网站：http://www.sm.gov.cn/zmhd/zxft/2010zxft/lyblh201007/index_488.htm（访问时间：2010 年 12 月 24 日）。

有能力单靠一己之力来应对,在这种情况下,通过风险沟通来进行责任的扩散,让公民自己进行选择,并为自己的选择承担风险就是一种更为现实也更有吸引力的方案。它显然是一种分散风险的技术或机制设计,把损害发生时的责任从决定者转移到决定的被影响者、从特定的个人转移到不特定的个人的集合体(社会),并让一定范围内的每个人都承担部分责任,降低风险对社会的冲击。担心民众知情后的恐慌而不进行风险沟通,结果是民众将所有的风险责任全部推到政府身上,而且多一个人知情,可能意味着多一份力量和多一份解决的希望。因此,进行风险沟通,既是民主的要求,也是现代社会政府能力越来越有限的必然结果。为什么熏制食品致癌远甚于苏丹红,但公众对后者的反应却远远强烈过前者?原因在于前者是知情的选择,而后者是不知情的选择。在没有进行有效风险沟通的情况下,监管者将被迫承担起无限的责任和风险,这显然远远超过监管者所能够承受的限度。

食品风险的后果最终会落在每一个公民的身上,公众自己要为自己的选择承担起风险。然而,不同的是,应对这种风险,个人的力量始终是有限甚至无力的。全球化时代的今天,人和人之间的相互依赖性增强,个体最终面临的结果不仅仅是个人的选择造成的,在很大程度上要取决于他人的选择。因此,通过公众参与的过程来提升人的公共理性,认识到个人在经营自己的生活时,必须不断地同他人进行对话和交流,为自己着想,就必须理解他人,自觉地为他人着想,并取得相互间的协调,才能真正地实现自己生活的设想。食品安全关乎我们的共同未来,也是我们每一个公民的责任,以他人为代价而实现自己利益的行为最终会通过"回力棒"把代价报应在自己身上。食品安全正给公民提供了这样一个共同战斗的舞台,它让我们深刻认识到,这个社会的美好未来取决于每一个公民是否能够将人与生俱来的个体生存理性或为互惠的群体共生理性,超越狭隘的一己私欲的小市民观而形成关心社会共容利益的现代公民观。因此,政府不应该也没有能力将全部责任揽下来,通过公民的参与而分担责任,才会有找到解决方案的可能。

(三)构建监管能力

监管国家的建构,最终要落实在对监管机构的建设上。尽管我们不否认企业、社会和公民的力量,但只有政府才有能力与强大的企业力量抗衡,也只有政府才有能力保护公民的权利,促成市场的健康发展,使之重回公共利益的轨道。从我国目前的情况来看,这种监管能力的构建和发展,需要从以下三个方面着力:

1. 伸出监管之手

随着社会的发展,当温饱问题已经不再是人们的主要关注时,以生产为导向的治理思路需要让位于以健康为导向的监管思路,要使全社会特别是政府认识到,实施食品监管的目的在于防范和减少由市场失灵造成的对公众安全健康的危害,而不仅是为了有序的市场竞争,也不是只为经济发展的需要,更不是为了查处不法行为。

在中国当前关于食品安全的社会讨论中有一种危险的倾向,即强调市场自发力量的调整作用,否认政府的监管作用。甚至有人提出,应当像"戒鸦片一样戒除政府监管",监管被理解为计划经济延续下来的政府不受约束地对市场进行的干预。这在食品药品、环境、职业安全等社会监管领域尤其危险,因为我们的市场本身和政府有着千丝万缕的联系,甚至是在政府的培育下发展起来的,在这种情况下强调市场的自发力量,意味着让政府有藉口无视市场的不公平和对弱势的欺凌,在"赶超"战略和经济发展的思想指导下,现有的政府力量可能会进一步加强这种不公平,这意味着弱者和普通公民的权利在"发展"的战略口号下被牺牲掉了。因此,在当前的语境下,更加要强调政府对普通公民的健康、生命、安全的保障义务,而不是将之推向市场。缺乏保护的人,如索马里谚语所言,"要么是一座大山,要么背靠一座大山"。作为个体的公民需要背靠的正是政府这一大山。在缺乏必要保护的情况下——如厂商对产品拥有更多的信息,作为劳动者的个体在劳动力市场上相对企业处于的弱势——弱小者的劣势将会被自由市场进一步强化,不正义被看做是理所当然甚至转变为基本的规则,被合理化和广为接受,普通公民将会被市场无情地盘剥和压榨。当人们把求助的目光转向政府时,这时政府应当勇敢地伸出监管之手,而不是把脸转到一边。

另一方面,政府的干预上需要转换计划经济时代以所有制代替监管的理念,也需要转换"以发证为主"的监管思路。"以发证为主"的有限准入式监管思路往往蜕变为对个别企业的保护，在以经济建设为中心的改革话语下，这些企业因为关涉地方、国家乃至民族的经济命脉，从而套上神圣的外衣。然而，对个别企业的关照事实上是一种特别的恩惠，即使它带有振兴地方经济甚至民族产业的"历史使命"，也是一种特权。正如皮尔森所指出的，监管者的主要工作是为市场参与者创造一个公平竞争的环境，公平地运用规则而不管那些特定的参与者是谁，从而促进市场竞争并消除市场失灵。现代监管是"基于规则的监管"，这种规则应当是面向所有市场参与者而不是某个特定的利益群体。政府伸出监管之手，首先表现在为市场提供公平的竞争环境。这种监管之手不是对某一个竞争者的保护，而是对市场竞争的保护。

如果我们从根本上反思现有的"以发证为主"的监管模式，就可能看到新的可能性所在。由于有限准入从根本上扭曲价格机制的信号，因此，健康的市场经济仍然有赖于开放的市场竞争来淘汰不合格的市场主体，通过准入的方式限制交易只是一种次优选择。通过发证进行的控制，仅仅只能限于最低程度的质量标准，即使是这样，它还同时起到限制竞争的作用，因此，它的运用应当是相当谨慎的。事实上，如果我们转换思路，将监管的重心放在对已经发证的企业的监管和检查，那么，已经领证的企业的食品质量就能够得到保证，这种情况下，消费者就能够在政府"发证"的信号指引下甄别出优质厂商和劣质厂商，没有领证的企业的市场空间自然就会减少，政府根本无需花费大量的精力用于围堵所谓的"无证"生产经营活动。而且，通过关注已经领证的厂商，政府就只承担了"发证"的厂商生产或销售食品的安全风险，而不是无限的风险。监管机构大可不必把自己的形象丑化为"出了问题后的惩罚者"，而是通过与有证的企业友好合作，向消费者传达另一种不同的形象：监管人员是消费者健康的保护者，他们就是消费者的眼睛，因此，有他们帮忙把关的地方，食品的质量就能得到越多的保障。就好像公民在大街上行走时，看见有警察巡逻会感觉更安全一样，监管人员如果不是仅仅依靠对违法行为的处罚来树立自己的威信，反而能够提供更大的安全保障。

另一方面，消费者的需求层次各不相同，在知情的情况下，他们有权选择自己的消费方式。在自由市场上，个人应该能够购买便宜的食品，禁止销售低质产品将会极大地减少穷人的选择，提高他们的生活成本。更何况在许多情况下，"无证"生产经营者的食品质量并不一定就没有保障，强制性监管制度之外还有其他的力量如声誉、良心等能够对市场主体进行约束。在这种情况下，政府适宜的干预方式不在于禁止交易，而在于披露信息，通过信息披露将最终的选择权交给消费者，消费者因政府的信息披露而拥有了与厂商同等的地位，有能力进行符合自己偏好的选择，这比完全依赖正式的控制力量可能要有效得多。当然，从近年来各监管部门工作职责的发展和创新可以看到，除了将主要精力用于通过"发证"进行的准入控制以外，监管部门也开始关注对已经获得许可证的企业的监管，如质监的建立企业动态质量档案、工商的建立台帐和索证索票制度和卫生的分级量化管理等，这些都是非常可喜的进步。当然，对于许可证的发放也需要考虑到市场的不同需求层次，从而提供不同的要求，引导消费者根据监管机构提供的信息自由选择。如工商在建立台帐时可考虑在重点食品经营户中推行，保障这些经营户能够扎扎实实地开展好进销货台账制，而不需要一开始就向所有经营户铺开，否则结果必然是大的没精力管好、小的又管不过来。

2. 强化监管之手

伸出的监管之手，必须有足够的能力才能保护公众的健康。一再出现的食品安全事件让人们再次认识到，市场的发展必须要有强有力的政府支撑，政府能力的强弱比政府规模是一个更为重要的问题。目前，我国食品安全监管机构面临一系列的困境，从而束缚和限制了其监管能力，如监管权力归属不明确，独立性不强，监管的碎片化格局等肢解着监管机构的能力，监管机构的频繁调整和重组，打断了监管工作的连续性，更令监管队伍缺乏稳定性。当市场中的大企业负荷起国家经济命脉甚至是赶超的政治使命时，监管机构与之相抗衡的能力就大大减弱。

为强化监管之手，在组织设计上必须明确监管机构和特定风险相关的任务，即明确该组织的使命，为该组织的存在确立稳定的根基，从而能够赢取政治支持、获得为生存而必需的资源。如果组织的任务不明确或者不稳定，组织就无法很好地执行自己的任务。同时也必须认识到，监管部门的任务并不意味着超越现代技术和社会环境提出一项根本不可能实现的任务,如"完全安全"、"零风险",而是建立一个改进的监管体系。这种任务的确定需要引入社会讨论,就可接受的食品安全水平达成一个基本共识,这样,才不至于出现前述"违法者"和"受害者"的共谋,而令监管机构陷入"管不胜管、防不胜防"的深渊。

监管机构及任务明确之后,需要给该机构配备足够的资源,使之有能力履行其监管职责,包括政治支持、财政来源、人员、技术等组织生存所必需资源。没有足够的资源,监管任务的完成将是一句空话。当然,资源相对于需求而言永远是不够的,而且监管机构本身也需要努力争取资源以维系组织的生存和发展,但是制度设计上是否给予监管机构足够的生存空间,将直接影响着监管机构在中观和微观层面的努力结果。比如,只要监管机构仍需自行创收谋利,那么,地方政府和被监管企业就将组成利益共同体,监管之手将用于向企业攫取利益,甚至是与企业共谋危害公民的利益。

此外,需要根据应当完成的监管任务来确定拟采用的监管手段。比如,食品安全方面最主要的问题是信息不对称,在这种情况下,以信息披露和甄别来应对就是最适宜的,而采用反托拉斯手段就不太合适。按服务成本设定费率这种定价方面的监管更适合针对自然垄断这一类监管问题,将之运用到因信息不对称而引起的监管问题就明显不当,它将会使某种不可或缺的商品发生严重短缺。在监管手段方面,也应该采用灵活的、市场导向的、以激励为基础的策略,把积极的风险披露和消费者的参与结合起来,而不是单单依赖惩罚性抽检,这样,就可以在减少单纯依靠市场所造成弊端的同时享受市场的某些优势。

监管能力建设中最重要的一点在于监管人员。监管的成效最终取决于那些实际执法者,这些人是否能够超越短期或眼前的利益考虑,以技术或专业的标准作出判断,以捍卫公众健康为使命,是食品安全的最重要保障。威尔逊区分了监管机构的三类不同雇员:一类是职业人员,他们希望和监管机构建立长期关系,他们主要关心的是监管机构能够持续存在并发展;一类是政治家,他们以监管机构作为个人发展的台阶,始终希望当选或者获任新的职位而离开监管机构;最后一类人,是拥有某些特定技能的专业人士,他们追求的是在专业上被尊重,希望促进事业的发展。职业人员会得过且过,不愿意冒险;政治家更希望作出政绩,关注的是在公众面前的显示度;而专业人士往往希望捍卫其专业地位,专业群体的凝聚力和专业同僚的期望会对他们产生额外的约束力。监管机构雇员的工作动力很大程度上依赖于他是哪一类型的雇员。对价格进行监管时,专业人士很可能想利用这个机会表现专业技能,因此,可能更倾向于复杂的价格体系;相反,职业人员则会支持一个简单的价格体系,这样就能够避免工作上的繁琐;而政治家不愿意激怒利益集团,从而倾向于反对价格歧视以消除部分消费者的不满。监管机构中这三种类型的人都很重要。从目前来看,我国食品安全监管机构中专业人士的力量还需要加强,这能够在一定程度上确保监管机构不受政治派系斗争的影响,真正从长远对监管任务进行理性的规划。监管并不仅仅只是颁布法律,而是要求对被监管活动的详细了解和密切参与,这正是专业人士的优势。对食品安全监管而言,一个称职的工作人员应该能够理解科学,理解一些经济和行政管理,可能的话,还应该对法律有所了解,并且还有能力对所有这些领域中的复杂问题和专家进行沟通。

当然,监管人员组成中的重中之重在于监管机构的领导者。一个有魄力的领导人能够帮助组织形成对其关键任务的共识,争取更多的资源以完成组织使命,凝聚更多的专业人士和人才,并通过争取广泛的社会支持使得组织获得更大的自主性,从而进一步加强社会对该组织使命的认同感。在美国和英国现代食品监管体系的构建中,我们都见到有这样关键的领导人物,如哈维·华盛顿·韦利、亚瑟·希尔·哈塞耳、马克·伍尔夫等。"纯正食品事业需要一位有独立见解的新领袖,这个人既不能是行为古怪的科学家,也不能是见利忘义的重商主义者,但是既要懂科学又要懂商业。"各个地方有魄力、有开拓和创业精神的领导人可能在不同的政府部门,因此,在目前监管机构林立的情况下,需因地制宜,鼓励各地方根据自身实际情况,特别是政治现实选择其食品监管体制,而不宜一刀切。从这个意义上,最适宜的食品监管模式不在他国的经验中,而在各地的本土实践中。

3. 约束监管之手

一个足够强大的政府也将有足够的能力来侵犯公民的合法权益。因此，在强化监管之手能力的同时必须关注的问题是，如何来约束这只监管之手，使得其不能够随心所欲侵犯公民的权利。这正是目前的监管机构改革中所没有得到足够重视的问题，也是我国监管体制设计中最为关键的问题。在某种程度上，只要这个问题得不到解决，监管改革就有沦为部门之间或政治家之间权力斗争的工具的危险。

前已述及，频繁的机构调整尝试通过监管机构之间的竞争来解决对监管者的监督问题，而垂直管理的努力是在尝试通过上级直接控制来实现对监管者的监督，这两种监督方式都有着致命的缺陷：前者体现为机构之间竞争带来的政府碎片化和资源浪费；后者体现为高昂的监督成本。监管的有效性取决于各受影响的利益群体是否能够大致平等地在政治过程中得到代表，因此，保证各利益群体的参与渠道对于约束监管之手就显得非常必要。

这种约束首先可以来自于企业。尽管企业往往是被监管的对象，但是由于其对监管领域的专业熟悉，且监管将直接影响到其利益，所以它往往也能对监管机构实施有效的监督。这种监督，包括建立相应的平台让被监管者参与到监管政策的制定和改革过程中，给予其表达利益诉求和与监管主体进行讨价还价的空间，通过公开的讨论达成政府和市场恰当边界的共识，从而使得监管政策的出台更具有可操作性。同时，企业也能利用自己的信息优势监督监管者，使之不至于被该领域内的少数企业所俘获，从而确保监管者将自己的角色定位于为所有企业提供公平的竞技场。

这种约束也来自于专业人士。因为源于食品安全的风险逃脱了人的直接感知能力，需要科学的"感受器"来帮助人们进行识别，如潜在的受害人可能根本就没有察觉甚至感知到风险的存在。普通公众缺乏能力去判断、识别风险，例如消费者无法判断色泽亮丽的食品是否添加了对人体有害的添加剂，无法判断环境或空气污染或者饮食中含的化学制剂对人体健康是否造成以及造成多大的损害。再加上风险可以被改变、夸大、转化或削减，因此，掌握着界定风险的权力的大众媒体、科学和法律等专业人士就非常重要。在风险的感知上，我们高度依赖专家，专家的解释帮我们确定因果关系。借助专家的力量，可以帮助不得不头痛医头、脚痛医脚的公共行政实践者、帮助因信息不对称而处于弱势的普通民众看到问题的本质和关键之所在,引导他们更深入地看清政策背后的利害关系。

最根本的约束来自于公民,通过各种渠道将公民纳入到对监管的监督中来,为弱者发声甚至是让他们直接表达意见。这种渠道的设置应当是多重性的,即在某种渠道不方便或不经济时,公民可以很容易地通过其他渠道表达意见。要使公众的监督不流于形式,需要给公众充权。由于食品市场上,公民相对企业而言因信息不对称而处于弱势,且公民在政治上组织起来的成本相对更高,因此,这种充权对于公民而言显得更为重要。比如,通过广播、电视等媒介,普及相关监管法律法规,披露监管部门的工作情况,让公众有信息去进行监督监管者。再比如,通过程序性要求,如告知、听证等给予普通公民以影响政策及其执行的权利。值得一提的是,"代表起诉资格"就是一种非常好的充权于公民的方式,它使得那些市场中分散的、无人代表其利益的弱势群体在面对有组织的利益群体通过向行政施加压力而侵犯他们的利益时,能够有代理人为其提起行政诉讼,通过司法审查来获得他们应该被行政所代表的利益。

除了给公众提供表达的机会,还有一个更重要的问题,即如何通过制度设计而让公民的呼吁和要求体现为政府的实际行动。公民的呼吁和要求应当对政府有所影响,这正是政府存在的正当性所在;但是,如果任何呼吁和要求直接就反映为政府的政策,这样政府的行为就会过于随意化,"风吹哪页读哪页",没有系统规划,短期的考量和利益就会占据上风,甚至一些能够更好地表达自己或包装自己的观点的人可能就掩盖了其他人的声音。从这个意义上看,应当有程序性的安排来对公民的呼吁和要求进行容纳和处理,并反映到政府的议事日程上。这种程序性安排甚至比实质性的事后救济更为重要,因为程序性变化能够改变受政策影响的人的相对影响力,从而改变行政机构预期的政策结果。此外,因为行政过程的参与者控制着政策,政治官员可以利用程序来控制政策而不需要自己承担成本,或甚至不必知道可能出现什么政策。而且,对公民的事后救济,远远不如规定公民的事先、事中参与程序,因此,从这个意义上来看,我国监管国家发展的重中之重在于行政程序法典化。目前我国主要的行政法规,在行政程序、抽象行政行为的行政诉讼、行政违法行为的法律责任以及《行政法》、《刑法》、《民法》补救措施的接轨等方面都有待进一步完善。

对监管者的约束并不等于严苛的追责。在一再出现的食品安全事故之下,政府有强化责任追究的倾向,特别是对位于执法第一线的个人进行追究,使得一线监管人员必须对那些他控制不了的事情承担责任,过于严苛的问责制度将令监管者不敢伸出监管之手:做多错多,发现问题的机构最终被问责,"做了是找死,不做是等死"。追责应建立在对食品安全的情况进行持续地跟踪和评估的基础之上,以对监管部门的工作进行更为合理的评价,不是出了一起事故就要对监管机构进行全面追责。通过全面、综合的持续评估来反映一个地方食品安全状况是否有所改进,这才是恰当之道。

本章主要参考文献

1. 〔德〕乌尔里希·贝克:《风险社会》,何博闻译,译林出版社 2004 年版。
2. 〔德〕贝亚特·科勒-科赫、托马斯·康策尔曼、米歇根·克诺特:《欧洲一体化与欧盟治理》,顾俊礼、潘琪昌、周宏等译,中国社会科学出版社 2004 年版。
3. 陈蓉芳、李洁:《欧盟食品安全监管体系研究及启示》,载《国际追踪》,2010 年第 104 期。
4. 陈玉刚:《国家与超国家:欧洲一体化理论比较研究》,上海人民出版社 2001 年版。
5. 戴强:《美国的食品安全管理体系》,载《时代经贸》,2007 年第 5 期。
6. 〔美〕戴维·卡莱欧:《欧洲的未来》,冯绍雷等译,上海人民出版社 2003 年版。
7. 傅家荣、杨娜:《欧洲食品安全治理评析》,载《南开学报(哲学社会科学版)》,2008 年第 3 期。
8. 郭家宏:《欧盟食品安全政策述评》,载《欧洲研究》,2004 年第 2 期。
9. 管淞凝:《美国、欧盟食品安全监管模式探析及其对我国的借鉴意义》,载《当代社科视野》,2009 年第 1 期。
10. 胡颖廉:《百年 FDA:监管机构与监管职能》,载《中国食品药品监管》,

2006年第9期。

11. 胡颖廉：《FDA监管政策变迁及其对中国的启示》，载《国际医药卫生导报》，2007年第11期。

12. 李应仁：《美国的食品安全体系（上、下）》，载《世界农业》，2001年第3期。

13. 刘鹏：《风险社会视野下的美国药品规管体制变迁：教训与启示》，载《公共行政评论》，2008年第4期。

14. 刘亚平：《美国食品监管改革及其对中国的启示》，载《中山大学学报（社会科学版）》，2008年第4期。

15. 刘亚平、杨美芬：《美国社会性管制的发展及其对我国的启示》，载《广东行政学院学报》，2010年第5期。

16. 欧盟委员会官方网站：http：//ec.europa.eu/index.htm。

17. 欧洲食品安全局官方网站：http：//www.efsa.europa.eu/en/efsawho/efsastructure.htm。

18. 欧洲议会环境、公共健康和食品安全委员会官方网站：http：//www.europarl.europa.eu/activities/committees/presCom.do?language = EN&body = ENVI。

19. 〔塞浦路斯〕凯普里阿诺：《欧盟食品安全50年》，载《太平洋学报》，孙娟娟译，2008年第3期。

20. 宋大维：《中外食品安全监管的比较研究》，中国人民大学出版社2008年版。

21. 宋华琳：《规制研究：转型期的社会性规制与法治》，格致出版社2008年版。

22. 孙娟娟：《欧盟食品安全监管的理论和实践》，载《太平洋学报》，2008年第7期。

23. 食品与兽医办公室官方网站：http：//ec.europa.eu/food/fvo/what_en.htm。

24. 唐华：《论欧盟食品安全法规体系及其对中国的启示》，对外经济贸易大学出版社2006年版。

25. 〔德〕乌尔里希·贝克、〔英〕安东尼·吉登斯、〔英〕斯科特·拉什：《自反性现代化——现代社会秩序中的政治、传统与美学》，赵文书译，商务印书馆2001年版。

26. 王伟秋、王树清：《美国突发性公共卫生事件与食品药品监管立法研究》，载《湖南财经高等专科学校学报》，2010年第128期。

27. 徐景和：《食品安全综合监管探索研究》，中国医药科技出版社2009年版。

28. 辛歆：《食品安全问题的政府监管研究》，苏州大学出版社2006年版。

29. 薛庆根、褚保金：《美国食品安全体系及对我国的启示》，载《经济纵横》，

2006年第3期。

30. 〔荷〕艾伦·沃思:《重新思考中国食品安全监管时可以借鉴的欧盟经验》,孙娟娟译,载《太平洋学报》,2008年第7期。

31. 云振宇、刘文、蔡晓湛、栾晏:《欧盟乳制品质量安全监管机构及法规标准体系概述》,载《中国乳品工业》,2010年第38期。

32. 张国庆、李丹阳:《美国联邦政府食品药物管制的公共政策分析》,载《中山大学学报(社会科学版)》,2003年第6期。

33. 张海冰:《欧洲一体化制度研究》,上海社会科学院出版社2004年版。

34. 朱坚、张晓岚、张东平:《食品安全与控制导论》,化学工业出版社2009年版,第151页。

35. 张荐华:《欧洲一体化与欧盟的经济社会政策》,商务印书馆2001年版。

36. 张睿、吴斌、赵松渭:《欧盟食品安全体系的变化趋势》,载《中国检验检疫》,2006年第6期。

37. Anderson, O. E. 1958. *The Health of a Nation: Harvey Wiley and the Fight for Pure Food.* Chicago: University of Chicago Press.

38. Bailey, T. A. 1930. "Congressional Opposition to Pure Food Legislation, 1879–1906." *The American Journal of Sociology*, 36(1).

39. Baldwin, Louise G. & Kirlin, Florence. 1939. *Consumers Appraise the Food, Drug, and Cosmetic act,* Law and Contemporary Problems.

40. Borchers, Andrea T. 2007. "The History and Contemporary Challenges of US–FDA." *Clinical Therapeutics*, 29(11).

41. Christopher Ansell, David Vogel (eds.). 2006. *What's the Beef: The Contested Governance of European Food Safety.* Boston: The MIT Press.

42. Commission of the European Communities. 1997. *the General Principles of Food Law in the European Union: Commission Green Paper.* Brussels, 30 April.

43. Commission of the European Communities. 2000. *White Paper on Food Safety.* Brussels, 12 January.

44. Ellen Vos. 2000. "EU Food Safety Regulation in the Aftermath of the BSE Crisis." *Journal of Consumer Policy*, 23.

45. Emilie H. Leibovitch. 2008. "Food Safety Regulation in the European Union: Toward an Unavoidable Centralization of Regulatory Powers." *Texas International Law Journal*, 43(3).

46. European Parliament, European Council. 2002. "Regulation (EC) No. 178/2002 of

the European Parliament and of the Council of 28 January 2002. "*Official Journal of the European Communities*, 1 February.

47. Grace Skogstad. 2001. "The WTO and Food Safety Regulatory Policy Innovation in the European Union. " *Journal of Common Market Studies*, 39(3).

48. Herwing C. H. Hofmann, Alexander H. Turk. 2006. *EU Administration Governance.* London: Edward Elgar Publishing.

49. John Van Oudenaren. 2000. *Uniting Europe: European Integration and the Post – cold War World.* Oxford, Lanham M. D. : Rowman & Littlefield Publishers.

50. Law, Marc T. & Gary D. Libecap. 2004. *The Determinants of Progressive Era Reform: The Pure Food and Drugs Act of 1906.* NBER Working Paper, No. 10984.

51. Manuel Medina Ortega. 1997. *EP BSE Inquiry Report*, http://www. mad – cow. org/final_ EU. html, 7 February.

52. Miller, Henry I. 2000. *To America's Health—A Proposal to Reform the Food and Drug Administration.* Standford: Hoover Institution Press.

53. Robert A. Jones. 2001. *The Polities and Economics of the European Union.* London: Edward Elgar Publishing Limited.

54. Sobel, Russell S. 2002. "Public Health and the Placebo: The Legacy of the 1906 Pure Food and Drugs Act. " *CATO Journal*, 21(3).

55. Stigler, George J. 1971. "The Theory of Economic Regulation. " *Bell Journal of Economics and Management Science*, 2.

56. Wax, Paul M. 1995. "Elixirs, Diluents, and the Passage of the 1938 Federal, Food, Drug and Cosmetic Act. " *Annals of Internal Medicine*, 122(6).

57. Young, James Harvey. 1989. *Pure Food: Securing the Federal Food and Drugs Act of 1906.* New Jersey: Princeton University Press.

后 记

本书是在我们承担教育部重点研究基地重大项目"区域公共管理研究：国际比较的视角"结项成果的基础上修改而成的。

课题的研究和书稿写作思路及全书的修改、统稿、定稿由陈瑞莲、刘亚平负责，杨爱平也对部分书稿的修改作出重要贡献。各章执笔人如下：第一章（陈瑞莲、刘亚平），第二章（陈瑞莲、吕志奎），第三章（张紧跟），第四章（杨爱平），第五章（任敏），第六章（王惠娜），第七章（刘亚平）。

本书的写作得到了教育部人文社会科学重点研究基地——中山大学中国公共管理研究中心、中山大学政治与公共事务管理学院各位领导与同事的支持和帮助；中央编译出版社侯天保编辑为本书的出版付出了辛勤的劳动；本书写作过程中还参考、借鉴了国内外专家学者的相关研究成果，谨在此一并表示衷心的感谢。

陈瑞莲
2013 年 8 月 1 日